Aleksandar Tišma

Der Gebrauch des Menschen

Roman

Aus dem Serbokroatischen von
Barbara Antkowiak

Carl Hanser Verlag

Die Originalausgabe erschien 1980 unter dem Titel
Upotreba čoveka
bei Nolit in Belgrad.

2. Auflage 2019

ISBN 978-3-446-26470-0

Umschlag: Peter-Andreas Hassiepen, München
Satz: Fotosatz Reinhard Amann, Leutkirch
Printed in Germany

Der Gebrauch des Menschen

Das Tagebuch des Fräuleins hat längliches Format, sein fester, genarbter roter Einband imitiert Schlangenleder und trägt in der linken oberen Ecke die goldgeprägte Aufschrift »Poesie«. Es ist eines jener Büchlein, die man kleinen Mädchen schenkt, damit ihre Lieben sich dort mit Eintragungen verewigen; in einer kleinen Stadt jedoch, wie es Novi Sad kurz vor dem Zweiten Weltkrieg ist, stellt es die einzige einigermaßen geschmackvolle und anziehende, die einzige intime Art Notizbuch dar, die man für Geld erstehen kann. Davon überzeugt sich auch Anna Drentvenšek, von ihren Schülern »Fräulein« genannt, als sie an einem Frühlingstag das Papiergeschäft Nachauer und Sohn in der Hauptstraße betritt, wo sie regelmäßig Einkäufe ähnlicher Art tätigt, weil es das größte und bestsortierte ist und zudem einem Deutschen gehört, was ihr, der Deutschen, Vertrauen einflößt und Befriedigung verschafft. Sie öffnet also die Glastür mit der massiven schmiedeeisernen Klinke in Form eines liegenden Farnblatts zwischen den beiden Schaufenstern, in denen hübsch und übersichtlich Geschäftsbücher, Schreibhefte, Füllfederhalter, Bleistifte, Federmesser und Schreibmaschinen (eine Adler und eine Underwood) angeordnet sind; sie betritt den schmalen, langen Raum, der wie eine Apotheke feierlich im Halbdunkel liegt und nach Holz und Leim riecht, geht um einen untersetzten Kunden herum, der auf dem Ladentisch nachdenklich Aktenordner hin und her schiebt, die ihm ein auf der Leiter stehender, magerer und langbeiniger, safranblonder Ladengehilfe im schwarzen Kittel vorlegt, und bleibt vor dem anderen, wesentlich älteren Verkäufer mit Drahtbrille und einem listigen, ruhigen Lächeln auf den kurzen dünnen Lippen stehen. »Sie wünschen?« fragt dieser vernehmlich, obwohl er kaum die Lippen bewegt, und er legt die Fingerspitzen über dem Bäuchlein zusammen, das sich unter einen ebensolchen Kittel aus schwarzem Kloth wölbt, wie ihn der Ladengehilfe mit dem safranblonden Haar trägt; er fragt es auf deutsch, denn er weiß, daß sie Deutsche ist und gern in ihrer Muttersprache angeredet wird, was nicht bei allen der Fall ist im Novi Sad der dreißiger Jahre, da man mit dem Auftauchen der ersten Flüchtlinge und der ersten Kulturbund-Uniformen schon den Atem des Krieges, der Abrechnung spürt. Da hebt sie schüchtern, denn ihr Wunsch ist ein geheimer, den von der breiten Hutkrempe beschatteten Kopf, streckt den Zeigefinger im schwarzen Glacéhandschuh aus, um auf die Fächer über dem Kopf des Verkäufers zu zeigen, die sie mit dem Blick ihrer grauen Augen bereits ängstlich überflogen hat, und entgegnet: »Ein Heft, aber mit gutem Papier.« Er verneigt sich mit einer Miene des Verständnisses, das er eigentlich nicht hat, das aber so umfassend ist wie die Bezeichnung des gesuchten Gegenstands, denn das erfordert sein Beruf, seine Erfahrung, weil man gerade mit einem so allwissenden Ausdruck das Vertrauen von Damen erringt, die so unsicher und mit Hilfe zögernder Gesten die Ware verlangen, die sie brauchen, und nachdem er sich umgedreht und den Regalen zugewandt und sich behend gereckt hat, zieht er mit den geschickten Fingern einer Hand zwei, drei, sieben, acht verschiedene, dünne und dicke Hefte mit weichem und festem Einband heraus, reicht sie der anderen Hand weiter und stapelt sie auf dem Ladentisch, und nachdem er sich mit trommelndem Mittelfinger auf dem Boden des Regals überzeugt hat, daß die Auswahl komplett ist, wendet er sich um und breitet die Hefte aus, öffnet das eine oder andere und läßt die Blätter durch die Finger gleiten, wie ein Schuhverkäufer anhand biegsamer Sohlen und Fersenleder die Weichheit und Leichtigkeit seiner Ware demonstriert. Das Fräulein indes läßt rasch den Blick über die grauen und olivgrün-tarnfarbenen Einbände gleiten, über die liniierten oder karierten Blätter, und greift nach einem Heft, in dessen linke obere Ecke in Goldbuchstaben das Wort »Poesie« geprägt ist. Sie schlägt es auf; die steifen, gelblichen Blätter knistern beim Umblättern. »Was kostet dieses?« Und als der Verkäufer den Preis nennt, legt sie das Heft zurück auf den Ladentisch. »Ich nehme es.« Sie wühlt im Täschchen und bezahlt, während er schwungvoll das Heft in weißes Seidenpapier einschlägt. Sie steckt das Heft ins Täschchen und trägt es nach Hause. Hier entfernt sie feierlich das Einwickelpapier, wendet das Büchlein hin und her, blättert in den steifen, gelblichen Seiten, schlägt wieder die erste auf, setzt sich an den Tisch, taucht den Federhalter ein und notiert das Datum »4. Mai 1935« und darunter »Mit Gott«, natürlich deutsch.

Das Heft wird zum Tagebuch; es füllt sich allmählich mit Worten, mit deren Hilfe das Fräulein versucht, alles Bedeutsame, was ihr geschieht, zu formulieren und mit Sinn zu erfüllen. Bis sie eines Tages, am 1. November 1940, die Worte »Neue Krankheit« notiert, was sie schon häufig getan hat, aber nie wieder tun wird, denn diese Attacke auf ihren Körper wird die Möglichkeiten gelassener Beobachtung überschreiten. Sie wird Ärzte aufsuchen, sich auf wachstuchbezogenen Liegen ausstrecken und sich, den Blick zur Decke erhoben, den schmerzhaften und peinlichen Untersuchungen durch Expertenfinger aussetzen. Im Labor von Dr. Korkhammer wird man ihr Blut aus Venen und Kapillaren entnehmen und ihren Urin in einem Glas sammeln; sie wird die Befunde erhalten und damit in die Klinik von Dr. Boranović gehen; dieser stämmige, kräftige, auf der Höhe seiner Kunst befindliche Chirurg von fünfzig Jahren wird ihr mitteilen, daß sie eine Gallenentzündung und Steine hat, und ihr sofort den Tag für die Operation vorschlagen. Er wird mit seinen kleinen, grünen, ins Fett eingewachsenen Augen vom Tischkalender zu ihr aufblicken: »Geht das?« Sie wird wegen der Kürze der Frist entsetzt sein und Bedenkzeit erbitten. Aber: »Wissen Sie was?« wird er ihr mit schiefem, bedauerndem Lächeln sagen, »wenn Sie überlegen, kann ich Sie vielleicht überhaupt nicht aufnehmen, denn ich lege Wert darauf, daß mir jede Operation gelingt.« Diese Erpressung wird eine blitzartige Wirkung haben: das Fräulein wird nach Hause gehen, um zu packen wie für eine Reise. Nachthemden, saubere Schlüpfer, Büstenhalter. Etwas Warmes, das ihr erlaubt, die Arme über der Bettdecke frei zu bewegen, wie sie es unlängst bei einem Krankenbesuch gesehen hat. Aber was? Ein Pullover? Sie hat keinen geeigneten, alle sind dunkel, auf die Arbeit abgestimmt. Also eilt sie in die Stadt zwischen den Stunden, in denen sie sich zugleich auf unbestimmte Zeit von den Schülern verabschiedet, um dieses warme und dennoch leichte Kleidungsstück zu kaufen. Überall bietet man ihr grobe Gewebe, grelle Farben an. Bis zur Erschöpfung läuft sie durch die Geschäfte, bis sie eine *liseuse* findet, so heißt der Gegenstand, wie sie im Laden »Dama« von Frau Ekmedžić erfährt, der liebenswürdigen Inhaberin, der sie sich rückhaltlos anvertraut. Es ist ein zartlila Wolljäckchen, dünn, ohne Knöpfe, mit weiten und ein wenig kurzen Ärmeln, die ihr nur bis zu den Ellenbogen reichen, wie sie zu Hause beim Anprobieren feststellt; aber nun hat sie doch das letzte, was ihr gefehlt hat. Da senkt sich bereits der Abend, ihr wird kalt in ihrem Zimmerchen unter dem grellen Licht der nackten Glühbirne, das ihre leblosen, aufs Bett geworfenen, in die Reisetasche wie in ein offenes Grab zu versenkenden Dinge unbarmherzig enthüllt, ja förmlich zerstört. Das rosa Nachthemd, die etwas dunklere *liseuse*, die rosafarbenen und weißen Schlüpfer, der weiße Büstenhalter, an dem sie noch schnell einen losen Knopf festgenäht hat. All das paßt in die Reisetasche mit den Henkeln; wenn jemand sie auf dem Weg zur Klinik sieht, wird er glauben, daß sie zum Einkaufen will (vielleicht zum nahe gelegenen Markt). Und das Tagebuch? Ihr Blick gleitet zum Schrank, wo sie es am Boden im Schatten der Kleider und des Frühjahrsmantels verwahrt. Sie öffnet die Tür und schiebt die Säume beiseite, das Büchlein leuchtet rot auf, sie will es schon ergreifen und als unvorhergesehenen Luxus dem Nötigsten beigesellen. Aber wird sie unter den Augen der Ärzte und der frommen Schwestern willens und imstande sein, etwas zu notieren? Wenn sie das Heft nur beispielsweise unter das Kopfkissen steckt, wird es vielleicht jemand entdecken, während sie abgelenkt ist oder auf dem Operationstisch liegt, und Unbefugte werden es lesen. Sie fährt zusammen, als wäre sie unbekleidet überrascht worden. Was, wenn…? Zitternd stellt sie sich vor, sie sei gestorben, so daß das Tagebuch jedermann ausgeliefert ist. Wenn sie es im Kleiderschrank läßt, wer wird es finden? Frau Šimoković, der sie den Zimmerschlüssel hinterlassen will, oder die Schwester, die man telegraphisch herbeirufen wird? (Auch über ihre Schwester hat sie unfreundlich geschrieben!) Was auch immer geschieht, es wird entsetzlich sein. Aber auch unvermeidlich, denn sie wird das Tagebuch nicht mehr schützen und verbergen können. Jetzt sieht sie sich tot daliegen, weit weg von diesem Zimmer, sehr weit weg, einsam, starr und fahl, ohne mehr irgend etwas zu wissen, hier aber ist ihr Tagebuch, ihr Geheimnis – das ist so unerträglich, daß sie sich bückt, nach dem Büchlein greift, es an die Brust drückt und sich weinend damit aufs Bett wirft. Zum erstenmal wird ihr klar, daß sie vielleicht sterben wird und was das bedeutet: völlige Einsamkeit, völliges Ausgeliefertsein, völlige Unwissenheit, die Unmöglichkeit, etwas für sich selbst zu tun. Sie weint lange, bis tief in den Abend, allein in ihrem Zimmer, wo der eiserne Ofen längst kalt geworden ist. Sie weiß, daß ihr das schadet, aber sie kann nicht anders als weinen und weinen, bis sie gegen Mitternacht angekleidet unter die Bettdecke schlüpft und einschläft, um noch im Schlummer von krampfhaftem Schluchzen geschüttelt zu werden.

Am Morgen muß sie hastig Feuer machen, sich waschen und anziehen, die Nachbarinnen um Übernahme der Pflichten bitten, die zu vernachlässigen sie gezwungen ist, sich von ihnen verabschieden und aufbrechen. Eine Entscheidung über das Tagebuch ist noch immer nicht gefallen. Soll sie es schnell im morgendlichen Feuer verbrennen, bevor sie es mit Wasser löscht? Davor schreckt sie abergläubisch zurück, sie hält das für eine Herausforderung an den Tod: Da bin ich, komm, ich habe nichts mehr. Dann überlegt sie, ob sie etwas unter dem heutigen Datum eintragen sollte, etwas Vernünftiges, eine Nachricht über ihr Fortgehen, um die früheren Gefühlsseligkeiten abzuschwächen, die sie zu sehr bloßstellen, jedenfalls soweit sie sich erinnert. Aber sie hat Angst, daß sie wieder zu weinen beginnt und nicht mehr die Kraft zum Fortgehen aufbringt (was vielleicht auch besser wäre, denkt sie), und da ihr keine Zeit zum Überlegen bleibt, verläßt sie die Wohnung unverrichteterdinge, verabschiedet sich noch einmal von Frau Šimoković, die, an einem Zuber voll eingeweichter Wäsche stehend, sich die Hand an der Schürze trocknet, um sie ihr zu reichen, und damit glaubt das Fräulein, bereits vergessen zu sein. Dem ist jedoch nicht so, denn für das ärmliche Viertel, in dem sie wohnt und das sich für das Weltgeschehen nicht interessiert, stellt ihr Fortgehen ein Ereignis dar; die Nachricht darüber verbreitet sich wie Ringe auf dem Wasser und erreicht auch sehr schnell die Mutter eines ihrer Schüler, Slavica Božić. Diese stellt weitere Erkundigungen an; sie erfährt, daß das Fräulein operiert wurde, und zwar von Dr. Boranović persönlich, und daß sie rechtzeitig aus der Narkose erwacht ist, was für eine gelungene Operation spricht. In ihr erwacht der ehrgeizige Gedanke, sich aus diesem Anlaß – da sie sonst mit den angeseheneren Eltern nicht Schritt halten kann – wenn schon nicht durch Stellung und Wohlhabenheit, so durch Aufmerksamkeit hervorzutun; sie nimmt den Sonntagsanzug ihres Sohnes aus dem Schrank und bürstet ihn, sie bügelt sein weißes Hemd und die weißen Socken und plant den Kauf eines riesigen Straußes, der diese Gala vervollständigen soll, aus Blumen der Saison, sie hat kürzlich Ringelblumen und Herbstrosen auf dem Markt gesehen. Milinko, um sein Einverständnis befragt, gibt es gehorsam wie immer. In der Schule vertraut er sich Sredoje Lazukić an und abends beim Stelldichein seiner Freundin Vera Kroner. Die beiden bringen die Sache daheim zur Sprache, dort wird der Schritt mit Zustimmung aufgenommen, und jenes geplante Bukett verzweigt sich zu dreien (völlig gleichartigen aus lauter Herbstrosen), und im weißgekalkten Krankenzimmer des Fräuleins im ersten Stock der zweigeschossigen Klinik trifft eine ganze Schülerdelegation ein. Anna Drentvenšek empfängt sie, denn sie hat keine Möglichkeit (und nicht die Kraft), sie abzuweisen, obwohl sie sich gerade an diesem Tag (einem Donnerstag) schlecht fühlt. Die Wunde hat am Vorabend geschmerzt und scheint sich heute eiternd über den ganzen Körper auszubreiten; ihre Wangen glühen, auf ihrer Brust liegt eine Last, sie hat keinen Appetit, nur Durst, aber Wasser bringt keine Erleichterung, ihre Lippen sind auch nach dem Trinken rissig und trocken, sie hat keine Energie in sich, aber das dringende Bedürfnis, aus dem Bett zu springen und an einen Ort zu laufen, wo es kühl ist und wo es keine Schmerzen gibt. Die Kinder treten ein und umringen das Bett, so daß sie glaubt, noch weniger Luft zu bekommen; statt zur Rücksicht zu mahnen, entzückt sich die fromme Schwester an den vielen Blumen und begibt sich auf die Suche nach einer größeren Vase; die Kinder schwätzen, fragen, wie sie sich fühlt, ob sie Schmerzen hat, wann sie aufstehen kann, und das Fräulein spürt auf einmal, wie sinnlos, wie unwirklich das alles ist und daß sie sterben wird. Sie schließt die Augen, und vor das Weiß des Zimmers tritt plötzlich der rote Fleck unter dem beiseite gezogenen Vorhang der Kleider, wie sie ihn neulich gesehen hat. Sie fährt zusammen, öffnet die Augen und bemerkt, daß die fromme Schwester – deren Rückkehr sie nicht wahrgenommen hat, also war sie ohne Bewußtsein – den Kindern erschrocken zu verstehen gibt, daß sie gehen sollen. Sie spürt den ängstlichen, fernen Blick der Kinder auf sich ruhen und hebt die Hand, um ihnen zum Abschied zu winken. Aber sie begreift im selben Augenblick, daß dies die Trennung von den letzten menschlichen Wesen aus ihrem Lebenskreis, daß es die letzte Möglichkeit ist, etwas gegen ihren Alptraum zu unternehmen, und sie ruft oder glaubt zu rufen, während ihre Lippen nur flüstern: »Vera! Herzchen! Komm zu mir!« Und sie bittet das Mädchen, das von der Schwelle umkehrt, nicht weil es den schwachen Ruf, sondern weil es den starren Blick der geweiteten Augen verstanden hat: »Komm näher«, und sie flüstert ihr ins Ohr (jetzt flüstert sie bewußt): »Wenn ich sterben sollte, geh in meine Wohnung, nimm das Heft aus dem Schrank, und verbrenn es.« Das Sprechen hat sie erschöpft, sie kann kaum die Lippen bewegen, hat auch keinen Speichel, um sie zu befeuchten, und mehr mit einem Hauch als mit der Stimme vergewissert sie sich: »Wirst du das tun?« Nachdem Vera genickt hat, schließt sie die Augen und bekommt einen Fieberanfall, so daß sie die hektische Eile der Pflegerinnen nicht mehr wahrnimmt, die sie entblößen und ihr Injektionen verabreichen; sie stirbt noch in der Nacht.

Vera erfährt es tags darauf von Milinko, zwei Tage später ist das Begräbnis, an dem sie pflichtschuldigst zusammen mit ihrer Mutter teilnimmt, also auch widerwillig, während sie die ganze Zeit beobachtet, wer die Mutter grüßt (ob auch Männer, und wie?) und wie diese sich verhält, ob sie Rührung und Trauer spielt wie die anderen Damen (ihnen gegenüber die vornehm blasse und häßliche Mutter von Sredoje), ob es auffällt, daß sie anders ist. Die Anspannung hindert sie selbst daran, traurig oder wenigstens betroffen zu sein über den Umstand, daß sie mit diesem Geschöpf, das unter Gebeten in die Erde gebettet wird, zwei Tage zuvor gesprochen, seine Hand berührt, aus seinem Mund den letzten Auftrag empfangen hat. Den Auftrag indes hat sie ständig im Sinn, und kaum hat die Erde den Sarg bedeckt und sich zum Hügel gehäuft, verläßt sie die Mutter mit dem trockenen Hinweis, sie habe in der Stadt zu tun, und begibt sich in die Stevan-Sremac-Straße, mehr um an Ort und Stelle über ihre Pflicht nachzudenken, als um sie sofort zu erfüllen. Aber als sie vor dem Haus angekommen ist, wo das Fräulein gewohnt hat, bleibt ihr nichts anderes übrig, als bis zum Ende zu gehen. Sie muß also auf Frau Šimoković warten, die ebenfalls beim Begräbnis gewesen ist und die doppelte Zeit braucht, um Arm in Arm mit ihrer Busenfreundin und unter Einlegung von Tratschpausen (der Pope hat das Gebet heruntergehaspelt, die Schwester ist nicht erschienen) nach Hause zu kommen. Sie freut sich über Veras Anwesenheit, die das Ereignis verlängert, und öffnet ihr bereitwillig und voller Neugier das Zimmer des Fräuleins. Beide prallen zurück: Hier ist es kälter als draußen. (»Dabei ist nur eine Woche nicht geheizt worden«, wundert sich Frau Šimoković). Sie machen Licht, denn drinnen ist es dunkel, und Vera geht sofort zum Schrank und öffnet ihn, als hätte sie das schon oft getan und wüßte, wo sich das befindet, was sie sucht, und sie erblickt sogleich am Boden des Schrankes das rotgebundene Büchlein. Sie greift danach, öffnet es flüchtig, bewegt Lippen und Augen zum Zeichen ihrer Vertrautheit mit dem Gegenstand und ihres Besitzrechts, lächelt und geht bereits an Frau Šimoković vorbei hinaus, die schriftliche Dinge zu sehr respektiert, als daß sie Verdacht schöpfen könnte. Keine spricht mehr ein Wort, sie trennen sich, aber Vera kommt sich vor wie eine Diebin. Dieses Gefühl begleitet sie noch, nachdem sie das Heft nach Hause getragen und abends im Bett heimlich gelesen hat. Dazu ist sie nicht berechtigt gewesen, das weiß sie, aber dennoch hat sie es nicht ungelesen verbrennen können. Und jetzt hindert sie die Kenntnis seines Inhalts daran, das zu tun. Sie hat das Gefühl, daß in diesem Heft ein ganzer Mensch enthalten ist, und zwar ein ihr bisher unbekannter, wenn auch auf andere Weise sehr bekannter Mensch, und daß die Vernichtung des Tagebuchs auch die Vernichtung der Möglichkeit bedeuten würde, ihn später, wenn die Überraschung vorbei ist, klarer zu sehen. Erst jetzt überfällt sie die Angst, die beim Begräbnis ausgeblieben ist: kann denn so leicht und schnell der verborgene Inhalt eines ganzen langen Lebens verschwinden? (In ihrem Alter kommt es ihr sehr lang vor: mehr als vierzig Jahre!) Sie spricht mit Milinko über ihre Unschlüssigkeit, er aber als Verfechter korrekten Verhaltens rät ihr, das Versprechen getreulich zu erfüllen. Dennoch vermag sie es nicht. Sie findet einen Mittelweg: das Tagebuch nicht mehr zu lesen, sondern bis zu einem späteren, reiferen Entschluß beiseite zu legen. Auf der Suche nach einem Versteck verharrt ihr Blick zuerst beim Kleiderschrank, doch sie schreckt sofort fast abergläubisch vor einer so offensichtlichen Wiederholung zurück. Nein, es wird sogar sicherer sein, wenn sie das Heft in ihrem Wandschrank für Bücher verwahrt, in den nie jemand schaut; dort wird es seinen Platz zwischen zwei Lehrbüchern aus den unteren Klassen finden, für Naturkunde und Mathematik, die dort, längst überflüssig, ihr Dasein fristen. Aber bevor sie das Tagebuch hineinstellt, es sozusagen beerdigt anstelle der versprochenen Einäscherung, glaubt sie, ihrer Entscheidung, die sie als eine Art Verzicht und zugleich Verrat empfindet, auch ein äußeres Zeichen der Erinnerung geben zu müssen. Sie setzt sich an den Tisch, schlägt das Buch auf und fügt in Fortsetzung der mit energischen, schrägen Zügen eingetragenen bekennerischen Notizen des Fräuleins auf der nächstfolgenden leeren Seite in ihrer runden Schrift den konzisen und nüchternen Satz »Anna Drentvenšek, gestorben am 19. Dezember 1940 nach einer Gallenoperation« wie ein Epitaph hinzu.

Und ebendieser Nachsatz wird Sredoje Lazukić veranlassen, das Büchlein an sich zu nehmen, nachdem er es vier Jahre später als Soldat der Volksbefreiungsarmee zufällig entdeckt haben wird. Zuvor wird er in einer Kolonne durch die Straßen der Stadt – einst seiner Stadt – ziehen, unter einem Triumphbogen mit Willkommensworten an die Befreier, also auch an ihn, er wird die Wangen geküßt bekommen von schönen drallen Mädchen, die von den Gehwegen auf die Soldaten zustürzen und sie mit Blumen überschütten, um gleich darauf zurückzubleiben und zu verschwinden; er wird in der Menge auf dem Hauptplatz untertauchen, um die Ansprache eines unbekannten Offiziers mit dem Barett eines Spanienkämpfers zu hören; am Abend wird er in der Kaserne einziehen und dann an einem Tanzvergnügen teilnehmen, auf dem er so lange versucht, die Sanitäterin Valerija aus Slawonien zu erobern, bis ihre Freundin sie in einen kleineren Nebenraum entführt, wo die Offiziere mit dem Brigadekommandeur an der Spitze feiern, den er noch, als die Tür sich öffnet, armeschwenkend auf einem weißgedeckten Tisch tanzen sehen wird. Er wird das Gefühl haben, daß unbefugte Menschen, zu denen er freilich auch selbst gehört, auf etwas herumtrampeln, das sein eigen ist, und dieses Gefühl wird ihn auch tags darauf nicht verlassen, als er in Erwartung des Abmarschs an die Front durch die Straßen von Novi Sad spaziert. Überall Schmutz und Brandspuren, buntgemischte, feiernde Menschenmassen, Lärm. Er wird unter innerem Widerstreben zu seinem einstigen Haus gehen wie zum Friedhof; er wird es von der Straßenecke aus betrachten, einsam wie ein Turm und von der Kuppel gekrönt, an der seinem Vater, als er es baute, besonders gelegen war. Er wird klingeln und erleichtert begreifen – weil ihm eine fremde junge Frau mit einem Kind auf dem Arm (das wohl als Schutz dienen soll) öffnet –, wie sehr er sich gefürchtet hat, im Haus, in seinem Nest jemanden anzutreffen, der weiß, daß man seine Mutter von hier fortgebracht und erschossen hat, und der vielleicht sogar mitschuldig ist. Dieser fremden Frau kann er freimütig sagen, wer er ist, und er wird ihrer ängstlichen Aufforderung, einzutreten, ganz natürlich folgen; er wird die Räume abschreiten wie bei einer Hausdurchsuchung und mit dem Blick fremde Gegenstände streifen, die auch das Zimmer, das einmal das seinige war, völlig verändern; er wird schließlich den Garten aufsuchen, der bis auf die drei vom Vater im Namen der Söhne gepflanzten Kiefern verödet ist, wird sich umdrehen und weggehen. Aber nach diesem ersten Schritt wird er immer tiefer in den klebrigen Bodensatz der Vergangenheit geraten; statt in die Kaserne oder auf den Markt zu den Feiernden zurückzukehren, wird er andere bekannte Plätze in der Reihenfolge aufsuchen, wie sie ihm unterwegs einfallen, die Konditorei »Labud«, den Park, die Kathedrale, das Gymnasium; er wird bei Milinko vorbeischauen und von dessen Mutter erfahren, daß sein ehemaliger Schulfreund ebenfalls seit kurzem Soldat ist; er wird durch die Fenster der einstigen Wohnung des Fräuleins blicken und schließlich auch zum Haus von Vera Kroner gelangen. Da er vor dem Krieg nie in diesem Haus gewesen ist (sosehr er sich das gewünscht hätte), bleibt er zögernd vor dem Tor stehen, aber der Anblick der Unordnung im Hof und der weitgeöffneten Haustür wird ihn davon überzeugen, daß dies eine verlassene Wohnstätte ist, die er ruhig betreten kann. Verstreute, kahle Möbelstücke, zertrampelte Böden ohne Teppiche, zerschlagenes Geschirr. Er wird so empfindungslos durch diese Ödnis gehen, wie er durch die Straßen gegangen ist, wird instinktiv das Zimmer suchen, wo Vera einstmals wohnte, und es, obwohl er es nie gesehen hat, sofort an den weißen Möbeln erkennen und an dem Fetzen weißer Gardine, der am Griff des offenen Fensters flattert wie die weiße Fahne eines Besiegten. Er wird den Kleiderschrank öffnen und sich überzeugen, daß er leer ist, ausgeplündert. Er wird zwei ebenfalls leere Schubladen herausziehen. Sein Blick fällt auf einen Wandschrank mit offenstehenden weißen Türen, in dessen Fächern Bücher aufgereiht sind. An denen hat sich natürlich niemand vergriffen, wird er spöttisch lächelnd denken. Aber als er näher tritt, werden ihn die Titel auf den schmalen Rücken der Schulbücher fesseln, der nämlichen, die er einstmals selber mühsam durchgearbeitet hat; er wird sie genauer in Augenschein nehmen und zwischen ihnen ein fremdartiges, rotgebundenes Büchlein entdecken, es aufschlagen, überrascht sein, als er handgeschriebene deutsche Worte darin findet, aber er wird die Schriftzüge nicht identifizieren, obwohl sie ihm irgendwie bekannt vorkommen, bis er beim Blättern zur letzten Seite gelangt und eine andere Handschrift sieht, von der er sofort weiß, daß sie Vera gehört. »Anna Drentvenšek, gestorben am 19. Dezember 1940 nach einer Gallenoperation.« Die ganze Vergangenheit wird für ihn zurückkehren, in ihn einströmen wie ein unterirdischer Fluß; er wird das Büchlein in seine Uniformjacke einstecken und in die Kaserne laufen. Dort wird er es lesen, jedoch enttäuscht sein: das Fräulein, das er selbstbewußt bis zur Starrköpfigkeit gekannt hat, erscheint ihm plötzlich sentimental und hilflos gegenüber dem Leben. Dennoch wird er das Tagebuch als einzigen vor der Brandschatzung geretteten Gegenstand verwahren und es erst fünf Jahre später nach Absprache mit dem einzigen Menschen, dem es ebenfalls etwas bedeutet hat, dem Feuer überantworten. Er wird nicht wissen, daß noch eine unsichtbar vom Existenzkreis des Tagebuchs eingeschlossene Person am Leben ist: Milinko Božić, Patient eines Krankenhauses für namenlose Soldaten in Sauerkammermünde. Ohne Arme und Beine, ohne Augen, mit zerstörten Trommelfellen und Stimmbändern, bis zum Hals verhüllt von einer Decke, unter der ein Gummischlauch zu einem Gefäß am Boden führt. In Zeitabständen, die er nicht ermessen kann, kommt jemand zu ihm, läßt frische Luft herein, die ihm manchmal das Gesicht kühlt, wobei sich in diesen Hauch auch der Duft von etwas anderem mischt, der Duft von Schweiß und Seife und Haut, an dem Milinko eine Frau erkennt, eine Hand deckt ihn auf, nimmt den Schlauch von seinem Glied, ein mit warmem Wasser getränkter Schwamm streicht ihm über Gesicht, Hals, Brust und Schenkel, ihn berühren einmal weiche und warme, einmal kalte und harte Hände, sie packen ihn und drehen ihn auf den Bauch, der Schwamm streicht ihm über Rücken und Gesäß, er wird zurückgerollt, bekommt den Schlauch ans Glied und die Decke über den Rumpf. Jetzt schiebt sich ein anderer Schlauch in seinen Mund, und er nimmt saugend Schluck um Schluck der mäßig warmen, salzigen und zugleich süßen Nahrung auf. Er kann nicht bekunden, wann er genug hat, aber das ist offenbar an irgend etwas zu erkennen, denn der Zufluß der Nahrung hört gewöhnlich auf, sobald er gesättigt ist, und dann bekommt er Wasser auf demselben Weg. Alles hört auf bis zum nächsten Besuch. Dann spürt er wieder jene Welle von Gerüchen, die sich langsam verflüchtigt und ihn verläßt, und er versucht nachträglich zu erraten, zu was für einer Frau sie gehört, zu einer zarten und schwarzhaarigen oder zu einer fülligen, farblosen, die er in einem anderen Geruch erahnt. Manchmal scheint ihm, daß die Frau, die sich ihm nähert, rothaarig ist, und bei der Erinnerung an Vera schreit er lautlos auf. Er kann nur diesen stummen Schrei ausstoßen, denn er weiß nichts: weder wo er sich befindet, noch wie er hierhergelangt ist, noch warum er sich überhaupt irgendwo befindet. So auch, wenn er sich aus Anlaß des Tagebuchs von Anna Drentvenšek erinnert, daß es einmal – was ist einmal? – irgendwo – was ist irgendwo? – erwähnt wurde, auf der Straße, als er die Beine bewegte, denn er hatte sie, falls er sie wirklich hatte, neben einem Mädchen, falls es dieses Mädchen wirklich gab, das mit ihm über das Tagebuch gesprochen hat – obwohl er nicht sicher weiß, was Sprechen ist –, da schreit er wieder lautlos auf, und das ist der Ausdruck seiner Wahrnehmung dieses Gegenstands.

Wohnstätten. Das Haus der Familie Lazukić mit der Kuppel, auf Betonpfosten in den widerspenstigen, lockeren, den Winden ausgelieferten Sand der Donauebene getrieben. Die Fassaden mit drei halbkreisförmigen Ausbuchtungen, im Erdgeschoß und in den beiden oberen Stockwerken, mit je einem dreiflügligen Fenster. Zur Straße ein schmiedeeisernes Gitter, dessen Pforte mit lautem Schnappen einrastet; zur Hofseite eine Terrasse, von der links und rechts Stufen in den Garten mit seiner Rasenfläche und den drei trigonal angeordneten Kiefern führen. In der Luft der Geruch nach Wasser und Rost, über dem Dach der Flug einer weißen, mit menschlicher Stimme schreienden und lachenden Möwe. Kühle Sauberkeit, die Zimmer auch sommers zugig, winters warm nur in der Nähe der Kachelöfen, die gegen Morgen erkalten. Neue, polierte, weiträumig aufgestellte Möbel. Rufe von Zimmer zu Zimmer, trügerische Echos. Mißverständnisse, Ermüdung. Das Haus der Kroners im alten Zentrum von Novi Sad, in der kurzen, schmalen, dumpfen Straße hinter der evangelischen Kirche, wohin Wasserleitung und Kanalisation später gelangen als an die Peripherie. Eine strenge, gerade Fassade, asymmetrisch geteilt durch das breite, überwölbte, stets offene Tor, das den Weg freigibt in den quadratischen, asphaltierten Hof voller abgestellter Kisten und Fässer, Abfälle von Johannisbrot und winters Apfelsinenschalen. Die Zimmer in beiden Hausflügeln groß, wegen der schmalen Fenster dämmrig, vollgestopft mit einem Konglomerat aus altertümlichen, schon wurmstichigen und neuen, teuren Einrichtungsgegenständen. Geräumige, kalte Küchen, Speisekammern mit vielen leeren Flaschen und Einweckgläsern, ein Bad, wo die im Durchgang aufgehängten Handtücher zu Boden fallen. Im Hintergrund des Hofs, separat, das düstere Lagerhaus mit seinen vieläugigen staubigen Fenstern, dem durch einen Holzverschlag abgeteilten Büro und von außen geschürzt durch ein Bord in Höhe einer Ladefläche. Das Haus mit der Wohnung von Milinko und Slavica Božić neben der Kavalleriekaserne, wo die Fahrbahn schon aus Schotter ist und gesäumt von Gräben voller Schlamm und Abfall, die sommers mit Gras bewachsen sind wie ein Greisenohr mit Haar. Das Gebäude niedrig, gedrungen, grenzt im Hintergrund des Hofs an die hölzernen Schuppen und Gemeinschaftsklosetts vor dem Gemüsegarten. Fliegen- und Bienenschwärme, auf den Dächern Tauben. Der Zutritt zur Wohnung durch die Küche mit dem blankgeputzten Herd, der Nähmaschine, dem Spülbecken, das jedes Jahr neu geweißt wird. Dahinter das Zimmer: getrennte Ehebetten, dazwischen ein Tisch und Stühle mit senkrechter Lehne, ein Schrank, auf dem dicht gedrängt Gläser mit Kompott und eingemachten Paprika stehen, deren Etiketten Jahreszahlen tragen. Zwei Straßen weiter in einem kleineren, ebenerdigen Haus die Wohnung von Anna Drentvenšek. Stube und Küche. Ein altes Bett, ein Schrank, ein mit grünem Tuch bezogener Tisch und eine Etagere voller Bücher, meist Lehrbücher und Nachschlagewerke, die vom häufigen Gebrauch zerfleddert sind, aber auch ein paar Romane sowie *Geflügelte Worte* in deutscher Sprache. An der Wand ein Landschaftsbild in Öl, gekauft von einem jungen Maler, der seine fertig gerahmten Werke eines Winters vor den Haustüren angeboten hat. In der Küche ein rostiger Eisenherd, eine Kredenz, ein Tisch, ein paar Schemel, eine elektrische Kochplatte, auf der das Fräulein in der Regel das Essen bereitet, hastig, ungeduldig, denn der Raum ist kalt. In der zweiten Etage eines vornehmen vierstöckigen Belgrader Eckhauses eine Einzimmerwohnung. Klobige, schwere Möbel, eine Wanduhr mit Glockenspiel, ein Dutzend Ikonen an den Wänden, alles vernachlässigt, von Zigarettenrauch durchtränkt. Gastwirtschaften in Novi Sader und Belgrader Katen, deren einstmals weiträumige Höfe nachträglich mit Sommerküchen, Schuppen, Waschhäusern, Vereinszimmern vollgebaut worden sind; ihre Abfälle erstikken Gras und Unkraut und den letzten, nicht beschnittenen Obstbaum. Das Lazarett in Sauerkammermünde auf einem 546 Meter hohen Hügel mit einer asphaltierten Zufahrtsstraße, die vor dem Tor endet. Eine hohe Ziegelmauer, dahinter vier gleiche quadratische zweistöckige Gebäude, plaziert wie die vier Punkte auf einem Würfel; in jedem 32 Zimmer, darunter je ein Arztzimmer und ein kleiner Lagerraum für Medikamente. Jenseits der Pforte hinten in der Mauer auf einer Waldlichtung Grabhügel mit Holzkreuzen ohne Namen. Das Lager Auschwitz unweit von Krakau in Polen. Dutzende Hektar Boden hinter hohen Stacheldrahtzäunen, langgestreckte, niedrige Baracken, Verwaltungsgebäude, rußige Werkhallen, ein weißgekalktes, ebenerdiges Bordell, ein Krankenrevier, ein Bunker mit Folterkellern und einer Mauer für Hinrichtungen, das Ganze überragt von den storchbeinigen Wachtürmen und dem runden Schornstein des Verbrennungsofens – des Krematoriums.

Die Übersiedlung des Fräuleins nach Novi Sad: ein Schiffbrüchiger setzt den Fuß aufs Festland. Ein unrühmliches Festland, wo die besten Eingeborenen jene aus der untersten Gesellschaftsschicht sind – Fuhrleute, Maurer im Tagelohn –, denn sie arbeiten zuviel und für zuwenig Geld, um sich Laster erlauben zu können. Jeden Samstag baden sie in der Küche in einem Zuber, den ihre Frau mit heißem Wasser gefüllt hat, ziehen saubere Kleidung an und gehen ins Wirtshaus, um sich zu betrinken und nach der Heimkehr die Frau zu verprügeln und zu schwängern. Alle anderen kranken an dem Gift, nicht völlig erniedrigt zu sein: sie streben nach etwas. Sie lesen die Wochenillustrierten und wären gern Millionäre oder Polizeiinspektoren, aber nur deshalb, um märchenhafte öffentliche Häuser eröffnen oder ihren Mitmenschen solches verbieten zu können. Diese Meinung über die Stände teilte indes das Fräulein nicht, obwohl sie in Novi Sad billige Unterkünfte bewohnte, eben in der Nachbarschaft des genügsamen Arbeitsvolks. Sie stammte aus einer gänzlich anderen Region, aus den Weinbergen des Zagorje an den Ausläufern der schneebedeckten Alpen, aus einem Städtchen mit hochländisch sauberen Straßen, aus einem Haus mit grünen Fensterläden, das erbarmungslos gelüftet wurde und wo man sonntags mit dem Pfarrer über die Unbesiegbarkeit des Glaubens und über die schulischen Leistungen der Kinder sprach. Als Deutsche, zumal in der herausfordernden Umgebung der slowenischen und kroatischen Mehrheit, als Kind eines lahmen Uhrmachers, dem die Frau durchgebrannt war, kaum daß die beiden Töchter das fünfte beziehungsweise siebente Lebensjahr erreicht hatten, legte sie besonderen Wert auf Benehmen und Ausdrucksweise, auch auf das Bekenntnis zu ihrer Herkunft, denn es galt zu bestehen, der Isolierung und den moralischen Schatten zum Trotz. Wegen dieser Eigenheit, die er vielleicht für ein Zeichen hielt, das Wohlstand verriet, machte sich ein Notariatsschreiber an sie heran, ein hochgewachsener, starkknochiger, sonnengebräunter Slowene mit

Hakennase und struppigem, aschblondem Schnurrbart, und kaum waren sie verheiratet, überredete er sie (im Bett war er sehr draufgängerisch), ihr Erbteil als Ergänzung zur eher mäßigen Mitgift einzufordern, damit man nach Zagreb umziehen und sich selbständig machen könne. Dieses selbständige Unternehmen sollte eine Art Anwaltskanzlei, eigentlich eine Beratungsstelle sein, da Janez Drentvenšek nicht Jura studiert, sondern nur eine Neigung zum Fach hatte; und es entpuppte sich als Souterrainlokal in einer Seitenstraße der Zagreber Altstadt mit einem Firmenschild in Höhe des Gehwegs, dessen grellfarbige, von Drentvenšek aus einer Reportage über das amerikanische Geschäftsleben kopierte Aufschrift verhieß: »Rechtshilfe! Die Lösung Ihrer Probleme liegt hinter dieser Tür!« Dennoch stieg niemand mit seinen Sorgen über die wackligen Stufen in die ehemalige Schuhmacherwerkstatt mit ihrer neuen, verlockenden Werbung hinab, und ihr ganzer Umsatz beschränkte sich auf die Entrichtung des Mietzinses. Weitere Beträge gingen für das möblierte Zimmer drauf, das die Neuvermählten in der Nähe des »Büros« gemietet hatten und wo Anna Drentvenšek aus Sparsamkeit auf dem silberbronzierten Eisenherd Graupen und Grieß mit Würstchen kochte, denn von der Tante, welche sie und ihre Schwester anstelle der davongelaufenen Mutter erzogen hatte, wußte sie, daß dies eine zwar billige, aber »herzhafte Nahrung« war und von den Männern gemocht wurde. Drentvenšek jedoch war kein Utilitarist, er liebte Luxus, Wiener Schnitzel, Bier, helle, warme Räume, in denen Musik spielte, und unter dem Vorwand dringender Geschäfte blieb er von zu Hause fort. Tatsächlich sah er sich die Auslagen in der Ilica an und aß in Restaurants zu Abend. So lernte er eine vollbusige, etwas über dreißigjährige Garderobiere mit starkem Damenbart kennen und tat sich mit ihr zusammen, vor allem weil es ihm um Vorrecht und Vorwand ging, in Lärm und Qualm bis zur Schließung des Lokals auf sie zu warten, statt sich daheim zu langweilen. Dort saß Anna weinend, weil er nicht einmal mehr zu ihr ins Bett kam, nächtelang bei dem allmählich auf dem Herd verkohlenden Grieß. Bei Tag, wenn sie mit geröteten Augen aus ihrem einsamen Zimmer auftauchte, fand sie Vergessen in der Gesellschaft der Vermieterin, der Witwe Tkalec, die ebenfalls Deutsche war und in ihrer lange zurückliegenden Ehe ähnliche Enttäuschungen erlebt hatte, denn ihr Mann, ein begabter Musiker und halbwegs Komponist, war früh an einer Lungenkrankheit gestorben, nachdem er keine Kinder mit ihr gezeugt, sie aber durch seine Nörgelei reichlich gequält hatte. Der einzige lichte Punkt in der Erinnerung an das gemeinsame Leben war für die alte Frau dessen Beginn, als sie, mit dem Fähnrich und Trompeter Tkalec frisch vermählt, in dem für sie ersten dienstlichen Hafen einlief (tatsächlich reisten sie, aus Wien kommend, per Schiff, in einer Kabine – es war zugleich ihre Hochzeitsreise), nämlich in Novi Sad, einer Stadt weit im Osten, aber wie Wien an der Donau gelegen und weitgehenddeutschsprachig und mit einer mächtigen militärischen Festung am jenseitigen Ufer, wie eine Art Schönbrunn. Alles dort hatte, so schien es ihr jetzt, in rosigen Farben geschwommen wie in einem Duftwasser. Die Donau rosig im Sonnenuntergang, rosig die Luft frühmorgens und die Frühjahrsblüte der Obstbäume, die Stimme des Mannes aus dem rosigen Garten, wo er Kinder, deren Eltern sich um seine Diensteals Privatlehrer rissen, im Violin- und Trompetenspiel unterwies. Ihre farbigen Geschichten strömten unversiegbar durch die einsamen Tage Anna Drentvenšeks und eröffneten unerwartet einen Ausweg, als Janez Drentvenšek nach Veräußerung der Möbel im Büro, für das er, wie sich herausstellte, zwei Monate lang die Miete nicht bezahlt hatte, und unter Mitnahme seiner persönlichen Gegenstände samt dem gemeinschaftlichen Koffer verschwand. Die junge Frau stand mittellos da in einer Stadt, wo sie nur Demütigungen erlitten hatte, in der Nähe ihres Städtchens, wohin es für sie keine Rückkehr gab – was war natürlicher, dringender, als weit weg zu gehen? Möglichst weit. Dorthin, wo die Menschen noch einfach waren, wo Wohlstand und der natürliche Reichtum des Tieflandes herrschten. Unter Tränen machte sie sich reisefertig, unter Tränen segnete die Vermieterin sie, voller Neid auf ihre Jugend, die in jener schönen, milden Gegend noch zur Blüte gelangen würde.

Aber in Novi Sad kam sie (mit dem Zug) während eines Sommergewitters an, das den ungepflasterten Bahnhofsvorplatz in einen Morast verwandelte, und sie stöckelte auf hohen Absätzen zum nächsten Hotel voller Bauern und durchreisender Händler. Dort, in der oberen Etage, hörte sie bis zum Morgen das Jaulen der Sängerin im Restaurant im Erdgeschoß und das Lachen der Kellnerinnen, die ihre Gäste in die Nachbarzimmer begleiteten. Tags darauf machte sie sich auf die Suche nach einem möblierten Zimmer und mietete es wegen des niedrigen Preises in einem jener Vorstadthäuser mit Wasserpumpe und Plumpsklosett, die fortan den Rahmen ihres Lebens darstellen, ihr Unzufriedenheit, Kopfschmerzen, Appetitlosigkeit verursachen sollten. Der Kiesboden und die klaren Bergwasser sollten hier, im Reich des Sandes und der klebrigen Schwarzerde, Gegenstand des Heimwehs sein, und ihre Augen sollten auf den grauen, sommers glühenden und in den anderen Jahreszeiten schlammigen Gehwegen, im üppigen Grün der Gärten, am milchweißen, wolkenzerfetzten Himmel vergebens das verheißene Rosarot suchen. Die Lebensmittel, die sie einkaufen kann, werden nach dem Sand schmecken, den der Wind durch die Straßen fegt und unter Tür- und Fensterritzen in die Räume bläst; die Menschen um sie werden träge und listig sein, sie mit verlegenem Blinzeln ansehen oder in dem Versuch, das Geheimnis zu durchschauen, weshalb sie zu ihnen gekommen ist. Sie aber wird sich an ihre heile Kindheit erinnern, an ihren guten Vater, der nicht zusammenbrach, als er, treulos verlassen, mit den kleinen Kindern dastand, sondern beharrlicher denn je vom Haus zum Markt humpelte, vom Markt zum Haus, von der Stube zur Werkstatt, von der Werkstatt zur Stube und zur Kirche und zum Rathaus und sich aufrecht und erhobenen Hauptes vor die Töchter stellte wie ein Wall der Ehrenhaftigkeit. Jetzt war sie ihr eigener Wall und machte sich steif, um nicht gebeugt zu werden. Den Menschen begegnete sie höflich, aber distanziert ob ihrer andersgearteten Erziehung. Sie suchte Arbeit und fand sie durch die Lektüre von Annoncen in der lokalen Presse, meist bei Kindern der Wohlhabenden, die sie hütete und pflegte anstelle der verhätschelten Mütter, aber sie träumte eingedenk dessen, was Frau Tkalec über Trompeten- und Violinunterricht im Garten erzählt hatte, bereits vom Stundengeben, allerdings mit dem Wohlklang ihrer Muttersprache im Gegensatz zum Kratzen und Kicksen jener Instrumente. Nun gab sie ihrerseits Annoncen auf, und sobald sich die ersten Schüler meldeten, quittierte sie die Dienste als Kinderfräulein und war von da an nur noch das Fräulein. Um unterrichten zu können, benötigte sie eine eigene – wenn auch billige, in derselben ärmlichen Gegend gelegene – Wohnung, gebrauchte Möbel auf Ratenzahlung; zugleich mußte sie auf die üppige Hausmannskost verzichten, die sie während ihrer bisherigen Tätigkeit bekommen hatte. Sie aß jetzt häufig trockenes Brot und trank – wegen beginnender Magenbeschwerden – Tee aus Kamille, die sie gegen Sommerende sorgsam auf dem Brachland vor der Stadt sammelte und in ihrem Verschlag auf dem Speicher trocknete. Es kam vor, daß ihr vor Hunger übel wurde, aber jedesmal, wenn sie schon verzweifeln wollte, fand sich eine Nachbarin oder die Mutter eines Schülers, die sie zum Vesperbrot einlud oder ihr Kuchen zum Kosten schickte. Inzwischen sprachen sich ihre Gewissenhaftigkeit, der schulische Erfolg ihrer Zöglinge sowie das bescheidene Honorar für ihre Stunden bei den Stadtbewohnern herum, die um die Zukunft ihrer Kinder besorgt waren, wobei zu dieser persönlichen Reputation auch das wachsende Ansehen jener Macht beitrug, die sie, nolens volens, durch die gemeinsame Sprache repräsentierte. Sie bekam wieder Boden unter die Füße. Da stand eines Tages Janez Drentvenšek vor ihrer Tür, abgemagert und mit ergrautem, hängendem Schnurrbart, mit verschlissener Kleidung und speckigem Jägerhut, eben aus dem Gefängnis entlassen, wo er wegen Unterschlagung gesessen hatte. Er bat sie um Verzeihung, versprach, sich bessern und arbeiten zu wollen, und sosehr sie auch von ihm enttäuscht war, sie gab nach. Zwei, drei Tage war er höflich und brav, machte während ihrer Stunden lange Spaziergänge und grüßte die Nachbarn mit schwungvoll gezogenem Hut, aber bald darauf verlangte er Geld für Zeitungen und Zigaretten, ja sogar fürs Wirtshaus, denn Arbeit, so meinte er, sei nicht ohne Beziehungen zu bekommen. Die habe er inzwischen, ebenso viele nützliche Ideen, nur daß man dafür Bares investieren müsse. So wiederholten sich die alten Streitigkeiten und Ängste, mit dem Unterschied, daß das Fräulein weniger leichtgläubig und überdies verpflichtet war, täglich sechs oder sieben oder acht Stunden lang korrekt Unterricht zu geben. Sie wurde nervös, aß nichts mehr, erbrach Galle; zugleich beschwerten sich die Hausbesitzer über die allnächtliche Ruhestörung. Sie verlangte, daß der Mann fortging, er verlangte das Geld für die Reise und für die Gründung einer neuen Existenz an anderem Ort. Wieder mußte sie eine Anleihe aufnehmen und dann zurückzahlen. Sie hatte ständig etwas abzuzahlen, für etwas zu sparen, und stets gelang es ihr, Ersparnisse zu machen, abzuzahlen, abzuarbeiten, nur daß die Geldsorgen – und damit die Unzufriedenheit – an ihr fraßen. Sie war immer häufiger krank, und die Krankheiten überschatteten immer mehr jene Erwartungen, die sie nach wie vor hegte seit den rosafarbenen Schilderungen der Witwe Tkalec einschließlich der aus dem Garten ertönenden Männerstimme, welche sie einmal mit diesem, einmal mit jenem Bekannten oder Verehrer in Verbindung gebracht hatte. Sie sah allmählich ein, daß sie, einmal selbständig, allzu selbständig geworden, allein bleiben würde und daß sie dem Alleinsein nicht gewachsen war. Und da sie in dem mißtrauischen, nur aufs leibliche Wohl bedachten Novi Sad niemanden hatte, dem sie sich anvertrauen konnte, begann sie Tagebuch zu führen.

Die Anwesenheit einer deutschen Lehrerin in Novi Sad bedeutete für Nemanja Lazukić eine Chance, seine langgehegte Idee von der Entsendung eines trojanischen Pferdes in das Lager des Feindes zu verwirklichen. Der Feind seines Volkes, also auch der seinige, waren die in der Vojvodina angesiedelten Deutschen, die im Schutz des erstarkten Dritten Reichs den Serben das fruchtbarste Land weggeschnappt, geräumige Häuser darauf gebaut und diese mit ihrer scheinbar blutarmen und schlaffen, jedoch fleißigen und zielstrebigen Brut angefüllt hatten. Lazukić selbst war in dieser Region mit ihrem Völkergemisch ein Zuwanderer aus Serbien; nicht nur daß er kein Deutsch verstand, sondern er vermochte sich nicht einmal vorzustellen, daß man diese knarrende Sprache (die er, von der Schulbank weg Soldat geworden, aus den Schützengräben jenseits seines Gewehrlaufs vernommen hatte) ohne Widerwillen artikulieren konnte, und für ihn war es seit seiner Ankunft in Novi Sad, dem sogenannten serbischen Athen, unfaßbar, daß ein ziviles, äußerlich normales und menschenähnliches Wesen es dennoch tat, es in seiner Hörweite tat. (Ihn störte auch das hier noch viel geläufigere Ungarische, doch von dieser Seite sah er keine Gefahr: »Die Ungarn«, pflegte er zu sagen, »verputzen wir zum Frühstück.«) Mit konzentriertem Haß beobachtete er alle öffentlichen und privaten Aktivitäten der Deutschen: wie sie reich wurden und erstarkten, indem sie patriotische Organisationen gründeten, Eroberungsideen proklamierten, ihre Bilder, Embleme, Fahnen zur Schau stellten. Sie taten alles, was seiner Meinung nach die Serben an diesem ihrem mit dem Schwert und unter seiner, Lazukićs, aufopferungsvollen Teilnahme erkämpften Vorposten hätten tun müssen, was sie indes leider nicht taten oder nicht zu tun verstanden. Und was am schmerzlichsten war, er selbst hatte es nicht gekonnt, wie sich herausstellte. In Novi Sad war er nach Abschluß des Studiums, das sich des Krieges wegen in die Länge gezogen hatte, als erklärter Missionar des Serbentums eingetroffen. Statt dessen wurde er – und blieb es lange –

Assessor bei dem Advokaten Matković, einem Kroaten katholischen Glaubens, der offen dem zivilisierten Österreich-Ungarn nachtrauerte und bei Prozessen meist Deutsche und Juden vertrat, weil sie zahlungskräftig waren. Bei Dr. Matković hatte Lazukić außer Entlohnung auch Logis, nämlich ein Zimmer mit weichem Diwan und dicken grünen Plüschvorhängen, die morgens weder Licht noch Straßenlärm hereinließen; im Halbdämmer dieses Raums und des schattigen Hofes davor erschien ihm Klara, die blasse und zarte, über dreißigjährige Tochter des Prinzipals, wie eine Vision der reinen Unschuld, und so ging er in das Netz, das die Eltern Matković in ihrer Verzweiflung ob der unvermählten Einzigen für ihn knüpften. Er zählte darauf, daß ihr von herzegowinischen Ahnen ererbtes Blut sich am Feuer seines frischen, jüngeren Stammes erhitzen und zahlreiche Nachkommenschaft zeitigen werde: drei Söhne gedachte er mit ihr zu haben und Töchter, so viele wie nötig waren, solange der Wunsch nach den Stammhaltern nicht in Erfüllung ging. Aber nach dem zweiten Sohn erkrankte die Frau ausgerechnet an der Gebärmutter; die in Zagreb ausgeführte Operation vereitelte seine weiteren Hoffnungen. Da wandte er sich auch öffentlich gegen die Deutschen wie ein Ritter, dem man den Schild aus der Hand geschlagen hat und dem nur noch der Angriff bleibt. Er kündigte den Dienst beim Schwiegervater auf und fand andere Mandanten, serbische Unternehmer und Politiker; er gewann einige große Prozesse und errichtete auf Kredit eine Villa außerhalb der Stadt, in Donaunähe, wo sich die neue herrschende Schicht niederließ. Mehr jedoch als um den eigenen Wohlstand sorgte er sich um das Geschick der Nation, und er engagierte sich leidenschaftlich für die kleine, jedoch von der Regierung gestützte nationalistische Partei, in deren Zeitung er schäumende Angriffe auf die Niedertracht und die Minderwertigkeit der Deutschen veröffentlichte. Diese Artikel blieben allerdings ohne wirkliches Echo, denn anstelle beweiskräftiger Fakten, welche die paar Leser von ihnen erwarteten, wimmelten sie von wehleidigem Gestammel und leeren Beteuerungen. Wenn er sich nach der Ursache fragte, mußte sich Lazukić eingestehen, daß er den Feind, den er so abgrundtief haßte, leider zuwenig kannte; in der Einsicht, daß es für ihn selbst und seinen älteren Sohn Rastko – der, körperlich schwach, willenlos, in sich gekehrt, der Mutter ähnelte – zu spät war, dem schmerzlichen Mangel abzuhelfen, beschloß er, wenigstens Sredoje, den Großköpfigen, Brünetten, Aufbrausenden und damit seinen eigentlichen Nachkommen, für den Kampf Mann gegen Mann zu rüsten, und fürs erste schickte er ihn in den Deutschunterricht beim Fräulein.

Ähnlich Lazukić, wenn auch aus entgegengesetzten Motiven, schickte Robert Kroner seine Tochter Vera – da der Sohn sich weigerte – zum Fräulein, weil das Deutsche, eigentlich das lokale Schwäbische, die Muttersprache seiner Kinder war, so wie für ihn das Jiddische, ebenfalls ein Entwicklungszweig des Deutschen. Beide Entwicklungszweige degeneriert, mit unzulässigen Verkürzungen und Weitschweifigkeiten, regelwidrig und jenseits des Normalen, so wie ihm sein ganzes Leben vorkam. Sein Haus war erfüllt von Vorzeichen wie von schwarzen Nagern. Seine Mutter, das Tuch um den rasierten Kopf, schweigend im finsteren Winkel ihrer Wohnung an Gebete, Fasten, rituelles freitagabendliches Entzünden von Kerzen hingegeben, schien durch übertriebenen Glaubenseifer die Sünden des Sohnes und der Enkel büßen zu wollen, die durch die körperliche Nähe und das Blut der nichtjüdischen Schwiegertochter, einer Dienstmagd und Schlampe, entehrt waren. Und dann sie, die Schwiegertochter, seine Frau, ungebildet, von zweifelhafter Vergangenheit, mit dem bleichen, in Hunderten nächtlicher Transpirationen zerschwitzten, in Hunderten nächtlicher Feuer versengten, in Hunderten nächtlicher Tabakorgien geräucherten Körper, der einzig zum Zeugungsakt taugte, einem ihm allerdings verwehrten Akt. Kroner, der dasaß wie Richter und Täter in einer Person, einmal im Büroverschlag des Großhandelsgeschäfts, dann wieder gegenüber in der Wohnung, empfand diese vom Üblichen abweichenden Verhaltensweisen wie das Rollen rasender Räder unter den Fundamenten, das ihn richtungslos und unkontrolliert mit sich riß, einem schmählichen Abgrund entgegen. Er verschloß davor die Augen. Aber auch ohne zu sehen, hörte er die fehlerhafte, vielstimmige, kreischende und schrille Redeweise von Kindern, Frau und Mutter, und ihm schien, daß diese sprachliche Monstrosität sowohl Ausdruck als auch Beweggrund einer elementar falschen Lebensart sei. Er selbst hatte, nach Beendigung der Handelsschule von seinem vorausschauenden und großzügigen Vater nach Wien geschickt, vier Jahre als Volontär und später als Kontorist bei der befreundeten Firma Adelstädter & Sohn gearbeitet und, wenn er samstags ins Burgtheater oder nach Feierabend zu den Vorträgen für die Handelsjugend ging, Gelegenheit gehabt, das Deutsche korrekt aussprechen und stilistisch beherrschen zu lernen. Wortschatz und Aussprache übte er, wenn er an Sonntagvormittagen seinen Arbeitgeber zu Hause besuchte, um mit den beiden erwachsenen Töchtern und dem jüngeren Sohn am Tischchen im Salon zu plaudern, hinter sich den Bücherschrank mit den Werken von Schriftstellern, deren Namen in Goldschrift auf den Rücken standen: Körner, Goethe, Herder, Schiller. Er durfte diese Bücher auch über die Woche ausleihen, und obwohl er nicht dazu kam, viel in ihnen zu lesen, versetzte ihn allein die disziplinierte Reihung der spitzen gotischen Lettern, die er vor dem Einschlafen im Bett halblaut aussprach wie eines der einst von seiner Mutter gelernten Gebete, in einen Zustand stolzer Ruhe. Da reifte in ihm der Entschluß, für immer – und sei es lebenslänglich als Beamter – in dem herrschaftlichen, ordentlichen Wien zu bleiben, statt Chef in dem morastigen, trägen Novi Sad zu werden, das ihm mit seinen niedrigen, in Nebel und Schilf versunkenen Häusern so fern war wie ein erdrückender Traum. Aber sein Vater wurde krank und starb, die Mutter hielt ihn nach der Beisetzung zurück, um sich an seiner Schulter auszuweinen und ihm schluchzend das väterliche Vermächtnis mitzuteilen, das Hinweise für die weitere Führung des Geschäfts enthielt. Er konnte sich nicht sträuben, aber mit der Zeit verzweifelte er ob der Einöde, in die er geraten war, ob der schlechten Ehe, die er vielleicht aus Verzweiflung eingegangen war, ob des Sprachgewirrs, das ihm diese Ehe aufgezwungen hatte. Indem er seine Tochter zu der zugewanderten Deutschen schickte, streckte er nachträglich die Hand nach dem sinnerfüllten Leben aus, das er vertan hatte.

Abendliches Bedürfnis, allein zu sein. Nur Milinko Božić und seine Mutter Slavica kennen diese krankhafte Betonung der eigenen Persönlichkeit nicht. Sie sind auch abends zusammen, gerade abends. Da der Sohn, seit er herangewachsen ist, in der Stube schläft und die Mutter auf dem Küchensofa, führen sie nach dem Zubettgehen Gespräche, für die sie tagsüber keine Zeit hatten, sie tun es laut genug, um einander auf die Entfernung verstehen zu können, und leise genug, um die Nachbarn nicht zu stören. »Hast du morgen Turnunterricht?« »Muß ich morgen früh zum Bäcker?« »Heute hast du weniger gelernt als gestern.« Nicht nur die Worte, sondern nach deren Verstummen auch die Gedanken verbinden sie miteinander wie Wege, die sich kreuzen, wie Hände, die einander mit sanftem Druck der Fingernägel greifen. Sehnsüchtig, unersättlich. Bei der Familie Lazukić Zwiespältigkeit. Die Älteren sind voneinander behext wie von Geistern. Frau Lazukić, mit den geraden Waden und den im vorgerückten Alter geschwollenen Knöcheln, den blassen, verdickten Lidern über den vortretenden Augen, den hohlen Wangen und den Hängebrüsten ist noch immer glücklich über ihre Befreiung aus später, trostloser Jungfernschaft und über ihren Retter, den seriösen und mannhaften Nemanja; er, obwohl sie seine Hoffnungen auf reichen Kindersegen nicht erfüllt hat, sieht in den Wolken über ihr den Segen von Wohlstand und Luxus. Sie liegen jede Nacht im Ehebett und liebkosen einander. Langsam, geduldig, sehr zart, als sei der andere zerbrechlich. Mit geflüsterten Worten der Entschuldigung. Mit fast weinendem Abschied vor dem Einschlafen. Aber diese Diskretion ist geräuschvoller, als sie glauben: unter ihrer Zärtlichkeit seufzt und wimmert das Bett eine Stunde lang, das Parkett knarrt, wenn sie tastend, ohne Licht zu machen, nacheinander das Bad aufsuchen, wo das Wasser von Klosettspülung und Wanne lange rauscht und plätschert. Die Söhne, mit diesen Geräuschen als frühesten und tiefsten Kindheitserinnerungen vertraut, wissen auch längst um ihre Bedeutung. Sie fühlen sich einfach gestört. Rastko, der Romane oder historische Bücher über fremde Länder oder Reportagen über den Hintergrund von Kriegen und Staatsstreichen liest, runzelt die Stirn, weil seine Aufmerksamkeit abgelenkt wird. Sredoje, der sofort die Lampe löscht, um sich seinen Träumereien hinzugeben, wehrt sich gegen die Geräusche, bis er, dennoch besiegt, in Gelächter ausbricht. Das Fräulein ist wirklich, im körperlichen Sinne allein, sie lauscht ins Dunkel, ihr ist, als hörte sie eine Maus in der Ecke knabbern oder eine Katze (vielleicht einen Dieb) unter dem Fenster im Hof umherstreichen. Sie denkt an ihren Vater, an die Menschen (darunter Männer), denen sie tagsüber begegnet ist, an den kommenden Tag, der ihr mit seiner Abfolge der Stunden und der Abfolge der dort auszusprechenden Worte vorkommt wie ein unüberwindlicher, unübersehbarer Berg, welcher über ihr zusammenbrechen und sie begraben wird. Bei den Kroners ist nur die Großmutter allein in ihrem Teil des Hauses, den der Tordurchgang von der Wohnung des Sohnes trennt. Sie fühlt sich noch immer, als wäre sie drüben in dem »herrschaftlichen Appartement« und nicht in diesem Dienstbotentrakt, in den sie sich allerdings freiwillig zurückgezogen hat, sobald sie von ihrem Sohn die Mitteilung erhielt, daß er heiraten werde und wen. Ihre Gedanken sind dort, nicht hier, sie malt sich mehr aus, als sie mit den Sinnen wahrnimmt: den Enkel und die Enkelin, die Schwiegertochter lang ausgestreckt mit über den Bettkanten hängenden Beinen und dem rötlichen Haarbüschel dazwischen, mit dem übelriechenden Körper, dessen Gift ihren Sohn (sie hat ihn nur als Kontur vor sich, eine Kontur des Schmerzes) erstickt, auszehrt, zersetzt. Gerhard, der sich den ganzen Tag mit den Gassenjungen geprügelt hat, schläft, seit er den blessierten Kopf aufs Kissen gelegt hat; Vera in ihrem weißen Mädchenzimmer vergleicht, als ginge es um zwei Seiten eines Buches, die Straßenszenen, die Gesichter der Nachbarn, die Schelte der Lehrer, das Kindergeschrei mit den Hausgenossen, ihren Gesichtern, ihrem Verhalten, und sie kommt zu der beunruhigenden Erkenntnis, daß ein Abgrund sie trennt. Was muß man tun, ihn zu überbrücken, zuzuschütten? Sie weiß es nicht, sie fühlt nur, daß da etwas Beklemmendes ist, was den Ausgleich, die Versöhnung behindert. Ihre Mutter indessen schläft. Sie hat den Sohn versorgt, das Zimmer ist warm, das Bett ist weich, niemand wird sie wecken, sie kann am Morgen auch nach ihrem Mann aufstehen. Er aber in seinem Arbeitszimmer, wohin er eine Couch hat bringen lassen, angeblich um seine Bücher auch spät nachts zur Hand zu haben, wälzt sich schlaflos vor Kummer, weil er weiß, daß sie ihre Ruhe genießt, nicht auf ihn wartet, keine Sehnsucht nach ihm hat. Sehnt sie sich überhaupt nach jemandem, wenigstens in ihren Träumen? Er glaubt es nicht, denn er hat sie durchschaut: sie ist sich selbst genug, solange sie den Sohn in der Nähe und sich in Sicherheit weiß. Aber die Sicherheit ist im Schwinden, der Sohn strebt von ihr weg (ihm ist das eher klar als ihr), und sobald diese Stützpfeiler nicht mehr da sind, wird auch sie entschlüpfen, glatt wie ein Fisch und nicht zu halten, so wie sie aus ihrem früheren Leben in seines geschlüpft ist, nur um ihn zu täuschen und eines Tages zu verlassen.

Um seinen Trieb zu befriedigen, sucht Robert Kroner das Haus mit den Mädchen von Olga Herzfeld auf. Es ist unweit des seinigen gelegen, direkt an der belebten Straße, in die das Gäßchen hinter der evangelischen Kirche mündet. Man erblickt es, sobald man diese Straße (die Karadjordjeva) betritt, wuchtig, ziemlich hoch, mit einer abgestumpften Ecke, wo die nunmehr zugemauerte Tür zum einstigen Juweliergeschäft von Philipp Herzfeld, dem verstorbenen Mann Olga Herzfelds, gewesen ist. Zu dieser abgestumpften Ecke, hinter der Liebesbegegnungen stattfinden, schweift Kroners Blick den ganzen Tag, auch wenn er keinen Besuch vorhat. Er geht nach Verabredung hin, meist zu einer abendlichen, durch die Dämmerung geschützten Stunde, unter dem Vorwand, einen Spaziergang vor dem Essen zu machen, und wenn er eintrifft, erwartet ihn bereits eine von den drei bis vier Mieterinnen der Frau Herzfeld, die ein paar Wochen oder Monate bei ihr wohnen, um dann anderen Platz zu machen, beziehungsweise ein Mädchen oder eine Frau aus der Stadt, die von der Herzfeld beschwatzt worden ist, sich gegen Geld beschlafen zu lassen. Diese zufälligen Frauen, die er vorher nicht gesehen hat, sondern erst in dem Augenblick kennenlernt, da sie mit ihm ins Bett gehen sollen, sind ihm die liebsten, mit ihnen ist die Erregung des Fremden, des Überraschenden verbunden, sie erfüllen oder enttäuschen eine Erwartung, die stets bis an die Grenze des Möglichen gespannt ist. Bis an die Grenze der Liebe, denn Kroner ist jedesmal bereit, die Liebe zu erfahren und sich auf Beständigkeit und Treue einzulassen, sofern er von der zufälligen Gefährtin ein Echo auf seine Sehnsüchte erfährt. Auf seinen Hunger nach einem vermißten Gefühl, das bei der Berührung mit der Frau aufflackert und dann regelmäßig erlischt. Es hat ihn mit dem Schein der Dauerhaftigkeit getäuscht, als er auf ähnliche Weise, in einem ähnlichen Etablissement, nämlich der Bahnhofswirtschaft von Vrbas, seine Frau entdeckte. Beim Betreten des verrauchten, lärmerfüllten Restaurants sah er sie, die mit ihrem Köfferchen auf den Zug wartete, üppig, weißhäutig, mit vollen roten Lippen und gesunden Zähnen, an die der Rand des Weinglases stieß, bevor die herbe, säuerliche, feurige Flüssigkeit in ihre Kehle rann. Er flüsterte »Resi!« und konnte kaum glauben, daß sie es war, das kindliche Dienstmädchen, mit dem er sich auf dem Teppich gewälzt und Kissenschlacht gespielt hatte, während Papa und Mama hinten im Laden die Tageseinnahmen zählten und verbuchten, das Mädchen, das angekleidet, die roten Zöpfe über sein Kopfkissen gebreitet, mit ihm geschlafen hatte, damit er nicht allein war und sich vor der Dunkelheit fürchtete, bevor seine Eltern mit dem Wagen vom Markttag in Sombor oder Senta zurückkehrten. Damals war Resi, das kräftige und gewandte deutsche Dienstmädchen, ein kleines Mannweib gewesen im Vergleich mit ihm, dem schmächtigen Schüler im langen weißen Nachthemd; erst wenn sie sich balgten und er in Zorn geriet, überraschte es ihn, wie leicht er sie, die vom Lachen erschlafft war, umwerfen konnte. Damals hatte sie noch kaum Brüste gehabt, nur flache Hügelchen, auf die er sich im Siegesrausch legte, wenn er ihre Arme niederdrückte und mit seinen Beinen ihre dünnen, muskulösen Beine auf den Teppich preßte, damit sie ihn nicht abschüttelte. Aber hier in der Bahnhofswirtschaft hatte sie bereits rundliche Körperformen, ihre Brüste spannten sich unter der gelben Seidenbluse, ihr Teint war weiß, weiß reihten sich ihre ebenmäßigen Zähne hinter den schmalen Lippen, und als sie mit ihm im Zimmer hinter der Küche ins Bett ging, nachdem er sich mit ihr geeinigt und die Wirtin bestochen hatte, erfuhr er alle Köstlichkeit ihres reifen Mädchenkörpers. Kroner besuchte sie immer wieder – vor der Mutter gebrauchte er für die häufigen Fahrten nach Vrbas die Ausrede, Rechnungsbeträge kassieren zu müssen – in jener Wirtschaft, in ihrer Verderbtheit und Schamlosigkeit, bis er sie heiratete, obwohl er Momente des Zauderns, der Trennungsabsicht, des Widerwillens hatte, um sich dann doch wieder an ihrer kindlichen Zärtlichkeit zu entzücken, wie in den Nächten, als sie in dem jüdischen Kaufmannshaus alleingelassen waren, wo die kleine deutsche Christin, die Gojsche, stets nur Dienstmädchen, ein Wesen niederen Ranges war, wenn auch rätselhaft gefährlich und deshalb auf Distanz gehalten. Nur bei ihr fand der schwermütige, magere Robert Kroner Lust und Vergessen – einst in der Kindheit und nun im Erwachsenenalter, da die Zeugung neuen Lebens Lust und Vergessen bedeutete –, er konnte sich keine andere vorstellen, mit der er Nachkommen haben wollte, obwohl er reuig einsah, daß er als Jude dies nur mit einer Frau mosaischen Glaubens tun durfte, doch alle Jüdinnen, mit denen er zufällig oder infolge der ehestifterischen Tricks seiner Mutter zusammenkam, lähmten bei ihm jeden Gedanken an Lust, ans Bett, an Nachkommenschaft, als wäre er mit ihnen verwandt und zur Blutschande gezwungen, und er entfloh ihrem drohend gefletschten Lächeln nach Vrbas, in die Schenke, und ging mit der angetrunkenen Resi in das schmutzige und kompromittierte Bett, in dem sie ihm aber das warme Rot ihres Haars, ihrer Zunge und ihres Leibes darbot.

Doch nach der Eheschließung – ein Akt der Schande für ihn und seine Mutter, die in die Dienstbotenräume umzog, um nicht unter demselben Dach zu sein wie die Magd, die sie einst wegen einer geringfügigen Verfehlung entlassen und damit auf die schiefe Bahn gebracht hatte, um sie zur Strafe als Schwiegertochter zurückzubekommen und ihre Nähe und Nachbarschaft erdulden zu müssen – fand Kroner in ihr nicht mehr die einstige Gefährtin der Lust. Einmal Mitglied der Familie geworden, schien sie alle Freizügigkeit und allen Leichtsinn verloren zu haben, schien sie niedergedrückt von der Verantwortung eines Volkes, dessen wichtigste Sorge es war, zu überleben. Die Schwangerschaft nahm sie so ernst wie eine Aufgabe; wenn sie bei Kroner lag, blickte sie starr in das Dunkel über dem Bett, sie vermied hastige Bewegungen und blieb so gleichgültig, als müßte sie einem anderen Rechenschaft über ihr Verhalten geben. Es war wirklich so; dieser andere war der Sohn in ihrem

Leib, Gerhard Kroner, nach der Geburt ihr Tyrann, der sie durch lautes Schreien zu sich rief, gerade wenn Robert mit ihr zusammensein wollte. Sie schüttelte ihn ab und rannte ohne Zögern zu dem Kind, er aber blieb neben dem Bett stehen, nachdenklich, und hörte, wie sie im Nebenzimmer liebevoll auf den Sohn einredete, hörte kehliges Lachen, in dem sein Geschrei und ihre besorgte Antwort untergingen, sobald sie sich begegneten und sie ihn an die Brust drückte. Er stand da, lange stand er da und wartete, daß sie den Sohn zum Einschlafen brachte, er wartete vergebens, denn häufig schlief auch sie neben dem Bettchen kniend ein, den Kopf auf der Decke, die Hände unter dem Kissen, das rote Haar über dem Gesicht des Kindes, das sich unter der kitzelnden Berührung selig verzog. Robert bat sie, ins wame Bett zurückzukommen, oder er hüllte sie von den Schultern bis zu den bloßen Füßen in ein Plaid, damit sie in dieser für sie wundersam bequemen Fakirhaltung verharren konnte, in der ihr Gesicht ebenso strahlte wie das des kleinen Jungen. Robert war dabei, sie zu verlieren, was ihn verstörte, dann aber auch wieder rührte, denn dieser Verlust konnte ihn, wie er abergläubisch meinte, vielleicht von der Schuld freisprechen, die er mit dieser nicht standesgemäßen Heirat auf sich geladen hatte. Manchmal packte ihn der Zorn, und um ihr die ehelichen Pflichten ins Bewußtsein zu hämmern, zwang er sie, bei ihm zu bleiben, solange das Kind weinte – als fühlte es, wann es weinen mußte, weil sie ihm untreu wurde –, aber solche Nötigungen stießen sie gänzlich ab, der Liebesakt widerte sie an, und sie wich ihm aus, auch wenn das Kind ihr keinen Anlaß dafür bot. Er hatte keine Frau mehr, begriff Kroner; die Frau, die er um den Preis der Selbsterniedrigung bekommen hatte, kehrte ihm den Rükken. Um das Getane zu büßen, mußte er jetzt weiter auf der schiefen Ebene hinabgleiten, auf der er ihr begegnet war, und das geschah, indem er Besucher des Freudenhauses von Olga Herzfeld wurde. Olga Herzfeld war Jüdin, aber eine emanzipierte Jüdin, die von ihrem wesentlich älteren Mann, einem

Freidenker und Esperantisten, keine Kinder bekommen, jedoch gelernt hatte, ein selbständiges Leben zu führen. Anstelle von Muttergefühlen hatte sie die Neigung entwickelt, Rendezvous zu vermitteln und zu ermöglichen, wofür sie sich Verdienste zuschrieb, so als ließe sie sich ihre Tätigkeit nicht bezahlen. Deshalb empfand sie Enttäuschung, wenn diejenigen, die ihre Wohltätigkeiten nutzten, sich nicht wie erwartet verhielten. Jedes Mädchen, dem sie in einem der großen, düsteren, kalten Zimmer ihres Eckhauses Logis gab, mußte die kühnsten Erwartungen an eine liebesbereite Untermieterin erfüllen, die schmackhaft kochte und gründlich putzte und, wann immer es von ihr verlangt wurde, durch Fraulichkeit und heiße Sinnlichkeit entzückte; sie hoffte ebenso, daß ihre zeitweiligen Schutzbefohlenen wunderbare Eroberungen bei den Herren machten, die sie bei ihr kennenlernten, und daß diese sie mit Geschenken und Aufmerksamkeiten überschütteten. Die Mieterinnen indes waren faul und unordentlich, und wenn sie der einen oder anderen aufkündigte, stellte sie gewöhnlich fest, daß die Betreffende sie seit langem bestohlen hatte; Frauen, die von außerhalb kamen, versprachen alles, solange sie dringend das Geld für eine Abtreibung oder für die Renovierung der Wohnung brauchten, aber sobald sie das Nötigste beisammen hatten oder merkten, daß man bei ihr auf die schnelle nicht viel verdienen konnte, ließen sie sie im Stich, genauso wie ihre Beischläfer, die nur großzügig waren, solange sie auf die Befriedigung ihrer Bedürfnisse warteten. Darüber beklagte sie sich bei Kroner, der Jude wie sie und ein zuverlässiger, ehrenwerter Mann war, in den dämmrigen Wartestunden, wenn sich eine der angemeldeten fremden Damen aus der Stadt verspätete, oder bei der Verabredung eines weiteren Rendezvous nach dem soeben stattgehabten. In solchen Augenblicken müßiger, entspannter Zweisamkeit bemerkten sie nicht einmal, daß die Schatten um sie dunkler und tiefer wurden, so sehr waren sie in ihr Gespräch versunken. Sie gelangten zur letzten Aufrichtigkeit: Kroner zählte freimütig die

Frauen auf, die ihm gefielen, schilderte in Einzelheiten ihre körperlichen Merkmale, von denen er sich angezogen fühlte, und sie erzählte ihm von ihrer früh geschlossenen Ehe mit dem schon bejahrten Herzfeld, der, in seine humanitären Ideen versponnen, sie weder als Frau noch als armer Leute Kind in ihrem Streben nach Aufstieg befriedigt hatte. Sie verständigten sich leicht, auch mit halben Sätzen, das Fehlende ersetzten Mienenspiel und Gestik, zuweilen auch ein Wort auf Jiddisch, das saftig genug war, um eine ganze Szene oder Situation zu umreißen, denn in solchen Worten drückte sich eine schwer bestimmbare gemeinsame Vergangenheit aus, die in dem Maß, wie sie sie von den übrigen Menschen trennte, ihre gegenseitige Annäherung bei diesen Zwiegesprächen hinter verschlossener Tür beförderte. Ein paarmal kam es nach der Unterhaltung auch zu körperlichen Kontakten; die kleine und stämmige, strähnig-strohblonde, kurznasige Frau Herzfeld beugte sich im Sessel vor und griff mit ihren fettgepolsterten, warmen Fingern nach Kroners im Schoß ruhenden Hand, sie ließ sich auf den Fußboden sinken und zog ihn über sich, zwischen ihre großen Brüste, die das sich wie zufällig öffnende Hauskleid freigab. Aber nachdem sie einander keuchend, hastig genommen hatten, ging jeder für sich zum Waschen ins Badezimmer, und sie kamen zurück und setzten bei einer Zigarette ihr Gespräch fort, als hätten sie es gar nicht unterbrochen. Diese flüchtige körperliche Vereinigung beeinträchtigte ihre Freundschaft keineswegs, sie schien sie sogar zu bestärken: Kroner erörterte auch weiterhin ohne Hemmungen die Vorzüge anderer Frauen, und die Herzfeld fuhr fort, ihm die einen zu empfehlen und von anderen abzuraten, so als hätte sie erst durch das intimste Beisammensein von allen Einzelheiten seiner Neigungen erfahren.

Eines Tages kurz vor dem Krieg gelangte auch Sredoje Lazukić in das Herzfeldsche Haus und markierte damit den Gipfelpunkt seiner Novi Sader Streifzüge auf der Suche nach käuflicher Liebe. Auf diesem Gebiet nahm jenes Haus übrigens sicherlich den höchsten Rang in der Stadt ein, und wenn wir akzeptieren, daß die Genüsse der Liebe die intensivsten sind, so stellte es hierorts ganz allgemein die Krönung dar. In der Tat, wodurch konnte es übertroffen werden? Durch Bälle und andere Geselligkeiten, selbst solche für auserwählteste Teilnehmer wie Ärzte oder Journalisten? Durch die Gottesdienste in allen fünfzehn bis zwanzig orthodoxen, katholischen, protestantischen Kirchen, in den Kultstätten der Minoritäten wie Juden und Armenier, der Sekten wie Adventisten, Sabbatarier und so weiter, die schon wegen ihrer Vielfalt Mißtrauen erregten? Durch die Wissenschaft, die in den beiden Gymnasien – für Jungen und Mädchen – und in den zwei bis drei Berufsschulen für Handel und Technik von Lehrern vermittelt wurde, denen ihre Tätigkeit Lohn und Brot nach den hungrigen Studentenjahren garantierte? (Oder in freiwilligen Kursen, deren einer auch im Tagebuch des Fräuleins erwähnt wird – diesen Quellen dubioser, hastig angeeigneter, durch Voreingenommenheit entstellter Kenntnisse?) Bei all diesen scheinbar edlen Tätigkeiten war ebenfalls die Versuchung des Fleisches im Spiel, die Gier nach Geld und Macht, die unter den beengten Verhältnissen einer kleinen Stadt zwischen Pannonien und Balkan freilich bald in Enttäuschung oder Selbstverhöhnung endete. Andere in die Ecke drängen oder selbst in die Ecke gedrängt werden, überlisten oder überlistet werden – wenn das die ganze Skala für erhitzte Ambitionen darstellte, dann war es wirklich einfacher und zweckmäßiger, sich gleich dem unmittelbaren sinnlichen Genuß hinzugeben, sommers unter schattigen Bäumen bei Kartenspiel und Bier, winters im warmen, hellen Wirtshaus; bei fettem Fleisch mit heißen Kartöffelchen, gekühlten Melonen, duftendem Wein, wollener Wäsche und gefütterten Schuhen.

Langeweile, die streichelt wie eine blinde, fette, reiche Tante. Straßen, auf denen sich nichts bewegt außer einer dahinflitzenden, aus einem Kellerfenster gesprungenen Katze, die von einem Dienstmädchen mit brennender Kerze und Holzkorb aufgescheucht worden ist. Das von der Straße aus unsichtbare Dienstmädchen mit dem Korb, die Vorstellung von ihr konnte die Langeweile zerstreuen. Ihr vorgebeugter Körper, das flakkernde Kerzenlicht auf ihrem Gesicht, ihr runder Arm. Eine Frau. Während die Frau den Mann herbeisehnt und ihn durch Gerüche und Gesten klug und fast unmerklich zu ihren Eileitern lockt, wird sie von dem ungeduldigeren Mann gekauft. Zur Herzfeld kamen die Chefs der Banschaftsverwaltung, die ihre Beamten auf Knopfdruck heranzitierten; einmal wöchentlich kam der Besitzer der größten Mühle um elf Uhr abends, zwischen dem Kartenspiel in der immer gleichen Männergesellschaft und der Heimkehr; es kam ein schöner, gepflegter Gutsherr aus der Umgebung, der so stolz war, daß er niemals über die Donau setzte, nicht einmal um der Belgrader Theater und Bars willen, denn dort hörte für ihn Mitteleuropa auf. Sie alle kamen mit ihrer Eitelkeit und Gier hierher, wo sie sich an der Nähe der Jugend, an der glatten rosigen Haut unter den Fingern berauschen und vorübergehend vergessen konnten, daß sie eines Tages tot und verwest unter der Erde liegen würden, ganz gleich, was sie auf ihr getan oder erreicht hatten.

Diese Selbstvergessenheit oder Todesverachtung kennzeichnete auch die Liebesabenteuer von Sredoje Lazukić, nur daß er sie sich ob seiner Jugend nicht bewußt machte. Er war knapp sechzehn, als er mit seinem etwas älteren Schulfreund Ćapa Dragošević erstmals »zu den Mädchen« ging. Davor hatten ihn die Mädchen, das heißt alle weiblichen Wesen, durch ihre Unzugänglichkeit gequält. Sie hatten Beine, Arme, Lippen, Bauch, Zähne, und das waren Körperteile, die wie die seinigen verschiedene Funktionen erfüllten, darüber hinaus jedoch unwiderstehlich dazu verlockten, daß man sie berührte, sie an sich drückte und danach in sie eindrang und ihnen wehtat. Die Mädchen und Frauen indes taten, als ahnten sie nichts von dieser zweiten Eigenschaft ihres Körpers. Den benutzten sie wie einen normalen Körper, sie schlugen, auf einem Stuhl sitzend, der Bequemlichkeit halber die Beine übereinander, und nur die flüchtige Bewegung, mit der sie den Rocksaum über die entblößten Knie zogen, verriet, daß sie wußten, ihre entspannte Haltung löse auch einen gewissen Reiz aus. Beim Lachen zeigten sie Zähne und Zunge, als ginge es nur darum, mit aufgerissenem Mund auf einen Witz zu reagieren, aber ihre Zähne und Zungen wirkten ganz anders als die Zähne und Zungen seiner männlichen Freunde und Bekannten. Das gab indes niemand zu. Hätte Sredoje versucht, seine Lippen auf jene zu legen, deren rote Schminke eine Saftigkeit verhieß, welche nur durch Berührung erlebbar war, hätte er ringsum Entsetzen hervorgerufen. Diese Heuchelei weckte am Ende seinen Haß. Er vermochte sich seine Beziehung zu Frauen nur noch als gewaltsame Zerstörung ihrer Heuchelei vorzustellen. Aber da er aus Erfahrung wußte, daß diese Heuchelei weitverbreitet und zählebig war, mußte er in seiner Phantasie nach Situationen greifen, die allem Normalen, jedem Widerstand und Stolz, jedem auch nur geringfügigen Willen nach Verstellung oder Selbsterhebung widersprachen. Allmählich entwickelte er die Mentalität eines Peinigers. Mädchen, die ihm tagsüber aufgefallen waren, rief er sich abends im Bett, wenn die Dunkelheit alle Konturen des Wirklichen verwischt hatte, nicht mehr als Frauen, Töchter und Schwestern seiner Mitbürger herbei, was sie tatsächlich waren, sondern als gehorsame Werkzeuge seines Willens. Um sie jedoch solcherart als Unterworfene zu betrachten, mußte er, der sehnsuchtsvolle Gymnasiast, in seiner Phantasie zu einem reifen Mann von außergewöhnlicher Macht werden. Bei diesen lebhaften Wachträumen war er abwechselnd Krösus, Hypnotiseur, Juwelendieb, bis er auf seiner Suche nach uneingeschränkter

Macht die Rolle fand, die ihm am ehesten entsprach: die eines Piratenkapitäns. Jetzt erst ging ihm die unübersehbare Vielfalt möglicher Liebesabenteuer auf. Er sah sich in Feuer und Rauch einer Seeschlacht mit gezücktem Schwert an der Spitze einer Meute tobender Piraten über die Reling eines eleganten Segelschiffs springen, und, während seine Leute die gegnerische Besatzung niedermetzelten, als ihr Mitstreiter und Befehlshaber blutrünstigen Blickes über die Leichen hinweg das Unterdeck stürmen, wo sich zitternd und händeringend ob des ungewissen Ausgangs der Schlacht die mitreisenden Damen, weichhäutige, gepflegte Frauen und Mädchen, drängten; oder er war Zeuge, wie der Geschützdonner seiner Flotte eine Hafenstadt zum Heißen der weißen Flagge zwang, und während seine Abteilungen die geschlagenen Verteidiger entwaffneten, drang er mit einer kleinen Gruppe Vertrauter in die Häuser ein auf der Suche nach schönen weiblichen Gefangenen, um sie als Beute auf sein Kommandoboot zu schleppen. Immer war das erste, der Kampf, das Mittel, das zweite, die Sklavinnen, zu gewinnen, denn er wußte, daß die Frauen, deren er sich durch Blut und Tod ihrer Verteidiger bemächtigte, im Entsetzen über das Gesehene und vor Angst um das eigene Leben das Hemd der Heuchelei und Zurückhaltung ablegen, sich ihm zu Füßen werfen und ohne Rücksicht auf den Preis um Schonung bitten würden. Mit diesen Frauen konnte er schließlich alles tun, und er feuerte seine Phantasie an, in jedem Bild, jeder Szene neue Möglichkeiten männlicher Übermacht zu entdecken, die ihn beglücken konnten. Aber diese Szenen, so einfallsreich und bunt sie immer waren, brachten lediglich seinem Geist Befriedigung; der Körper gelangte durch die unwirklichen Genüsse nur bis zur Schwelle der Wollust und blieb dort in Krämpfen liegen. Solche Szenen ließen sich lediglich wiederholen und konnten nur zu noch heftigeren Krämpfen führen. Und als der langhalsige, picklige, schmallippige Ćapa grinsend erklärte, daß man nur Geld brauchte, um wirklich Macht über die Mädchen zu erlangen, nahm Sredoje ohne Zögern noch am selben

Nachmittag dreißig Dinar aus dem Schubfach seiner Mutter im Eßzimmer. Er und sein Begleiter fuhren mit der Straßenbahn bis zum Markt, betraten ein kleines, unauffälliges Wirtshaus gegenüber den leeren Ständen, setzten sich an einen Tisch nahe der Wand, nachdem sie erleichtert festgestellt hatten, daß sie fast allein waren, bestellten Birnenschnaps bei der braunhaarigen, fülligen Frau, die von der Theke zu ihnen gewatschelt kam und bei der sich Ćapa, viel ängstlicher, als seine vorherige Prahlerei hatte ahnen lassen, nach einer gewissen Živka erkundigte, und dann warteten sie und merkten ängstlich auf jedes Wort von dem abseits stehenden Tisch mit drei Eisenbahnern, bis Živka, jung, mager, glotzäugig, in kurzem Röckchen erschien, zwischen ihnen Platz nahm, die Füße auf die Querstrebe des Tisches setzte, so daß ihr der Rock bis zum Strumpfrand hinaufrutschte, wohin Ćapa seine schmutzige Pranke schob. Sie gaben auch für sie eine Bestellung auf, flüsterten, verhandelten, worauf Ćapa und Živka durch die Tür hinter der Theke verschwanden; zehn Minuten später kam Ćapa zurück und sagte Sredoje, er möge jetzt hinausgehen, da ihn das Mädchen im Hof erwarte; Sredoje gehorchte und stieß im Halbdunkel des frühen Abends vor der Tür fast mit ihr zusammen. Sie faßte seine Hand und führte ihn über den Hof, über wacklige Ziegel und Schlamm in ein separates niedriges Gebäude, in ein von Seifendunst und Moder stickiges Zimmer, öffnete seine vorderen Knöpfe und zerrte ihn ins Bett, spreizte unter ihm die Beine und zog ihn in sich hinein. Er erlebte einen Augenblick der Erleichterung, des Nachlassens der Spannung und wurde ein Sklave der Schenken und der Freudenhäuser. Ein Sklave dieses entkrampften Eintauchens in einen anderen Krampf. Es hielt natürlich auch Enttäuschungen bereit. Kalte Finger, kalten Schoß, kalte Betten, grobe Worte, Hast. Oder Gleichgültigkeit, Zorn. Aber stets auch Erwarung an die nächste Vereinigung, an die nächste Frau, die ihn vielleicht wie durch ein Wunder demütig und entzückt, duftend und rein, einzig auf seine Ankunft vorbereitet, empfangen würde.

Obwohl Milinko Božić sein Freund war, sprach Sredoje Lazukić niemals mit ihm über seine Vorstöße in die Halbwelt. Milinko war viel zu korrekt, als daß es Spaß gemacht hätte, schlüpfrige Themen mit ihm zu erörtern, außerdem ging er zur Zeit von Sredojes Eskapaden mit Vera Kroner und war so von ihr okkupiert, daß man sicher sein konnte, er würde seinem Mädchen nichts verschweigen, auch nicht die Geständnisse des Freundes. Er war in diese Liebe eingelaufen wie ein Schiff in den Hafen (jedoch kein Piratenschiff, wie es Sredoje vorschwebte, sondern ein weißer Liniendampfer, der sich von den am Kai versammelten Bürgern stolz empfangen ließ), er brüstete sich auf dem Korso mit Vera und hielt mit seinen dunkelbraunen Augen Ausschau nach Anerkennung. Dabei wunderte er sich nicht, daß Vera ihn akzeptierte (Sredoje wunderte sich darüber), weil er meinte, mit Fleiß und Anstand sei alles zu verdienen, also auch die Zuneigung eines außergewöhnlich anziehenden Mädchens. Für diese Zuneigung arbeitete er hartnäckig, seit ihm Vera aufgefallen war, so wie er für gute Noten in der Schule oder für sein Äußeres arbeitete, indem er Haar und Zähne pflegte und in seiner Freizeit Sport trieb. Er hatte das weiche, aber zähe Naturell seiner Mutter, mit der als Verbündeter er bereits einen Familienkrieg siegreich beendet hatte: durch den Selbstmord seines Vaters. Der Vater war völlig anders gewesen als sie beide: nicht anpassungsfähig, schroff, belastet durch die Verdienste, die er bei der Gründung Jugoslawiens als Denunziant von pro-ungarischen Landsleuten erworben und wofür er nur einen Posten bei der Polizei erhalten hatte, kaum einträglich genug, um zu heiraten und einen Hausstand zu gründen. Er liebte die ihm anvertraute Arbeit eines Detektivs, aber während er an Ecken stand und in Wirtshäusern saß, um möglichst viel zu erlauschen, ergab er sich dem Trunk, und die Beförderungen blieben aus. Das fraß an ihm; er vergötterte seinen Sohn und träumte davon, ihm eine höhere gesellschaftliche Stellung zu sichern, doch der karge Lohn, von dem ein gut Teil für Alkohol draufging, drückte ihn nieder. Die Frau war bereit, ihm zu helfen – sie hatte eine Haushaltsschule besucht und konnte nähen –, aber er verbot ihr, aus ihren Fähigkeiten Geld zu machen, weil er meinte, dies könne seinem Ansehen als Polizist schaden. Worauf sie begann, ihren Nachbarinnen die alten Kleider gegen ein lächerlich niedriges Entgelt zu ändern, aber er mit seiner Detektivnase kam hinter dieses Geheimnis und zieh sie nicht nur des Ungehorsams, sondern auch der Untreue; wenn er nach Hause kam, zerrte er die Übeltäterin aus dem Bett und erzwang ihr Geständnis über die Zahl der geänderten Kleider und die Höhe des Verdiensts, als ginge es um bezahlten Ehebruch. Vom Schreien und Weinen wach geworden, sah Milinko, mit großen Augen im Bett sitzend, diesen Szenen der Abrechnung zu, und wenn der Vater ermüdet war, sprang er barfuß und im Nachthemd zur Mutter und half ihr, aufzustehen und die Striemen zu kühlen. Für den Vater, der seinen Kopf in die geschwollenen Fäuste stützte, hatte er keinen verständnisvollen Blick; das hielt der Polizist nicht aus, er rannte nach dem nächsten Streit aus der Wohnung zum Schuppen (es war ein verschneiter Dezemberabend), dessen Tür er mit einem Fausthieb einschlug, und erschoß sich mit der Pistole. Bei Milinko hinterließ dieser spektakuläre Freitod keine schädlichen Folgen – wie es bei manchem anderen, weniger sensiblen Kind der Fall gewesen wäre –, sondern er überzeugte ihn davon, daß das Böse im Kampf mit dem Guten schließlich verlieren muß. Außerdem wendete sich nach dem Tod des Vaters sein Leben und das der Mutter so offensichtlich zum Besseren, daß sich diese Schlußfolgerung ganz natürlich aufdrängte. Die Beamtenbezüge versiegten zwar (an ihre Stelle trat eine winzige Pension), aber es verschwanden auch alle Formen der Verschwendung, die Schulden und Streitigkeiten angehäuft hatten. Mutter und Sohn gaben die Zweizimmerwohnung in dem Bürgerhaus auf, wo die häufigen Streitereien und ihr blutiges Ende Abscheu hervorgerufen hatten, und mieteten eine andere, wesentlich billigere in einem Hinterhof in der Nachbarschaft genügsamer Arbeiter, die sie achteten und den passenden Rahmen für die bescheidene und gewissenhafte Tätigkeit bildeten, der sich Milinkos Mutter jetzt ungehindert und fast mit Entzücken hingab. Am Küchenfenster summte die Nähmaschine, die aus ihrer Mitgift stammte, den ganzen Tag, während Milinko im Nebenzimmer beim Lernen residierte. Auch für ihn bedeutete nach des Vaters jähzornigen Anfällen dieses tätige Alleinsein eine selige Beruhigung. Wenn er an dem hohen ovalen Nußbaumtisch saß, über den zur Schonung blaues Packpapier gebreitet und unter den Kanten mit Reißzwecken befestigt war, von Büchern, Heften und Bleistiften umgeben wie ein Held in einer belagerten Stadt, fühlte er, wie das Wissen, das er eroberte, in seinen Kopf eindrang und ihm Gewicht und Bedeutung verlieh. Dabei begriff er sehr früh – schon zu Beginn des Gymnasiums, des wirklichen Lernens –, welche Rolle die Zeit für den Erfolg der Arbeit spielte: wie notwendig sie war, wie sie aber auch unausweichlich, sozusagen vom Willen unabhängig auf die Erreichung des Ziels hinwirkte, wenn man gleich zu Beginn die Verbindung zwischen Quelle und Mündung des Wissens herstellte, so wie die Maschine der Mutter die Nadel an den Anfang der Naht setzte. Er empfand sich als Herr der Zeit und daher als Herr des Wissens, und da er glaubte, daß das Wissen jedem Streben nach Besserem die Tür öffnete, hielt er sich auch für den Herrn seines Schicksals. Dieses Gefühl entwickelte in ihm eine faszinierende Sicherheit; er hatte es nie eilig, sah jedermann ruhig mit seinen lächelnden braunen Augen an, meldete sich in der Schule gesammelt, aber unaufdringlich, da er wußte, daß er jederzeit die Möglichkeit hatte, seine Fähigkeiten unter Beweis zu stellen, und damit errang er die Wertschätzung der Lehrer, ohne daß ihn die Mitschüler haßten.

So kam er auch Sredoje näher, der ein eher schlechter als mittelmäßiger Schüler war, aber auf Grund seiner häuslichen Verhältnisse, besonders der Gewohnheit seiner Mutter, sich mit schönen Dingen und guten Büchern zu umgeben, über einige außerschulische Kenntnisse verfügte, welche Milinko unzugänglich waren. Dieser meldete sofort Interesse an. Woher weißt du das? fragte er, als Sredoje ihn darauf hinwies, daß ein Ausdruck aus dem Sport (es ging um Tennis) anders ausgesprochen wurde, als es die Regeln der serbischen Sprache vorsahen. Konnte man darüber maßgebliche Informationen auch außerhalb des Schulunterrichts finden, der diese Gebiete aussparte? Und wo? So hörte er zum erstenmal etwas von Enzyklopädien, diesen Schätzen des Wissens, die Sredoje schon, bevor er lesen konnte, um der bunten Bilder willen aus dem Bücherschrank im Wohnzimmer genommen und durchgeblättert hatte. Die Möglichkeit, selbst einmal ein solches Buch sehen und aufschlagen zu können, trieb ihn, Sredojes Nähe zu suchen, seine Gleichgültigkeit und seinen Spott zu ertragen und als bloßen Mutwillen zu belächeln. Seine Geduld wurde belohnt, als Sredoje ihn wirklich einmal in die Villa mitnahm, wie das Haus mit der Kuppel schon damals genannt wurde, in dessen Obergeschoß er ein eigenes Zimmer mit Blick auf den gepflegten Rasen und die drei kräftigen jungen Kiefern hatte. Milinko ließ sich durch diesen Luxus nicht beeindrucken, sondern fieberte dem Ende des Nachmittags entgegen, während er mit Sredoje, der zerstreut und unlustig zuhörte, die Mathematikaufgaben durchging, um dann in seiner Begleitung in das nach dem Mittagsschlaf der kränklichen Frau Lazukić endlich freigewordene Wohnzimmer hinabzusteigen, vor den hohen, verglasten Schrank zu treten und aus Sredojes Händen das großformatige, dicke Buch entgegenzunehmen, in dem nach dem Aufschlagen kleingedruckte Zeilen voller Informationen seinen Blick fesselten. Er sah es rasch durch, überzeugte sich bei der Lektüre von zwei, drei Artikeln auf verschiedenen Seiten, daß es wirklich das war, was Sredoje behauptet und er sich selbst auf Grund dieser Behauptung vorgestellt hatte, dann schlug er die erste Seite auf (was Sredoje nie getan hatte) und prägte sich

Titel und Verlag ein. Tags darauf zitierte er diese Angaben in der Buchhandlung gegenüber dem Gymnasium, und als ihr Besitzer triumphierend ein Exemplar des gleichen Buches aus dem Lager herbeigeholt und bereitwillig den Preis genannt hatte, sparte Milinko in den folgenden Monaten, um dieses »Große Minerva-Lexikon des allgemeinen Wissens« kaufen zu können. Mit der Zeit machte er Jagd auf Lexika, wurde zum Sammler, denn es zeigte sich, daß eben diese Art Kompendium haargenau seinen Wunschvorstellungen entsprach, an deren Realisierbarkeit er nicht geglaubt hatte: hier gab es nichts Überflüssiges, wie so oft in den auf die Begriffsstutzigkeit der Schüler abgestimmten Lehrbüchern, sondern nur Wesentliches, Tatsache um Tatsache, und dieses Wesentliche war so angeordnet, daß man es auffinden konnte, ohne der Chronologie (wie in Geschichtsbüchern) oder der Klassifizierung nach Sorten und Größen (wie in Naturkundebüchern) folgen zu müssen, sondern ohne weiteres, nach Bedarf. Diese Entdeckung, die alle seine Erwartungen bestätigte, erschütterte andererseits seine bisherige Sicherheit eines Laien: sie führte ihm die Gefahr vor Augen, daß ihm andere wichtige Wissensquellen entgehen konnten, nur weil er von ihrem Vorhandensein nichts ahnte. Er mochte auf Sredoje nicht mehr verzichten, suchte seine Gesellschaft in den Schulpausen, sorgte dafür, daß er mit ihm in derselben Bank zu sitzen kam, schmeichelte sich ein und erreichte es, daß sein Besuch in der Lazukić-Villa erwidert wurde. So kam Sredoje in den Hof von der Größe eines Sees, um den sich gleichförmige Einzimmerwohnungen wie Steinchen aneinanderreihten, darunter auch Milinkos Zuhause. In ihnen geschah alles vor aller Augen, aus jeder streckte jemand den Kopf, vor jeder stand oder saß jemand. Hier war noch alles ursprünglich und natürlich, warm und heimelig, die Räume waren Schlaf- und Kochplätze zugleich, das Wasser wurde mit Eimern aus einem Brunnen geschöpft, durch dessen dunklen Schacht man bis zum Grund blicken konnte. Sredoje bekam Kürbisstrudel frisch aus dem

Ofen angeboten, in den er, vor der Haustür sitzend, wo man ihn auf einem dreibeinigen Schemel plaziert hatte, sehen konnte. Da es ihn anders als Milinko nicht zum Wissen, sondern zum Genuß drängte, fühlte er sich in diesem einfachen Milieu wohler als in der einsamen Villa auf dem Liman, und er wurde ständiger Gast. Milinko, der wiederum lieber in der Nähe jener ernsten Bücher weilte, gab sich mit der Rolle des Gastgebers zufrieden, denn wenn er Sredoje neben sich hatte, konnte er sicher sein, daß ihm nichts Wichtiges aus der Welt der Aufgeklärten entging. Dankbare Gefühle für Sredoje hegte auch Milinkos Mutter, wenn sie mit flinkem Blick die Fasson seiner Hosen, seinen Haarschnitt, die Art seiner warmen Kleidung prüfte. Er wurde zum Vorbild. Und als er eines Tages mit gleichgültiger Miene berichtete: »Mein Alter will, daß ich Deutschstunden nehme«, da wechselten die Mutter (sie hielt die Maschine an) und der Sohn (er hob den Kopf vom Lehrbuch) einen beredten Blick. »Deutsch?« fragte Milinko, als er sich von der Überraschung erholt hatte, mit trockenem Mund. »Deutsch haben wir doch erst nächstes Jahr.« Da sie jetzt in der zweiten Gymnasialklasse waren, hatten sie nur obligatorischen Unterricht in Französisch. Sredoje krauste spöttisch die Nase: »Nicht wegen der Schule. Papa sagt, es ist höchste Zeit dafür, wenn wir nicht hinter den Ereignissen zurückbleiben wollen.« Die Schneiderin und ihr Sohn sahen ihn in Erwartung einer Erklärung für diese halb drohende, halb verheißungsvolle Neuigkeit an, doch als diese nicht erfolgte, senkte sie die Nadel auf den Stoff und setzte die Maschine in Gang, und er vertiefte sich wieder in die Lektion. Aber am Abend setzten sie sich unter der Küchenlampe zusammen, um zu reden. Milinko schlug stolz sein Lexikon auf und las den Artikel »Deutschland« vor, der dreieinhalb Seiten lang und mit zwei Illustrationen versehen war: einem Panorama Berlins und einem Porträt des Kanzlers Bismarck mit Pickelhaube; und schon tags darauf fragten sie Sredoje, bei wem er denn Unterricht nehmen werde. Er konnte es nicht genau sagen, versprach aber, es herauszubekommen; nach längerer Säumigkeit und etlichen Ermahnungen brachte er dann eines Tages einen Zettel, auf dem seine Mutter mit ihrer ordentlichen Schulmädchenschrift notiert hatte: »Fräulein Anna Drentvenšek, Stevan-Sremac-Straße 7, im Hof links«. Milinko und seine Mutter schrien überrascht auf: das war ja in der Nachbarschaft, wobei sie verschwiegen, daß der Zusatz »im Hof« sie entzückt hatte. Sobald sie Zeit dafür fand, machte sich die Schneiderin fein (aber nicht zu auffällig, denn es galt, den Preis festzusetzen) und begab sich mit dem Zettel in der Hand zur ersten Querstraße. Sie kam mit den besten Eindrücken wieder (»Weißt du, sie ist überhaupt nicht eingebildet«), zumal auch der geforderte Preis nicht höher war als erwartet. Bevor er eine Entscheidung traf, erinnerte Milinko seine Mutter an ihre Absicht, neue Bettwäsche zu kaufen, aber sie beruhigte ihn mit dem Hinweis, diese Anschaffung lasse sich vorerst vermeiden, wenn sie gründliche Ausbesserungsarbeiten vornehme. So wurde Milinko zusammen mit dem Advokatensohn Privatschüler bei der Deutschlehrerin und konnte gleichberechtigt seinem Kameraden Fragen stellen wie: »Wann hast du Unterricht beim Fräulein? Ich morgen«, und auch die Schneiderin sprach das merkwürdige fremde Wort gern aus, wenn sie ihren Sohn unnötiger- und ungewohnterweise ermahnte: »Vergiß nicht, daß du morgen Stunde beim Fräulein hast.« Sie spürte, obwohl sie es so nicht hätte ausdrücken können, daß dank dieser Entscheidung, die für sie kein kleines Opfer bedeutete, der Geist der weiten Welt, der allgemeinen menschlichen Verständigung auch in ihre Hofwohnung vordrang und sie damit jenen Häusern gleichstellte, die dem Fortschritt verbunden waren.

Das war fast eine Prophezeiung, denn als Schüler des Fräuleins lief ihr Sohn Milinko, wie übrigens auch Sredoje Lazukić, Vera Kroner über den Weg, die aus einem ebensolchen Haus stammte. Das Schicksal hielt sie also für beide bereit, aber zu jener Zeit nahm nur Milinko die Chance wahr. Auf Sredoje wirkte Vera abstoßend wie eine Herausforderung an seine Duldsamkeit und seinen Verstand. Warum setzte sie beim Gehen die kleinen wohlgeformten Füße so weich voreinander auf, als hielte sie etwas zwischen den Beinen? Warum hielt sie die langen rötlichen Wimpern gesenkt und hob sie erst, wenn Sredoje fast vorüber war, um ihm einen raschen, neugierigen Blick aus ihren schrägstehenden Augen zuzuwerfen? Warum flocht sie ihr rotes Haar zu einem Zopf, der auf ihrem Rücken im schwarzen, kaum die Knie bedeckenden Mäntelchen hüpfte? Er hatte Lust, sie für diese Beweise absichtsvollen Verhaltens zu bestrafen, sie ihr kräftig auszuklopfen, wie man den Staub aus lange nicht getragenen Kleidern klopft. In einem Winter, es war der zweite oder dritte ihrer Bekanntschaft, sah er sie auf dem Heimweg von der Stunde beim Fräulein in einer Seitenstraße, wo sie an einer Hausmauer Schutz suchte vor einer Horde Halbwüchsiger, die sie mit Schneebällen bewarfen. Eine Hand im weißen Fausthandschuh hielt sie zur Abwehr der nassen, kalten Geschosse vor Gesicht und Hals, und ein weißbestrumpftes Bein in hohem schwarzem Stiefel hatte sie angewinkelt, damit ihr Leib nicht getroffen wurde. Die Schneeklumpen prasselten ein auf sie und auf die gelbe Mauer, an der sie lehnte, ihr Aufschlag widerhallte dumpf und hinterließ runde Spuren von unterschiedlicher Dichte; die Jungen bückten sich eifrig, um den Schnee zusammenzuballen und auf das Ziel zu schleudern, wobei sie juchzten wie Treiber auf der Jagd. Sredoje stand da und sah mit angehaltenem Atem Vera an. Er zögerte, ob er ihr zu Hilfe eilen (immerhin gehörte sie als Schülerin derselben Lehrerin zu seinem Bekanntenkreis) oder sie auch mit Schneebällen attackieren sollte, für die sie so ein verlockendes Ziel darstellte. Da geschah es, daß einer der Jungen, vielleicht ihr Anführer, mit dem Werfen aufhörte, zu Vera lief, sie kräftig umarmte und ihr einen lauten, schmatzenden Kuß auf die Wange drückte. Die anderen beeilten sich, seinem Beispiel zu folgen, und das Mädchen war auf einmal von Jungen umringt, die sich drängten, sie anzufassen, zu umarmen und zu küssen, als wäre sie ein Kuchen, von dem man schnell abbeißen mußte, um dann mit dem Mundraub zu flüchten. Sredoje, der immer noch abseits stand, ahnte bei ihren hastigen Bewegungen und ihrem Jubelgeschrei die Wärme und Nachgiebigkeit jenes Mädchenkörpers, der sich unter dem Ansturm bog und zu erliegen drohte. Er stürzte selbst zu ihr, stieß zwei große Jungen beiseite und preßte die Lippen auf ihre heiße, von Schnee und Tränen und fremdem Speichel feuchte Wange. Sie fühlte sich an wie eine reife, süße, schwellende Pflaume. Da wurde er von hinten gepackt und von dem Mädchen losgerissen und sah nur noch, wie sich ihre schrägen Augen neugierig und ängstlich auf ihn richteten, der auf so magische Weise entschwand. Er mußte sich gegen die Angreifer wehren, die Fäuste gebrauchen, bekam einen Hieb hinters Ohr und stieß einem den Ellenbogen in den Bauch, ihn packte die Wut, er schlug ohne Rücksicht um sich, und als die Gegner weggelaufen waren, sah er, daß auch Vera nicht mehr an der Mauer stand, denn sie hatte das Getümmel genutzt, um die Flucht zu ergreifen.

Sredoje erzählte Milinko von dem Vorfall, und Milinko in seiner Bedachtsamkeit und Ablehnung jeglicher Gewalt empfand Mitleid und begann Vera zu grüßen. Da er dies jedoch meist in Sredojes Gegenwart tat, erwiderte sie lange Zeit seinen Gruß nicht. Das amüsierte Sredoje, und wenn Milinko neben ihm demütig den Kopf senkte, während das Mädchen den Blick abwandte, bog er sich vor Lachen. Als sie dies bemerkte, besann sie sich anders, entgegnete den Gruß des sympathischen Jungen ebenso freundlich und prüfte mit einem raschen Blick, wie diese Belohnung auf seinen Kameraden wirkte, dem sie nicht zuteil wurde. Sredoje tat weiterhin, als amüsierte ihn ihr nachtragendes Verhalten; dann allmählich fanden sie alle drei ihr Vergnügen an diesen Begegnungen, deren jede vollführte und unterlassene Bewegung voller Bedeutung war. Schließlich sehnten sie jedes Treffen herbei, um ihre jeweiligen Beziehungen neu zu überprüfen. Sredoje und Milinko ließen keinen Tag vergehen, ohne über das Mädchen zu sprechen, und sie, die keine Freundinnen hatte, beschäftigte sich jeden Abend mit den beiden. Und als die Zeit der Tanzstunden herankam, die abwechselnd in den beiden Gymnasien stattfanden, waren sie schon enge Freunde. Von dem rundbäuchigen, befrackten Lehrer aufgefordert, mit einer Dame seiner Wahl den eben gelernten Tanzschritt zu üben, verbeugte sich Milinko ohne Zögern vor Vera. Damit erlangte er das Recht, stundenlang ihre Taille umfaßt zu halten, und er erweiterte dieses Recht, indem er sie von den Tanzstunden nach Hause begleitete und mit ihr vereinbarte, sie künftig auch abzuholen. Sie wurden ein Paar. Das bedeutete, daß sie zu ihm und er zu ihr gehörte; um sie entstand ein Bannkreis scheuer Zurückhaltung, der sie noch enger zusammenrücken ließ. Sredoje als unmittelbarer Augenzeuge dieser Annäherung reagierte darauf mit nachsichtigem Spott. Zu der Zeit frequentierte er bereits die Vorstadtschenken, um statt Tanzfiguren solche des Beischlafs zu üben, gegenüber denen jene ersteren nur als Vorstufe Bedeutung haben konnten. Aber er wußte und überzeugte sich immer wieder davon, daß dem nicht so war: nach den Drehungen zu Walzerklängen, welche die kleine, schwarzhaarige, stark ondulierte Frau des Tanzmeisters produzierte, lösten sich all die hübschen Mädchen aus den Armen ihres Partners und gingen allein oder in seiner züchtigen Begleitung nach Hause zu ihren Müttern, um zu Abend zu essen und sich schlafen zu legen. Wozu dann die Berührungen, das Ineinanderversenken der Blicke, der gemeinsame Heimweg? Bei aller Skepsis und Herablassung blieb er natürlich nicht gleichgültig gegenüber den biegsamen straffen Hüften, auf die er zur Klaviermusik seine Hand legte, oder gegenüber den bebenden warmen Fingern, die federleicht auf seiner Schulter ruhten; sie forderten ihn um so mehr heraus, als er schon erfahren hatte, wie tief und innig körperliche Kontakte sein konnten, allerdings mit

Mädchen, die viel weniger sympathisch und anziehend waren. Es war oft der reine Hohn, sie Mädchen zu nennen, die Frauen, die er auf seinen Ausflügen in die Unzucht traf, so verlebt und welk, wie sie waren, gereizt, verkatert, fast durchweg ordinär und grob, weil Primitivität und Unwissenheit und Unfähigkeit, mit den Verhältnissen zurechtzukommen, sie auf die niederste Stufe befördert hatten. Was für ein Unterschied zwischen ihnen und den Sklavinnen, die Sredoje einst erträumt hatte, die duftend und schön und voller Sehnsucht waren, ihn zu befriedigen! Aber auch was für ein Unterschied zwischen seinen Traumgestalten und diesen Tanzschülerinnen mit ihren eingelernten und streng reglementierten Bewegungen, mit den gespielten, geheuchelten Andeutungen der Hingabe anstelle wirklicher Hingabe! Weder die einen noch die anderen entsprachen seinen Vorstellungen, er begegnete ihnen mißtrauisch, da er von vornherein Enttäuschung, Ablehnung, Uneinigkeit ahnte. Als er indes zum erstenmal mit Vera Kroner tanzte – ganz zufällig stand er vor ihr, als der Lehrer das Zeichen gab, die eben vorgeführte Figur zu üben –, geschah es, daß ihre Schritte und Bewegungen augenblicklich so vollkommen im Einklang waren, als vollführte sie nicht jeder für sich selbst. Überrascht fuhren sie auseinander und sahen sich in die Augen, aber auch diese kleine Ablenkung störte nicht den gemeinsamen Rhythmus; kaum hatten sie sich wieder umfaßt, glitten sie weiter wie aneinandergefesselt. Es konnte nicht ausbleiben, daß ihnen diese Harmonie bewußt wurde. Sie taten zwar weiterhin so, als gäben sie einander nicht den Vorzug, doch sie suchten sich schon und richteten es ein, daß sie beieinander standen, wenn sich die Paare formierten, aus Neugier, ob sich der frühere Einklang wiederherstellen würde, und danach, als jeder Zweifel ausgeschlossen war, aus Lust an der Harmonie selbst. Diese verlockte sie mehr und mehr, je sicherer sie tanzten, die Regeln mißachteten, sich dem Rhythmus überließen, der sie mit sich riß wie strömendes Wasser. Sie genossen den Tanz an sich, jetzt zum erstenmal. Aber als sie versuchten, diesen Genuß auch bei anderen Partnern zu finden, merkten sie zu ihrer Überraschung, daß es ihnen nur unvollkommen oder gar nicht gelang. Da wandten sie sich wieder einander zu, um herauszufinden, worin die Unwiederholbarkeit des Vergnügens lag. Da sie es nicht entdeckten, hatten sie einander um so nötiger. Das Jahresende kam heran, der theoretische Unterricht war beendet, man ging zur Praxis über, zum Wiegen und Schmiegen der Paare unter dem Diktat der einmal getragenen, dann wieder flotten Stücke, welche die auf ihrem Klavierhocker zappelnde Tanzmeistergattin mit immer mehr Verve spielte. Milinko, der vorher fast ausschließlich Veras Tanzherr gewesen war, trat in den Hintergrund und überließ sie Sredoje. Ihm genügten die erworbenen Kenntnisse, auf das Vergnügen bei ihrer Anwendung konnte er verzichten. In der Tat hatte er nie jenen Impuls empfunden, der bei den ersten Tönen der Musik die Körper aufeinander zutrieb, jene Entspannung bei der Hingabe an Takt und Rhythmus, jenen Kitzel der erlaubten, öffentlich zur Schau gestellten Bewegung Leib an Leib. Für seine Begriffe war der Tanz nur ein Gesellschaftsspiel – wie Schach oder ähnliches –, interessant und nützlich, solange man es erlernte, jedoch nutzlos, wenn es ohne die Möglichkeit weiterer Vervollkommnung und Vertiefung einfach wiederholt wurde. Ohne ihn eines Besseren zu belehren, tanzten Sredoje und Vera Schulter an Schulter, Hüfte an Hüfte, Atem in Atem, glühend im Gefühl der beiderseitigen Nähe.

Der Tanzkursus riss die Barrieren nieder, die Vera zwischen sich und ihrer Umgebung aufgerichtet hatte. Sie fühlte sich niemandem gleich oder gar eins mit jemandem, nicht einmal mit ihrem Bruder, der als einziger von allen ihr bekannten Menschen dieselbe, für ihr Empfinden seltsame und disharmonische Mischung aus den Welten ihres Vaters und ihrer Mutter darstellte. Der Bruder hingegen betrachtete diese Mischung als Vorzug, als Privileg, und war dank seiner derart souveränen Auffassung und seiner Neugier bestrebt, sich mit den unterschiedlichsten Menschen auf eine Stufe zu stellen. Er liebte und verstand es, die schwerblütigen deutschen Händler, wenn sie, auf Kisten vor Kroners Lagerhaus sitzend, warteten, daß ihre Wagen mit der eingekauften Ware beladen wurden, ins Gespräch zu ziehen, sich mit ihnen zu necken und dabei ihre merkwürdige Sprechweise nachzuahmen. Ebenso spottlustig und getreulich imitierte er Žarko, den zahnlückigen serbischen Lagerarbeiter seines Vaters, sobald er an der Deichsel seiner mit Säcken beladenen Karre im Tor erschien, und dessen stehende Redewendung »Mistzeug, verflixtes«. Entsprechend einer Vereinbarung, die Robert Kroner noch vor der Hochzeit mit seiner Frau getroffen hatte, um künftigen Nachwuchs vielleicht vor den Folgen seines Fehltritts zu bewahren, waren Gerhard und Vera standesamtlich als Juden mosaischen Glaubens registriert und auch in diesem Sinne erzogen worden; Gerhard jedoch hatte aus der ihm auferlegten Pflicht mit Hilfe des Religionsunterrichts weit mehr gemacht, als seinem aufgeklärten Vater lieb sein konnte. Er sprach die jüdischen Gebete und sang die rituellen Lieder mit ihren dumpfen orientalischen Halbvokalen viel besser und sicherer als Kroner senior, sehr zur Freude der Großmutter, die ihm dafür Geld zusteckte, und das bereitete ihm sichtlich ebenso diebisches Vergnügen wie die Aneignung der uralten liturgischen Gebräuche. Auffälligkeiten zogen ihn an: wurde er sie in der Verhaltens- oder Ausdrucksweise eines anderen Menschen gewahr, staunte er offenen Mundes, und hatte er erst ergründet, worin sie bestanden, bemühte er sich unverzüglich, sie perfekt zu kopieren. Jedesmal, wenn er feststellen konnte, daß ihm die Sache von der Hand ging, plusterte er sich vor Stolz. Bei Vera war es umgekehrt: ausgeprägte Merkmale erschreckten sie. All die Redewendungen, Zaubersprüche und Beschwörungsformeln, welche die Mutter von ihrer eigenen, bäuerlichen Mutter gelernt hatte und deren sie sich bediente, wenn sie die kleine Tochter schlafen legte, am Krankenbett betreute oder bei Ungehorsam bestrafte, genierten Vera, und vor den mystischen Verwünschungen, die aus der dämmrigen Greisenwohnung der Großmutter Kroner an ihr Ohr drangen, ekelte sie sich fast körperlich. Welche Vielfalt überkommener Bräuche, welche Fülle an Bedeutungen hinter solchen antiquierten oder volkstümlichen Ausdrücken standen, interessierte sie nicht, sie wollte es nicht wissen, sie vermochte sie sich nicht einzuprägen, und wenn sie ihr wie etwas hingeworfen wurden, das sich von selbst verstand, stellte sie sich taub. Als sie groß genug war, die Großmutter beim Gang zur Synagoge zu begleiten, weigerte sie sich hartnäckig, weil »auch ihre Mitschülerinnen dort nicht hingingen«, und trommelte sich weinend so lange mit den Fäusten gegen die Schläfen, bis ihr erlaubt wurde, auch am Sabbat den Unterricht zu besuchen wie alle anderen. Gebräuche, eingefahrene Gewohnheiten, Kleidervorschriften, Konventionen betrachtete sie als dumm, rückständig und zugleich gefährlich, da sie die Menschen ohne deren Zutun kennzeichneten und klassifizierten. Aus diesem Grund hatte sie niemals Freundinnen, während Gerhard – auf der Straße mit dem Kosenamen Gerdi gerufen – zwischen leidenschaftlichen Freund- und Feindschaften förmlich zerrissen wurde, die er getreulich pflegte und zugleich lauthals beweinte, weil er unter den regelmäßig bezogenen Prügeln und mehr noch unter der Trennung von der Meute litt, die sie ihm verpaßt hatte. Sofern sich Vera auf das Spiel mit einem Mädchen oder Jungen einließ – meist Kindern, die zusammen mit ihren Eltern ins Haus kamen – und bei dem kleinen Gast etwas Besonderes in Kleidung oder Frisur entdeckte, etwas Abweichendes in seiner Sprechweise – bei kleinen Serben und Ungarn die eine oder andere Vokabel, bei kleinen Deutschen Begriffe, die in ihrer Familie nicht gebräuchlich waren –, registrierte sie diese Besonderheiten voller Mißtrauen, weil sie sie eben nicht wie Gerhard studieren und nachahmen oder wenigstens begreifen wollte, sondern davon abgestoßen wurde. All diese ungewohnten oder nicht ganz verständlichen Worte empfand sie als Diktat, zwar nicht beabsichtigt – dies einzusehen, war sie intelligent genug –, aber um so verletzender, da die Möglichkeit einer Ablehnung nicht vorgesehen war. Jeder glaubte blind an seine Konventionen und deren allgemeine Gültigkeit, niemand fragte Vera nach den ihrigen. Aber erst, wenn sie sich diese Frage selbst stellte, packte sie das Entsetzen, denn sie begriff, daß in ihrem eigenen, national, religiös und sprachlich gemischten Elternhaus, wo schwäbisches Deutsch und Jiddisch miteinander im Widerstreit lagen, ein völliges Chaos der Gebräuche herrschte, daß es für alle Feiertage – Ostern, Neujahr, Weihnachten – verschiedene Namen und Daten und Rituale gab, so daß keiner davon wirklich gefeiert und an keinen davon wirklich geglaubt wurde. Sie war voller Wut auf dieses ungeordnete, uneinheitliche, verrückte Haus, in dem sie aufgewachsen war und lebte, dem sie angehörte und nach dem man – sie sah es mit wachsendem Entsetzen – ihren Standort und Wert einschätzte, und sie setzte alles daran, dessen Besonderheit – ihre Besonderheit – möglichst zu unterdrücken. Ein Mittel, dies zu erreichen, war auch weiterhin, sich nicht auf fremde Besonderheiten einzulassen, die sie ansonsten gezwungen hätten, die eigenen zu offenbaren, und da eine Persönlichkeit eben aus Besonderheiten besteht, lief es darauf hinaus, daß ihre Annäherung an andere Menschen bei der Schwelle zwischen der eigenen und der fremden Persönlichkeit haltmachte. Bei der Schwelle und Grenze des Vertrauens. Bei der Grenze des Bekenntnisses. Bei der Grenze, jenseits deren es möglich gewesen wäre, über die häuslichen Verhältnisse, die Familienszenen zu sprechen, die Bekanntschaft mit Bruder und Eltern zu vermitteln, Einladungen auszusprechen. Der Tanzkursus, den sie unbefragt auf Anweisung der Schuldirektorin besuchte, erwies sich gerade als eine Welt solch eingeschränkter Kontakte. Das Klavier spielte einen Walzer, Tango oder Foxtrott, der befrackte Lehrer demonstrierte die dazugehörigen Schritte, welche die Mädchen erst für sich allein und dann mit den Jungen einübten; an diesen Berührungen jedoch, mochten sie körperlich auch noch so eng sein, war nichts Persönliches. Sie waren typisiert wie die Tanzschritte, wie die Figuren, die überall auf der Welt dieselben waren, und der Eifer jedes einzelnen richtete sich darauf, die Vorschriften genauestens einzuhalten, alles Persönliche, Gewohnte, Ausgeprägte zu unterdrücken. Mit dem unfehlbaren Instinkt des Flüchtlings stürzte sich Vera leidenschaftlich in diesen allgemeinen Strom, in dem sie als Individuum, Tochter ihres Vaters und ihrer Mutter, Bewohnerin jenes Hauses hinter der evangelischen Kirche nicht mehr zu erkennen war, sondern nur durch ihre Fertigkeit beim Tanzen. Sich richtig oder falsch, leicht oder schwerfällig, schwungvoll oder unbeholfen zu bewegen – das waren hier die Maßstäbe, und Vera konnte sich endlich hervortun, ohne etwas von ihrem durch Herkunft und Erfahrung geprägten Wesen zu offenbaren. Nur ihr Körper trat in Erscheinung und erwies sich als eine fast selbständige Apparatur, die eine ungeahnte Anpassungsfähigkeit besaß – und dabei durch die eigene Schönheit, die Form der Hüften und der langen Beine und der vorspringenden, elastischen Brüste sich und anderen Freude bereitete. Er war bei diesen Tanzstunden, während sie sich in den Armen der jungen Männer wiegte, Objekt und Subjekt, wobei alles, was sonst die Persönlichkeit ausmachte, unterdrückt und vergessen weit jenseits der musikerfüllten Turnhalle blieb.

Konstitutionen. Veras perlmutterweiße Haut. Die etwas schrägen Schlitze der dunkelblauen, fast veilchenfarbenen Augen. Die rote Mundöffnung mit der langen, schmalen rosa Zunge, die rosigen Nüstern und Ohrmuscheln. Die langen Glieder, die angedeuteten Rundungen. Die kleinen, flachen und blassen Brustwarzen. Der straffe Bauch, der tief zwischen den Schenkeln sitzende Venushügel. Rötliche, seidige Behaarung. Niedriger Blutdruck und Neigung zu Kopfschmerzen und Angina. Häufig Pickel an den Lippen, langsame Wundheilung, reichliches Schwitzen bei Aufregung. Das etwas weichere, sanftere Abbild von Theresia Kroner geborene Lehnart mit ihren schlanken, muskulösen Armen und Beinen, die sich wie die schmalen Hüften erst nach der zweiten Niederkunft rundeten. Die Brüste indes schon seit dem reifen Mädchenalter hoch, spitz, elastisch, milchstrotzend. Die Lippen schmal und feucht. Spöttische blaue Augen, gerade Nase. Cholerisches Temperament mit Neigung zu extremen Äußerungen von Liebe, Neid, Haß, eiserne Gesundheit. Robert Kroner dünn, mager, mit gebeugtem Oberkörper, langen, flinken Beinen, braungelber Haut, glänzendem, glattem, fettigem schwarzem Haar, samtschwarzen Augen. Unregelmäßiger Blutdruck, Reizbarkeit, Hang zu Trauer und Verzweiflung. Nemanja Lazukić ziemlich groß und breitnackig, mit knochigen, eckigen Schultern, schmaler Brust, schmalem Becken, X-Beinen. Blasse, aschfarbene Haut. Üppiges, trockenes, widerspenstiges dunkles Haar, blaßblaue Augen, ebenmäßiger großer Mund mit gesunden Zähnen, breite Nase, unter den Rippen Verwachsungen nach einer (im Krieg durchgemachten) Tuberkulose, verschleimte Bronchien und Lungen, maßloser Raucher, Liebhaber von Schnaps und Wein und leicht berauschbar, treuer und eifriger Beischläfer seiner Frau, da ihn fremde durch ihre Unordentlichkeit und Unsauberkeit abstießen. Wählerisch beim Essen. Frau Lazukić mit trägen, säulenförmigen Beinen, der Oberkörper schmaler und beweglicher, mit kleinen schlaffen Brüsten, hängenden Schultern, flachem Kinn, fleischiger Nase, sanften grünlichen Glotzaugen, dünnem, angegrautem Haar. Krampfadern, häufige Ermüdung. Mit dreiunddreißig Jahren erstmals niedergekommen, hat sie sich niemals ganz an Mutterschaft und Ehe gewöhnt, widmet sich jedoch beidem aus erhabenem Pflichtgefühl. Anna Drentvenšek brünett und hochgewachsen, knochig, mit breiten Jochbeinen, klaren grauen Augen, schöngeformten vollen Lippen, großen, weißen, ebenmäßigen Zähnen, dünner und gesunder Haut. Geschwächte Nerven infolge unvernünftiger Anstrengungen, Anfälligkeit für Infektionen. Slavica Božić blond, mit kleinem rundem Kopf, neugierigen blauen Augen, weißer Haut, gerundeten Brüsten und Hüften. Ausdauer, verlangsamter, regelmäßiger Rhythmus beim Altern. Ihr Mann braunhaarig, hakennasig, mit niedriger Stirn, fragend geschürzter Oberlippe, langem Rumpf und kurzen krummen Beinen, unermüdlich bei körperlichen Anstrengungen, aber mit reizbaren Nerven. Milinko etwas größer als sein Vater, mit dunklerem, welligem Haar, gut proportioniert, widerstandsfähig, ausgeglichen. Miklós Ármányi ziemlich hochgewachsen und dürr, mit rosiger, glatter Haut, aber vielen Falten auf der breiten Stirn, mit langer gerader Nase, runden Wangen, vollen Lippen, ruhigen hellblauen Augen. In der Kindheit leichte, später zurückgegangene Anfälle von Epilepsie, deshalb Neigung zu maßvoller Lebenweise und Disziplin. Gerhard Kroner weißhäutig, kurznasig, mit runder Stirn und vortretenden Jochbeinen, festen schmalen Lippen, breiter Brust und kräftigen Beinen. In der Kindheit häufiges Nasenbluten, leichte Neigung zu asthmatischen Anfällen, aber ein kräftiger Bewegungsapparat, der den Eindruck absoluter Gesundheit erweckt.

Der deutsche Vorstoss nach Osten, der im April 1941 Novi Sad und die Bačka erreichte, hatte im Winter desselben Jahres auch seinen Interpreten im Hause Kroner: Sepp Lehnart, leiblicher Bruder von Resi Kroner. Er traf nach der Teilnahme am Rußlandfeldzug während eines Urlaubs ein, den er nicht auf dem Dorf bei der Mutter verbringen wollte, wo er mit seinen neuen schwarzen Stiefeln durch morastige Straßen hätte stapfen müssen. Was ihm jedoch in diesem Dorf am meisten fehlte, waren würdige Zuhörer, denn er hatte sich schon im Gefechtslärm vorgestellt, wie er über das Erlebte berichten würde, aber nicht seiner sechzigjährigen Mutter, die seine Worte nur mit Seufzern begleiten und ihn unter Tränen auf den faltigen Wangen bedauern würde, statt ihn zu bewundern, auch nicht den wohlgenährten Bauern, die sich unter mißtrauischem Blinzeln erkundigen würden, wie dort in Rußland, von wo er kam, Häuser und Ställe, Vieh und Scheunen aussahen. Sepp selbst war nie ein richtiger Bauer gewesen; nach dem Tod des Vaters bei der nachgiebigen Mutter und einem Onkel aufgewachsen, der ihn vom Hof zu vertreiben suchte, war er wie auch Resi früh in Dienst gegangen, und zwar beim örtlichen Kaufmann, einem Juden. Vielleicht wäre dieser blondbärtige Solomon Hajim der einzige Mensch gewesen, zu dessen Entsetzen er sich über seine Heldentaten als Eroberer hätte verbreiten mögen, um ihm zu zeigen, wie weit er es gebracht hatte, und um sich für die Ohrfeigen und die schwere Arbeit zu rächen, die er als Lehrling und junger Geselle hatte erdulden müssen. Aber bei der Ankunft zu Hause erfuhr er, daß Hajim und sein zweiundzwanzigjähriger Sohn, Sepps Altersgenosse und negatives, verhaßtes Vorbild, bei einer vor Wochen eingeleiteten Säuberungsaktion von ungarischen Gendarmen getötet worden waren und daß Frau Hajim nach dem Begräbnis zu ihrer Schwester in die Stadt gezogen war. Haus und Geschäft standen verlassen. Mit einem aus Neugier und Bedauern gemischten Gefühl strich Sepp tagelang um dieses Haus, befragte einstige Kunden, die hier auf dem Weg zum nächsten Laden vorüberkamen, wie und wo sein Dienstherr getötet worden, ob er unter den Schüssen sofort gestorben war, ob er geschrien und was sein Sohn getan hatte; was er hörte, verglich er bei sich mit den eigenen Erfahrungen. Als es für ihn keine Neuigkeiten mehr gab, packte er sein Köfferchen und fuhr nach Novi Sad zu den Kroners. Er war vorsichtig genug, sich im Dorf nicht abzumelden und niemandem sein Reiseziel zu nennen, doch im engsten Kreis der Eingeweihten sorgte er für nicht geringe Verwirrung: ein SS-Mann in einem jüdischen Haus! Kroners Geschäft war bereits enteignet, in seinem Büro saß ein Regierungskommissar, der Ritter Miklós Ármányi, dem Kroner als unbezahlter Mitarbeiter unterstellt war; man lebte in Ungewißheit, im Ohr die Nachrichten über Morde an Juden und Serben in den umliegenden Dörfern, vor den Augen den verödeten Hof ohne das einstige Käufergewimmel, wie zur Zeit einer Epidemie. Diesen Hof jedoch betrat jetzt allmorgendlich, so kalt es auch war, Sepp Lehnart, groß, schlank, sehnig, mit kurzgeschnittenem blondem Haar über den kleinen anliegenden Ohren, und trieb Frühsport in Stiefeln, Uniformhose und -hemd. Zuerst umkreiste er den Hof dreimal im Laufschritt, dann stellte er sich an einem Ende auf, machte, von Pausen unterbrochen, Kniebeugen, Rumpfbeugen, Streckübungen der Arme und Beine, Kopfdrehungen, als wäre sein Hals aus Bindfaden. Seiner Schwester, von der er anschließend in der Küche das Frühstück verlangte, erläuterte er keuchend, wie wohl ihm diese Bewegung tue, welche Übung welche Körperteile oder Organe kräftige (wie man es ihm bei der Truppe beigebracht hatte), und tadelte sie bei der Gelegenheit, weil sie ihre Kinder, seinen Neffen und seine Nichte, nicht zu derartigen Mühen anhielt, sondern ihnen erlaubte, sich auszuschlafen und zu verweichlichen, was ihnen im Leben nur schaden könne. Dabei schien er ihre Herkunft zu vergessen, die sie, so sagten es die Rassengesetze, ohnehin zu einem minderwertigen Sklavendasein und zu einem vorzeitigen, gewaltsamen Tod verurteilte. Als wären sie nicht Halbjuden, sondern kleine deutsche Arier, die morgen das Gewehr schultern würden wie er und übermorgen, wenn Frieden herrschte, beim Aufbau eines neuen Europa anpacken würden. Mit einer Hälfte seines gespaltenen Wesens, jener nämlich, die ihn trotz aller Vorsicht veranlaßt hatte, aus dem Dorf zu seiner Schwester zu flüchten, empfand er wirklich so. Aus der Dumpfheit seines hinterwäldlerischen Dorfes in die deutsche Elitetruppe gelangt, hatte er begeistert die Lehre akzeptiert, die ihn wie einst der Ritterschlag zum prädestinierten Herrn über die Welt machte, aber gerade weil er diese Lehre für vollkommen hielt, verdrängte er jeden Gedanken daran, daß sie einem ihm Nahestehenden schaden könnte. Die Nichte Vera und der Neffe Gerhard standen ihm nahe, zumal er selbst noch unverheiratet und kinderlos war und es ihn seit seiner frühen Jugend mit Stolz erfüllte, daß seine Schwester einen reichen Kaufmann geehelicht hatte, mochte dieser auch Jude sein. Ein Jude war für seine Begriffe ebenso ein Fremder in Jugoslawien wie er selbst, nur beweglicher und tüchtiger als seine eigenen Leute mit ihrer Bindung an die Scholle. Der Dienst bei Hajim, die dort empfangenen Belehrungen und Prügelstrafen hatten die Vorstellung von einer bedrohlichen Überlegenheit bestärkt, und die Unterweisungen in der SS-Kaserne hatten das Bild lediglich durch harte und düstere Farben angereichert, ohne es im wesentlichen zu verändern. Er war jetzt im Zwiespalt zwischen Hochachtung und Furcht, zwischen Neid und Haß. Angesichts der eigenen so jungen Blutsverwandten, der Kinder seiner Schwester, überwog bei ihm die weichere Seite, und er konnte es morgens kaum erwarten, sie wach und angekleidet zu sehen, ihnen allerdings auch Vorwürfe zu machen wegen ihrer Langschläferei und Abstinenz gegenüber den Leibesübungen an der frischen Luft, dem einzigen, was er mit Sicherheit beherrschte und weitergeben konnte.

Besonders fühlte er sich von Gerhard angezogen, der ihm übrigens auffallend ähnelte: schlank, muskulös, blond, mit schmalem Gesicht, gerader kurzer Nase und hohlen Wangen. Auch in seinem Wesen schien er Sepp, dem Soldaten aus Überzeugung, nachzuschlagen: wie er hatte er wenig Sinn für detaillierte, geduldige Arbeit, weshalb er sich niemals im Büro seines Vaters sehen ließ, dafür nötigte ihm jeder verwegene Streich, jedes Zurschaustellen von Übermacht und Stärke unendliche Hochachtung ab. Nach dem Abschluß des Gymnasiums seiner jüdischen Herkunft wegen bereits ohne Chance, ein Studium aufzunehmen, woran ihm übrigens gar nichts lag, hatte er mit ein paar jungen Leuten, die sein Schicksal teilten, den Plan gefaßt, über die Donau zu den Partisanen zu fliehen, bevor die Verpflichtung zur Zwangsarbeit sie ereilte; Sepp Lehnarts Anwesenheit erschien ihm als unerwarteter, willkommener Ansporn, dieses Unternehmen zu beschleunigen. Als er seine Freunde, Franjo Schlesinger und die Brüder Karaulić, über die Ankunft des Onkels informierte, schlug er gleichzeitig vor, daß sie den Verwandten töten sollten, um sich seiner Waffen zu bemächtigen und somit ihr Verschwinden aus dem Einflußbereich der Besatzer durch eine Heldentat einzuleiten. Einer so attraktiven Idee konnten die anderen anfänglich nicht widerstehen, zumal Gerhard sie mit der ganzen Leidenschaft eines von seinem Ziel Besessenen vortrug, und so verbrachten sie die ersten Tage nach dem Auftauchen des SS-Manns mit Überlegungen, auf welche Art und Weise sie ihn liquidieren könnten. Schlesinger und die Brüder Karaulić machten bei Gerhard einen speziellen Besuch zu einer Tageszeit, da der Onkel mit Sicherheit zu Hause war, damit sie ihn kennenlernten, eingehend betrachteten, ihm sozusagen Maß nahmen, denn genau so sahen sie ihn an, sobald er ihnen beim Wandern von Zimmer zu Zimmer den Rücken kehrte. Seine Pistolentasche mit der Waffe hing in der Diele am Kleiderhaken unter seiner Mütze und neben dem dunkelbraunen Mantel und Hut von Robert Kroner und zog ihre Blicke häufig an, die sich danach vielsagend kreuzten. Sollten sie ihn mit einer Patrone aus der eigenen Pistole töten? Oder mit heimlich seinem Essen beigegebenem Rattengift? Oder durch einen Messerstich in den Rücken, während er in seiner gewohnten Weise unter ihnen umherspazierte? Nachdem sie sich für diese letztere Lösung als die leiseste und unauffälligste entschieden hatten, stellte sich die Frage nach der Beseitigung der Leiche. Auch hier gab es mehrere Vorschläge, bis man sich auf Gerhards Version einigte, wonach der Tote zerstückelt und im Keller vergraben werden sollte. Aber wie lange würde er unentdeckt bleiben? Überhaupt, wenn Lehnart nach dem Urlaub nicht zu seiner Einheit zurückkehrte, binnen welcher Zeit würden die Behörden feststellen, an welchen Orten er sich wenn auch unangemeldet aufgehalten hatte, und seine unfreiwilligen Gastgeber zur Verantwortung ziehen? Die Debatten hierüber führten zu der Schlußfolgerung, daß selbst dann, wenn die vier Beteiligten rechtzeitig Verbindung mit den Partisanen aufnehmen und sich absetzen konnten, die Familie Kroner und höchstwahrscheinlich auch die Familien der anderen der Vergeltung anheimfallen würden, und an diesem Punkt scheiterte alles. Der Onkel blieb also am Leben und machte sich weiterhin in dem jüdischen Kaufmannshaus breit, ohne zu ahnen, in welcher Gefahr er sich befunden hatte. Gerhard in seinem Wissen um all das betrachtete ihn mit neuer Aufmerksamkeit und saß, die Ellenbogen auf den Tisch und das Gesicht in die Hände gestützt, gern in den leeren Vormittagsstunden (wenn die Mutter mit dem Dienstmädchen das Essen zubereitete, der Vater im Büro war und Vera Körperpflege betrieb) mit ihm im Gespräch zusammen. Er selbst bemerkte seine Ähnlichkeit mit dem Onkel, die, mehr noch, ein Vorentwurf seines eigenen Äußeren als erwachsener Mann war. Und wohl auch seines künftigen Tuns, denn Sepp Lehnart war genau das, was Gerhard Kroner werden wollte: ein Mörder mit der Waffe in der Hand. Er stellte seinem Onkel beharrlich Fragen nach dem Soldatenleben, nach Märschen und Schlachten, nach dem Gefühl, das man empfand, wenn man verwundet wurde, dem Gefühl beim Töten. Sepp versuchte ihm Auskunft zu geben, aber nicht so eifrig, wie er es bei einem fremden oder gar verhaßten Menschen getan hätte, denn er wußte, daß seine Antworten nur Grauen und Versuchung vermitteln konnten, Empfindungen, die zu stark waren für einen so jungen Menschen, wie es sein Neffe war. Er bemühte sich, ihm die harten Kriegsszenen zu ersparen, und hielt sich lieber bei lustigen Begebenheiten auf wie sprachlich bedingten Schwierigkeiten der Verständigung mit den Bewohnern ukrainischer Dörfer oder Erlebnissen mit Mädchen, die der Hungersnot wegen heimlich in dafür reservierte Hütten kamen, um sich für eine Konservendose oder eine Tafel Schokolade hinzugeben. Obwohl er diese Prahlereien für widerwärtig hielt, machte Gerhard seinem Onkel deshalb keine Vorwürfe; er versuchte eher durch vorgetäuschten Beifall noch mehr Informationen über Rußland hervorzulocken, von dem der Ausgang des Krieges abhing, und über die deutsche Wehrmacht, die es zu überlisten und zu besiegen galt. Übrigens war auch seine Beziehung zum Onkel zwiespältig, weil er sich trotz dessen Hochmütigkeit ihm und seinen Auffassungen nahefühlte. Auch ihm hatte die Okkupation neben Einschränkungen und Erniedrigungen die erste Liebeserfahrung gebracht: mit der Frau eines zum Reservedienst einberufenen Ungarn aus dem Nachbarhaus, die bei Fliegerangriffen Schutz im Keller der Kroners suchte, weil er ihr sicherer schien als der eigene. Sie war eine sanfte, ängstliche Frau mit runden schwarzen Augen und weinerlich verzogenem Mund, die sich im Dunkel des Kellers bei der ersten Detonation zitternd an den Nächststehenden drängte – das war Gerhard – und zuließ, daß er ihr in den Ausschnitt griff; seitdem brauchte er zu jeder beliebigen Tageszeit nur an den Bretterzaun zu klopfen, der die Höfe der beiden Häuser trennte, und alsbald erschien sie an der Tür, bereit, mit ihm in den Keller zu gehen. Von dieser Beziehung, die er vor den Hausgenossen geheimhielt, erzählte er dem Onkel gelegentlich eines langen, träge dahinfließenden Gesprächs in der stillen Wohnung, da er dem Drang nicht widerstehen konnte, seine eigene Niedertracht gegen die des anderen zu setzen, und so war nun zwischen ihnen alles abgehandelt bis auf Sepps Erfahrungen als Mörder und Gerhards Absicht, zu morden.

Aber während Gerhard sein Geheimnis nicht als Folter empfand, weil er es mit Schlesinger und den Brüdern Karaulić teilte, suchte Sepp fieberhaft nach jemandem, dem er das seinige offenbaren konnte. Den Vormittag verbrachte er gewöhnlich zu Hause, strich auf dem Hof und in den Zimmern herum, blickte aus den Fenstern oder zog eines der Familienmitglieder ins Gespräch, nach dem Mittagessen jedoch, das ihm die Schwester getrennt, wie einem Bediensteten, in der Küche auftischte, zog er sich an, rasierte sich die Wangen, die des Messers keineswegs täglich bedurften, rückte vor dem Spiegel das Käppi zurecht, so daß sein Kniff genau auf der Falte zwischen den Brauen saß, schnallte die Pistole um und ging aus. Unbekümmert spazierte er stundenlang umher und merkte nicht einmal, daß er das linke, an der Front verwundete Bein immer mehr nachzog. Unterwegs pflegte er sehr bald schon eine Kinokarte für die erste oder zweite Nachmittagsvorstellung zu kaufen. Nach dem Film suchte er ein Wirtshaus auf und bestellte sich fünf Ćevapčići oder eine andere Kleinigkeit, denn obwohl er bereits Hunger hatte, hinderte ihn seine angeborene Knausrigkeit, von seinem Sold einen größeren Betrag für etwas abzuzweigen, was er ein paar Stunden später bei seiner Schwester umsonst bekommen konnte. Beim Trinken freilich übte er weniger Enthaltsamkeit. Er sah junge Leute zu zweit, zu dritt in das Lokal kommen, manchmal auch Soldaten, doch er kannte keinen davon. Alle etwa in seinem Alter, gaben sie sich ungezwungen und geräuschvoll, viel sicherer und hemmungsloser als er selbst, so empfand es Sepp, vielleicht weil sie aus dieser oder einer ähnlichen Stadt stammten und es gewohnt waren, ihre Garderobe an die Kleiderhaken zu hängen,

Zigaretten aus den Etuis zu ziehen und mit den Kellnerinnen zu verhandeln, die sich tief über den Tisch beugten, wenn sie ihnen die Speisekarte reichten. Er wäre diesen Menschen, wenigstens den Kellnerinnen, gern nahegekommen, aber wenn er einen ansprach, nahmen sich seine Worte so bedeutungslos aus, daß sie nur mit einem zerstreuten Lächeln quittiert wurden. Dennoch hoffte er weiter auf mögliche Kontakte, blieb sitzen, trank langsam sein Bier, bestellte von Zeit zu Zeit nach. Leicht benebelt sah er Kriegsszenen vor sich, in denen er der Starke gewesen war, und wenn er sich dann mit neuen Augen umblickte, dachte er voller Bitterkeit, daß all diese gewandten Stadtmenschen, die ihm keine Aufmerksamkeit schenkten, derart erregende Szenen möglicherweise nie erlebt hatten und ihnen auch nicht gewachsen gewesen wären. Er betrank sich allmählich. Alle hatten schon das Wirtshaus verlassen, um sich andernorts weiteren Vergnügungen oder auch Pflichten zu widmen, nur er saß noch da, die Ellenbogen aufgestützt, mit steifem Rücken, starrem Blick, glattrasiert, empfindungslos. Die Kellner brachten ihm die Rechnung, deren Höhe ihn erboste, er kontrollierte sie stirnrunzelnd und lallend und zahlte, ohne Trinkgeld aufzuschlagen, weil er überzeugt war, betrogen worden zu sein. Dann schnallte er das Koppel um, prüfte mit der Handkante den korrekten Sitz des Käppis und entfernte sich festen Schrittes, darauf bedacht, daß niemand sein Schwanken bemerkte. Er ging nach Hause. Durch leere, eisige Straßen, vorbei an vereinzelten Passanten, Liebes- oder Ehepaaren, die ihrer verdienten Ruhe entgegenstrebten. Die Stadtbewohner versammelten sich in ihren Häusern. Dort hinter den Mauern, den verdunkelten Fenstern schliefen sie friedlich. Und Lehnart hatte das Gefühl, daß niemand diese Ruhe stören könnte, diese Lethargie, dieses Desinteresse an ihm, der jetzt schon sehr mühsam an diesen Mauern entlangschritt und das linke Bein wie einen Knüppel nachzog; kein Wille zur Veränderung, kein Krieg, kein Mord. Er hatte die böse Ahnung, daß die Städte das Morden überleben würden, daß, wie viele Einwohner auch immer füsiliert oder durch Genickschuß getötet wurden, stets noch genug Lebende übrigbleiben würden, um sich morgen, wenn die blutige und mühsame Arbeit der Soldaten beendet war, wieder in diesen Häusern breitzumachen, zu schlafen, zu heizen, zu kochen, zu waschen, aufzuräumen, all diese unkriegerischen Dinge zu tun, welche die für den Siegeszug so notwendigen Kräfte schwächten. Er verspürte den heftigen Drang, zu töten, seine Hände zuckten vor Gier, sich um jemandes Hals zu legen und zuzudrücken, sein Zeigefinger tastete zitternd nach dem Widerstand des Abzugs, den er hätte betätigen mögen. Aber hier durfte er nicht schießen. Geschossen wurde nur auf Befehl, selten, denn auch an der Front kam es nicht oft zu Gefechten, meist wurde nur marschiert, gefahren, biwakiert, und selbst wenn man schoß, dann sozusagen ins Leere und erst nachdem Kanonen und MGs die Gefechtsstellungen des Feindes zerstört hatten, und kaum einmal direkt auf lebende menschliche Körper wie in Dubno, wie in Worjansk. Jene Bilder des Tötens traten ihm jetzt wieder vor Augen, aber zögernd und scheu, wie von seinen eigenen Zweifeln erschüttert, und wenn Sepp nächtens heimkam, war er sich seiner mörderischen Erfahrungen nicht mehr sicher. Er schloß Tor und Wohnungstür auf und trabte in fiebriger Hoffnung auf einen Gesprächspartner durch die Räume. Seine Schwester und die Kinder schliefen schon, nur Robert Kroner in seinem Zimmer war noch wach. Sobald die anderen zu Bett gegangen waren, hörte er Radio London, aber die Nachrichten waren schlecht: Die Deutschen waren in Rußland und Afrika auf dem Vormarsch, England wurde bombardiert, Amerika trat nicht in den Krieg ein. Er schaltete das Radio ab und hatte nicht die Kraft, sich auszuziehen und unter die Steppdecke zu schlüpfen, denn er wußte, daß er ob seiner quälenden Gedanken keinen Schlaf finden und daß ihn das Liegen an das Grab erinnern würde, das ganz nahe auf ihn und die Seinen lauerte. In einer solchen Stimmung wirkte das Auftauchen von Sepp Lehnart wie eine

Schreckensvision, als träte der Vollstrecker der finstersten Prophezeiungen in die Tür, die Verkörperung des Entsetzens, der Unmenschlichkeit, der Blutgier. Sein glattrasiertes Gesicht glühte im Lampenlicht, jedes Haar saß ordentlich gestutzt auf seinem schmalen Schädel mit den anliegenden Ohren, das Käppi war tief in die Stirn gezogen, stramm saß die Uniformjacke. Aber unter dieser typisierten Aufmachung traten zugleich die vertrauten Züge des Schwagers hervor, die denen seiner Frau so ähnlich und mit denen seines Sohnes fast identisch waren, und das verlieh der ganzen Erscheinung etwas Ungeheuerliches. Doch auch Kroner wirkte auf Sepp wie eine gestaltgewordene Geistererscheinung. Er saß dort unter der Lampe mit seinem jüdischen Gesicht, der langen gebogenen Nase, der brünetten trockenen Haut, still, gesammelt, ohne Bewegung, die schwarzen Augen voller Traurigkeit, bereit, den Dolchstoß, die tödliche Kugel zu empfangen. Er sah aus, als wäre er schon tot. Und um ihn das Zimmer, still und ebenfalls wie tot, in völliger Harmonie und Übereinstimmung mit seinem Besitzer, dunkelbraun wie er, glanzlos vom vielen Gebrauch: die Couch mit der umgeschlagenen oberen Ecke der Steppdecke, unter der das weiße Kissen und das Laken wie gefletschte Zähne wirkten, neben der Couch das Radio mit dem runden schwarzen Fleck im Gewebe des Lautsprechers, der sich durch das langjährige Strömen der Töne gebildet hatte, dahinter in den die ganze Wand bedeckenden Regalen Bücher, ernstblickend mit ihren goldgeprägten Rückentiteln in gotischer und lateinischer Schrift, den großen Namen von Schriftstellern, an die sich Sepp von seiner Schulzeit her nur nebelhaft erinnerte, eine fremde, unzugängliche Welt, die man viele Jahre lang erobern mußte, um sie zu begreifen, die ein Leben lang geduldig zusammengetragen und geschaffen worden war. Alle Gegenstände paßten hier zusammen, keinen hätte man verrücken können, ohne daß es aufgefallen wäre, alles war für die Ewigkeit gedacht, selbst der Tod konnte nichts daran ändern. Er hob verlegen die Schultern und bat den Schwager leise um Erlaubnis, sich setzen zu dürfen. Als er sie erhalten hatte, fing er an zu jammern, wie wenig er sich heute amüsiert habe, wie langweilig und reizlos sein Urlaub verstreiche. Die Schuld daran wies er pauschal und vage den Stadtbewohnern zu.

»Alle stoßen mich zurück«, sagte er hastig, unfähig, seine Gedanken klar zu formulieren, »alle gehen mir aus dem Weg, keiner will mit dem blutbesudelten Burschen Sepp an einem Tisch sitzen.« Der Adamsapfel an seinem dürren Hals hüpfte auf und ab. »Blutbefleckte Hände sind hier nicht erwünscht. Hier muß man weiße Hände wie ein feiner Herr und gutes Benehmen und Schliff haben. Aber niemand fragt, ob Sepp in seinem Leben die Möglichkeit hatte, gute Umgangsformen zu lernen. Sie wissen«, fuhr er direkt an Kroner gewandt fort, den er niemals duzte, »Sie wenigstens wissen und können bezeugen« – er neigte bittend den Kopf –, »wer Sepp ist und was er alles durchgemacht hat. Die jüdische Hydra«, zischte er und dämpfte sogleich die Stimme, weil er die in den Nebenräumen Schlafenden nicht stören wollte und weil in seinem vom Trinken benebelten Hirn die Erkenntnis dämmerte, daß er immerhin mit einem Juden sprach, »die jüdische Hydra in Gestalt des Krämers Solomon Hajim hat sich um den Burschen Sepp geschlungen und wollte ihn zerquetschen und in den Dreck stoßen und zum Sklaven des Gottes Mammon machen, des schmutzigen Gottes der Finanzen, der Wallstreet, Jerusalems, des Rabbinergottes. Da aber kam vom Himmel der Genius des Germanentums, der blonde Engel christlicher Reinheit, um Sepp zu retten. Er gab ihm das Gewehr in die Hand und befahl: Töte! Wie es in der Heiligen Schrift steht, Auge um Auge, Zahn um Zahn. Für jeden hungrigen Deutschen, für jede von einem zottigen Juden entehrte deutsche Frau hundert jüdische und bolschewistische Köpfe, hundert ihrer Weiber in unsere Soldatenbetten! Los, Junge, wach auf, es ist Alarm. Zieh die Uniform an, nimm das Gewehr, melde dich zur Stelle und ab mit dem Lastauto raus aus der Stadt, wo eine Grube ausgehoben ist, so groß wie das ganze Haus hier, hundertdreißig junge Juden haben den ganzen Tag bis Mitternacht daran geschaufelt, und jetzt knien sie am Grubenrand im Scheinwerferlicht, wir springen aus den Autos und stellen uns in einer Reihe hinter den Knienden auf, ein Befehl, und wir laden die Gewehre, noch ein Befehl, und wir berühren mit der Mündung die Nakken der jungen Männer, schießen, und sie stürzen lautlos in die Grube. Wir laden wieder durch, und inzwischen kommen wieder Hunderte von Juden, Jüdinnen, Judenkinder ins Scheinwerferlicht und reihen sich wie eine Kette, die man durch die Finger gleiten läßt, sie kommen, und wir laden, und jeder wartet ab, wer ihm vor den Lauf gerät, das ist wie eine Lotterie, es kann ein Alter sein, der Gebete murmelt, ein Junger, kräftig wie ein Raubtier, eine schöne Frau, ein schönes Mädchen, weiches gebräuntes Fleisch wie ein Festtagsbraten, ein kleines Kind, das nichts weiß und ruft: Bitte, bitte, Onkel, tu mir nichts! Aber du schießt natürlich, egal auf wen, du fühlst die Zuckungen des Todes, du fühlst, daß du mit jeder Patrone ein Stück Ungeziefer, ein Stück Dreck von der Erde tilgst, daß du die Erde von diesem Unrat reinigst, von diesen Geschwüren der Verderbtheit, von diesen Kriechern und mit allen Wassern Gewaschenen, die den Deutschen ihr schmutziges Geschäft der Rassenschande und des nackten Materialismus aufzwingen wollten. Aber es sind unendlich viele, Schwager, unendlich viele. Begreifen Sie, wie das ist, wenn es von etwas unendlich viel, viel zuviel gibt? Selbst von etwas Gutem, das Ihnen von ganzem Herzen lieb ist? Wissen Sie, wie das ist, wenn man von gutem, nahrhaftem Essen zuviel zu sich nimmt und Magendrücken bekommt, nein Herzdrükken, so daß man nicht mehr atmen kann und die Augen unter den Lidern brennen. So ist das, wenn Sie die ganze Nacht Menschen töten. Knack, knack. Eine Kugel ins Genick. Zuerst im Stehen. Dann gehen Sie in die Knie, weil Ihnen die Beine weh tun. Dann fangen Ihnen die Hände zu zittern an.

Sie haben das Gefühl, daß es nie ein Ende nehmen wird mit diesen Leibern, die bei der Grube eintreffen und an Ihnen vorüberziehen wie eine Kette aus klappernden Knochen, knarrenden Schuhen und Seufzern, bis derjenige, der Ihnen zugedacht ist, vor Ihrem Lauf stehenbleibt. Sie schießen, die anderen schießen, und im Mündungsfeuer sehen Sie, daß sich jene Körper unten in der Grube bewegen. Sie wissen nicht, ob Sie sich irren oder ob es stimmt, sie sind nicht ganz tot, gleich werden im Scheinwerferlicht zuerst ihre Finger am Grubenrand erscheinen, ihre Hände, sie werden die blutigen Köpfe heben, die Körper hochstemmen, die Knie aufsetzen und auf allen vieren wie Eidechsen aus der Grube kriechen. Was machen Sie dann? Sie schießen vor Angst in die Grube, sie warten nicht mehr, bis die Kette gebildet ist, Sie schießen ohne Wahl auf alles, was zu ihrer Sorte Ungeziefer gehört, was hierhergebracht wurde, um getötet zu werden. Aber das nimmt kein Ende, verstehen Sie, kein Ende, und wenn Sie im Morgengrauen mit dem Lastauto in die Stadt zurückfahren, dann sehen Sie jene Häuser und fürchten, daß sie noch immer voller Schädlinge sind und Sie sie niemals ausrotten werden.« Er sah Kroner bittend an und hoffte auf einen Trost. Hoffte, daß er sagen werde: »Nein, nein, du irrst dich« (denn er duzte Sepp, den er als kleinen Jungen kennengelernt hatte), »eines Tages werden sie ausgerottet sein.«

Kroner indes blickte nur stumm, große Schweißperlen reihten sich unter dem Ansatz des glatten schwarzen Haars auf der gewölbten Stirn und umfingen sie wie eine Dornenkrone. Er rang nach Luft, stöhnte. Die Geschichte, die ihm da erzählt wurde, war für ihn ein Alptraum, die Vision eines Irren. Der Irre war sein Schwager Sepp Lehnart, denn wenn er nicht irr wäre, wenn nur das Geringste an dieser Geschichte stimmte, dann war die Welt dem Wahnsinn verfallen, woran Kroner nicht glauben konnte, weil er sich noch als ein Teil dieser Welt verstand. Statt zu widersprechen, wie es Sepp flehentlich erwartete, ging er, nachdem er sich gefaßt hatte, scheinbar, als säße ein Kranker vor ihm, auf die Geschichte ein und erkundigte sich nach weiteren Einzelheiten, die sie, sofern sie sich als unglaubwürdig erwiesen, entkräften konnten. Er verlangte von Sepp dies und jenes zu wissen, wo genau sich die Grube befunden hatte, wie weit vor der Stadt und in welcher Richtung, welche Munition sie verschossen hatten und wie der Nachschub organisiert war, ob sie verpflegt wurden, womit sie ihren Durst gelöscht und wer die Leichengrube zugeschüttet hatte. Ohne viel überlegen zu müssen, beantwortete Sepp leichthin alle Fragen, wenn auch knurrig, weil sie von seiner wichtigsten Sorge ablenkten, und die irrsinnige Geschichte widerlegte sich nicht nur nicht selbst, sondern rundete sich zur lückenlosen Wahrheit. Kroner wurde von neuem Entsetzen gepackt, Entsetzen ob einer Wirklichkeit, die den Alptraum nicht entkräftete, sondern in der sich der Alptraum bestätigte. Wohin entfliehen? Er war nach seinen Beobachtungen des Kriegsverlaufs fest von der schließlichen Niederlage der Deutschen überzeugt, begriff aber jetzt, daß ihn das vor der heranrollenden Walze ihres Irrsinns nicht retten würde. Der Irrsinn begann schon sein Vernichtungswerk, Sepp war sein Vorbote, morgen würde er auch diese Stadt, dieses Haus überfallen. Er überlegte fieberhaft, wie das zu verhindern sei. Durch einen Aufstand? fragte er sich auf der Suche nach einem Ausweg und stellte sich vor, daß sich ganz Novi Sad mit allen, die hier bedroht waren, wie ein Mann erhob, nach der Waffe oder einem Werkzeug griff, wenn nichts anderes vorhanden war, und die Kasernen der Mörder stürmte. Wenn jeder so handelte, oder nur jeder zweite, dritte, angenommen jeder Mann zwischen zwanzig und fünfzig, der das als Pflicht empfand, während der Gegner nur Befehlsempfänger war, dann mußte der Aufstand gelingen. Dann mußte auch er, Kroner selbst, die erste Waffe ergreifen, die ihm in die Hände fiel, also die Pistole an Sepp Lehnarts Koppel, und auf den ersten Feind schießen, also eben auf Sepp Lehnart. Er sah ihn an und stellte sich die Aktion vor. Unter dem Tisch beugte und streckte er die Finger der rechten Hand, übte den räuberischen Griff, mit dem er die Pistolentasche an sich reißen und ihr die Waffe entnehmen würde. Und dann schießen! Auf Sepps Brust. Aber bei diesem Gedanken traten ihm vor noch größerem Entsetzen wieder Schweißtropfen auf die Stirn. Er konnte auf keinen lebenden Körper schießen, darauf war er nicht vorbereitet, er hatte es nicht einmal gelernt, war nie Soldat gewesen, sein Vater hatte es durch Bestechung erreicht, daß er für dienstuntauglich erklärt wurde, als er die Einberufung nach Wien erhielt, und damals war er ihm dankbar gewesen. Aber jetzt fühlte er, daß ihm ein ganzer Teil menschlicher Persönlichkeit fehlte. Er empfand seine Unfähigkeit zum Blutvergießen als eine Art körperlichen Fehler (diesmal einen wirklichen), der ihm nicht erlaubte, so zu sein wie die übrigen Menschen. An diesem Mangel litten ganze Generationen seines Volkes, das den Soldatenberuf als Zeitverschwendung betrachtete, welche sich ein Christ im Wissen, daß er ein eigenes Land besaß, leisten konnte, nicht aber der Jude, dieser ewige Wanderer. Jetzt erwachte in ihm Verachtung für dieses Volk, das wie er als einzelner vor der Versuchung der Pistole zitterte, wenn es galt, sie aus dem Futteral zu reißen und auf des Feindes Brust abzufeuern, das diese Versuchung nicht annehmen konnte und unfähig war, die Waffe zu ziehen und zu töten, so wie er jetzt nicht dazu imstande war. Stinkendes, feiges Ungeziefer, verhöhnte er bei sich das Volk, dem er angehörte, mit Sepp Lehnarts Worten, stinkendes, feiges Ungeziefer, das nichts anderes verdient als getötet zu werden, weil es selbst nicht versteht, zu töten.

Gänzlich andere Gespräche, wenn auch über ebenso oder ähnlich schicksalhafte Themen wurden in Robert Kroners Zimmer ein paar Monate später geführt, als die Sonne die Straßen so weit erobert hatte, daß die Jalousien den ganzen Tag geschlossen blieben und zum Lesen die kleine Tischlampe neben dem Radio angeknipst wurde. In dem Halblicht, das sich zum Hintergrund des Zimmers hin in flimmernden Nebel auflöste, erblickten die Gesprächspartner Robert Kroner und Milinko Božić voneinander nur die gelbbraunen Reflexe der glatten Oberflächen von Wangen, Stirn und Handrücken wie auf einem Negativbild. Sie empfanden diese Beeinträchtigung der Sicht keineswegs als störend, sondern vielmehr als günstig, denn sie konnten drauflosreden ohne Furcht, in den Zügen oder im Verhalten des anderen ein Zeichen dafür zu entdekken, daß sie bei der Vertiefung des Themas oder bei den Formulierungen zu weit gingen. Beiden schien es, als wären sie vor noch niemandem derart aufrichtig gewesen, und diese Erkenntnis beglückte sie um so mehr, als sie sich bewußt wurden, wie ungewöhnlich sie im Hinblick auf ihre Beziehung war: die zwischen Veras Vater und ihrem Verehrer. Diese Beziehung, die alles in Frage stellen konnte, brachten sie nicht zur Sprache, und wenn sie ihren Anlaß, Vera, erwähnten, dann sozusagen mit vertauschten Rollen: Milinko war derjenige, der sich Sorgen um sie machte und sie für allzu selbständig hielt, und Kroner warf ihm vor, er übertreibe seine Strenge und sein Mißtrauen. Seit dem Augenblick, da sie sich zum erstenmal gegenüberstanden, fühlten sie sich voneinander angezogen wie Elemente, zwischen denen Affinität besteht, und das Bewußtsein dieser Verwandtschaft ließ die wirkliche, die des Blutes, in den Hintergrund treten. Milinko, der bisher alle Sorgen und Pläne mit seiner Mutter geteilt hatte, begriff erst vor dem vergeistigten und allesverstehenden Gesicht Kroners, daß sein Vertrauen in einen bodenlosen Abgrund gefallen war, und an seinen Vater, den er eigentlich schon zu vergessen begann, erinnerte er sich jetzt nicht mehr nur mit der früheren

Fremdheit, sondern mit neuer Verachtung. Kroner wiederum fand bei Milinko, was er an Sohn und Tochter vermißte: Anerkennung. Wodurch hatte er sie bei seinem eigenen Nachwuchs verscherzt? Er wußte es nicht genau, glaubte aber, daß zum Teil seine Frau daran schuld war, weil sie sich zuviel mit den Kindern beschäftigte und sie durch ihre Obhut seinem Einfluß entzog. Aus Trotz ihr gegenüber und dann, nachdem der Trotz nichts nützte, aus Resignation und schließlich korrumpiert durch die Bequemlichkeiten, die ihm die Distanz sicherte, hatte er sich zurückgezogen. Die Kinder, die ohne seine unmittelbare Aufsicht und Einsicht heranwuchsen, wurden ihm allmählich fremd. Vera war ruhig und auf träumerische Weise abwesend, sie stellte nie etwas an, aber ihre Teilnahme am Familienleben beschränkte sich auf die Erfüllung elementarer Pflichten und zeugte von noch größerer Unabhängigkeit als jedes Aufbegehren. Wenn er mit ihr sprach, sah sie ihn nachdenklich mit ihren schrägen Augen an, deren undurchdringliche Schönheit ihn verwirrte und irgendwie an die Frauen erinnerte, die er im Haus Olga Herzfelds antraf, weshalb er errötete und den Kopf senkte; wenn er sie aber, während sie ihrer Mutter zuhörte, insgeheim und von der Seite beobachtete, wobei er ihr nicht in die Augen blicken, sondern nur ein Stück des Weißen sehen konnte, dann las er in ihrem stupsnäsigen, leicht zurückgeworfenen Profil die äußerste Gleichgültigkeit gegenüber dem, was man ihr sagte, und erriet, daß sie sich bei ihm genauso gab. Er begriff, daß das, was von ihr und besonders von ihren Augen ausging, wenn sie ihm zugewandt waren, nicht Interesse für ihn und seine Mitteilungen war, sondern für ein eigenes, von ihm und dem Sinn seiner Worte unabhängiges Erleben dieses Augenblicks. Was das für ein Erlebnis und worauf es gerichtet war, wagte er sie niemals zu fragen, aus Angst, ihre Antwort, wäre sie denn ausnahmsweise aufrichtig, könnte seine Gedanken an das Herzfeldsche Haus auf unerwartete und häßliche Weise bestätigen. Seit sie erwachsen war, mied er deshalb ihre Nähe. Die des Sohnes

Gerhard nicht, aber er geriet unausweichlich mit ihm aneinander. Gerhard hielt mit seinen Gedanken nicht hinter dem Berg, er sprach sie herausfordernd aus, sobald sie in seinem Kopf entstanden. Er suchte einen Gesprächspartner wie Sepp, und auch in der Radikalität seiner Ansichten ähnelte er dem Onkel. Ja sogar in deren Tendenz, denn für die humanistischen, toleranten Vorstellungen seines Vaters fand er ebenfalls nur spöttische und herabwürdigende Worte, wenn auch dank seiner Bildung auf einem höheren intellektuellen Niveau. Kroners Vorstellungen beruhten auf den Sendungen von Radio London, die Europa zu ausdauerndem Widerstand gegen das wildgewordene Deutschland aufriefen, bis zur Landung der Briten auf dem Kontinent, die seine Rettung und seine Zukunft besiegeln würde, natürlich eine menschenfreundliche und demokratische. Hitler, den solche Güte aufs äußerste reizte, nannte in seinen heiseren Reden diese Aufrufe und Verheißungen paranoische Visionen der Juden und Plutokraten; Sepp Lehnart bestritt mit seinen Berichten von Gemetzeln, wie sie später auch in Novi Sad stattfanden, daß die Engländer irgendeine Chance hatten, und Gerhard gab sowohl dem einen als auch dem anderen recht. Er, der im Unterschied zu den desinformierten weiblichen Familienmitgliedern und dem gefährlichen Sepp Lehnart Zugang zum Zimmer seines Vaters auch in jenen weihevollen Abendstunden hatte, da der auf niedrigste Lautstärke gedrosselte Sender nach den drei kurzen Schlägen und dem einen langen, dumpfen seine Ermutigungen im Namen der Gerechtigkeit und der Menschenrechte in die nächtliche Stille verströmte, brachte nur selten die Geduld auf, die Argumente für seine Überlebenschancen bis zu Ende anzuhören. »Ha!« lachte er kurz und schroff und fiel mit einem verächtlichen »Blabla!«, das jede hoffnungsvolle Nachricht, jeden Aufruf zum Vertrauen von vornherein negierte, den Sprechern, angesehenen Kommentatoren, Schriftstellern, Politikern, Gästen der Sendung in das serbische oder deutsche, oft schon mit englischem R ausgesprochene Wort, und irritierte damit Robert Kroner, der das Ohr an den Apparat drückte – an jenen dunklen Fleck im Gewebe des Lautsprechers. »Pst, pst!« machte er und wedelte mit der knochigen Hand, »ich versteh' nichts!«, worauf der Sohn nur verächtlich die Schultern hob und durch den Raum oder zum benachbarten Speisezimmer spazierte und dabei versuchte, mit den Schuhsohlen möglichst laut zu knarren. Dennoch entfernte er sich nicht außer Hörweite, solange die Sendung dauerte, und Robert Kroner hinderte ihn nicht, nach dem nervösen Spaziergang wieder seine trotzige Rolle aufzunehmen. Als hofften beide, einmal eine Nachricht zu hören, die denselben Eindruck bei ihnen hinterlassen würde, hörten sie weiter zu, bis Gerhard wieder aufgab und laut über eine nach seiner Meinung naive Prognose lachte, die ein baldiges günstiges Ende des Krieges verhieß, oder sich wegen der übertriebenen Anforderungen an den Patriotismus ärgerte, die London seinen Anhängern auf dem Kontinent zumutete. »Bleiben wir zuversichtlich, oder?« wiederholte er eine abgedroschene Phrase mit schadenfrohem Genuß und im getreulich karikierten Tonfall des Sprechers. »Schließen wir die Reihen!« äffte er mit angelsächsischem R einen vor längerer Zeit emigrierten Journalisten nach. »Warum kommst du denn nicht mal kurz her und zeigst uns, wie man das macht? Keine Angst, dein Gehalt läuft weiter in englischen Pfund, und wenn du mit dem Leben davonkommst, kannst du es rückwirkend kassieren. Allerdings solltest du dir Reserveunterhosen mitbringen, du Klugscheißerchen, für alle Fälle.« Soviel Geschmacklosigkeit zwang Kroner, angewidert das Gesicht zu verziehen, und sein »pst, pst! Ich versteh' nichts« wurde immer verzweifelter und hoffnungsloser. Wenn dann der Abspann der Sendung vorbei war und Robert Kroner das Gerät ausgeschaltet hatte, so daß wieder die Stille des Sommerabends im Raum herrschte, fanden sie langsam zu einer gelasseneren Stimmung zurück, aber nur um ihre gegensätzlichen Standpunkte deutlicher darzulegen. »Die Situation sieht doch gar nicht so schlecht aus«, sagte

Kroner beispielsweise, »du hast ja gehört, bei Moskau geht's nicht vorwärts, und im Kaukasus verlieren sie sogar schon Stellungen.« »Ach, verlieren!« Gerhard winkte ab. »Das ist Schwindel. Wieso sollen sie jetzt auf einmal Stellungen verlieren, wo wir genau wissen, wie die Kräfteverhältnisse sind?« »Sie sind nicht mehr so, wie du glaubst«, wies ihn Kroner zurecht, »gerade vor ein paar Tagen wurde von amerikanischen Waffenlieferungen an die Russen gesprochen; das geht in die Milliarden Tonnen, ein Konvoi nach dem anderen.« »Und die Deutschen kriegen nichts geliefert? Ganz Europa arbeitet für die.« »Das ist Propaganda. Was heißt denn hier Europa? Und vor allem, was ist Europa gegen die vereinten Kräfte von England und Amerika?« »Aber dein Amerika hat's nicht gerade eilig, in den Krieg einzutreten.« »Es ist praktisch schon mitten drin. Die Flugzeuge, die England verteidigen, sind zum guten Teil amerikanisch. Ein Drittel der Panzer, die in Rußland eingesetzt sind, stammen aus den USA. Und ihre Kriegsproduktion läuft noch nicht einmal auf vollen Touren.« »Ich meine die Menschen. Wo sind die?« »Diesen Krieg werden nicht Menschen entscheiden, sondern die Maschinen, siehst du das nicht?« »Jeder Krieg wird ausschließlich durch Menschen entschieden. Da liegt ja die Wurzel eures Selbstbetrugs. Ihr hockt zu Hause und hört Radio London und stellt euch vor, daß alles von den Maschinen entschieden wird, die sie in Amerika produzieren, statt von euch. Und die Deutschen bringen inzwischen ungestört täglich Zehntausende um. Wenn du dir ausrechnest, was das in einem Jahr ausmacht, siehst du, daß die alles ausrotten werden, was sich ihnen nicht unterwirft.« »Niemals. Denn wer tötet, fordert Widerstand heraus.« »Wessen Widerstand? Solcher Leute wie du?« »Ich bin Zivilist. Ich habe keine Waffe. Ich habe auch keine Front, an der ich kämpfen könnte.« »Wenn jeder nur einem Deutschen mit dem Knüppel den Schädel einschlüge, hätten wir sie schon verjagt.« »Mach dich nicht lächerlich. Mit dem Knüppel. Du redest, als wären wir in der Steinzeit. Heutzutage sind wir motorisiert. Den Tod säen Panzer und Flugzeuge.« »Mit so einer Feststellung kriegst du die Deutschen nicht vom Fleck.« »Und du mit deiner Krittelei? Man könnte fast glauben, du wärst auf ihrer Seite.« »Na wenn schon? Ich bin imstande, mich von meinem eigenen Schicksal zu distanzieren. Zugegeben, mir imponiert, wie tapfer und effektiv sie kämpfen, und die Unentschlossenheit deiner Klugscheißer vom Radio widert mich an.« »Mein Gott, Gerhard, für einen Krieg muß man auch rüsten.« »Aber einen Krieg, Papa, muß man auch gewinnen.« Es war ein unablässiges Gegeneinander von Argumenten, das erst endete, wenn sie beide erschöpft waren oder die nächste Sendung von Radio London in einer anderen, Kroner ebenfalls verständlichen Sprache begann. Er hatte alle Sendezeiten im Kopf und blickte während seines Streits mit Gerhard hin und wieder verstohlen zum Wecker neben dem Radio auf der Kommode, der etwas nach hinten geschoben stand, so daß er nur für ihn von seinem Sessel aus sichtbar war. Plötzlich griff lediglich seine Hand nach dem Knopf, es knackte, und hinter dem dunklen Fleck im Gewebe wurde, wie wenn man Bestien weckte, die Stille schwer von Erwartung, bis sie vom Röcheln, Brummen, Fiepen atmosphärischer Fernen und schließlich vom Dröhnen der Trommelschläge unterbrochen wurde. Gerhard, dem im Eifer des Gesprächs und des Wanderns von Ecke zu Ecke diese Vorbereitungen häufig entgingen, blieb dann wie vom Blitz getroffen stehen. »Schon wieder?« Sein Vater saß bereits über das Gerät gebeugt da und wedelte mit der Hand über dem Kopf: »Pst! Pst!«, so daß der junge Mann ihm verächtlich den Rücken wandte und den Raum verließ, nicht ohne die Glastür zuzuschlagen, daß es im ganzen Haus widerhallte.

Milinko hätte sich derartiges nie herausgenommen, nicht nur, weil er in diesem Haus zu Gast war. Er suchte hier wie überall nach neuen Erkenntnissen, und ihre Aneignung erforderte Aufmerksamkeit und Besonnenheit. Wenn er Vera nach dem Spaziergang nach Hause gebracht und im Halbdunkel unter dem Haustor schüchtern ihren Mund geküßt hatte, blieb er noch eine Weile stehen und irrte mit dem Blick zu der Tür, die aus dem breiten Flur in die Wohnung führte. Das war, als schliche er sich verstohlen in jenes entfernte Zimmer mit dem weißen Mädchenbett, wo er, versteckt und für niemanden sichtbar, ihren warmen schlanken Körper ganz in die Arme nehmen konnte, aber vor allem zitterte in ihm die Ehrfurcht vor der Menge und Vielschichtigkeit der Hausbewohner, die ihm den Zugang zu dem ersehnten Heiligtum erschwerte. Erst hier in diesem Torbogen, den tagsüber dröhnend Wagen mit schweren schwitzenden Pferden und die kistenbeladene Karre mit dem Lagerarbeiter Žarko an der Deichsel passierten und den die Abendstille zu einem Vorhof erhabener Genüsse wie Lesen, Radiohören, Klavierspielen und leises Plaudern machte, erst hier begriff er, wie wenig Schutz und Geborgenheit ihm sein eigenes Zuhause auf dem von Hausfrauen beherrschten Gemeinschaftshof geben konnte, wie zufällig und provisorisch es war, und bei diesem Gedanken empfand er noch intensiver den Wert des Heims, in dem er als Gast weilte. Unvergeßlich war für ihn der erste Eindruck, als er zu Beginn seiner Freundschaft mit Vera kam, um sie abzuholen, und auf sein Klingeln hin von einer vollbusigen Bedienerin mittleren Alters in weißer gestärkter Schürze hereingebeten wurde: ein Zimmer nach dem andern tat sich vor ihm auf, alle geräumig, aber außer mit Mobiliar auch mit nutzlosen Dingen gefüllt, Vasen, Bildern, Schalen, und in einem davon, es war neben dem Speisezimmer gelegen, saß ein magerer, knochiger, schwarzhaariger Mann und las ein Buch. Es war eine Szene voller Ruhe und Ausgeglichenheit, voller Würde und Weisheit wie eine edle Skulptur, die sich in ihrer Schönheit und Harmonie zum übrigen Dekor des Hauses fügte. Wenn er von nun an Vera besuchte, näherte sich Milinko auch dieser Szene, dieser Verkörperung einer aus Wissen stammenden stillen Vornehmheit. Den Eindruck vermochte auch die Okkupation nicht zu trüben, unter der die

Familie Kroner Gefahren und Demütigungen ausgesetzt war; im Gegenteil, das Ausmaß der Gefährdungen und Demütigungen verlieh der Einzigartigkeit dieses Hauses einen weiteren Akzent. Denn wenn Gefährdung und Demütigung ein Merkmal der Epoche waren – und das stand außer jedem Zweifel –, dann repräsentierte das Haus Kroner die Epoche in extremer Ausprägung, als eine Art Schmiede des historischen Geschehens. Von dieser Rolle seines Hauses hatte Robert Kroner eher nebelhafte Vorstellungen, eine Bestätigung fand er erst in den runden braunen Augen von Milinko Božić, der aus der Perspektive seines eigenen schlichten Heims anbetend zu ihm aufschaute. Als der junge Mann eines Tages, da er Vera abholen wollte, zu früh eintraf und wartend im Speisezimmer stand, kam Kroner heraus, bot ihm einen Stuhl an, wechselte ein paar Worte mit ihm und bemerkte, daß Milinko, nachdem sie endlich ins Gespräch gekommen waren, neugierige und sehnsüchtige Blicke ins Arbeitszimmer mit den Büchern hinüberschickte; also lud er ihn zu sich ein. Rasch zogen sie Lexika aus dem Regal und stapelten sie auf dem Tisch: neben den kleinen einheimischen auch ein deutsches – Meyer – in zwölf und ein ungarisches – Révai – in acht dicken Bänden. Eine Gelegenheit für Milinko, Wissenslücken aufzufüllen, denn er hatte in der tröstlichen Überzeugung, das Beste und Nötigste zu besitzen, versäumt, dessen Quellen nachzugehen, vor allem diesen, obwohl er beide Fremdsprachen bereits beherrschte. Er gestand das Kroner gegenüber ehrlich ein, und dieser lieferte ihm als Erwiderung eine kleine mündliche Geschichte der Nachschlagewerke und anhand dieses Beispiels einen Überblick über die Gesetze der Kausalität. »Wie die einzelnen Menschen«, erläuterte er dem aufmerksam lauschenden jungen Mann, »so schauen auch die Völker voneinander ab. Nichts entsteht von selbst, nichts entwickelt sich aus sich selbst, und wenn jemand das behauptet, dann lügt er, weil er meist das Milieu überschätzt, dem er selbst entstammt. Tatsächlich ist alles im Leben Nachahmung. Mit unserer Art des

Wohnens in diesem Haus kopieren wir nur diejenige meiner Eltern, und sie wiederum – da ihr Leben nicht hier seinen Ausgangspunkt hatte – sind dem Vorbild von jemand gefolgt, der vor ihnen so lebte. Ein solches Haus mit solchen Gegenständen, mit Wirtschaftsräumen wie die da hinten und einem Hof dazwischen, der den privaten und den geschäftlichen Bereich miteinander verbindet und sie zugleich voneinander trennt, hat lange vor diesem irgendwo existiert und ihm als Muster für Bauweise und Einrichtung gedient. Den Spuren der Verbreitung solcher typischen Kaufmannshäuser könnte man wahrscheinlich von Straße zu Straße, von Standort zu Standort nachgehen, von der Peripherie zurück zum Zentrum, von kleineren Städten zu größeren. Diese Spuren könnten vielleicht von Novi Sad nach Szeged führen, von Szeged nach Pest, von Pest nach Wien, von Wien nach Berlin. Aber es gibt nicht nur räumliche, sondern auch zeitliche Verbindungslinien. Von heute, also 1941, zurück zu, sagen wir, 1921 oder weiter bis 1901, 1880, 1860 oder 1851, als solche Häuser wohl in Berlin gegründet wurden. Ganz ähnlich ist das auch mit den Büchern. Ob sie nun künstlerische Stoffe bearbeiten oder wissenschaftlichen Charakters sind, stets werden Sie die Spuren gegenseitiger Anlehnung und Beeinflussung finden, von Werk zu Werk, von Volk zu Volk und parallel dazu von Epoche zu Epoche bis tief in die Vergangenheit. Was zu meiner Jugendzeit in Österreich und Deutschland aktuell war, beispielsweise die Psychoanalyse von Dr. Freud, das wird heute, da meine Kinder junge Leute sind, in Novi Sad erst erwähnt, und zwar in negativem Sinne, als unannehmbar; zu einer Anerkennung wird es vielleicht in der Zukunft kommen, wenn meine Enkel herangewachsen sind. Ein intelligenter Mensch aber hat den Vorteil, daß er nicht warten muß, bis eine Mode, eine Ausdrucksweise, eine Wahrheit ihren Weg durch Raum und Zeit zurückgelegt hat, sondern daß er schon im Entstehungszustand oder in einer frühen Etappe, also vor den Menschen seiner Umgebung, von ihr Besitz ergreifen kann.

Wer als erster in Novi Sad ein Haus des Wiener Typs nachgebaut hat, war im Vorteil gegenüber dem Markthändler mit seiner veralteten Ausrüstung, und auf analoge Weise wird ein intelligenter Mensch, der es lernt, mit den Büchern der größeren und höher entwickelten Völker umzugehen, zu besseren Resultaten gelangen als jener, der wartet, bis die neuen Erkenntnisse zu ihm kommen.« Hier machte er eine Pause, damit Milinko in den vor ihm aufgestapelten Büchern blättern konnte, die durchgesehenen Bände stellte er in die Fächer zurück und wechselte sie gegen andere aus. Inmitten der Vorführung jedoch gab Milinko seufzend auf: Was nützte es, etwas zu betrachten, was man nicht auch haben konnte; all diese Bücher waren ja doch nur in Österreich zu erwerben oder jetzt, nach dem Anschluß, in Deutschland, und das mit Taschen voller Mark. Durchaus nicht, entgegnete Kroner fröhlich; in jedem Geschäft, also auch im Buchhandel gebe es die Möglichkeit der Bestellung auf dem Postweg, Milinko brauche sich nur per Postkarte an die Verleger enzyklopädischer Werke, die er allem Anschein nach favorisiere, zu wenden und würde dann Prospekte mit detaillierten Angeboten und Hinweisen auf die Zahlungsmodalitäten erhalten. »Leider oder sagen wir in diesem Fall glücklicherweise« – hier verzogen sich seine schmalen Lippen zu einem traurigen Lächeln – »ist Österreich beziehungsweise Deutschland nicht mehr nur unser Nachbar, sondern gewissermaßen unsere zweite Identität, was die Angelegenheit zweifellos erleichtern wird.« Er trat hinter den breiten, an den Kanten beschädigten Schreibtisch, zog eine Schublade heraus und entnahm ihr nach kurzer Suche ein Bündel bunter, durch ein gelbes Gummiband zusammengehaltener Blätter und Heftchen. Vorsichtig entfernte er den Gummi. »Das sind die Kataloge, die ich zufällig besitze und die ich mir auf die eben geschilderte Weise besorgt habe.« Er blätterte in dem Material und verteilte gut übersichtlich auf der Tischplatte ein paar Werbeschriften, die neben gedruckten Informationen auch Fotos der aneinandergereihten, dunkelroten, blauen, grünen Buchrücken enthielten. »Brockhaus, Langenscheidt, Meyer, Knaur, das könnte für Sie am interessantesten sein.« Er zeigte mit langem, dünnem Mittelfinger auf jeden einzelnen Prospekt. »Diese hier sind natürlich veraltet, Sie werden neue anfordern müssen, und darum rate ich Ihnen, gleich einen einfachen Text zu entwerfen, mit dem Sie auf einer gewöhnlichen Postkarte Ihre Bestellung aufgeben können.« Er riß ein Blatt aus seinem Notizblock, griff nach einem Bleistift, schob beides vor Milinko hin und blickte ihm über die Schulter, während er langsam und bedächtig den ersten Satz formulierte. »Ich empfehle Ihnen, statt ›schicken‹ lieber ›senden‹ zu sagen, das klingt geschäftsmäßiger«, meinte er beiläufig, ansonsten aber fand er, daß Milinko sich im Deutschen über Erwarten korrekt ausdrückte. »Wenn Gerhard oder Vera so einen Brief schreiben könnten! Seit wann lernen Sie Deutsch?« Und als er erfuhr, daß Milinko ebenso lange wie Vera Stunden nahm und im Unterschied zu ihr und ihrem Bruder niemals vorher eine deutsche Unterhaltung gehört hatte, staunte er vollends. Von diesem schmeichelhaften Urteil beflügelt, beeilte sich Milinko, die erhaltenen Hinweise genau zu befolgen, worüber er seinen Ratgeber beim nächsten Besuch informierte. Von da an wartete er auf Antworten, und mit ihm wartete Kroner, der sich unverzüglich danach erkundigte, wann immer Milinko das Haus betrat. Zehn Tage später traf die erste ein: ein fester, gelblichbrauner Umschlag, verschlossen mit einer gespreizten Briefklammer, auf dem gewölbten Bauch ein weißer Aufkleber, der Namen und Adresse des Empfängers in Maschinenschrift auswies. Heraus glitt ein ganzer Stapel zu Leporellos gefalteter Prospekte mit Abbildungen und Beschreibungen der kostbarsten Bücher: Geschichtswerke, Geographien, Enzyklopädien, Lexika, viel mehr, als Milinko erbeten und erwartet hatte. Er rannte mit der Sendung sofort zu Kroner, und da er ihn nicht antraf, ersuchte er das Dienstmädchen, sie in dessen Arbeitszimmer zu hinterlegen; gegen Abend kam er dann wieder, denn er mußte seine Freude mit Kroner teilen. Sie studierten die Kataloge, lasen einander halblaut daraus vor und erhoben die Stimme nur, wenn sie auf wichtige Angaben stießen: Anzahl der Bände, Preis, Zahlungsbedingungen. Kroner nahm den Bleistift zur Hand und unterstrich diese wesentlichen Punkte, anhand deren Milinko seine erste Bestellung tätigte. Inzwischen trafen weitere Prospekte und bald auch eine Buchsendung ein, Knaurs Weltatlas, den sie voller Aufregung gemeinsam betrachteten. In den Grenzen, die Milinkos Schülerbudget setzte, wurde das zu ihrer ständigen Beschäftigung, wurde Anlaß zu Berechnungen und Beratungen. Bis in der Hauptstraße, im leerstehenden einstigen Laden eines serbischen Eisenwarenhändlers, nach hastigen und umfangreichen Maurer-, Glaser- und Tischlerarbeiten, deren wirklicher Zweck erst im nachhinein klar wurde, Regale und Auslagen voller preiswerter deutscher Bücher auftauchten und über der Ladentür ein Schild mit der gotischen Aufschrift »Deutsche Buchhandlung« prangte. Hier konnte Milinko jetzt stöbern, sich umschauen und sofort alles kaufen, wonach ihm der Sinn stand. Nur nicht mehr mit Robert Kroners Hilfe, denn die Vertiefung jener Identität über die ausgelöschten Grenzen hinweg, von der er vor kurzem noch halb im Scherz gesprochen hatte, bedeutete nunmehr für ihn selbst Ausgrenzung. Wäre er mit Milinko in die deutsche Buchhandlung gegangen und dort als Jude erkannt worden, hätte man ihn vielleicht barsch des Lokals verwiesen oder durch Beschimpfungen zu Ausfälligkeiten provoziert.

Darum blieb er lieber zu Hause, zog sich immer tiefer in sich selbst, in die dumpfe Stille der ihn umgebenden Dinge zurück. Vier Stunden am Vormittag und ebenso viele am Nachmittag verbrachte er ohnehin im Geschäft, verbuchte Warenein- und -ausgänge und war genötigt, all die Gespräche anzuhören, die sich ergaben wie überall, wo Menschen zusammenkamen, Gespräche, die begannen und sich ausweiteten und Stimmungen, Ansichten, Neugier widerspiegelten. Manchmal waren die Worte an ihn gerichtet, manchmal an den Kommissar Ritter Ármányi, manchmal an die Kassiererin Julia Németh oder an den Lageristen Žarko Mileusnić, ihn aber irritierten sie alle fast gleichermaßen schon wegen der Gewalttätigkeiten, die mit Worten ausgedrückt werden konnten und, da sie tagtäglich geschahen, nach einer Wiedergabe in Worten förmlich schrien. Er, dem Sepp Lehnart sie in mörderischer Menge serviert hatte, war übersatt davon; ihn schauderte vor jeder Stimme, jeder Begegnung; er kehrte völlig erschöpft in sein Heim zurück; er lechzte nach Einsamkeit und Stille wie ein Kranker nach Linderung. Selbst seine Angehörigen störten ihn, weil sie, dem Unrecht und dem Wissen darum ausgeliefert, allein durch ihr Dasein neuen Schmerz verursachen konnten. Einzig Milinko vermochte er zu ertragen, denn es war von vornherein klar, daß seine Worte im Umfeld der Bücher verbleiben würden, die in ihren Fächern hockten wie die Vögel im Nest. Er wußte, daß Milinko gegen Abend kommen würde, zu dieser banalen Stunde der Jungverliebten (der phantasielose Bursche kam nicht einmal auf die Idee, sich eine bessere zu suchen), und das war genau der Zeitpunkt, an dem sich Kroner nach Geschäftsschluß zurückzog. Er saß also hinter geschlossenen Gardinen in seinem Kabinett, vom Speisezimmer durch eine zweiflüglige verglaste Tür getrennt. Ohne Licht zu machen oder das Radio einzuschalten, ruhte er mit geschlossenen Augen im Sessel aus. Aber sobald es an der Wohnungstür klingelte und er Milinkos Ankunft vermuten konnte, zündete er die Lampe an, nahm das bereitliegende Buch, wählte aufs Geratewohl eine Seite, las ein, zwei Sätze, versuchte ihren Sinn im Kontext des ganzen Werkes zu ergründen. Er tat das nicht aus Heuchelei, sondern weil er Milinko wirklich mit einem Zitat empfangen wollte, mit einem sicheren Ausgangspunkt für ein freimütiges Gespräch. Blickte er dann auf, sah er Milinko durch das Speisezimmer näher kommen und stehenbleiben, während das Dienstmädchen sich zu Veras Zimmer begab. Nach einem kurzen unschlüssigen Zögern klopfte er an, Kroner rief »Herein!«, und Milinko trat ein. »Was lesen Sie heute?« fragte er neugierig und beugte sich in ungeduldiger Erwartung der Antwort über den Band, dessen Titelseite Kroner ihm bereits entgegenhielt, damit er sich von der Richtigkeit der erhaltenen Auskunft überzeugen konnte. Gewöhnlich war es ein Buch aus Kroners Jugendtagen in Wien, Erzählungen oder Romane von Arthur Schnitzler, Paul Heyse, bisweilen aber auch ein schöner, mit Goldprägung versehener Band aus den gesammelten Werken Heines, Schillers, Goethes, die er auf Abzahlung gekauft und in Kisten mit dem Umzugsgut hergebracht hatte, oder ein Buch, das erst in Novi Sad auf dem auch Milinko empfohlenen Weg der Bestellung in seinen Besitz gelangt war: ein biographischer Roman von Stefan Zweig oder Lion Feuchtwanger. Diese Bücher, die er lange nicht mehr gelesen hatte – manche überhaupt noch nicht –, betrachtete er jetzt mit nostalgischer Zärtlichkeit, wendete sie, beklopfte sie mit dem Finger, als wären sie aus edlem Metall oder Porzellan, nickte auf sie herab und schnalzte mit der Zunge. »Goethe« – er dehnte den Namen wie eine Melodie – »ist eine Erscheinung, wie sie nur das Zeitalter der Aufklärung hervorbringen konnte, dieses große Zeitalter der Menschheit, in dem alles hell, klar, ausgewogen war. Solche Menschen, zu schweigen von solchen Schriftstellern, gibt es heute nicht mehr. Die Welt ist beherrscht von Mystik, vom Kult des Blutes und der Gewalt, der dunklen Vergangenheit, des Nationalismus. Glauben Sie, daß aus solchem Chaos etwas so Großes und Edles wie dieses Buch entstehen kann? Nein. Sie werden sehen, diese Zeit wird durch ihre Ödnis und Grausamkeit in die Geschichte eingehen.« Dabei fühlte er, daß er etwas unredlich, weil verallgemeinernd versuchte, den jungen Mann für einen Standpunkt zu gewinnen, der auf seiner eigenen Lage des Erniedrigten gründete, aber er rechtfertigte sich mit dem Gedanken, daß die gegnerische Seite, der Faschismus, bar derartiger Skrupel nicht nur einen einzelnen, sondern Tausende von

Menschen vergiftete. Es reizte ihn, wenn er schon selbst nicht zur Waffe greifen konnte, wie es Gerhard verlangte, wenigstens in einem anderen diesen Entschluß zu wecken. Das war auch eine Antwort für Gerhard, eine Art Rechtfertigung vor ihm, ein Beweis, daß er nicht völlig unentschlossen und handlungsunfähig war, daß er auf seine Weise sogar Nützlicheres leisten konnte. Er hoffte mit dem zwiefachen Egoismus des Vaters und des Andersdenkenden, daß Gerhard allen Erwartungen und Versprechungen zum Trotz als Kämpfer aufgeben und daß Milinko – sein Favorit im Rennen anstelle des eigenen, mit ihm uneinigen Sohnes – durch geduldigen und besonnenen Widerstand das Ziel erreichen würde.

Strassenszenen. Spaziergänger zu zweit, zu dritt vor den Auslagen der Stoff-, Trikotagen-, Wäschegeschäfte. Nachdenkliche Gesichter, ein Bein in unwillkürlicher Nachahmung der Schaufensterpuppe abgespreizt. Ein kleiner Bettler mit struppigem kurzem Haar und pupillenlosen Augen sitzt an einer Mauer auf dem Gehweg, zwischen den bloßen Füßen die schwarze Mütze für die Almosen. Glockengeläut vom Turm der Kathedrale, Palmsamstag, Kinder in neuen Kleidern und weißen Kniestrümpfen, Glöckchen an rosa Bändchen um den Hals, an die Hände der Großmütter geklammert, die sich voreinander verneigen. Kolonnen von Soldaten mit Gewehren, Tornistern, umgeschnallten Decken, kleinen Spaten am Koppel und Pappkameraden auf dem Rücken ziehen polternden Schritts vorüber: 1940 in blaugrauen Uniformen mit hohen Kragen und Wickelgamaschen um die Waden; 1942 in kurzen Stiefeln und feldgrauen Uniformen mit der Rune auf dem Kragenspiegel oder in halbhohen Schnürstiefeln, khakifarbenen Uniformen mit enganliegenden Hosen und Mützen, deren auslaufende Spitze einen rechten Winkel zur Nase bildet; 1956 in Schuhen mit Knöchelgamaschen, in olivgrauem Tuch und mit grauen Krawatten. Kohlefahrzeuge mit hohen, steilen Wagenwänden, eine Schaufel im gewölbten Rücken der Ladung; gummibereifte, flache Gefährte voller Flaschen mit Sodawasser, die hundertstimmig klirren und hinter deren vielfarbig schimmerndem Glas die Flüssigkeit durchgerüttelt wird; Fiaker mit Planen wie eine Hand hinter dem Ohr, ein gutmütiger Backenstreich, ein Kohlblatt; Straßenbahnen, die quietschend um die Ecke biegen; Autobusse, die zur Mittagszeit gestürmt werden; staubbedeckte, verlassene Autos auf den Gehwegen der schmalen Bäcker-, Kürschner-, Wachszieherstraßen, die Fenster glotzend auf die Häuserwände gerichtet. Sonntags Paare mit Kinderwagen. Nach dem Ende der Kinovorstellungen der Pöbel mit drohenden Blicken und in der Tasche geballten Fäusten. Auf dem breiten Trottoir vor dem Hotel Königin Marija, vormals Königin Jelisaveta, später

Erzsébet királyné, noch später Vojvodina, hinter dem schmiedeeisernen Gitter an sonnenbeschienenen Marmortischen mit Bierkrügen, Schnapsgläschen, Café français, Kaufleute und Handwerker in Halbzylindern, Offiziere der königlichen Armee – die Mütze auf dem Nebenstuhl –, Schauspielerinnen des Serbischen Nationaltheaters – das Lorgnon vor den Augen. Der Schülerkorso: zwei in Gegenrichtung verlaufende Bänder aus feurigen Blicken und starrem Lächeln. Die Sonderlinge der Stadt: der bucklige Losverkäufer mit dem weißen Ziegenbart; der närrische, bartlose Flötenspieler, der den Mädchen das Lied »Dort in der Ferne« ins Gesicht bläst; die Frau mit dem langen, schäbigen Mantel und dem offenen, angegrauten Haar, die auf der Suche nach leeren Schachteln durch die Geschäfte läuft. Zu Beginn des Sommers wie ein Gewitterregen Wogen junger Mädchen in kurzen Röcken, die vom staubigen Gesicht der Stadt die Langeweile abspülen. Die starre Frau mit den flaschenförmigen Beinen auf der Schwelle des Warenhauses. Ein Holzfäller mit zwei Äxten auf einer Schulter der zerschlissenen Jacke, mit roter Nase und bereiftem Schnurrbart an einem Wintermorgen vor der Landwirtschaftsbank. Zwei junge Gymnasiallehrer, der eine für Geschichte, steif und mit Halbglatze, der andere für Literatur, mit hängenden Schultern und gelblichen, traurigen schrägen Augen begeben sich gestikulierend ins Restaurant Zum Stern. Ein Lieferwagen mit beschädigter Aufschrift, aus dessen Megaphon im Vorbeifahren eine bemühte Stimme in den Zirkus einlädt, der soeben in der Stadt eingetroffen ist und seine Zelte vor dem Messegelände aufgeschlagen hat. Kurz vor Neujahr Ketten bunter Glühlampen und Lampions in den Auslagen und Gehwege voller Konfetti. Öde Feiertage mit verkaterten, an den Anschlagsäulen lehnenden einsamen Menschen, mit Mädchen, die zu Besuch bei der Tante eingetroffen sind, beladen mit schweren Taschen. Dumpfe nächtliche Finsternis mit Straßenwäschern, einem Liebhaber auf dem Heimweg vom Stelldichein, einer Arbeiterin, die zur dritten Schicht in die

Fabrik eilt. An den Markttagen Bäuerinnen in bunten weiten Röcken vor dem Eingang der Milchbar und um die fliegenden Stände, an denen Tücher und Badeanzüge verschleudert werden. Sommers an den Haltestellen zur Donau Scharen von Badegästen in Shorts, Turnhemden und farbenfrohen Kleidern, Kinder mit Lutschern, die Gesichter rot vor Hitze und die Beine steif vor Schläfrigkeit. Vor dem Theater abends: zwei, drei lange Kleider und hohe Absätze durcheilen die gelben Kreise der Lampen auf dem Asphalt vor den steilen Stufen. Obstsaftverkäufer neben weißen, blechernen Kühlgeräten mit Glasaufsätzen; Eishändler vor zweirädrigen Wagen mit schneckenhausförmigen Deckeln und einem Extrafach für die Waffeltüten; Limonadeverkäufer mit eisgekühlten Flaschen in Körben auf den Fahrradgepäckträgern; Schuhputzer mit metallenen Fußtritten an den Kisten. Straßenreiniger mit Besen, Schaufel, hohen, zylindrischen Abfalleimern auf Rädern. Ein Polizist an der Kreuzung mit weißbeschirmter Mütze und weißen, bis über die Ellenbogen reichenden Ärmelschonern, der steifarmig den Verkehr regelt. Grundschüler mit Ranzen, die selbstvergessenen Blicks nach Hause traben. Ein Gespräch an einer Ecke zwischen einem verheirateten Mann und einer verheirateten Frau, die sich unruhig nach eventuellen Beobachtern umsehen. Blumenverkäuferinnen mit ihren Körben auf dem Weg durch die Restaurants. Vor den Kinos Stände mit Sonnenblumenkernen. Kinder, die Mandeln in weißen Tüten aus Schultaschen feilbieten. Von einem Fußballspiel heimkehrende Fans: in Reihen zu sechst, zu acht, mit offenen Hemdkragen, staubigen, verschwitzten Gesichtern, fähnchenschwenkend. Rekruten auf dem Weg zum Bahnhof: untergehakt, mit halbgeleerten grünen Flaschen, Lieder grölend. Eine Hochzeit vor dem Standesamt: Autos, die Braut in weißem Kleid mit Schleier, Kinder erheischen vom Trauzeugen ihr Scherflein und stürzen sich kreischend auf die hingeworfenen, davonrollenden Dinarmünzen. Nachmittags zwischen drei und vier Männer, Frauen auf dem Weg zum

Friedhof, mit unsichtbaren Fäden verbunden und in Abständen, die immer kleiner werden, je näher sie dem Ziel kommen. Herrenlose Hunde, schnüffelnd, trabend, menschliche Nähe fliehend. Tauben vor der Kirche und auf dem Hauptplatz; der vor vierzig Jahren in den Ruhestand versetzte k.u.k. Oberst Kranjčević zieht aus der Tasche seines schweren Mantels eine Tüte, die er zu Hause mit Brotkrümeln gefüllt hat, und leert sie auf den Trampelpfad im Schnee. Der Himmel über ihm ist bleigrau.

An Milinkos glühender Ergebenheit entzückte sich einzig Robert Kroner, doch ob er es ganz aufrichtig oder wegen des allgemeinen Sittenverfalls tat, war noch die Frage. Schon seine Frau sah die ehrfurchtsvolle Haltung des jungen Mannes mit anderen Augen, da er ihr durch seinen niederen Stand und seine Mittellosigkeit dazu verpflichtet schien. Dabei vergaß sie ihren eigenen früheren, gerade durch die Armut genährten Haß auf die reichen, in geordneten Verhältnissen lebenden Leute, der sich auch gegen die Kroners gerichtet hatte, solange sie ihre Dienstherren waren. Sie hatte nur vage und lükkenhafte Vorstellungen von dem, was außerhalb ihres Hauses vor sich ging, vom sogenannten Weltgeschehen ganz zu schweigen, und begriff nicht, daß die Werte, deren sie durch ihre Heirat teilhaftig geworden war, unaufhaltsam zerfielen: daß der Name Kroner nicht mehr für Ansehen und gesellschaftliche Erfolge bürgte und daß die Tage der materiellen, ja sogar der physischen Sicherheit der Familie gezählt waren. Seit sie übrigens den Sohn geboren hatte, der bis zum Schluß ihr Liebling bleiben sollte, erblickte sie in ihm, nur in ihm den Sinn und Zweck, welcher ihr und ihrer Nächsten Wohlleben und Vorankommen rechtfertigte, und zu der Zeit, als Milinko in dem Haus hinter der evangelischen Kirche auftauchte, war Gerhards Schicksal in ihren Augen noch durch nichts bedroht. Im letzten Jahr vor dem Krieg hatte er das Technikum absolviert und sich an der Technischen Fakultät in Belgrad eingeschrieben, aber obwohl schon im nächsten April sein Studium durch den Kriegsausbruch unterbrochen worden war, machte sich Resi Kroner keine Sorgen, denn der Sohn war nach der Schließung der Fakultät nach Hause, unter ihre Obhut zurückgekehrt. Da er unter der Okkupation seine Studien nicht fortsetzen konnte, war seinem Fortkommen der Boden entzogen, sie jedoch, glücklich, den Gegenstand ihrer Liebe bei sich zu wissen, überließ die Wiedergutmachung dieses Unrechts leichtfertig der Zukunft. Zumal sich der Sohn selbst deshalb keine Gedanken zu machen schien. Mit Schule,

Ausbildung, nutzbringender und auf Dauer anstrengender Betätigung hatte er nichts im Sinn. Die vollzogenen Umwälzungen nahm er, obwohl sie sich auch gegen ihn richteten, fast mit Befriedigung hin, Szenen des Untergangs und des dreisten Aufsteigertums betrachtete er mit denselben spöttischen Blikken, und wenn er darüber sprach, zog er die Luft geräuschvoll zwischen den Zähnen ein. Maßnahmen, die ihn direkt betrafen, wie den Befehl zur Zwangsarbeit für seinen Jahrgang und die Jahrgänge davor und danach, ignorierte er einfach. »Wenn jemand fragen sollte: ich bin noch in Belgrad«, fertigte er seinen Vater ab, der an dem Abend, nachdem die Plakate ausgehängt worden waren, versuchte, ihn auf die Gefahren der Verweigerung hinzuweisen. »Und wenn dich einer hier gesehen hat?« wandte Kroner ein. »Dann muß man ihm eben sagen, daß ich gerade erst gekommen bin und mich morgen melden werde.« Aber dieses »morgen« kam nie, und während andere junge Juden kurz nach Tagesanbruch in abgetragene Sachen schlüpften und fröstelnd zu den Sammelpunkten eilten, um unter Schlägen und Beschimpfungen bis zum späten Abend Ziegel zu schleppen und auf dem von deutschen Bomben zerstörten Flugplatz die Erde umzugraben, schlief sich Gerhard aus, spazierte auf dem Hof herum, aß in der Küche Obst aus dem Korb, den das Dienstmädchen vom Markt gebracht hatte, schlich mit der Nachbarin in den Keller oder las deutsche und ungarische Kriminalromane, von denen es an den Kiosken im Überfluß gab. Kroner betrachtete das als Provokation, denn es geschah vor aller Augen, darunter auch denen von Ritter Ármányi, dem kommissarischen Geschäftsführer, der häufig am Fenster auf Beobachtungsposten stand. Resi hingegen war nicht damit einverstanden, daß sich Gerhard im Haus verstecken sollte, weil der Entzug von Luft und Sonne seiner Gesundheit schaden konnte. Was die Vorschriften und Bekanntmachungen samt den darin enthaltenen Drohungen anging, so war sie einfach der Meinung, daß sie ihren Sohn nicht betrafen. Sie hatte nichts dagegen gehabt, daß er sich zum jüdischen Glauben bekannte, weil damals die Juden für sie ein Synonym für Reichtum waren, jetzt aber, da Presse und Rundfunk den Juden die Schuld an Krieg und Teuerung zuschoben und die Christen aufforderten, sie zu verachten und zu beseitigen, betrachtete sie Gerhard nicht mehr als Juden. Sie begann die Juden wieder zu hassen, besonders nach dem Besuch von Sepp, der sie von neuem an ihre Armut und Knechtschaft unter dieser ihnen beiden fremden Rasse erinnert hatte, und wäre sie nach ihrem prinzipiellen Standpunkt gefragt worden, so hätte sie sicher für deren Vernichtung gestimmt. Übrigens hatte sie dabei auch Gerhards Unterstützung. Je grausamer die Juden verfolgt, je schlimmer sie erniedrigt wurden, desto schärfer und offener war Gerhards Verachtung ihnen gegenüber. Als hätte er alle christlichen Vorurteile verinnerlicht und sei andererseits durch seine jüdische Herkunft frei von jeder Zurückhaltung und Furcht, konnte er spöttisch die Lippen verziehen, wenn eine Kolonne staubiger Zivilisten von zwei kaum bewaffneten Soldaten einmal im Marschschritt, dann wieder im Laufschritt durch die Straßen getrieben und gezwungen wurde, ungarische nationalistische, häufig auch antisemitische Kampflieder zu singen. Er ahmte ihre unsoldatische, geduckte Haltung nach, ihre vollen Lippen, indem er die seinigen schürzte, und er blies die Nüstern auf, damit sie weiter wurden und seine Nase größer wirkte. Gerade jetzt, da jedes spöttische Wort einen Unterton von handfester Drohung und Ächtung hatte, redete er, was kaum ein anderer tat, laut von den »Jidden«, sagte: »Ist er ein Jidd?« oder: »Bist du ein Jidd?« im Gespräch mit ahnungslosen Angehörigen seines Volkes, wofür er nur deshalb keine Prügel bezog, weil diejenigen, die er solcherart verletzte, allzu bedrückt und verängstigt waren. Ihn aber brachte gerade diese Demut auf. Während er mit neugieriger Lust die immer häufiger in der Presse erscheinenden Karikaturen betrachtete, beleibte, struppige Figuren mit dicken Lippen und fleischigen, gebogenen Nasen, welche die Untugenden der jüdischen

Rasse, List und Habgier, symbolisieren sollten, empfand er die Witze, die zur gleichen Zeit die Juden über sich selbst erdachten, als unerträglich, denn er durchschaute ihren Zweck: das Leiden an der Wirklichkeit durch Gelächter zu mildern. Wenn ihm jemand einen solchen Witz erzählte, in dem der Jude gewöhnlich seinen Gegner überlistete oder Trost in der Komik fand, erwiderte Gerhard, statt zu lachen, todernst: »Ja, und dann haben sie sich deinen Kohn gegriffen und ihn am nächsten Baum aufgehängt.« Erst danach fletschte er seine ebenmäßigen weißen Zähne zu einem »He-he«. Er machte sich so unbeliebt, daß man in den jüdischen Kreisen von Novi Sad halblaut und mißbilligend über ihn sprach. Die einen hielten ihn für verrückt, andere behaupteten, er habe sich dank seiner halbdeutschen Herkunft in den Dienst der Gestapo begeben und von ihr den Sonderbefehl erhalten, Juden zu schikanieren. Selbst Kroner senior geriet unter Verdacht, seine relativ günstige Stellung im konfiszierten Geschäft und sein zwangloser Umgang mit Ritter Ármányi wurden ebenfalls durch ein heimliches Zugeständnis an die Besatzungsmacht erklärt. Und als sich herumsprach, daß Sepp Lehnart im Hause weilte, und als ein paar alte Frauen, die zum Nachmittagsbesuch bei Großmutter Kroner ankamen, dem jungen, strammen, stadtfein gemachten SS-Mann im Haustor begegneten, kannte das Entsetzen keine Grenzen mehr. Einzig ein Attentat auf Sepp, wäre es ausgeführt worden, hätte dieses Mißverständnis ausräumen können, aber da Gerhards Plan gescheitert war, geschah es nur, daß sich seine bisherigen Freunde, Franjo Schlesinger und die Brüder Karaulić, unter dem Druck der Gerüchte und der Enttäuschung über den Mißerfolg von ihm zurückzogen. Ihm kam das gelegen, denn die Absicht, nach Srem überzulaufen, weshalb er sich mit ihnen zusammengetan hatte, war ohnehin vereitelt worden: man hatte kein Vertrauen zu ihnen. Jetzt war er mit seinem Ansinnen allein, konnte aber wenigstens handeln, ohne auf jemanden Rücksicht nehmen zu müssen. Er spazierte viel umher, wie sein Onkel, jedoch nicht durch das Stadtzentrum, sondern, einem Instinkt gehorchend, den er sich selbst nicht erklären konnte, durch die abgelegenen Straßen der Peripherie.

Diese vergrasten Gassen mit den dichtgereihten niedrigen Häuschen wurden fast durchweg von serbischen Landarbeitern und kleinen Handwerkern bewohnt; hier war es beim Einmarsch der ungarischen Truppen und bei Razzien zu den heftigsten Ausschreitungen gekommen, denn die aufgewiegelten Soldaten hatten angesichts dieser Bescheidenheit und Verwahrlosung jede Rücksicht fallen lassen. Zwischen den Häusern hier mit ihren feuchten Wänden und den kümmerlichen Blumen in den Fenstern schwebten schemenhaft noch die Bilder des Mordens; die Menschen, die abends zu einem Schwatz vor die Tür traten, zeigten einander die Masten, an denen ihre Nachbarn erhängt worden waren, oder die verdunkelten Fenster einer Wohnung, aus der man einen Bekannten abgeholt hatte. Über nichts konnten sie lebhafter und interessierter reden. Auch Gerhard gefiel das. Er kannte hier fast niemanden, aber Milinko, der in der Gegend zu Hause war, half ihm, nicht ahnend, daß er ihm einen Dienst erwies, geschmeichelt, weil Veras älterer Bruder seine Nähe suchte. Er stellte ihn seinen Freunden und Nachbarn vor, führte ihn zur Promenade in der längsten, von Bäumen beschatteten Straße des Viertels, einer Art Ersatz für den Korso im Zentrum, den die Jugend jetzt zum Zeichen ihrer Ablehnung alles Offiziellen mied. Gerhards Grobheiten fanden hier Anklang, sie paßten zum Geist des Milieus. Nach dem Entsetzen über das sinnlose, demonstrative Morden verfielen die Jungen ins andere Extrem: die an ihresgleichen verübten Verbrechen enthoben sie der Verantwortung. Sie vergaßen allmählich das grausige Zähnefletschen der Erhängten und bezeichneten sie liebevoll als ihre Vorbilder, ja als Spaßvögel, die durch ihr einfaches Leiden die hysterischen Panzerreiter verspottet hatten. Als ginge es um ein Match, dessen erste Halbzeit unter kopfloser Hinnahme von Schlägen abgelaufen war, bereiteten sie sich in der nun eingetretenen Pause auf den Gegenangriff vor, und zwar, da sie sich schnell anpaßten, mit denselben Mitteln, durch die man sie bezwungen hatte. Alle sprachen auf einmal von Pistolen und Gewehren, selbst die Liebespaare, wenn sie sich in den Haustoren umarmten, so daß es den Kommunisten, die den ersten Verhaftungswellen entgangen waren, nicht schwerfiel, neue Gefolgsleute zu finden. Den lautstarken und dreisten Gerhard, der sich mit seinen höhnischen Worten über die jüdischen Feiglinge selbst bestrafen zu wollen schien, erkannten sie mit dem Instinkt der Erzieher sogleich als den Besten der Besten und schickten ihn in einen Stoßtrupp. Tag für Tag legte er auf immer anderen Wegen ein Dutzend Kilometer bis zu einer Schonung zwischen Novi Sad und Kać zurück, wo er sich durch Pfeifsignale mit drei weiteren Kameraden und einem Unterleutnant der Reserve verständigte, der sie im Pistolenschießen und Granatenwerfen unterwies, denn er hatte den Vorschriften zum Trotz seine Waffen nicht abgegeben. Um nicht aufzufallen und überdies Munition zu sparen, machten sie ihre Zielübungen mit ungeladenen Pistolen und Steinen anstelle von Granaten, aber Gerhard hatte das Gefühl, daß bei jedem Klicken des Abzugs und bei jedem Aufprall eines Steins auf einem Baumstamm der getroffene, vernichtete Körper eines Feindes vor ihm zusammensackte, und er ließ sich keine Einzelheit der Ausbildung entgehen. Die Zugehörigkeit zum Stoßtrupp füllte in ihm jene Leere aus, für die er sich durch bittere Worte zu entschädigen gesucht hatte, und fortan beleidigte oder verhöhnte er niemanden mehr; er wurde ernst, gelassen, fast gutmütig. Milinko brauchte er nicht mehr, denn er kannte die zuverlässigen Menschen im Stadtviertel jetzt besser als er, trotzdem gab er ihn nicht auf, sondern führte ein paar geduldige Gespräche mit ihm, wobei er ihn davon zu überzeugen versuchte, daß man jetzt an die Ausrottung der Besatzer gehen mußte.

Aber Milinko war

schon zu unabhängig, um sich einem kollektiven Ziel und Willen unterzuordnen; er war in seiner Bildungsbesessenheit schon zu weit von dem Boden abgeirrt, auf dem er sich bewegte, und sein Kontakt mit Vater Kroner und über ihn mit den geistigen Schätzen Deutschlands hatte seine Rachegelüste gedämpft. Er entschuldigte sich bei Gerhard, der achselzuckend resignierte, und je öfter dieser wegen seiner umstürzlerischen Verpflichtungen von zu Hause wegblieb, desto länger weilte dort jetzt Milinko als offizieller Freund Veras. Nicht eben zu deren Vergnügen. Vera hatte ihr Zuhause auch früher nicht gemocht, aber seit die Walze des Krieges darüber hinweggegangen und es zu einem Haus von Entrechteten geworden war, hatte ihr Gefühl auch Nahrung von außen erhalten. Sie kam sich vor wie in einer Mausefalle. Es geschah, daß sie auf Zehenspitzen von Zimmer zu Zimmer, von den Straßen- zu den Hoffenstern schlich, daß sie das hintere Wirtschaftsgebäude als Hindernis für einen möglichen Rückzug und die Fenster zur Straße als Löcher in einer Verteidigungsmauer ansah; es geschah, daß sich die Stimmen, die geschäftliche Bestellungen, eine Anordnung aus der Küche, die Begrüßung eines Gastes an ihr Ohr trugen, in seltsamer, gespenstischer Weise überschnitten wie wirre Echos aus einer anderen Welt. Sie fragte sich, was sie hier suchte und durch welche Fäden sie mit alldem verbunden war. Natürlich waren es die Fäden der Familiengemeinschaft, der Herkunft von diesem Vater, dieser Mutter, dieser Großmutter, zusammen mit diesem Bruder. Wenn sie ihnen jedoch prüfend ins Gesicht schaute – und sie hatte das Bedürfnis, sie zu betrachten –, dann gewann sie den Eindruck, daß ihre Bindung an diese Menschen zufällig und zu ihrem eigenen Schaden war. Jeder unter ihnen hatte seine Vorstellung vom Leben, die anders als die ihrige oder ihr sogar entgegengesetzt war; so meinte beispielsweise die Mutter, daß Leben Dienst an Gerhard war, was Vera geradezu geschmacklos fand, während Gerhard von rebellischen Unternehmungen träumte, die offensichtlich zum Scheitern verurteilt und eine Gefahr für die ganze Familie waren. Als sie bemerkte, daß er über Milinko Verbindung zu den Hitzköpfen in der Vorstadt aufgenommen hatte, versuchte sie mit ihm zu reden und ihm vor Augen zu halten, wohin er sich da verrannte, er aber schnitt ihr dreist wie immer und lachend das Wort ab: »Du, mein Fräulein, sei lieber still und paß auf deinen hübschen runden Hintern auf!« Doch warum sollte sie schweigen, wenn auch ihr Leben gegen ihren Willen der Gefahr ausgesetzt wurde? Nur um mit den Ihren zu sterben? Sie verspürte keinerlei Neigung für diesen Tod *en famille*, zu dem sie durch das Haus, durch ihr Verbleiben im Haus gezwungen werden sollte. Die einzige Rettung war also, das Haus zu verlassen. Aber wohin und mit wem? Denn allein wäre sie nicht weit gekommen, nicht mit diesem unerfahrenen, fraulichen, druckempfindlichen und verletzbaren Körper – das sah sie ein. Mit Milinko? Milinko war gerade derjenige, der zu ihr ins Haus gerannt kam, der mit weitaufgerissenen Augen ihren Vater im Halbdunkel des Arbeitszimmers und seine Bücher anstarrte, als wäre in ihnen die Rettung, als könnten sie die Schläge, die Beschimpfungen, die Bespeiungen, das Morden abwenden. Nachdem sie ihm ein paarmal ihre Ängste anvertraut und schwärmerische Beteuerungen von der Unausweichlichkeit des Sieges der Vernunft über die augenblicklich drohenden Kräfte der Finsternis – in denen sie unschwer die egoistische Selbsttäuschung des schlechten Familienvaters Robert Kroner wiedererkannte – zur Antwort erhalten hatte, zog sie sich in ein böswilliges Schweigen zurück, das sie hin und wieder durch noch böswilligere, fast verachtungsvoll höhnische Beifallsbekundungen unterbrach. Sie gebärdete sich als Milinkos Schülerin, die Schülerin eines Schülers, und beobachtete, wie er, in die Irre geführt, sich in die Brust warf. Dann kam es ihr unter dem Eindruck seines lächerlichen Beispiels so vor, als würfe sich jeder in die Brust, als spielte jeder falsch, als prahlte jeder mit dem, was er weder hatte noch konnte. Diejenigen aber, die konnten, stellten einfach ihre

Macht zur Schau. Und nachdem der Bruder ihrer Mutter – an den als älteren Jungen sie sich von lange zurückliegenden, seltenen Besuchen auf dem Dorf bei Großmutter Lehnart kaum mehr erinnerte – plötzlich aufgetaucht war, jetzt ernst, hager, wortkarg, an der Hüfte die Pistole, das Symbol der Macht über Leben und Tod, setzte sie ihre Hoffnung bald auf ihn – als wäre er schon der soundsovielte aus ihrem Umkreis –: vielleicht konnte gerade er sie erlösen. Sie suchte seine Nähe, er aber interessierte sich nur für Gerhards Gesellschaft, nicht ihre, ja er mied sie sogar, denn ihn verwirrte die aufreizende sinnliche Schönheit des Mädchens, die weiche Linie der Hüften, die weiße Haut, das dichte rote Haar, was neben der Tatsache, daß sie Halbjüdin, wenn auch seine Nichte war, heimliches Begehren weckte, dem er nicht nachgeben wollte. Als er einmal spät abends vom Stadtgang und Wirtshausbesuch nach Hause kam und seine Schlüssel in der Hosentasche nicht finden konnte, klopfte er auf der Hofseite an ein Fenster, in der Annahme, es gehöre zur Mädchenkammer; es war indes das Fenster von Veras Zimmer, und sie, mit knospenden Brüsten im tiefen Ausschnitt des dünnen weißen Nachthemds, beugte sich heraus und reichte ihm ihre Schlüssel. In dieser Nacht träumte er von ihr, das heißt, er träumte von einer ganz anderen, üppigen rothaarigen Frau, die sich über ihn beugte und seine Lippen mit riesigen, warmen, milchprallen Brüsten berührte, aber im Erwachen begriff er, daß es Vera gewesen war. Auch Vera sah ihn im Traum, er war der heilige Georg von einem grellfarbigen Bild, das sie als Kind bei Großmutter Lehnart betrachtet hatte: zu Pferd, mit der Lanze, die den grünen, rotzüngelnden Drachen durchbohrte, und sie saß vor ihm im Sattel, von seinem starken, muskulösen Arm umfaßt. Die Steine unter ihnen widerhallten – das türkische Pflaster ihrer Straße hinter der evangelischen Kirche –, die Hufeisen schlugen Funken, der Wind heulte vielstimmig wie ein Männerchor das deutsche Lied »Der Erlkönig«, das sie seinerzeit beim Fräulein gelernt hatte: »Wer reitet so spät durch Nacht und Wind? – Es ist der Vater mit seinem Kind«, und sie wußte, daß der Drache besiegt und tot hinter ihnen zurückblieb, daß sie der Stadt entflohen, den Gefahren, den Fesseln, und sie sah, wie sich neue, unbekannte Gefilde vor ihr öffneten, bergig schroff, ohne Menschen und deshalb sicher. Der heilige Georg mit dem Gesicht von Onkel Sepp saß vom Pferd ab, bot seine kräftige Hand ihrem bloßen Fuß als Tritt und half so auch ihr aus dem Sattel. Als sie wieder auf der Erde stand, war er verschwunden, dafür hockten um sie im weichen Gras und vom üppigen Farn halbverborgen Hase, Eichhörnchen, Fuchs, Henne, Rebhuhn und noch ein Dutzend anderer Tiere, an deren Gestalt sie sich irgendwie erinnerte, die sie aber nicht beim Namen nennen konnte.

Ohne nach einer Erklärung für diesen Traum zu suchen und nicht ahnend, daß sie unter seinem Eindruck handelte, beschloß sie, mit ihrem Vater darüber zu sprechen, wie sehr sie sich aus Novi Sad fortsehnte, irgendwohin, wo niemand sie kannte, möglichst ins Ausland. Bei der Unterredung stellte sich zu ihrem Erstaunen heraus, daß sie Ideen wiederholte, die er selbst seit langem erwog, und daß er dankbar war, sich mit jemandem darüber austauschen zu können. Er wußte überraschend viel über das Verhältnis einzelner Staaten und Regierungen zu den Juden und darüber, wie sie dort behandelt wurden, wo sie bereits Gegenstand von Sondermaßnahmen waren. Von ihm erfuhr sie, daß die Juden in Serbien, wo die deutschen Besatzer ohne Mittelsmänner regierten, seit dem ersten Tag außerhalb des Gesetzes standen, daß sie enteignet, aus ihren Wohnungen vertrieben, ihrer Ämter und des Rechts auf Verdienst beraubt wurden, daß sie entschädigungslos wie Sklaven für niedrigste Arbeiten mißbraucht und, sobald ihre Leistungskraft nachließ, rücksichtslos umgebracht wurden; daß es in dem von Ustaschen verwalteten Kroatien keine Juden auf freiem Fuß mehr gab, sondern lediglich in den Lagern, und daß es nur noch eine Frage der Zeit war, wann sie ausgerottet sein würden; daß die

Bačka, die an Ungarn gefallen war, wo die bürgerlichen, ja sogar feudalen Traditionen noch etwas galten, derzeit der sicherste Zufluchtsort unter allen Regionen des zerstückelten Jugoslawien war. Im Mutterland Ungarn, wie sich Kroner ausdrückte, lebten die Juden vorerst fast unbehelligt, vor allem im Zweimillionendschungel von Budapest; den Gesetzen und Verordnungen, die erlassen wurden, um sie in die Schranken zu weisen und zu entmutigen, widersetzten sich der Reichtum und die Klugheit der Kaufleute und Industriellen und die starke jüdische Intelligenz, die das gesamte öffentliche und kulturelle Leben prägte. Nach Budapest zu gehen, einfach überzusiedeln konnte die Rückkehr in die alte Rechtsordnung bedeuten, mit etwas eingeschränkten, aber immerhin offenen Möglichkeiten für Arbeit und Verdienst, für Bewegungsfreiheit, Ausbildung und Anschluß an den Fortschritt, wie es Gerhard und Vera in ihrem Alter zustand. Aber als Vera sich darüber verwunderte, daß zu einer solchen Übersiedlung noch keine Anstalten getroffen worden waren, gab sich der Vater plötzlich unsicher, mit zitternden Lippen und Händen, die sich haltsuchend in die Taschen gruben, beschwor er die Jahrzehnte seiner Arbeit und der seines Vaters herauf, das Geschäft, das Haus, die angesammelten Einrichtungsgegenstände und die Waren im Lager, für die er noch keine Quittungen besaß; er führte an, wie sehr seine Mutter an Novi Sad und die darin verbliebenen alten Bekannten gewöhnt war, ohne die sie nicht hätte leben können; er erwähnte den reichsortierten hiesigen Markt, auf den seine Frau angewiesen war, und murmelte in einem Anfall von Stumpfsinn, der ihn vergessen ließ, daß er keine Fremde, sondern seine eigene Tochter vor sich hatte, etwas von Veras Verbundenheit mit der Stadt, in der sie geboren und aufgewachsen war. Vera entgegnete schroff, daß alle diese Argumente, so fundiert sie auch waren, vor dem unvermeidlichen Gegenargument der physischen Vernichtung hinfällig würden, der zu erwartenden Vernichtung jeglicher Habe und jeglicher Gewohnheiten, aber diese Erwähnung der äußersten Gefahr machte Kroner vollends kopflos, er begann zu stammeln, zu keuchen, anstelle von Behauptungen sinnlose Flüche auszustoßen, die unter der scheinbaren Bedachtsamkeit greisenhafte Hilflosigkeit offenbarten. Das lenkte Vera sofort auf ihre ursprüngliche Vorstellung zurück, sich durch Trennung von der Familie zu retten, und sie erklärte ihrem Vater zu seiner Beruhigung, sie wolle niemandem etwas aufzwingen, sondern allein fortgehen, und sie nannte als mögliche Hilfe den Onkel Sepp, der doch wohl als Angehöriger der SS besondere Befugnisse und die Macht habe, jemanden über die Grenze in ein Land zu schmuggeln, wo Deutschland nicht herrschte. Wohin denn beispielsweise, fragte Kroner mit gespitzten Ohren. Zum Beispiel in die Schweiz, fertigte sie ihn ab, oder in ein anderes neutrales Land wie die Türkei, Schweden, was wisse sie denn. Jetzt war Kroner derart von ihren Kenntnissen verblüfft (denn er hatte geglaubt, seine Tochter schenke weder den Gesprächen bei Tisch noch den Radiosendungen Aufmerksamkeit), daß er aufschreckte und seine Angst verbarg und sogar versprach, mit Sepp zu reden. Er versuchte es wirklich mehrmals, unterbrach die Schilderungen des Schwagers über seine Mordtaten mit der ängstlichen Frage, ob sich nicht die eine oder andere hätte vermeiden lassen, wären die Opfer rechtzeitig dem Ort entkommen, an dem sie unter den Augen und dem Zorn der deutschen Besatzer gemeinsam gelebt hatten; er spielte auch auf das Geld an, das manche Eltern gern gegeben hätten, um ihre Kinder vor dem Schicksal ihres Volkes zu bewahren, zumal wenn sie diesem Volk nur halb angehörten wie zum Beisiel seine Kinder. Aber da er sich mit seinen Angeboten nicht klar genug ausdrückte und Sepp nicht intelligent genug war, sie als solche zu erkennen, versandeten diese Abweichungen vom Hauptthema in Schweigen und Resignation und wurden bald von neuen Berichten des SS-Manns über Helden- und Greueltaten erstickt. Kroner hielt das für eine List, die ihn als Vater zu um so größeren Opfern herausfordern sollte und mit der er sich zum Teil die fürchterlichen Geschichten des Schwagers erklärte, auch diejenigen, die er erzählt hatte, bevor Vera die Initiative ergriff; als er sich jedoch davon überzeugte, daß diese Vermutungen unbegründet waren und daß Sepp einfach nichts verstanden hatte, war es bereits zu spät, jener ging fort. Dafür war ihm Kroner, obwohl er es sich nicht eingestehen mochte, sogar ein bißchen dankbar, denn seine Tochter war somit vor einem Abenteuer bewahrt worden, vom Geld ganz zu schweigen.

Vera jedoch fühlte sich vom Weggang des möglichen Retters, bevor überhaupt ein Wort über die Rettung gesprochen war, tief betroffen; jetzt erst sah sie ein, wie falsch es gewesen war, nicht direkt mit dem soldatischen Onkel zu verhandeln, sondern sich auf die Vermittlung durch den Vater zu verlassen, dessen Schwäche ihr von vornherein bekannt war. Sie beschloß jetzt, allein zu handeln, und kaum war sie zu dieser Entscheidung gelangt, wunderte sie sich, daß sie nicht schon durch die Person des Helfers, den sie als nächsten vorsah, darauf gekommen war. Der war nämlich während der ganzen Zeit ihrer Überlegungen anwesend, ständig vor ihren Augen, nur daß sie ihn in ihrer Kurzsichtigkeit übersehen hatte. Er bot sich ihrer Aufmerksamkeit nur als Mann dar, als Verkörperung der Männlichkeit, als männlicher Sorgenbrecher inmitten ihrer schweren Gedanken und bitteren Entschlüsse. Während sie diese in sich formte und abwog, beobachtete sie ihn, wenn er über den Hof ging, groß und kräftig, mit glattgekämmtem, langem braunem Haar und hellen, engstehenden scharfen Augen, die sie mit unverhohlener Bewunderung anblickten. Beim Mittagessen hörte sie mehr über ihn, als sie zu ihrer Information brauchte, denn Robert Kroner schob jetzt alle geschäftlichen Niederlagen und Erfolge auf diesen Ritter Miklós Ármányi, den Kommissar seines Unternehmens. Anfangs hatte er sogar die böse Ahnung gäußert, dieser Fremde könnte sein Foltergeist werden, denn er hatte sich bei der Geschäftsübernahme kalt und streng gezeigt, alle Dokumente und alle Winkel studiert und betont, daß von nun an ohne seine Erlaubnis nichts unternommen oder verändert werden durfte. Bald hatte sich hingegen herausgestellt, daß diese Rigorosität ein Zeichen von Unerfahrenheit war, von Angst, in die Irre und aufs dünne Eis geführt zu werden; kaum hatte er sich überzeugt, daß Kroner mit seiner Familie nur ungefährdet überleben wollte, stellte er die Vorsichtsmaßnahmen von selbst ein. Er blieb weiterhin zurückhaltend, scheute sich aber nicht, das Nötigste für die Aufnahme elementarer menschlicher Kontakte mitzuteilen, und so erfuhr man bei Tisch im Hause Kroner bald, daß er Junggeselle und ansonsten studierter Jurist und Assessor und im Zuge der Mobilmachung für Zivilpersonen mit dem heiklen Posten eines Kommissars betraut worden war. Ein Posten, über den er sich nicht beklagen konnte, denn er hatte ihm das Dreifache seines früheren Salärs, ein schönes Appartement in einem geräumten ehemaligen Wohnhaus für Banschaftsbeamte und das Ansehen eines Staatsfunktionärs eingebracht, der besonderes Vertrauen genoß. Von letzterem, dem Ansehen, schien er freilich nicht in vollem Maß profitieren zu können, in diesem Novi Sad, wohin man ihn versetzt hatte und wo er sich halb ausgestoßen fühlte. Angesichts der gemischten Bevölkerung wußte er nicht, vor wem er mehr auf der Hut sein sollte, vor den lauten und mutwilligen Serben oder vor den eingesessenen Ungarn, die von ihren Mitbürgern den orientalischen Schlendrian und Leichtsinn bereitwillig übernommen hatten und ihm jetzt, durch den Umschwung ermutigt, noch die Zügel schießen ließen. Er selbst war ein echter, geborener Pester, ein Beamtensohn, dem man eingetrichtert hatte, daß Tätigkeit und Rang eines Beamten höchste Wertschätzung verdienten. Hier aber zerrann und verpuffte diese Überzeugung unter dem dumpfen Druck von Trägheit, Unordnung und Verunsicherung durch den Krieg. In der Schule hatte Ármányi gelernt, daß Ungarns südliche Provinz um den Preis der Tränen all ihrer Einwohner abgetrennt worden sei, nun aber sagten ihm einige seiner neuen Nachbarn offen und trotzig – denn sie waren Ungarn und hatten keine Angst vor ihm –, daß sie unter der jugoslawischen Regierung in vieler Hinsicht besser und bequemer gelebt hatten, daß sie weniger kommandiert und administriert wurden, daß der Umgang freundlicher und menschlicher war. Wenn er sich in den staubigen Straßen umsah, in den überfüllten Lädchen, in den Kinos, wo die unnumerierten Plätze gestürmt und umkämpft wurden, auf den Marktplätzen, wo Trauben von Bettlern greinend um Mitleid heischten, dann fand Ármányi einen dem eigenen vergleichbaren Arbeitseifer noch am ehesten bei dem enteigneten Besitzer des Geschäfts, welches er verwaltete, bei dem mageren, traurigen, friedfertigen Büchernarren Robert Kroner. Von ihm erhoffte er Auskünfte über diese Welt, die er nicht verstand, und dann machten ihm die Antworten klar, daß es dem Befragten kaum besser erging, daß er sich dieser Welt nur resigniert auslieferte, und dadurch kamen sich beide wesentlich näher. Ausgestoßen? Das war Kroner hier doch schon seit über zwanzig Jahren, seit dem Tag, da er sich aus Wien hatte herlocken lassen, um das väterliche Geschäft zu übernehmen, vorübergehend, wie er damals glaubte, bis sich ein Interessent finden und die Mutter ihr Einverständnis zum Verkauf geben würde. Aber aus den ursprünglich veranschlagten Monaten waren Jahre geworden, die Pflichten des Ehemanns und Vaters waren dazugekommen, und jetzt gab es für ihn schon längst keinen Rückweg mehr zu jenen Zentren der Gelehrsamkeit und Harmonie, die er in seiner Jugend schätzen gelernt hatte: sie waren selbst dort verschwunden, wohin sich seine nostalgischen Blicke richteten. Würde es dem Ritter Ármányi ebenso ergehen? Auch ihn hatte man hierher in die südliche Provinz nur auf Zeit abkommandiert, bis die rebellischen Kräfte des Balkans vom kühlen Verstand der Deutschen und der Ungarn gebändigt sein würden; aber der Krieg hatte sich auf die unendlichen Weiten Rußlands ausgedehnt, wo der Ausgang jeder Schlacht ungewiß war, während hier im Hinterland, in der fast kampflos eroberten Bačka, jenseits jeder Unterwürfigkeit eine wilde Erwartungshaltung und Ablehnung der bestehenden Zustände herrschte. Ritter Ármányi fand dieses Abwarten am auffälligsten in den Kindern von Robert Kroner verkörpert, Gerd und Vera, die er aus seinem Fenster im Büro ihres Vaters fast den ganzen Tag über beobachten konnte. Diese erwachsenen Kinder lebten untätig dahin, und obwohl er wußte, daß ihnen das durch die nämliche Staatsmaschinerie aufgezwungen war, die ihn selbst auf seinen Beobachtungsposten gestellt hatte, konnte er sich des Eindrucks nicht erwehren, daß der Müßiggang ihre eigentliche Natur war. Wie bekamen sie es nur fertig, tatenlos, die Hände auf dem Rücken, über den Hof zu spazieren, das Gesicht in die Sonne zu halten, die schon ab März an den Vormittagen ihre Strahlen über das Wirtschaftsgebäude aussandte, wie hielten sie es ohne ein Buch oder wenigstens ein Gespräch auf diesem engen Raum aus, der ihn erstickt hätte, wären da nicht seine Akten und Verpflichtungen gewesen? Ende Mai wurden in dem zwischen Wohnhaus und Büro üppig sprießenden Gras Liegestühle postiert, auf denen die Kinder ihr reichlich bemessenes zweites Frühstück verspeisten, und ein paar Wochen später breitete Vera eine hellbraune Decke über den Rasen und legte sich, dick eingeölt, im zweiteiligen Badeanzug zum Sonnen hin. Tagelang drehte sie sich geduldig vom Rücken auf den Bauch, vom Bauch auf den Rücken, winkelte zur Entlastung und um der gleichmäßigen Bestrahlung willen einmal das linke, dann wieder das rechte Bein an, ging ab und zu in die Wohnung zum Duschen, was sich an vielen, rasch von ihrer immer dunkleren Haut abperlenden Tropfen und nassen Streifen auf dem Badeanzug zeigte. Ármányi erschien es wie ein Sakrileg, daß sie ihre durchsichtige weiße, glatte Haut bis zur leichten und dann tiefen Rötung verbrennen ließ, mit zunehmender Intensität bekam die Farbe jedoch einen kupfernen Schimmer, der die festen und zugleich zarten Umrisse ihres Mädchenkörpers betonte, ihn noch verführerischer, fast unwirklich machte. Eines Morgens begegneten sie sich im Haustor, und Ármányi konnte der Versuchung nicht widerstehen, ihr seine Eindrücke mitzuteilen, obwohl sie in diesem Moment vollständig angekleidet war, sogar Strümpfe und Sandalen trug. »Diese dauernden Sonnenbäder haben Sie gar nicht nötig, Fräulein Vera«, sagte er, nachdem er zur Begrüßung den Hut gezogen hatte, den er auch weiter in der Hand behielt. »Ich wollte Ihren Herrn Vater schon mehrmals darauf hinweisen, habe mich aber zurückgehalten, was ich nun nicht mehr bereue, da ich die Möglichkeit habe, mit Ihnen persönlich zu sprechen.« Sie war erstaunt. »Meinen Sie, daß mir die Sonne schadet?« »Ich bin mir nicht sicher, ob sie Ihnen, in solcher Menge, nicht schadet«, entgegnete Ármányi verlegen, weil er sich nicht klarer ausdrücken konnte, »aber ich habe vor allem an Ihr Aussehen gedacht.« »Mein Aussehen? Es gefällt Ihnen nicht?« Ihm stieg das Blut in die Wangen, statt daß er sie zum Erröten gebracht hätte. »Im Gegenteil. Ihr Aussehen gef… es bezaubert mich. Sie sind ein bildhübsches Mädchen, und Ihnen tagtäglich beim Sonnenbad zuzusehen, stellt für mich ein Glück dar, wie ich es nie erhofft hätte, zumal hier, in einem Geschäft, wo ich fast verzweifle, weil ich eine Arbeit mache, für die mir sowohl die erforderliche Ausbildung als auch die Neigung fehlt. Trotzdem, mir tut es leid um Ihren weißen Teint, der so wundervoll zu Ihrem Haar paßt.« »Und braune Haut paßt nicht dazu? Das ist doch jetzt modern.« »Ja, vielleicht bin ich ein bißchen altmodisch. Oder einfach zu alt, und deshalb das ganze Mißverständnis.« »Ich weiß gar nicht, wie alt Sie sind.« »Einunddreißig. Viel, viel älter als Sie und viel älter, als ich gern wäre, wenn ich mich so mit Ihnen unterhalte.« »Warum? Das ist doch das schönste Alter…« »Schon möglich. Aber nicht hier. In Budapest ja. In einer lebenslustigen großen Stadt, wo es Vergnügungen für Menschen aller Generationen gibt. Waren Sie schon einmal in Budapest?« Vera mußte zugeben, niemals dort gewesen zu sein. »Oh, das müssen Sie auf jeden Fall nachholen. Denken denn Herr Kroner oder die gnädige Frau nicht daran, mit Ihnen dorthin zu fahren, damit Sie unsere einzigartige Hauptstadt kennenlernen?« »Wir sprechen zu Hause darüber, aber immer voller Zweifel und Bedenken. Sie wissen, daß wir dafür einen Passierschein brauchen, und den bekommt man nur mit einer triftigen Begründung.« »Ach, wenn es nur darum geht«, ereiferte sich Ritter Ármányi und drückte seinen Hut aufs Herz, »dann könnte ich Ihnen mit meinen Beziehungen helfen. Außerdem« – die sich andeutende Wendung des Gesprächs ließ ihn neuerlich erröten – »könnten Sie mit mir kommen, wenn ich zur Berichterstattung hinfahre. In dem Fall würden Sie als meine Begleiterin reisen und brauchten keine Sondererlaubnis. Also, was meinen Sie? Hätten Sie Lust?« Vera hob zögernd die Schultern. »Ich weiß nicht. Ich möchte schon. Aber ich müßte vorher mit meinem Vater sprechen.« Ritter Ármányi wurde etwas unsicher. »Ihr Herr Vater würde meinen Vorschlag vielleicht für nicht ganz korrekt halten, zumindest im Augenblick. Es wäre wohl günstiger, wenn wir noch ein wenig Stillschweigen darüber bewahrten. Aber nicht wahr, wir beide sind uns einig, daß wir eines Tages auf die Reise gehen, um dieser Ödnis zu entfliehen und das volle, aufregende Leben gemeinsam auszukosten.«

Und damit verblieben sie beim Abschied. Ritter Ármányi fragte sich, ob es nicht unehrenhaft gewesen war, die Tochter des Hauses, in dem er die Zivilisation seines Landes repräsentierte, fast zur Flucht zu überreden, und ob er mit der verheißenen Bereitschaft zur Gesetzesübertretung die Grenzen seiner Befugnisse und seiner eigenen Courage nicht weit überschritten habe. Vera ihrerseits war erstaunt, daß sie auf das Angebot, allein mit einem wildfremden Menschen auf die Reise zu gehen, eingegangen und sogar der Meinung gewesen war, die Erlaubnis ihrer Eltern erhalten zu können. Als sie indes abends schlaflos im Bett lag und über ihre Zustimmung nachdachte, gelangte sie zu dem überraschenden Schluß, daß sie sich dessen nicht schämte und neue Selbstsicherheit gewonnen hatte, weil Ármányi in sie verliebt war. Wenn sie sich an seinen verschleierten Blick, die wechselnde Gesichtsfarbe, die Hand mit dem krampfhaft und gedankenlos ans Herz gepreßten weichen Hut erinnerte, hätte sie laut auflachen mögen. Sie war stolz, einen so stattlichen, starken, reifen Mann entzückt zu haben, und war erregt bei dem Gedanken, ihm durch ihr bloßes Vorhandensein, ihr jederzeit zur Schau gestelltes Aussehen Fesseln anlegen zu können. In ungeduldiger Erwartung des Tagesanbruchs, des sonnigen Morgens, da sie sich halbnackt seinen Blicken wieder aussetzen würde, schlief sie ein. Und tatsächlich bezog sie am nächsten Tag ihren Platz auf der Decke im wuchernden Gras, die Arme gespreizt und mit einem siegesgewissen Lächeln, das sie nicht unterdrücken konnte. Für Ármányi, der bereits befürchtet hatte, sie durch seinen übereilten Annäherungsversuch erschreckt und zur Beichte bei den Eltern veranlaßt zu haben, war ihr neuerliches Erscheinen auf der Bildfläche ein Zeichen, daß nichts schiefgegangen, sondern sein amouröses Angebot auf dem besten Weg war, akzeptiert zu werden. Er gab sich Träumereien hin, sah sich mit dem Mädchen in einem Abteil des Árpád-Expreß, der pfeifend in den Budapester Ostbahnhof einrollte, sah sich mit ihr in einem Taxi, das zu seiner Junggesellenwohnung fuhr, sah, wie er ihr einen seiner Schlafanzüge aus dem Schrank reichte – irgendwie hatte er die Vorstellung, daß sie beim hastigen Aufbruch von zu Hause nichts mitnehmen würde –, sah sie neben sich im Bett, eingehüllt in dieses viel zu große, männliche Kleidungsstück, das ihre Figur noch schlanker und zarter machte und das steifgestärkt unter seiner Hand raschelte, als er sie an sich zog. Er wußte nur noch nicht, welchen juristischen Rahmen er dieser Umarmung geben sollte, den eines Heiratsversprechens – oder war das mit einer Jüdin unmöglich? – oder ob sie bereit sein würde, seine heimliche Geliebte zu werden. Bedeutete das, daß er seine kommissarische Arbeit in Kroners Geschäft aufgeben, seine Beziehungen, seinen Einfluß benutzen mußte, um eine Versetzung oder seine Heimkehr nach Budapest erwirken zu können? War eine Zustimmung von Veras Eltern zu der Verbindung überhaupt möglich? Vera gab sich ebenfalls Phantasievorstellungen hin. Sie versetzte sich in Gedanken auf eine Straße, wo es von Passanten, Straßenbahnen, Autos wimmelte, wo glänzende Auslagen lockten, wo sie im Gewühl der Menge unbemerkt blieb, aufhörte, Vera Kroner, die Tochter des Kaufmanns Robert Kroner, zu sein, und zu einem anonymen Wesen wurde, einzig angewiesen auf den eigenen gesunden, elastischen Körper, auf den sie sich ganz verlassen konnte. Es gäbe keine Hindernisse mehr für sie, sie könnte sich bewegen, reisen, Städte und Wohnungen wechseln, der drohenden Umzingelung entgehen, zu der sie hier durch ihr Elternhaus verurteilt war. Diese Bilder ließen dem Ritter Ármányi nicht viel Raum: er stand irgendwo beiseite, den Hut an die Brust gedrückt, den verschleierten Blick auf sie gerichtet. Mit ihrem Verstand jedoch, der diese Bilder flüchtig berührte, war sie bereit, seine Nähe zu dulden, sich ihm sogar hinzugeben, sofern er seinem Versprechen, sie aus der Falle zu befreien, treu blieb. Sie beide verharrten in Erwartung, musterten einander durch die Schleier der Grashalme und der Fensterscheiben wie durch die Visiere anschlagbereiter Gewehre. Und so vergingen die Tage. Manchmal kam Veras Mutter auf den Hof, um, in Gedanken mehr bei dem tagsüber abwesenden Sohn, die Tochter vor einem Sonnenbrand zu warnen, manchmal erschien das Dienstmädchen mit einem weißen Teller voller frischgewaschener Früchte, manchmal tauchte die Großmutter Kroner auf, um ihre Enkelin mit vorsichtig geflüsterten, unverständlichen Vorwürfen zu überschütten, weil sie ihre Blöße den Blicken von Ungläubigen darbot und damit den Zorn des Höchsten auf sich herabbeschwor, manchmal schlenderte Gerhard in verächtlicher Gleichgültigkeit gegenüber der Gegenwart der Schwester auf der Heimkehr von den Schießübungen träge über den Rasen, setzte, wie ein Panther plötzlich gereckt, über den Zaun, den Blick auf die Wohnung der Strohwitwe aus dem Nachbarhaus gerichtet, die auf dieses Zeichen hin die Kleider wechselte und sich bereit machte, mit ihm in den Keller zu gehen. Nach einem über den Büchern verbrachten Tag tauchte auch Milinko in den Abendstunden auf, um mit Robert Kroner zu schwätzen und anschließend mit seinem Mädchen, das dann bereits gebadet, angekleidet und kühl bereit war, ihm gelangweilt zuzuhören und ein paar Küsse mit ihm zu tauschen.

An einem solchen Abend klingelte es an der Tür, und als das Dienstmädchen öffnete, drangen drei Agenten des Geheimdienstes in die Wohnung ein, verlangten Einsicht in die Personaldokumente jedes Anwesenden, durchsuchten die Räume, zerrten Kleider und Bücher aus den Schränken – darunter auch das Poesiealbum aus Veras Regal, bei dessen Durchsicht sie feststellten, daß es lediglich Vorkriegsdaten trug – und führten schließlich Gerhard ab, um dessentwillen sie eigentlich gekommen waren, weil der wenige Stunden zuvor verhaftete Reserveoffizier ihn unter der Folter als einen seiner Schützlinge verraten hatte. Im Haus sah man ihn nie wieder. Er hinterließ eine Leere wie ein chirurgischer Eingriff in einem Organismus, das ganze bis dahin mühselig aufrechterhaltene Gleichgewicht war zerstört. Resi Kroner, die bei der Verhaftung ihres Sohnes die Beamten nur deshalb nicht tätlich angegriffen hatte, weil ihr Mann sie gewaltsam daran hinderte, verlangte wie von Sinnen, daß sie alle dem Festgenommenen von Gefängnis zu Gefängnis folgen, ihn mit Klauen und Zähnen freikämpfen und heimholen müßten. Robert Kroner machte ihr unter größter Anstrengung die Sinnlosigkeit solchen – auch für Gerhard schädlichen – Vorgehens klar, statt dessen wollte er versuchen, über einen Mittelsmann zugunsten des Sohnes zu intervenieren, was für die Familie weniger gefährlich war und nach seiner Meinung auch mehr Erfolg verhieß. Die einzige einflußreiche Persönlichkeit, an die er sich vertrauensvoll wenden konnte – der erste solche

Mensch, dessen er am Morgen nach dem Vorfall überhaupt ansichtig wurde –, war Ritter Ármányi. Der zeigte sich bestürzt über die Nachricht und versprach bereitwillig Hilfe. Er suchte einige ihm bekannte Juristen auf, die wie er aus dem ungarischen Mutterland nach Novi Sad entsandt worden waren, jedoch praxisnäher arbeiteten, als Richter und Polizeibeamten. Aber aus Angst, in den Verdacht der Mittäterschaft zu geraten, wagte keiner von ihnen ein Wort der Fürsprache für einen Gefangenen des Abwehrdienstes, und so beschränkten sich ihre Gefälligkeiten auf unverbindliche, bei Dritten eingeholte Informationen: daß schwere Beschuldigungen gegen Gerhard vorlägen, daß sein Schicksal davon abhänge, ob er Reue und Bereitschaft zur Zusammenarbeit zeigen werde. Da er den Eigensinn des Jungen kannte, ging Robert Kroner seiner Frau gegenüber nicht das Wagnis einer wortgetreuen Übermittlung dieser Botschaften ein, sondern wandelte sie in die Zusicherung ab, Gerhard sei gesund und munter, aber vorläufig an unbekanntem Ort isoliert – was stimmte –, damit die Ermittlungen ungestört abgeschlossen werden könnten. Mit der Verantwortung für diese Schönfärberei belastet, stellte er seinerseits verzweifelte Überlegungen an, wie er den Sohn zum Einlenken als einziger Rettung bewegen konnte. Er ersuchte über Ármányi die Erlaubnis, Gerhard wenigstens schreiben zu dürfen, erhielt jedoch abschlägigen Bescheid. Dann begann er sich Gespräche unter vier Augen in der Zelle auszumalen, und diese Phantasien nahmen in den Abendstunden, da er zum Radiohören keine Lust und keine Geduld mehr aufbrachte, die Form einstiger, tatsächlich ausgefochtener Dispute an, aber angesichts des modrigen Verwahrraums mit vergittertem Fenster und eines blutiggeschlagenen Gefangenen als Gesprächspartner obsiegten nunmehr stets die Argumente des Sohnes. Gerhard hatte recht! Davon überzeugte sich Kroner bei diesen einseitig geführten Dialogen auf der Grundlage altvertrauter Worte, die im düsteren Licht von Leid und Märtyrertum des Häftlingsdaseins neue Bedeutung erhielten; doch selbst für diese Einsicht war es bereits zu spät. Er konnte sie dem fernen Sohn nicht mehr mitteilen, und er war in seiner Feigheit fast glücklich, weil ihm der Zugang zu dem Verhafteten verwehrt wurde. Von nun an bat er nur tagtäglich Ármányi um Hilfe, um die sich dieser hin und wieder bemühte, um die sich zu bemühen er hin und wieder vorgab. Kroner bauschte seine Lügen auf, wenn er sie an Frau oder Tochter weiterleitete, und so wurde um den Gefangenen ein dichtes, vielfarbiges Netz der Ungewißheit geknüpft. In diesem Netz verfing sich eine weitere Person, angelockt durch die reifen Reize von Resi Kroner, die ihrem Mann mißtraute und seinen Einwänden zum Trotz Hilfe für den Sohn dort suchte, wo sie ihr am meisten Erfolg zu versprechen schien: bei ihren Landsleuten. Mit einem Handkorb voller Lebensmittel und frischer Wäsche zog sie durch die deutschen Kasernen, redete mit den Posten und verlangte die Diensthabenden zu sprechen, denen sie ihre Sorgen und Bitten unterbreitete. Dabei traf sie auf den Wachtmeister der Feldpolizei Hermann Arbeitsam, einen Mann in den Vierzigern aus der Umgebung von Mainz, der sich aus Mitleid für sie bereit erklärte, den Aufenthaltsort ihres gefangengehaltenen Sohnes ausfindig zu machen. Auf Grund seines niederen Ranges hatte auch er keinen Erfolg, aber die Bekanntschaft, intensiviert durch häufige Begegnungen im Park vor der Kaserne, durch die unablässigen Bitten der Frau und die unbeholfenen Trostworte des Feldpolizisten, wuchs sich zur Freundschaft und für den bislang unverheirateten Arbeitsam zu einer echten, späten Leidenschaft aus. Unter dem Vorwand, im Besitz neuer, zu Hoffnungen berechtigender Nachrichten zu sein, fand er sich auch außerhalb verabredeter Termine vor dem Haus Kroner ein, und Resi Kroner stürzte bei seinem Anblick hinaus und redete tränenüberströmt und unter Duldung seines gutmütigen Rücken- und Schultertätschelns lange mit ihm. Diese Verbindung konnte weder dem Dienstmädchen noch Vera verborgen bleiben, deren Hoffnungen durch den Aufruhr nach Gerhards Verhaftung vereitelt worden waren, weil der von ihr erwählte Erlöser gleichzeitig gebeten worden war, das Leben ihres Bruders zu retten, in Wahrheit aber, weil dieser Retter zu Tode erschrocken war ob seiner heimlichen Absichten der Bindung an eine Familie, der jetzt das Rasseln von Ketten und die Schatten der Galgen drohten. Er mied jede Begegnung mit Vera unter dem Vorwand seiner neuen schweren Belastungen. Aber Vera begriff, daß er sich von ihr zurückgezogen und damit jede Hoffnung auf Flucht vereitelt hatte. Sie resignierte, dem Unglück und der Schmach des Hauses ausgeliefert, wo sie auf Zehenspitzen umherging und zur Eingangstür auf die Ankunft eines Boten oder gar Gerhards lauschte, wie es auch alle anderen mit immer weniger Hoffnung taten. Als die Nachricht eintraf, daß er tot war – »bei einem Fluchtversuch erschossen«, wie es in der offiziellen Verlautbarung hieß –, legte sie schwarze Kleidung an wie alle ihre Angehörigen, weinte mit ihnen, versuchte sie durch ihre Anwesenheit und Sanftheit zu trösten, wie sie auch selbst getröstet wurde, wobei sie im Grunde ihrer Seele wußte, daß man sie betrogen und gegen ihren Willen in diese düstere, blutbesudelte Rinne gestoßen hatte, von der nur sie ahnte, daß sie wie alle anderen dem tödlichen Abgrund entgegenführte. Zu Milinko, der eintraf, um sein Beileid zu bekunden, sagte sie, weitere Begegnungen seien sinnlos, und der junge Mann zog sich in dem Bewußtsein zurück, daß die Fortsetzung ihrer Liebelei oder auch nur die Erinnerung daran Gotteslästerung gewesen wäre. So fanden auch die Gespräche über Bücher im Zimmer von Robert Kroner ein Ende. Die von den Agenten während der Durchsuchung umhergeworfenen Bücher standen wieder an ihrem Platz in den Fächern, aber niemand griff mehr nach ihnen. Was in den letzten Monaten in ihrem Angesicht geschehen war, widersprach ihrem Geist und Buchstaben, sie blieben, was sie ohne den vertrauensvollen Blick des in ihnen Blätternden gewesen waren: papierene Gegenstände. Sie blickten mit ihren schönen Einbänden und Titeln ausdruckslos auf die Menschen, die sich noch vor ihnen bewegten, um bald, gleich ihnen, für immer aus der Reihe geworfen zu werden.

Todesarten. Natürliche, gewaltsame. Der Erstickungstod von Sara Kroner geborene Davidson in der als Bad maskierten Gaskammer von Auschwitz. Ihr Taumeln ohne Veras stützenden Arm inmitten des Gebrülls, dessen Sinn sie nicht begreift, die Unfähigkeit ihrer Finger, den Knopf am Kleid zu öffnen, so daß eine fremde Hand es ihr vom Körper reißt wie danach auch die Wäsche, bis die schlaffe, runzlige Haut entblößt ist. Ihre Scham, ihr flehender Ruf nach Schutz, nach dem Sohn, der irgendwo zurückgeblieben ist, nach Vera, die irgendwo zurückgeblieben ist, ihr Gebet, das ein sinnloses Murmeln ist, weil sie sich an nichts mehr festklammern kann außer an dem Stück Seife, das ihr in die Hand gedrückt wurde und nur Täuschung ist, sie begreift es, als um sie die Gesichter fahl werden und die Augen aus den Höhlen treten, als ihr selbst die Brust vom Husten geschüttelt wird und ihr offener Mund nach frischer Luft giert, die es auch nicht mehr gibt, nach ein wenig frischer Luft. Der von der Hand des Agenten János Korong im Keller des Sicherheitsdienstes geführte Schlag mit dem Holzknüppel, der Gerhards Schädel spaltet. »Ich habe nichts gesagt! Oder doch?« Seine Klagen ob des aus dem verletzten Hirn aufsteigenden Zweifels, sein Schrei nach Erlösung durch die Mörderhand, die blutigen weißen Zähne, gefletscht bei dem Gedanken, es könnten ihnen Namen entflohen sein, deren er sich nicht mehr erinnert, von denen er aber weiß, daß sie vom Schweigen des Todes begraben sein müssen. Der Kampf des Fräuleins mit dem Fieber im Sanatorium Boranović; das lahme linke Bein ihres Vaters, der hinkende Gang, die Bewegung, mit der er die eine Körperhälfte aus dem Boden, aus der Reglosigkeit, aus dem Abgestorbenen ins Grün des Gartens hochzieht, der schwarze Umriß dieses Beins, an den sie sich jetzt mit allen Fasern klammert wie an einen rettenden Balken hoch über den Wolken, über dem Feuer, das sie verbrennt; ihre Hände ohne die Kraft, nach dieser schwarzen Bewegung zu greifen, nach dieser festen, verheißungsvollen Sicherheit, die sich humpelnd entfernt, immer kleiner wird, immer stiller auf ihrem Weg in die Höhe. Robert Kroner, der sich auf dem schwarzen Wintermantel im Sammellager ausstreckt, sein keuchendes »Nein!« auf Veras beschwörende Rufe, dieses »Nein« zur Fortsetzung des Weges, des Leidens, der Verantwortung, das Absinken in die Verantwortungslosigkeit mit geschlossenen Augen, tauben Ohren, erloschenen Gedanken, um nicht zu sehen, nicht zu hören, nicht zu begreifen, daß er sie fortgehen läßt, daß er sie verläßt und von ihnen verlassen und den Schreien überlassen wird, den Schlägen, dem Gewehrschuß, der ihn aus nächster Nähe trifft, seine Brust zerreißt, ihn befreit, endlich befreit. Nemanja Lazukićs Widerstreben gegen die Zählappelle, gegen die unbeholfenen Gefangenen, an die er gefesselt ist, zu denen er nicht zu gehören meint, die er haßt, deren Gesichter und Namen er von sich stoßen möchte, die sich jedoch als einziges in seine Sinne graben wie der Draht, der in seine Muskeln schneidet, weil die Trägheit der anderen, ihre Gegenwehr daran zerrt; ihre rotgeschwollenen Gelenke, der Schweißgeruch aus ihren offenen Hemden; sein verzweifeltes Bemühen um Blickkontakt mit einem der Eskortierenden im Grau des Tagesanbruchs, das bei keinem Aufmerksamkeit, Rücksicht, Mitleid erkennen läßt; sein Schrei »Nein, Brüder!«, der nur Lüge ist, den er als Lüge empfindet, als Ekel im Mund, als Lüge über allen Lügen, alles nur Lüge von Anfang an bis zu diesem Augenblick, da die Wahrheit nur dieser Ekel ist, der Wunsch nach Ausnahme, die es nicht gibt, den die Schüsse auslöschen, welche auch ihn unter den Verhaßten auf den Haufen der stinkenden Vernichtung werfen. Das Entsetzen der Frau Lazukić zwei Jahre zuvor angesichts ähnlicher, auf sie angelegter Gewehre, ihr überstürztes Verlassen des Hauses (»Bin ich warm genug angezogen? Habe ich ordentlich abgeschlossen?«), ihr kurzsichtiges Blinzeln zum Gemetzel auf der anderen Straßenseite hin, das sie nicht begreift, dessen Sinn sie nicht erfaßt, denn an einen solchen Sinn kann sie nicht glauben, ihr Zusammenzucken unter den Schüssen aus dem Hinterhalt, ihr Schrei: »Nein! Ich habe doch nichts getan! Ich habe Kinder!«, ihre im Schmerz verzerrten Lippen eines späten Mädchens, der leere, auf den starren Winterhimmel gerichtete Blick ihrer Augen. Das stille, traumhafte Dahinscheiden von Theresia Arbeitsam, verwitwete Kroner, geborene Lehnart im Weiß eines Stuttgarter Krankenhauses, in Entkräftung nach langem Siechtum, in Schwäche und beinahe völliger Bewußtlosigkeit, mit dem nebelhaften Gedanken an ein Gesicht, das von steifer weißer Haube gerahmte Gesicht einer Nonne mit klaren männlichen Zügen, jung und rotwangig, mit gerader kurzer Nase und vollen Lippen, dieses ihr teure Gesicht, dessen Namen sie nicht mehr sagen kann und das in der Helle, im Nebel, in der Kühle zerfließt. Die Verkrampfung Rastko Lazukićs zwischen den Schragen des in wahnsinniger Hast dahinrumpelnden Wagens, die Reue, nicht zu Beginn der Schießerei abgestiegen zu sein, die zögernde Überlegung, noch abzuspringen, jetzt, da ihn der Treffer in den Rücken ereilt, unter dem er sich aufrichtet, aufbäumt wie das Pferd vor ihm, dessen riesiger Kopf seine Augen beschattet, während er auf die scharfe Kante von etwas niedersinkt – »Ist das mein Koffer?« denkt er, während ihn Kraft und Bewußtsein verlassen. Sepp Lehnarts Jammern nach Wasser im Keller des zerstörten Kolchosgebäudes im Dorf Starucha, übertönt vom Donner der Kanonen und Granatwerfer, die alles zerstört und ihn unter der Erde mit lauter ächzenden Verwundeten begraben haben, die er mit weit offenen Augen hinter dem Staubschleier der Verwüstung anblickt, deren entsetzte Augen ihn ansehen, deren Flehen um Wasser er anhört, das es seit Tagen nicht gibt, seit die Wunde in seinem Bauch klafft, da unten, wohin er die kraftlosen feuchten Hände preßt, wo es rinnt, worauf er die rauhen Lippen legen würde, könnte er sich bewegen, zerrisse es ihm nicht die Eingeweide bei dem Gedanken an jede Bewegung, an die Wunde, die vergebens nach Feuchtigkeit, nach Frische verlangt als Ersatz für jene, die wegströmt, wegströmt, alles mit sich führt, das Krachen der Bomben, den Staub, das Geschrei, und es immer stiller, immer dünner, immer unwahrscheinlicher macht. Vera Kroner im Hofzimmer der einstigen großmütterlichen Wohnung liegend, unter drei Decken, die ihr bis zu den Achseln reichen – denn es heißt, daß der Körper allmählich abkühlt –, Laudanum schluckend und Wein aus dem großen, bauchigen, tags zuvor zu diesem Zweck gekauften Glas nachtrinkend. Ihr Kopf sinkt erleichtert auf das Kissen, die Augen schließen sich. Sie öffnen sich wieder, um noch einmal Tisch und Stuhl, das leere Regal, den Blumentopf ohne Pflanze zu überblicken, nicht um des Abschieds, sondern um der Überzeugung willen, nichts zurückzulassen, was Aufmerksamkeit verdient. Sie verläßt sich selbst, so meint sie. Aber was sie selbst ist, kann sie nicht definieren. Geräusche von der Straße, das ist sie nicht, ein Auto, das Heulen des Windes zwischen umhergeworfenen alten Kisten und verrosteten Reifen im Hof, sonst gibt es nichts, scheint ihr. Ihr wird übel – das kommt von dem Medikament, wie sie glaubt; sie hofft, daß es nicht schlimmer wird, denn es ist ja nur ein Medikament, wenn auch überdosiert; vielleicht hätte sie sich doch ins heiße Badewasser legen und die Pulsadern öffnen sollen, vielleicht hätte sie das zusätzlich zur Einnahme der Tabletten tun sollen, wie sie eigentlich vorhatte, doch nun scheint es ihr dafür zu spät. Die Übelkeit schüttelt sie, sie möchte erbrechen, doch das darf sie nicht, mit angespanntem Willen unterdrückt sie die Magenkrämpfe, nur nicht zurück, ihre geballte Angst preßt sich wie eine Faust auf den Brechreiz, noch einmal, noch einmal, sie wird es tun, sooft es nötig ist, das ist wie eine Geburt, sie verzieht das Gesicht, die einzige, zu der sie fähig ist, und ihr Kind wird zur Welt kommen. Sredoje Lazukić taumelnd, auf den jungen starken Arm des Fährmanns Stevo Milovančev gestützt, beim Verlassen des Wirtshauses Stolac in der Nähe des Ruderklubs, der Magen schwer vom Weinbrand, den er im Übermaß genossen hat und für den seine ganze, eben erst ausgezahlte Sozialhilfe draufgegangen ist, die tanzenden Lichtflecke vor seinen Augen, wie er sie seit langem allabendlich sieht, auch wenn er nicht trinkt. »Paß doch auf, ich seh' nichts«, murmelt er Milovančev zu, der ihn vorwärtsschleppt, doch die Schritte gehorchen dem Willen nicht mehr, die Beine knicken ein, rutschen weg, und schon liegt er im Gras der Böschung unter Stevos rüttelnden Fäusten, seinen Rufen. Die violetten und gelben Lichtflecke hüpfen, der Böschungsrand drückt, das muß ein spitzer Stein sein, könnte er nur ein wenig nach links rücken, aber wie soll er es Milovančev mit seiner schweren Zunge sagen, während ihm Stirn, Brust, Bauch taub werden. Der Druck des Steins auf die Lendengegend steigert sich ins Unerträgliche, er reißt die Hand aus der Fühllosigkeit und schiebt sie unter sich, doch die Finger bekommen nur Gras zu fassen, der von dem Stein ausgehende Schmerz ist in ihm, breitet sich über den Brustkorb aus, preßt ihn wie eine eiserne Faust. Sredoje windet sich, jetzt spürt er unter sich die Hände von Stevan Milovančev, »Was ist das, war das dieser Stein?« verwundert er sich und verliert das Bewußtsein. Ein ungewöhnlich scharfer Luftzug um das Bett von Milinko Božić, in dem sein sicheres, an die Wiederholung des immer Gleichen gewöhntes Bewußtsein die Gefahr spürt. Der Raum über ihm ist von etwas erfüllt, er nimmt es mit geschärften Sinnen wahr, ein lauer, unbekannter Atem streift sein Gesicht, ein männlicher, kein weiblicher, schließt er. Die Decke wird von seinem Leib gezogen, weiche Finger betasten seine rechte Hüfte, straffen die Haut und lassen los, nachdem die Kanüle eingedrungen ist. Man injiziert ihm etwas, obwohl er in den letzten Tagen keine Krankheitssymptome hat erkennen lassen. Die Behandlung oder Extraktion eines Zahns, da er noch zwei oder drei besitzt? Eine neue Wunde, die sich geöffnet hat, ohne daß er es merkte? Schläfrigkeit hüllt ihn ein wie Daunen, welche Wohltat, denkt er, wäre mir das immer verabreicht worden, hätte ich niemals versucht, etwas zu begreifen, oder hätte ich es doch tun sollen, der Mensch ist deshalb ein Mensch, weil er weiß, nun aber weiß ich fast nichts mehr und werde bald absolut unwissend sein.

Die Vorwürfe, die sich Vera Kroner nach dem Krieg ob der verpaßten Gelegenheit zur Flucht aus Novi Sad macht, werden nicht nur von der Erinnerung an die Leiden im Lager genährt. Diese Leiden liegen hinter ihr, sie stellen einen Teil ihres Lebens dar, und da sie in allem nur auf sich selbst konzentriert ist, kann sie sich nicht mehr vorstellen, daß es diese Schrecknisse nicht gegeben hat. Sie hält es für ihr Verhängnis, daß sie aus dem Lager in diese ihre angebliche Heimatstadt zurückgekehrt ist, daß sie zurückkehren mußte, weil sie sich nicht rechtzeitig von hier losgemacht hat. Sie spürt, daß es um jenes bißchen Wärme oder Nähe geht, das ihr beide Male wie ein unklares Gravitationsfeld vorgekommen ist, wie ein von Dämpfen umgebener Planet, wie eine vernebelte Sonne, die sie trügerisch verlockt hat, nicht wegzugehen beziehungsweise sich wieder mit ihr zu vereinigen. Trügerisch beide Male, denn so wie sie durch ihr Dableiben sich so weit entfernen mußte, wie sie es niemals geahnt hätte, so ist sie, nachdem sie sich zum Heimtransport aus dem befreiten Lager mit seiner schrundigen, von Leichen bedeckten Erde, dem zerrissenen Stacheldrahtzaun, an dessen Pfosten noch die erhängten Wächter baumelten, gemeldet hat, in keinem Zuhause angekommen. Sie ist in Novi Sad eingetroffen; der vom Staat dem Häftlingszug entgegengeschickte LKW hat sie in der Straße hinter der evangelischen Kirche abgeladen, doch an der Tür hat sie das Firmenschild einer Beschaffungsbehörde vorgefunden, in den Zimmern eine Menge von Schreibtischen, darauf Stühle, die ihre Beine zur Decke reckten – denn die Arbeitszeit war beendet –, und auf ihr Klopfen an den einstigen Räumlichkeiten der Großmutter öffnete eine dicke, rotwangige, barfüßige Portiersfrau, die hier auf die Heimkehr ihres ungarischen Mannes wartete und schon von der Schwelle aus, während sie mit einer Fußsohle die Wade des anderen Beins rieb, gleichgültig mitteilte, daß das letzte Mitglied der Familie Kroner, Veras Mutter, bereits im vergangenen Herbst mit den Deutschen fortgezogen sei. Vera mit ihrem Bündel an der langen Schnur über der Schulter hätte sich sofort umdrehen und verschwinden können. Doch zwang sie die Müdigkeit, an dieser Frau vorbei, die sie wie einen gebauschten Vorhang fast zur Seite gestoßen hätte, die Treppe hinaufzusteigen, durch die Zimmer zu gehen, ihr Bündel in dem größeren, zur Straße gelegenen, fast leeren abzusetzen und dem Sekretär der Behörde, einem bejahrten Patrioten in Reithosen und -stiefeln, der alsbald mit der Forderung nach Rechenschaft wegen Eindringens in amtliche Räume herbeieilte, zu erklären, sie werde sich vom eigenen Dach über dem Kopf nicht mehr vertreiben lassen. Sie war also von nun an bei sich. Aber was hieß das, bei sich? In Novi Sad, diesem niedersten, von der Geschichte verlassenen Sumpfgebiet, in das die Deutschen trotz aller Grausamkeit, trotz gebelferter Befehle eine gewisse Ordnung gebracht hatten, Disziplin, System, eine Einheitlichkeit im Verhalten und Aussehen, im Verhaften und Einsperren, im Morden sogar, im riesigen Ausmaß dieser Liquidationen, das den ganzen europäischen Kontinent auf ein einziges, tödlich bedrohtes Lager reduziert hatte. Von diesem Ganzen waren nach seinem Zerfall nur Fetzen von Haß geblieben. Diese dicke, ständig in Pantoffeln schlürfende Frau mit dem ungepflegten farblosen Haar, furchtsam, durch ihre Ehe mit dem Pfeilkreuzler an dieses Gestade aus ihrem düsteren Dorf verschlagen, in das sie übrigens nach ein paar Tagen der unbehaglichen Nachbarschaft mit Vera mit einem Mietfahrzeug zurückkehren sollte, ohne sich zu getrauen, die im großen Zimmer angesammelten, möglicherweise gestohlenen Gegenstände mitzunehmen; dieser gelbhäutige Sekretär mit dem schütteren Haar, der dem Toben der Okkupation nur deshalb entgangen war, weil sie aufgehört hatte, bevor sie ihn hätte ersticken können durch (zweimalige) Zwangsarbeit, durch den Hunger, den er mit Frau und zwei Kindern litt, durch die Entlassung aus der Brauerei, in der er gearbeitet hatte, nach deren Übergang in ungarische Verwaltung, durch eine Verwundung beim Bombenangriff auf die Jutefabrik, wo er vorübergehend beschäftigt war, durch Verrat, den er nicht begangen hatte, weil er zu bedeutungslos gewesen war, um vor ein solches Ansinnen gestellt zu werden. Zwischen ihnen eingezwängt, empfand Vera beinahe Enttäuschung: war es deshalb nötig, den Krieg nicht zu verlieren? Ihr ausgemergelter Körper – er kam ihr völlig hohl und allen Winden ausgeliefert vor – verlangte nach Zunahme, sie mußte sich um Nahrung und um die nötigsten Dinge kümmern.

Sie ging in die Nachbarschaft und begegnete als erster der einstigen Geliebten von Gerhard im Nebenhaus. Die briet gerade Kartoffeln in der Sommerküche – es war Juli 1945 – und begriff nicht, wer die Besucherin in den Schnürstiefeln, dem gelben Leinenrock und der wattierten russischen Jacke war. Als sich Vera zu erkennen gegeben hatte, klatschte sie in die Hände und staunte, als hätte sich ein großer struppiger Vogel auf ihrem Tisch niedergelassen. Ohne Verlegenheit – Vera sah es an ihrem Gesicht – rief sie ihren Mann aus dem Zimmer herbei, wo er auf dem Kanapee Zeitung gelesen hatte, und übertrug ihre Verwunderung auf ihn und die kleine Tochter, die ebenfalls herbeieilte. Der Mann bot Vera einen Stuhl an, hörte kopfschüttelnd die Geschichte von der Vertreibung der Kroners an, in welcher der mütterliche Treu- und Ehebruch vorsichtig umgangen wurde, und hier nahm Vera das erste ihr geschenkte Mittagessen zu sich. Geschenkt? Sie meinte das Recht zu haben, an jede Tür zu klopfen und unter Berufung auf ein Jahr der Entbehrung was auch immer sie wollte zu verlangen; sie hatte das Bedürfnis, allen mitzuteilen, was sie an Schrecklichem erfahren hatte, aber das Schreckliche, in noch ungesprochene Worte gefaßt, kehrte zu ihr zurück, erfüllte ihr Inneres durch sein Gewicht, seine Wahrheit und dann auch Unwahrheit, denn vieles Verheimlichte haftete an ihr wie Pech, und sie verstummte. Auf einmal ermüdet, in Schweiß ausbrechend wegen des ungewohnten Essens, das ihre Eingeweide aufwühlte, mußte sie schnell nach Hause gehen. Dort im großen Zimmer sank sie zu Boden und weinte. Sie wurde erstickt von den Worten, die sie gesprochen, und denen, die sie verschwiegen hatte, von dem Schweigen und Kopfnicken, mit dem sie aufgenommen worden waren, von dem Schrei, den sie unterdrückt hatte: »Und ihr, was habt ihr all die Zeit getan?« Sie wand sich, aus den Bodenritzen stieg Staubgeruch, ihr Magen rebellierte, sie rannte in die Küche und erbrach. Sie sah die Brocken halbverdauter Nahrung, die sie von sich gegeben hatte, ihr kamen die Tränen, und sie begriff, wie übertrieben, wie unnatürlich das alles war. Sie mußte sofort hingehen und den Nachbarn anzeigen, man konnte es nicht zulassen, daß er im Schutz seiner Wohnung seine runde, rosige Frau beschlief, die ihr Bruder Gerhard nach Lust und Laune in den Keller gelockt hatte, wovon jetzt niemand wußte. Sie mußte auf die Straße gehen, auf den Hauptplatz und den Passanten alles ins Gesicht schreien, was sie wußte, jene aber nicht. Fast wäre sie aufgesprungen, um es zu tun. Aber sie spürte, daß sie kein Recht darauf hatte, weil sie nicht alles sagen durfte, also spülte sie nur das Erbrochene weg und kehrte mit schleppendem Schritt in ihr großes Zimmer zurück. Sie setzte sich zitternd auf einen Stuhl. Wohin war sie nur geraten? Sie kam sich vor wie unter lauter Hohlköpfen: sie gaben ihr zu essen und lauschten kopfschüttelnd ihrer Geschichte, sie durchmaßen gestiefelt den Hof ihres Vaterhauses, aus dem man ihre nächsten Angehörigen abgeführt hatte, keiner wollte erfahren, was sie wußte. Sie war in eisiger Einsamkeit, um sie gab es nur Fremde, Gespenster; auf einmal kam es ihr so vor, als habe sie mit dem Lager den einzigen Ort verlassen, wo es Verständigung gab, wo sie von wirklichen, nahen Menschen umgeben war, sie sah die von Leichen bedeckte Einöde im Augenblick des Aufbruchs, sie sah die steifen Körper der erhängten Wächter und war fast bereit, sie zu bedauern, vor ihnen hinzuknien, sie von den Stricken zu schneiden und zu flehen: »Da habt ihr mich, nun schlagt mich tot.« Sie begriff, daß sie unabänderlich dort geblieben war, auf diesem Tummelplatz der Gewalt. Sie öffnete das Kleid über der

Brust, weil sie sich selbst nicht glaubte, las mit schrägem Blick, verkrampften Kiefern die eintätowierten Buchstaben. Ja, das war sie. Wäre sie doch wirklich dortgeblieben, tot wie Magda und Lenci, durchlöchert von Handkes letzter Garbe neben dem Bett in dem stillgewordenen, rotbeleuchteten Zimmer der Liebe. Sie sehnte ihren Tod fast wie einen Schlaf herbei, der Gedanke daran vertrieb die Übelkeit aus ihrem Magen, der Stuhl, auf dem sie saß, erschien ihr bequem, sie reckte sich darin, döste. Dann riß der Hunger sie wieder hoch. Essen, essen! Sie ging hinüber ins kleinere Zimmer, es war leer, die Hausmeisterin war vielleicht auf dem Hof, vielleicht bei einer Vertrauten, um ihre Not loszuwerden, die sie mit der Rückkehr der längst abgeschriebenen Tochter des Hausherrn überfallen hatte. Aber das gönne ich dir nicht, das nicht! sagte sie bereits laut, während sie in die Speisekammer eindrang, ohne zu überlegen Brot abschnitt, in eine auf einem Teller abgelegte Wurst biß, unter den Gläsern nach einem mit saurem Gewürz suchte und keines fand. Ein Geräusch schreckte sie auf, eine Tür war zugefallen, sie erstarrte, was tat sie da? Aber sie hatte doch auf all das ein Recht, sie brauchte nicht zu stehlen. Sie begradigte den angebissenen Rand der Wurst, am Brot würde man nichts bemerken, kehrte in ihr Zimmer zurück und aß genüßlich. Leben. Sie mußte für sich sorgen. In der Küche wusch sie sich gründlich, zog sich wieder an und ordnete jedes Fältchen an der Kleidung. Sie ging in die Stadt, es war schon später Nachmittag. Ein Mann in Gummistiefeln und Schirmmütze fuhr auf dem Rad vorüber, an den Lenker war ein Eimer gehängt, den er vorsichtig festhielt. Spülicht! erinnerte sie sich, zurückgekehrt zu Begriffen aus Friedenszeiten, und bewunderte sich selbst, weil sie so geistesgegenwärtig war, sie lächelte. Sie mußte ein ordentliches Kleid kaufen, Schuhe, sie mußte sich Geld besorgen. Sie lief aufs Geratewohl durch Straßen, die sie kannte, die genauso waren wie ein Jahr zuvor, nur daß es in ihnen keine Deutschen mehr gab, keine Gefahr, und wenig Verkehr. Sie gelangte auf einen kleinen Platz, da war das Papiergeschäft von Veličković, wo sie oft Hefte und Bleistifte gekauft hatte. Sie konnte der Versuchung nicht widerstehen, trat ein, das Glöckchen über der Tür schellte dünn, wie früher. In dem dämmrigen Laden waren keine Kunden, hinter dem Verkaufstisch stand Herr Veličković, mittelgroß, stämmig, mit dem Bürstchen des graumelierten Schnurrbarts unter der Stupsnase, Vera mußte daran denken, wie ihr Vater der Mutter einmal erzählt hatte, der Papierhändler habe sich bei ihm beklagt, weil er sein Geschäft allein betrieb, es nicht einmal verlassen konnte, um seine Notdurft zu verrichten, und deshalb an Blasenentzündung litt. »Ich bin Vera Kroner«, erklärt sie auf halbem Weg und gerät von den paar Worten schon außer Atem. »Ich weiß nicht, ob Sie mich noch kennen.« Veličković reißt die kleinen Augen auf, sein Mund wird rund. »Oh, Sie sind es, Fräulein! Aber woher kommen Sie? Wie lange habe ich Sie nicht gesehen!« Und er streckt ihr seine beiden kurzen, fleischigen Hände über den Ladentisch entgegen. »Ja, ich war im Lager«, und ihr kommen, für sie selbst unerwartet, die Tränen, weil er wirklich betroffen ist. »Ich wollte Sie bitten, mir etwas Geld zu leihen, wenn Sie können.« Erst jetzt sieht der Händler sie so prüfend an wie alle anderen bisher, tut einen Schritt in Richtung der Regale mit der sorgsam angeordneten Ware, zieht dann verlegen ein Schubfach heraus, wühlt darin. »Natürlich. Natürlich. Bitte.« Er legt zwei zerknüllte Banknoten auf den Ladentisch, danach noch eine. »Nehmen Sie.« Sie streckt zögernd die Hand nach dem Geld aus, nun, da es zum Greifen nah ist, freut es sie nicht mehr. »Ich brauche es für die dringendsten Anschaffungen, wissen Sie. Sie bekommen es zurück.« »Aber ja«, versichert Veličković eilfertig und beugt sich vor, um ihren Arm zu tätscheln. »Hauptsache, Sie sind wieder da.« Er blickt sich um. »Wenn ich jemanden hätte, der mich vertritt, würde ich Sie nach Hause begleiten, damit wir uns aussprechen können.« Vera fallen wieder seine Blasenbeschwerden ein. »Und Ihre Angehörigen? Haben sie überlebt?« fragt er. »Ich bin die einzige, die zurückgekommen ist«, sagt Vera und würdigt auch diesmal ihre Mutter keiner Erwähnung. Ein paar Sekunden schweigen beide, dann stopft Vera die Scheine in die Tasche ihrer Uniformjacke und entfernt sich mit einem Kopfnicken zum Abschied. An den folgenden Tagen sucht sie die Büros der Stadtkommandatur auf, fordert Beglaubigungen und Bezugsscheine ein. In der Verwaltung für nationalisiertes Eigentum, es befindet sich in der geräumten einstigen Mühle, wird sie von einem schnauzbärtigen Unteroffizier in einen riesigen, kühlen, bis zur Decke mit Schränken, Betten, Regalen, Tischen, Stühlen angefüllten Raum geführt und aufgefordert: »Nimm dir, was du brauchst, Genossin.« Sie sucht lange, in der heimlichen Hoffnung, etwas zu entdecken, was ihr einmal gehört hat, sie glaubt, die Ottomane aus der ehemaligen Dienstmädchenkammer zu erkennen, sie klettert zusammen mit dem Unteroffizier hinauf, um sie von den darübergestapelten Gegenständen zu befreien, die Blümchen des Bezugs sind aber andere – sie nimmt sie dennoch. Um den Transport muß sie sich selbst kümmern, sie läuft zum Marktplatz, mietet einen Träger und zieht mit ihm und den erworbenen Gegenständen durch die Straßen. Sie schämt sich, sie glaubt, daß alle sie anschauen, sich nach ihr umblicken, zugleich hat sie das triumphierende Gefühl, etwas an sich gebracht, gerettet zu haben, also beeilt sie sich unnötigerweise, muß mehrmals darauf warten, daß der Träger sie einholt. Sie stellt die Sachen in den Zimmern ab – die Portiersfrau ist am Vorabend ausgezogen –, läßt sich müde, willenlos auf die Ottomane sinken. Tagelang schafft sie keine Ordnung unter den zusammengewürfelten Dingen, zieht sich abends auf der Ottomane einfach die nackte Steppdecke über. Was soll sie mit alldem? Der Hunger und die Unbehaglichkeit treiben sie dennoch zu weiteren Gesuchen, in jeder Behörde erfragt sie, wo sie noch etwas bekommen kann, was ihr fehlt; so gelangt sie auch in die jüdische Gemeinde neben der Synagoge. Die betritt sie zögernd, bangen Herzens, mit dem Gefühl, sie würde auf ein

Chaos und blutbespritzte Fußböden treffen. Als sie aber die Tür öffnet, findet sie zwei miteinander verbundene, sehr ordentliche, nur spärlich möblierte Büroräume; der vordere ist leer, und im hinteren sitzt eine schwarzhaarige, knochige, langnasige Frau strickend am Schreibtisch. Sie blickt über den Brillenrand, und als Vera erklärt, weshalb sie gekommen ist, legt sie das Strickzeug weg, greift nach Bleistift und Papier und nimmt unter einem Schniefen, das ihre dicke Nase zur Seite drückt, die Angaben auf: Vor- und Familiennamen, Adresse, Hinweise auf Angehörige. Als sie erfährt, daß es keine Angehörigen mehr gibt, fragt sie mit einer Grimasse nach dem Schicksal der Familie. Vera berichtet über ihren Bruder, über Vater und Großmutter und stockt unschlüssig. Die schwarzhaarige Frau scheint den Grund ihres Zögerns zu erraten, reckt den Hals und hakt nach: »Und Ihre Mutter?« Vera erklärt, daß ihre Mutter Deutsche, nicht deportiert worden und irgendwohin ausgesiedelt ist, während sie selbst im Lager war. Daraufhin schnüffelt die Frau wiederum, erhebt sich, geht ins vordere Zimmer, öffnet das Fenster, ruft in den Hof der Synagoge »Deskauer! Deskauer!« oder einen ähnlichen Namen, schließt das Fenster, und kurz darauf erscheint in der Tür ein älterer, beleibter Mann mit hängenden Schultern und sorgenvollem Blick. Die beiden flüstern miteinander, der Mann nickt nachdenklich, wobei er Vera durch die offene Tür verstohlen und düster anschaut, die schwarzhaarige Frau kehrt zurück und legt wortlos zweihundert Dinar gegen Quittung auf den Tisch. »Mehr können wir Ihnen nicht geben«, sagt sie, während sie die Papiere beiseite schiebt, »wir haben viele Alte und Kranke.« Und widerwillig fügt sie hinzu: »Am nächsten Ersten können Sie sich wieder melden.« Vera geht, an dem Alten vorüber, der noch immer gedankenversunken in einer Ecke steht, und trifft im Flur vor dem Büro auf die kleine, froschköpfige Postbeamtin Micika, an die sie sich aus früheren Begegnungen auf der Straße erinnert. Jetzt fällt ihr diese fast fremde Frau um den Hals, zieht ihren Kopf auf die eigene magere Schulter und jammert heiser: »Mein armes Kind! Mein armes Kind!« Sie bittet Vera, auf sie zu warten, weil sie in der Gemeinde nur kurz zu tun hat – die Entgegennahme der monatlichen Unterstützung –, und sie gehen Arm in Arm weg, Micika mit ungeduldigen, neugierigen Fragen nach der Großmutter, nach Kroner, nach der Frau Mama, auf die Vera unter vorsichtigen Blicken in die Umgebung antwortet. Immerhin findet sie sich bereit, auf dem Heimweg einen Abstecher zu Micika in die Hauptstraße zu machen, und ist überrascht von der Behaglichkeit ihrer Einzimmerwohnung im ersten Geschoß des alten, einst der Familie gehörigen Hauses: da sind Sessel, eine Couch mit Schonbezug, Gestelle mit Blumentöpfen, sogar ein paar gerahmte Gobelins. Wie war es möglich, sie zu bewahren? fragt sie. Micika erklärt mit erstauntem Achselzucken, daß das gar nicht ihre Gobelins seien, daß sie sie zusammen mit anderen Dingen in der Verwaltung für nationalisiertes Eigentum bekommen habe – sei denn Vera noch nicht dort gewesen? –, wer wisse, wem sie irgendwann gehört hätten, einem Juden oder einem geflohenen Deutschen, es sei doch ganz gleichgültig, sie habe ihr Winkelchen so gemütlich machen wollen, wie es die gegebenen Möglichkeiten erlaubten. Sie bietet Vera Tee an, und bald ertönt aus der Küche nebenan das Pfeifen des Kessels, es erscheinen dampfende Tassen, ein Porzellanteller mit Plätzchen und sogar Servietten aus Durchschlagpapier, das Micika von der Post – sie arbeitet ja bereits – mitgenommen, quadratisch zugeschnitten und gefaltet hat. Ihre hastige, eilfertige Aufmerksamkeit schläfert ein, ihr heiseres Reden zerstreut alle Gedanken. »Mein armes Kind!« wiederholt sie, während sie den Tee schlürft und Vera auffordert, von den Plätzchen zu nehmen. »Du bist nun allein, und ich weiß, daß du es schwer hast, aber Gott hat es so gefügt, daß wir uns begegnet sind, und nun werden wir uns öfter treffen, nicht wahr? Wir paar, die dieses Entsetzen überlebt haben, müssen jetzt wie eine große Familie sein und einander helfen.« Sie zählt Namen von heimgekehrten Lagerinsassen auf, es sind Namen, die Vera bekannt oder halb bekannt sind und hinter denen Gesichter wie aus einem Album auftauchen, viele von ihnen haben bereits einen Dienst angetreten, Micika weiß, wo. Sucht auch Vera nach Arbeit? Sie könnte ihr eine bei der Post beschaffen, schließlich hat sie doch den Oberschulabschluß. Sie verabreden, daß Vera sich meldet, sobald sie ihre häuslichen Verhältnisse geordnet hat, aber um Zeit zu sparen, überredet Micika sie, augenblicklich auf einem weißen Bogen, den sie der Schublade entnimmt, ein Gesuch niederzuschreiben, das sie tags darauf der Personalchefin übergeben wird. Vera geht nach Hause, im Fieber vor lauter neuen Erkenntnissen und Beschlüssen, sie möchte ihre Einrichtung harmonisch gestalten, wie sie es bei Micika gesehen hat, aber sie fällt müde auf die Ottomane und schläft ein.

Am nächsten Morgen schon kommt ihr die Begegnung, die hastig und künstlich erwärmte Bekanntschaft unwirklich und blaß vor: hat sie etwa davon geträumt? Micikas vor Erregung gefurchtes Gesicht tritt ihr vor Augen, danach die Gesichter derer, von denen sie gesprochen hat, sie reihen sich zu einem wilden Reigen, der sie ermüdet. In der Wohnung ist es still, die Portiersfrau ist nicht mehr da, man hört das Quietschen der Wagen von der Straße und das Gakkern der Hühner aus einem Hof. Geräusche des Friedens im Unterschied zu jenem Wortschwall, der sie an den Wahnsinn des Mordens erinnert, des Kampfes gegen den Tod, um das Leben, das aber hier ist, warm in ihrem Körper, schläfrig. Sie verbringt die Tage im Liegen, während die Zeit verstreicht, was sie nur am Auftauchen und Verschwinden der Lichtstreifen unter den geschlossenen Jalousien erkennt. Sie geht nur aus, um Lebensmittel und Zigaretten zu kaufen, das Rauchen hat sie sich auf dem Transport nach Hause angewöhnt, nun findet sie kein Maß mehr, zündet eine Zigarette an der anderen an, die Kippen häufen sich auf allen Tellern mit Essensresten. Eines Tages klopft und danach donnert es an der Tür;

herein kommt Micika, atemlos, mit zerrauftem Haar, zwei angewelkte, von Durchschlagpapier umhüllte rosa Nelken in der Hand, sieht sich im leeren Hofzimmer um, dringt in das größere, der Straße zugewandte vor, wedelt den Rauch weg, legt die Nelken auf dem Tisch ab, zieht die Jalousien hoch und öffnet das Fenster der vorabendlichen Sonne. »Du läßt dich gehen, mein Liebes, das ist nicht gut!« erklärt sie, hält sich aber nicht beim Reden auf, sondern sucht nach Wasser, einem Rechaud (das Vera nicht besitzt), heizt den Eisenherd mit Scheiten aus dem Schuppen, und bald darauf verschwindet das schmutzige Geschirr in einem Zuber, um blank und sauber daraus aufzutauchen und auf dem Deckel einer Truhe aufgereiht zu werden, die sie ebenfalls ausfindig gemacht und auf zwei Schemeln aufgestellt hat. Während sie sich rastlos betätigt, verbreitet sie alle Neuigkeiten: Veras Gesuch ist angenommen, sie muß am nächsten Tag bei der Post vorstellig werden, sie wird in der Direktion bei der Gehaltsabrechnung arbeiten, sie wird monatlich achthundert Dinar bekommen, was nicht viel ist, aber immerhin geht es darum, eine sichere Anstellung und ein gutes, billiges Mittagessen zu haben, das von der Post garantiert wird. Ob dies die ganze Küchenausstattung sei, fragt sie, nachdem sie mit der Putzarbeit fertig ist: nach Empfang des ersten Gehalts muß Geschirr gekauft werden und vor allem ein Elektrokocher, das gehört heute zum Standard jedes Haushalts, man kann sich nicht mit dem niedrigsten Niveau begnügen, das einem während des Krieges aufgezwungen war, das ist ja das Ziel der Deutschen gewesen, jeden Fortschritt aufzuhalten, und deshalb sind sie gegen die Juden vorgegangen, weil sie die Gescheitesten und Tüchtigsten waren, nun, da nur noch eine Handvoll von ihnen übriggeblieben ist, dürfen sie dem Feind nicht die Genugtuung geben, daß er sein Ziel erreicht hat. Tags darauf wird Vera im obersten, dritten Stockwerk der Post von einer dicken, etwas gebeugten, breitwangigen Frau empfangen, sie ist herzlich, laut, fragt, in welchem Lager Vera gewesen ist, erzählt, daß sie selbst im kroatischen Gradiška war, bevor sie zu den Partisanen überlief; dann beendet sie mit einem Klatschen der Hände auf den Tisch das Gespräch und führt sie ein Stockwerk tiefer in einen großen Raum mit sechs Schreibtischen, an denen lauter junge Mädchen und ein flachsblonder, einarmiger junger Mann sitzen. Vera hat den Eindruck, auch hier bereits avisiert zu sein, keiner ist von ihr überrascht, nicht einmal Mara Brkić, ein dickliches Mädchen mit Schmollmund, das vor dem Krieg in derselben Klasse wie sie gesessen hat. Alle behandeln sie so rücksichtsvoll, als wäre sie zerbrechlich, sie geben ihr den bequemsten Stuhl, auf den das meiste Licht fällt, räumen den Schreibtisch für sie ab, erklären ihr deutlich und lächelnd, wie die Namen und Zahlen von den kleinen schraffierten Listen in das halbmetergroße Buch zu übertragen sind. Später lassen sie sich gehen, witzeln, lachen; ein schönes dunkles Mädchen stimmt ein Marschlied an, in das die anderen halblaut oder pfeifend einfallen. Sie bieten einander Zigaretten an, teilen das mitgebrachte Frühstück, auch Vera bekommt auf einem Blatt Papier eine Scheibe Brot mit Schmalz und Paprika und Wasser aus einer grünen Literflasche. Mittags rennen alle mit klappernden hölzernen Absätzen die Treppen hinunter, fröhlich grüßend vorbei an dem alten schnurrbärtigen Pförtner und über die sonnige Straße bis zur jenseitigen Ecke, wo ein einstiges Wirtshaus als Kantine dient. Man sitzt in zwei kleinen, stickigen Räumen, die Serviererinnen in ihren Kitteln tragen das duftende, kräftige, fette Essen auf, über das sich alle hermachen, denn die Nachfolgenden warten bereits. Mara überreicht Vera die mit Datum und der Eintragung »Mittagessen« beziehungsweise »Abendessen« versehenen Bons, die sie nicht vor dem nächsten Monatsersten zu bezahlen braucht. So hat sie jetzt noch ein Programm: abends zwischen sieben und neun Uhr den Weg von der Wohnung zur Kantine zurückzulegen. Da ist sie nicht mehr in derselben Gesellschaft: am Tisch sitzen fremde, aber ebenso laute und gesprächige Menschen, die sie nicht fragen, wieso sie hier ist, weil sie das ganz natürlich finden. Allmählich entsteht bei ihr Vertrauen zu den Leuten, unter die sie geraten ist; ihre Art des Umgangs wird akzeptiert und respektiert. Ihr macht das keine Schwierigkeiten, denn diese Menschen sind nicht nur etwa in ihrem Alter, sondern auch ebensolche Einzelgänger wie sie: selbst wenn sie Eltern oder Verwandte haben oder gar mit ihnen zusammenleben, versuchen sie von ihnen abzustechen, das Gewohnte in Kleidung und Sprache aufzugeben, tragen Uniformblusen und -hosen, vernachlässigen Haut- und Haarpflege, stürmen die Kantine, als gäbe es nirgends sonst Essen und Zuflucht für sie. Mara kündigt mehrmals an, daß sie Vera gern daheim besuchen würde, und obwohl diese vor einer Einladung zurückschreckt, kann sie nicht umhin, sie in die Wohnung einzulassen, wenn sie gemeinsam aus der Kantine aufbrechen und feststellen, daß sie denselben Weg haben. Die Leere und Unordnung von Veras Räumen begeistert Mara, sie klatscht in die Hände beim Anblick des stickigen Halbdunkels bei geschlossenen Jalousien, des ungespülten Geschirrs auf Tisch und Fensterbänken, sie wirft sich rücklings auf die Ottomane, von der Kissen und Decke nicht weggeräumt sind, spreizt Arme und Beine: »Du hast hier ein Leben!« Veras Nachlässigkeit erklärt sie sich offenbar als Widerstand gegen die Gewohnheiten des Bürgerstands, und sie muß ihren Eindruck gesprächsweise weitergegeben haben, denn an den folgenden Tagen sind die Kolleginnen betont freundlich zu Vera und geben ihr zu verstehen, daß sie auch außerhalb der Bürostunden gern mit ihr zusammenträfen. Sie aber sträubt sich plötzlich gegen diese aufdringliche Nähe. Sie hat das Gefühl, etwas Persönliches und Geheimes entblößt zu haben, indem sie Mara Zutritt zu ihrer Wohnung verschafft hat, sie hält ihre bisherige Isolation für beeinträchtigt und legt sich abends voller Ekel auf die Ottomane unter die unbezogene Steppdecke.

Allein Micika empfängt sie weiterhin ohne Beunruhigung, die aber kommt meistens, um unter Geschwätz über alles mögliche das Geschirr zu spülen, aus den mitgebrachten Tüten für sich und Vera Tee auf dem Kocher zu bereiten, den sie schließlich selbst besorgt und aufgestellt hat, und die ebenfalls mitgebrachten Kekse dazu anzubieten. Kommt es daher, daß auch Micika Jüdin ist? Nein, denn Vera isoliert sich von den wenigen zurückgekehrten Juden, die Micika immer wieder aufzählt und die sie gern mit Vera zusammen besuchen möchte. Auch in die jüdische Gemeinde geht sie nicht mehr, nachdem sie erste Unterstützung von dort erhalten hat, sie läßt durch Micika ausrichten, daß sie solches nicht mehr braucht. Sie hat Angst vor gründlicheren und unerwünschten Befragungen, nur Micika gegenüber empfindet sie keine derartige Furcht: aus deren geschwätziger Neugier spricht die Sittsamkeit, ja Unreife einer alten Jungfer, als habe sie niemals hinter der Fassade eines aus Arbeit, Ordnung und Geselligkeit bestehenden gemeinschaftlichen Lebens hervorgeschaut, als wäre sie niemals von Haß, Verdacht und Zwang berührt worden. Indes ist auch sie vier Jahre lang Sklavin gewesen, hat auf Brust und Rücken den gelben Stern getragen, ein Jahr im Lager verbracht, mit Vera und den Ihrigen zugleich abtransportiert. Oft mischen sich in ihre Gespräche die Erinnerungen an erlittene Demütigungen, aber in Micikas flinkem Mundwerk erscheinen selbst die irgendwie dürr und klar, akkurat und verständlich. »Man mußte schon willensstark sein, um zu überleben«, erklärt sie am Ende solcher Überlegungen, als gehe es um die Heilung von einer überaus schweren Krankheit, »wer seiner Schwäche nachgegeben, sich seinem Schicksal überlassen hat, mit dem war es doch bald vorbei, nicht wahr? Ich, ich habe mich nicht aufgegeben.« Sie reckt stolz das spitze Kinn und erzählt, wie sie sich einmal vor der Nase des Kapos eine Handvoll Kartoffelschalen vom Müll geschnappt hat und damit durch das zufällig offenstehende Tor in der Absperrung des Blocks in die Baracke entkommen ist, wo man sie nicht mehr identifizieren konnte, und wie sie bei der Arbeit im Salzbergwerk ihre erfrorenen Füße mit Urin kuriert hat, um nicht vom Arzt ins Krematorium geschickt zu werden. Allerdings gibt sie Ausnahmen von der Regel zu: »Deine arme Großmutter war natürlich zu alt, um diese Strapazen zu überstehen, und dein Vater mußte einfach zerbrechen, er war doch so stolz und dabei so weltfremd. Nur gut, daß sie sich nicht allzulange gequält haben, denk daran, dann wirst du leichter über den Verlust hinwegkommen.« Während sie ihr zuhört, scheint es Vera, daß aus Micika eine höhere, kühle Gerechtigkeit spricht, die nur den Stärksten eine Legitimation auf Weiterleben zugesteht. Oder den Dümmsten, den Brutalsten? Micikas Erinnerungen beschwören in ihr die Bilder eigener Erfahrungen herauf, die unendlichen Reihen grindiger, kahlgeschorener Köpfe auf dünnen Hälsen und erschöpften, ausgemergelten Körpern wie ein Feld monströser, kranker Pflanzen, darüber die feisten, boshaft grinsenden Gesichter der Kapos wie Masken aus einem Wahnsinnstraum; sie sieht die Schwestern Cimper mit verklammerten Händen nebeneinander auf dem Bettrand sitzen, bevor sie zur Bestrafung geführt werden, sie sieht ihre nackten, mageren, an den hölzernen Bock gefesselten Leiber, sie hört das Pfeifen der Hiebe. Ist sie nicht selbst dort gestorben? Wie hat sie sich retten, losmachen können? Mit ihrem Glauben an das Leben? Oder mit ihrem Nichtglauben an das Leben, ihrer Niedertracht, ihrem Ducken vor der Gewalt? Ja, auch sie hat sich, weil sie überlebte, unter die Sieger eingereiht, und nun räsoniert sie mit Micika über die Fehler der Toten. Lächerlich, abscheulich. Sie müßte im Namen der Verstorbenen ausholen und ihre Faust in diesem trunken gackernden Gesicht landen. Statt dessen trinkt sie Tee, schweigt, knabbert Plätzchen. Sie geht auf die Arbeit zur Post, in die Kantine zum Mittag- und Abendessen und wieder nach Hause, wo sie lange ausruht. Sie nimmt zu, ihre Haut strafft sich, ihr Haar wird länger, seidig, wellig. »Was nimmst du für ein Schampun?« fragen die Kolleginnen, wenn sie neidisch über die rote Pracht streichen. Sie beneiden sie sogar um ihre Schönheit, das fühlt sie, es bildet sich ein

Bannkreis des Mißtrauens um sie. Sie wird nicht mehr zu Gast gebeten, Mara, von der sie mehrmals eingeladen wurde, spricht nicht mehr davon. Auf ihrem Tisch landen nur maschinengeschriebene offizielle Einladungen mit vorgesehenem Feld für die obligatorische Signatur. Es geht um Zusammenkünfte, sogenannte Konferenzen der Jugend, der Volksfront, sie finden gewöhnlich gegen Abend im abgeschlossenen Foyer der Post statt, wo die Stühle aus den Büros aufgereiht werden. Neue, strenge Gesichter tauchen im Licht der Glühlampen auf, darunter das verhärtete, scharfgeschnittene der Personalchefin, jetzt ist auch ihr Name zu erfahren: Genossin Jurković. Sie hält eine Rede über Vergeudung von Arbeitszeit durch Zuspätkommen und Geschwätz während der Bürostunden, sie liest von einer Liste die Namen der Delinquenten ab, und ihr Blick trifft jeden einzelnen in den Bank- und Stuhlreihen. Ein Appell, denkt Vera entsetzt, und die Angst schnürt ihr die Kehle zu. Wird man sie aussondern, beschuldigen, zur Entkleidung zwingen, an einen Pfosten binden und schlagen? Sie ist in Schweiß gebadet. Sie blickt in die Gesichter der neben ihr Sitzenden, die ebenso furchtsam sind wie die der Mädchen im Freudenhaus, wenn die Aufseherin durch die Bettenreihen ging und mit dem Peitschenstiel gegen die Stiefelschäfte schlug. Das heißt, man muß gehorsam sein, keinerlei Widerstand zeigen. Bei dem Gedanken, wieviel leichter das hier ist als im Lager, schreit Vera fast auf vor Glück. Sie gibt ihrem Gesicht von innen her einen Ausdruck der Bewunderung und behält ihn bis zum Ende jeder Versammlung bei. Sie eilt überpünktlich zur Arbeit, wenn die Kolleginnen eintreffen, sitzt sie bereits über die Papiere gebeugt am Schreibtisch.

Ein paar Wochen später kommt Gordana Sekulić, eine blasse, mürrische Kollegin, auf sie zu und fordert sie zu einem Spaziergang nach dem Mittagessen auf. Es ist Herbst, sie frieren im Ostwind, wissen nicht, wohin sie sich flüchten sollen. Gordana wird ungeduldig, sie klappert schon mit den Zähnen, fragt

Vera: »Können wir zu dir?«, denn sie selbst, so erklärt sie, bewohnt mit ihren Eltern ein einziges Zimmer; Vera lehnt, wie bereits gewohnt, schroff ab, sie kehren zur Post zurück, Gordana flüstert mit dem Pförtner, und der läßt sie ins Büro. Auf dem Flur laufen die Putzfrauen umher, das Zimmer wird gelüftet, Gordana schließt die Fenster, und sie setzen sich auf den kalten Stühlen einander gegenüber. Vera zündet sich eine Zigarette an, Gordana, die nicht raucht, verzieht das Gesicht und ballt die Fäuste und beginnt mit gesenktem Blick über die Ziele des Sozialismus zu reden wie Menschlichkeit und Gleichberechtigung, was Vera sicher naheliege nach all den Opfern, die sie gebracht habe. Sie, Gordana, sei von den älteren Genossen beauftragt, Vera für den Beitritt zum Kommunistischen Jugendverband zu werben. Nach kurzem Schweigen hebt sie den Blick der fast tränennassen Augen und fragt erwartungsvoll: »Möchtest du?«, worauf Vera nickt. Gordana springt auf, umarmt sie, küßt sie mit kalten Lippen ab, faßt sie bei der Hand und treibt sie zum Aufbruch mit nicht aufgerauchter Zigarette, denn was sollen sie denn allein in dem leeren Büro. Sie rennen die Treppen hinunter auf die Straße, wo der heulende Wind Staub und Papierfetzen hochwirbelt. Am nächsten Tag in der Arbeitspause bekommt Vera von Gordana nicht mehr heimlich, sondern sozusagen vor aller Augen zwei Vordrucke zum Ausfüllen und einige saubere Papierbogen zur Niederschrift des Lebenslaufs überreicht. »Verschweig bloß nichts«, mahnt sie, die Blätter zwischen zwei Fingern, bevor sie sie auf den Schreibtisch legt, »vor allem über die Besatzungszeit, das soll ich dir von Danica Jurković ausrichten.« Sie vereinbaren, daß Vera die Papiere binnen drei Tagen abliefert, und noch am selben Nachmittag füllt sie unter ziemlicher Mühe – denn die Formulierungen sind kompliziert – den Fragebogen aus und macht sich an die Abfassung ihrer Biographie. Sie wundert sich, wie wenig sie nach den elementaren Angaben über die Familie zu sagen hat; sie erkennt, wie allgemeingültig die Leiden sind, die sie durchgemacht hat, und dennoch wie persönlich, unaussprechlich. Sie versucht im Gedenken an Gordanas Ermahnungen dennoch, das Unaussprechliche zu Papier zu bringen, aber an den entscheidenden Punkten gerät sie ins Stocken. Sie meint, sie in allen erinnerten Details schildern zu müssen, doch diese sind verstreut, ungeordnet, sie kann keine Verbindung zwischen ihnen herstellen, und wenn es ihr dennoch gelingt, erstreckt sich vor ihr ein riesiges, unüberschaubares Feld von Erlebnissen, die aufwühlend sind bis zum Ersticken, die keine Worte dulden, denn durch die würde sie sich selbst zu sehr entblößen. Der Versuch, sie zu schildern, geht ihr nicht von der Hand, sie muß allzu vieles verschweigen, also lügen. Sie schiebt das Blatt beiseite, nimmt das nächste und stürzt sich mit wildem Entschluß auf diese Vergangenheit, die man ihr jetzt auf einmal abverlangt. Sie kann, sie darf nicht darüber sprechen. Sie läßt die Blätter liegen, wirft sich auf die Ottomane, wälzt und windet sich ob ihrer Ohnmacht wie eine Kranke. Sie kommt nicht zu sich, sie wird von Krämpfen geschüttelt, sie möchte sich ausruhen, doch ihr Herz schlägt wie verrückt, sie möchte auf die Straße rennen, doch ihr fehlt der Atem für jede gezielte Bewegung. Sie ist eine Gefangene der Papiere auf dem Tisch, wie sie eine Gefangene im Lager war. Ja, auch dies ist ein Lager, begreift sie, eine Fortsetzung des Lagers, dasselbe Lager, in dem man sie vor eineinhalb Jahren eingesperrt hat, sie ist ihm nicht entkommen, obwohl der Krieg vorüber ist; die in Blut und Tod versunkenen Befehlshaber strecken die Hände hierher zum Ort ihrer Gefangennahme aus. Sie hätte nicht zurückkehren dürfen, wiederholt sie einen schon früher gefaßten Gedanken, sie hätte nicht zurückkehren dürfen. Diese Erkenntnis bedrückt und erleichtert sie zugleich, denn sie ist nunmehr in ihr gefestigt. Sie hat einen Fehler gemacht und muß jetzt dafür büßen. Sie denkt über einen Ausweg nach, kann ihn aber nicht finden. Fortgehen? Wohin? Außer diesem von allen verlassenen Haus hat sie nur noch eine Heimstatt: die von Stacheldraht umgebene Baracke auf dem Brachfeld, in der das

Grauen widerhallt. Auch dort ist niemand mehr, geräumt, menschenleer dient sie jetzt als Schandmal und Ermahnung für die hingetriebenen Besucher, wie aus Zeitungsmeldungen zu erfahren ist, in denen die Vergangenheit verurteilt wird. Doch sie begreift: auch sie ist ein Teil dieser Vergangenheit, obgleich ihr Opfer, genau wie die Schuldigen. Trotz keimt in ihr auf und macht sich breit: na wenn schon! Sie zündet sich eine Zigarette an, schlüpft in den Mantel, läuft in den Laden und kauft eine Flasche Wein. Sie hat nie welchen getrunken, nie Lust darauf gehabt, nur gehört, daß er betäubt – jetzt schüttet sie ihn in sich hinein. Er ist herb, säuerlich, kalt, sie schluckt ihn wider Willen. Die erwartete Erleichterung bringt er nicht. Vielleicht doch, wenn sie die ganze Flasche leert, denkt sie; aber ihr wird übel, und sie rennt hinaus, um zu erbrechen. Nun ist sie völlig erschöpft und bar jeder Entschlußkraft. Sie legt sich schlafen, schwere Träume, Wasser, Atemnot, Regen und Schnee auf dem Appellplatz. Am Morgen ist sie mißgelaunt, kommt zu spät zur Arbeit mit dunklen Ringen unter den Augen. Sie sitzt schweigend, mürrisch über ihren Papieren. Das Mädchen neben ihr, Staša Dimitrijević, eine ordentliche und verzärtelte Arzttochter, fragt leise, was sie habe, sie hebt die Schultern und kann einen Haßausbruch gerade noch unterdrücken. Gordana, deren verstohlene Blicke Vera nicht entgehen, erkundigt sich nach Arbeitsschluß, ob sie mit dem Lebenslauf fertig ist. »Nein, und ich mache das auch nicht«, antwortet sie zu ihrer eigenen Überraschung entschieden. Sie lacht heiser. »Das geht mir alles furchtbar auf die Nerven.« Gordana ist entsetzt, zuckt zusammen wie unter einem Schlangenbiß, läßt sie allein, läuft den anderen hinterher. Vera ist auf einmal erleichtert. Sie geht in die Kantine, setzt sich absichtlich an einen Tisch mit unbekannten Gästen, kehrt heim, um sich hinzulegen. Nach kurzem Schlummer trinkt sie den Weinrest gleich aus der Flasche, verspritzt die letzten Tropfen über die Papiere auf dem Tisch. Danach stellt ihr niemand mehr Fragen, der Kreis des

Schweigens um sie erweitert sich. Eines Tages fängt Gordana sie schon auf dem Flur ab. »Ich habe Danica gesagt, daß du keinen Lebenslauf schreiben willst. Bleibt es dabei?« Und nachdem Vera bejaht hat: »Dann vergiß unser Gespräch. Und gib mir den Fragebogen zurück.« »Der ist schon ausgefüllt.« Gordana wird nachdenklich. »Trotzdem. Damit er nicht irgendwo herumliegt.« Und sie reißt selbstbewußt den Kopf hoch. Nach dem Mittagessen zu Hause säubert Vera als erstes den Tisch von den Papieren, zerknüllt ihre begonnene Niederschrift mit Ekel und Genuß zugleich, verbrennt sie im Herd, der schon lange kein Feuer gesehen hat. Dann macht sie sich an den Fragebogen und tilgt mit dicken Tintenstrichen jedes Wort. Jetzt reihen sich hinter den Fragen nur kürzere oder längere Linien, alles Nullen. Vor- und Zuname: Null. Name des Vaters: Null. Vor- und Mädchenname der Mutter: Null. Tag, Monat und Jahr der Geburt: Null. Sie ist eine Null, und diese Null steckt sie gefaltet in die Jackentasche und legt sie am nächsten Tag wortlos auf Gordanas Schreibtisch. Aber kurz darauf klingelt das Telefon, und Vera wird zu Danica Jurković bestellt. Sie steigt die Treppe hinauf und trifft die Personalchefin am Schreibtisch an, mit müdem Blick und tief beschatteten Runzeln im Gesicht. Sie bietet Vera keinen Platz an, obwohl Stühle herumstehen; sie vertieft sich in die Papiere vor sich und zählt mit matter Stimme die Tage auf, an denen Vera zu spät zur Arbeit gekommen ist. Vera versucht, sich der aufgezählten Daten zu erinnern – sie kommen ihr irgendwie zuviel vor –, aber da sie nichts beweisen kann, sagt sie, daß sie sich an den genannten Tagen nicht wohl gefühlt habe. Die Jurković hebt den Blick ihrer kleinen, rotgeränderten Augen zu ihr und fragt sie, ob sie beim Arzt gewesen sei, und als Vera verneint, erklärt sie ihr mit boshafter Kleinigkeitskrämerei, allein dies mache ihre Verspätungen illegitim, und sie müsse nach Recht und Gesetz bereits entlassen sein. Sie selbst, Frau Jurković, wolle vorerst nicht diese letzte Maßnahme anwenden, mit Rücksicht auf die Tatsache, daß Vera einer Familie entstamme, aus welcher der Widerstandskämpfer Gerhard Kroner hervorgegangen sei, und daß sie auch selber irgendwie unter dem Faschismus gelitten habe, obwohl nahe Angehörige von ihr Kollaborateure gewesen seien und es noch unklar sei, wieso sie lebend und in verhältnismäßig guter Verfassung aus dem Lager zurückkehren konnte. Deshalb werde man ihre Vergangenheit gründlich untersuchen, sie persönlich werde sich darum kümmern, und inzwischen solle Vera wieder an die Arbeit gehen und nicht mehr gegen die Disziplin verstoßen. Am selben Nachmittag kommt Micika atemlos und mit ärgerlich verzogenem Gesicht in die Wohnung gestürmt und fragt schon in der Tür, was da eigentlich vorgehe. Die Jurković habe auch sie zu einer Unterredung bestellt, ihr Veras Vergehen aufgezählt und sich unzufrieden über ihre Arbeit geäußert und damit auch Micika verdächtigt, sie in schlechter Absicht empfohlen zu haben. »Was ist denn los mit dir, Herzchen? Bis jetzt haben sie dich doch alle nur gelobt?« Vera sitzt schweigend da, starrt die Wand an, fragt sich, ob sie Micika alles anvertrauen soll, was sie bedrückt, kommt aber zu dem Schluß, daß das unmöglich ist, weil sie ihr die letzte Wahrheit doch nicht offenbaren kann. »Nun sag schon, worum es geht! Hat sie vorher gelogen, oder lügt sie jetzt?« Das ältliche Mädchen läuft umher, bis ihre ängstliche Neugier unter Veras Schweigen erlahmt und sie in die gewohnte Geschäftigkeit verfällt; sie stellt sich auf die Zehenspitzen, blickt sich um, sammelt das überall im Zimmer herumstehende schmutzige Geschirr ein, putzt, spült, und bald sind die Tassen mit dampfendem Tee und ein Tellerchen mit Gebäck serviert. »Schmeckt es dir?« fragt Micika selbstsicher und beginnt von alten Bekannten zu erzählen, die sie dieser Tage besucht, und von neuen, die sie gewonnen hat. Alles großartige Menschen, behauptet sie und lädt Vera für den nächsten Dienstag zu sich ein, denn sie möchte an diesem Wochentag jetzt regelmäßig kleine Gesellschaften geben, nur im engsten Kreis.

Vera wird dieser Aufforderung niemals folgen,

ihr graut schon bei dem Gedanken, irgendwelche Leute zu treffen; während sie ihr bislang gleichgültig waren, empfindet sie sie nunmehr wie einen Stacheldrahtverhau zwischen sich und der Luft, zwischen sich und der Welt und ihrer Bedeutung, zwischen sich und den Worten und Erinnerungen, wie jene Stacheldrahtzäune, zwischen die man sie mit wütendem Gebrüll gejagt hat. Sie ist nur noch sich selbst zugewandt, diesmal bewußt und in der tiefen Erkenntnis, daß lediglich sie sich noch verblieben ist, daß sie ein einzigartiges Wesen ist, anders als alle übrigen, bedrängt von deren Feindseligkeit. Sie beginnt sich zu bemitleiden, sich Trost zuzusprechen, als wäre sie über sich selbst geneigt. Sie wird wählerisch beim Einkauf von Lebensmitteln, verzichtet hin und wieder auf die Kantine, bereitet sich ein schmackhafteres Abendessen aus Eiern, Speck und Zwiebeln und trinkt Wein dazu, in dessen Aroma sie sich bereits auskennt und an dem sie Geschmack findet. Sie kauft Stoffe, wenn sie in den ärmlichen, halbleeren Geschäften etwas Hübsches entdeckt, sucht sich eine Schneiderin und betritt das Büro in einem neuen, enganliegenden Kleid aus blauer, weißgepunkteter Kunstseide, das Haar in zwei frechen Sechsen zu den Jochbögen hin frisiert. Sie bemüht sich, niemanden zu bemerken, wenn sie durch die Flure der Post geht oder sich an ihren Schreibtisch setzt, von dem sie nicht aufschaut, aber gerade jetzt wird sie von allen bemerkt; Voja, der junge Bursche, der in einer Ecke des Büros arbeitet, wirft ihr errötend sehnsüchtige Blicke zu, Männer, die im selben Stockwerk wie sie beschäftigt sind, starren ihr beim Vorübergehen ins Gesicht und grüßen mit betont tiefer, bebender Stimme. Das reizt und beruhigt sie zugleich, sie merkt, daß sie genau das erreichen wollte, ihre Annäherungsversuche genieren sie nicht mehr, im Gegenteil, sie scheinen Tore in den Verhauen der Kränkung aufzustoßen, der heiße Atem des Lebens streift sie und beweist ihr, daß sie nicht mehr die Besiegte, Niedergetretene ist, daß sogar Einfluß und Wirkung von ihr ausgehen. Jetzt erwidert sie die heißen Blicke, die Grüße, erlaubt, daß Voja sie nach der Arbeit zur Kantine begleitet, einen Tisch aussucht, an dem sie allein mit ihm sitzen wird, ohne die Kolleginnen aus dem Büro, sie lacht vielsagend über seine ungeschickten Komplimente. Sie hat also ihre Mauer durchbrochen, folgert sie, wenn sie zu Hause angezogen auf der Ottomane liegt und sich über die festen Schenkel streicht, in ihrem Zimmer, das vom nahenden Frühling schon leicht erwärmt ist, sie hat eine Bresche geschlagen, sie hat sie entzweit, sie rächt sich an ihnen. Das wird ihr Zeitvertreib. Diese Blicke aus glühenden blauen, braunen, grünen Augen, die ihr schmeicheln, die zudringlich sind, ihr unter das Kleid kriechen, über Brust und Bauch hinunterwandern zwischen die Beine, wo sie sich wie in einem Netz verfangen, um zu sterben. Sie sieht sie vor sich wie auf einen blutroten Faden gereiht, an dem sie mit ihnen spielt, sie nacheinander prüft. Sie entscheidet sich für ein Augenpaar wie für ein Schmuckstück in einem Schaufenster: Das nehme ich. Und als habe sich der Gegenstand ihrer Wahl an jenem unsichtbaren Faden weiterbewegt, tritt ihr auf dem Heimweg aus einem Haustor der Sekretär der Post entgegen, ein junger, schwarzlockiger, erst vor kurzem wegen einer Beinverwundung aus der Armee entlassener Fähnrich. »Wollen wir zusammen irgendwohin?« Aber das Gehen ermüdet ihn bald, er zieht das linke Bein nach, Schweißperlen treten ihm auf die Stirn. Sie kehren in eine Konditorei ein, hier ist es kühl, hinter dem Schanktisch steht nur der Besitzer, ein Mazedonier in weißer Jacke und Mütze, sie bestellen Kuchen und Hirsebier. Der Kuchen ist trocken, das Hirsebier säuerlich, doch der Fähnrich bemerkt es nicht, im Nu hat er aufgegessen und ausgetrunken, er beugt sich vor, klaubt mit dicklichen Fingerbeeren die Krümel vom Teller und fängt an zu reden: Wie sehr Vera ihm gefällt, ihn aufregt, so daß er abends nicht einschlafen und tags nicht arbeiten kann, und dabei muß er auch noch für das Abitur lernen, das er als Externer ablegen will, aber in Gedanken ist er nur bei ihr, am liebsten wäre er immer in ihrer Nähe, um sie anzuschauen, mit ihr zu sprechen. Ob sie seine Freundin werden möchte? Vera betrachtet ihn, die lüsternen, unruhigen Augen, die Schweißtropfen am Haaransatz, er wirkt so weichlich und unreif, daß es schon komisch ist. Sie kann nicht an sich halten, lehnt sich im Stuhl zurück, von Lachen geschüttelt, der Fähnrich senkt betreten den Blick, der Konditor beugt sich erstaunt über den Schanktisch, verzieht sich dann in den Hintergrund, ins Halbdunkel, und beobachtet von dort aus weiter. Der Fähnrich ermannt sich, läuft rot an, seine Lippen zucken, er ballt die Faust und läßt sie auf die Marmortischplatte niedersausen. Die Teller scheppern, eine Gabel fällt zu Boden. »Genug jetzt!« Doch Vera vermag das Lachen nicht zu bezähmen, sie hat keine Angst vor dem Fähnrich, nach langer Zeit gibt es wieder jemanden, den sie nicht fürchtet, sie wedelt mit der Hand, um seinen Zorn zu bremsen, sie ächzt: »Schon gut, schon gut, lassen Sie mich, ich hör' ja gleich auf.« Und wirklich wird sie langsam wieder ernst, zündet sich eine Zigarette an, ist plötzlich kühl wie zuvor, sie langweilt sich mit diesem zitternden, kindischen Mann. »Zahlen Sie, damit wir gehen können.« Er gehorcht, zählt mit bebender Hand das Geld hin, der Konditor steht geduldig am Tisch und blickt zur Seite, sie stehen auf, verlassen das Lokal. »Kann ich Sie begleiten?« Sie sieht ihn an. Er ist hübsch, schlank, dunkel, begierig, wie so viele, die ihre Willfährigkeit erzwungen haben und dann verschwunden, höchstwahrscheinlich gefallen sind. »Das können Sie nicht, selbst wenn Sie wollen. Sie sind nicht gut zu Fuß.« Und sie lächelt ihm ins Gesicht, läßt ihn stehen und verschwindet um die Ecke. Ihn jedoch entmutigt ihre Grobheit nicht. Er lauert ihr weiter auf, tritt ihr unverhofft in den Weg, nur lädt er sie nicht mehr ein. Das tun jetzt andere: Voja aus ihrem Büro nach wie vor in Andeutungen, bettelnd, und ein paar ältere Postbeamte, die auf den Fluren die Begegnung mit ihr suchen, vor der Kantine auf sie warten, sie an irgendeiner Ecke in der Stadt anhalten, um ihr begehrliche Anträge ins Gesicht zu keuchen. Schließlich lockt sie auch

Aleksa, der Pförtner der Post, ein schon angegrauter Mann über Vierzig, unter dem Vorwand, ein Brief sei für sie eingetroffen, in seine Loge und versucht sie zu betasten. Wie ein Rudel Wölfe, die einander Zeichen geben, wenn sie in der Nähe ist, oder ein unsichtbares Zeichen von ihr, einen Geruch aufnehmen, rennen sie hinter ihr her, bieten sich knurrend und zähnefletschend an, ihre Männlichkeit an ihr zu erproben. Diese Hetzjagd ermüdet sie bereits, sie fühlt, daß sie bald erliegen wird, nachts wird sie von erotischen Träumen gequält, an den müßigen Nachmittagen trinkt sie und denkt dabei gern an die Worte des einen oder anderen, an mögliche Berührungen. Eines Abends – sie hat die Lampe noch nicht angezündet, obwohl sie schon mehrmals an diese Notwendigkeit gedacht hat – hört sie ein leises Klopfen an der Tür, fast nur ein Kratzen, und als sie öffnet, sieht sie sich dem abgemagerten, wie längs durchschnittenen Gesicht des Fähnrichs gegenüber, seinen rollenden Augen, seinem bittenden Gestammel. Sie zögert ein paar Sekunden, hält ihn in Ungewißheit, dann weicht sie zurück und fordert ihn stumm, mit einer Handbewegung zum Eintreten auf. Kaum hat er die Tür geschlossen, preßt sie sich an ihn, und weil seine Hände hilflos zittern, knöpft sie ihn selbst auf und gibt sich ihm hier in der Küche hin, auf dem Tisch sitzend, fast völlig angekleidet, und läßt nicht zu, daß er sie auszieht. Dann schließt sie seine Knöpfe rasch wieder und drängt ihn hinaus, während er sie anfleht, noch bleiben zu dürfen. »Nie wieder«, entgegnet sie schroff. »Und wenn Sie noch einmal ungebeten ins Haus fallen, rufe ich die Miliz und beschwere mich bei der Jurković über Sie.«

Sie schließt die Tür ab und geht ins Zimmer, nimmt einen Schluck Wein aus der Flasche und legt sich hin. Die Begegnung ist allzu hastig gewesen, er hat sie bei weitem nicht befriedigt, sie fühlt sich aber verstört und durchnäßt. Sie schwört sich, solcher Schwäche nicht mehr nachzugeben. Dem Fähnrich, der sie auf den Fluren der Post erwartet, antwortet sie nicht auf den unterwürfigen, bettelnden Gruß, den anderen Verfolgern zeigt sie ein abweisendes Gesicht. Aber ihr erstes Einlenken zieht Kreise auf dem Morast der kollektiven Gier, eines Tages klopft der Versandleiter, ein stämmiger, stiernackiger reifer Mann bei ihr an, und ohne Bedenken tut sie mit ihm dasselbe wie mit dem Fähnrich. Danach kommt der einarmige, schüchterne, rührend unbeholfene Voja an die Reihe, später ein schöner, biegsamer schlanker Briefträger, mit dem sie beim Mittagessen zufällig am selben Tisch gesessen hat, schließlich ihr Chef, ein gewandter, schlauer Finanzbeamter schon seit Vorkriegszeiten, mit dem sie kaum je ein Wort gewechselt hat. Daß sie keinen von ihnen näher kennt, stört sie nicht; nur sollen sie abends kommen, wenn sie durch Alkohol und Alleinsein die Kontrolle über sich verloren hat, und sie sollen schweigen, keine Erklärungen und kein Licht verlangen, um sie nackt zu sehen. Nach jedem Mal empfindet sie Reue und Ekel, doch daran hat sie sich bereits gewöhnt, es ist zum untrennbaren Bestandteil der Liebesvereinigungen geworden. Also wartet sie wieder. Manchmal vergebens und sinnlos: es kommmt keiner. Dann freut sie sich, als wäre sie etwas Häßlichem entflohen, so ähnlich wie an den Tagen ohne Besucher im Freudenhaus des Lagers, die sie mit der intensiven Vorstellung verbracht hat, in Freiheit zu sein, an einem Ort, wo niemand sie kennt. Dann kommt wieder einer vorbei, und sie findet sich auch damit ab. Sie wird jetzt schon von Fremden heimgesucht, denen sie aufgefallen ist, die erfahren haben, daß sie allein lebt und gefügig ist. Sie warten auf der Straße in der Nähe des Hauses, grüßen mit tiefer Verbeugung und schmeichelnden Worten, und wenn sie zeigt, daß sie sie bereits erkennt, oder gar eine flüchtige Entgegnung hinwirft, klopfen sie gewöhnlich in der Abenddämmerung bei ihr an und bitten, eingelassen zu werden, weil sie ihr nicht widerstehen können und sich mit ihr unterhalten möchten. Manche von diesen Fremden bringen ihr eine Flasche Wein, Zigaretten oder ein Stück Stoff, für das man im Laden nicht nur Geld, sondern auch Marken hinlegen muß. Sie nimmt das an. Sie nimmt auch das Geld, das sie ihr im Dunkeln auf dem Tisch hinterlassen, nachdem sie ihnen zu Willen war, jedoch nicht ohne es vor ihren Augen geschwenkt zu haben, damit sie weiß, von wem es stammt. Aber auch diese Besuche lassen sie kalt, enttäuschen sie, und sie trinkt noch mehr; wenn sie verkatert ist und in diesem Zustand alles für sinnlos hält, kommt sie zu spät ins Büro, und wenn sie an manchen verregneten Frühherbsttagen auch noch unter Kopfschmerz leidet, bleibt sie der Arbeit fern. Die Jurković bestellt sie wieder zum Gespräch, nun schon offen unwirsch und verärgert, anscheinend hat sie etwas über Veras Lebenswandel gehört, denn sie erklärt, einem Menschen mit ansonsten untadeligem Verhalten könne man einen gelegentlichen Fehltag hingehen lassen, ihr gegenüber jedoch gedenke sie keine Rücksicht mehr zu nehmen. Ihre Drohung wird an einem Dezembermorgen wahr (Vera faulenzt bereits seit zwei Tagen in ihrer Wohnung), der Kurier der Post überreicht ihr lachend und mit neugierigem Blick auf die unaufgeräumte Küche einen gefalteten Bogen Durchschlagpapier. Er enthält die Zahlen von Gesetzesparagraphen, den Hinweis auf das Recht des Einspruchs binnen acht Tagen und darüber in gesperrt geschriebenen Großbuchstaben die Kündigung. Vera überfliegt das Schreiben nur. Sie bietet dem Kurier einen Sliwowitz an – sie ist zum Schnaps übergegangen, er schmeckt ihr besser als Wein – und raucht eine Zigarette mit ihm. Ihm fehlen Finger an der rechten Hand, er hat sie, wie er sagt, im Partisanenkampf bei einer Minenexplosion verloren. Sie plaudern, doch er ist weitschweifig und langweilt sie, außerdem ist es kalt in der ungeheizten Küche, sie steht auf und verabschiedet ihn. Sie geht ins Zimmer. Nun ist sie arbeitslos, und sie wundert sich, wie wohl ihr diese Vorstellung tut. Der Gedanke an das Büro mit den ihr forschend zugewandten Gesichtern, den spitzen Männerblicken, die sich in der unverhohlenen Absicht auf ihren Körper richten, ihn zu entkleiden und zu betasten, ist ihr widerwärtig. Dann lieber diese ehrlichen triebhaften Begegnungen, für die sie keinem Rechenschaft schuldet. Sie beschließt, auch nicht mehr die Kantine aufzusuchen, obwohl sie noch gültige Bons hat, sie wird sich schon irgendwie ernähren. Das heißt, von Geschenken leben. Als habe sich das herumgesprochen, kommt keiner mehr ohne ein Mitbringsel. Manchmal sind es lächerlich minderwertige Dinge, ein in Zeitungspapier gewickeltes Paar Strümpfe oder ein Dutzend Taschentücher oder in Rollen abgepacktes Kleingeld, aber zum Ausgleich erhält sie einmal pro Woche von einem regelmäßigen Besucher zwei Banknoten zu hundert Dinar, fast genug für ihre Bedürfnisse. Sie weiß nicht, wer der Mann ist, er hat sich als Grundbesitzer aus der Umgebung vorgestellt, doch seine Umgangsformen, die gepflegten, wenn auch alten Anzüge und Hemden beweisen, daß er nicht die Wahrheit gesagt hat. Er ist nicht mehr der Jüngste, angegraut, leicht glatzköpfig, mit Brille auf der langen, schmalen Nase, melancholisch, schweigsam, unterwürfig und zugleich voller fieberhafter Gier nach jeder Berührung. Er erinnert sie stark an jemanden aus der Vergangenheit, nur kommt sie nicht darauf, an wen; am ehesten vielleicht an Ritter Ármányi, einen bejahrten Ármányi, und deshalb fühlt sie sich ihm verbunden. Oder gefällt ihr seine Großzügigkeit? Sie weiß es nicht. Sie empfängt ihn lieber als die anderen, erwartet ihn mit fast sicherer Ahnung, und ihr Herz schlägt höher, wenn sie sein vorsichtiges Klopfen erkennt und in der Tür den Umriß seines stets etwas nach links geneigten breitkrempigen Hutes erblickt. Nach den ersten Begegnungen hinterläßt er ihr außer Geld auch Zettelchen, die mit dem Messer aus größeren Bogen zurechtgeschnitten und vorab mit Maschine beschrieben sind. Sie enthalten jeweils einen Satz, eine Liebeserklärung. »Ich liebe Dich«, »Du bist mein Schatz«, »Es ist schön zu wissen, daß Du mein sein wirst«, später auch kühner, mit Anspielungen auf ihre körperlichen Reize: »Dein süßer Popo, Dein kleines, duftendes Ohr, Deine Achselhöhle mit den feuchten Härchen.«

Eines Abends bleibt er, nachdem er sich angezogen hat, länger als sonst, um zu entspannen, sein Atem beruhigt sich allmählich, er verlangt ein Glas Wasser und bittet sie schließlich, Licht zu machen. Vera zögert – es geht gegen ihr Prinzip –, dann gehorcht sie. Ihr Gast sitzt zusammengesunken vor dem Hut, der zu Boden gefallen ist, die Krempe nach oben; er hält die Augen geschlossen, zittert, und ihm kommen die Tränen. »Ich bin deiner nicht würdig«, flüstert er, während seine Finger hinter den Brillengläsern die Tränen wegwischen. »Ich bin ein Freund deines Vaters, ich habe meine Tochter verloren, die genauso alt war wie du. Erkennst du mich denn nicht?« Er wendet ihr das Gesicht mit den immer noch geschlossenen Augen zu. Vera sieht ihn an und überlegt, hinter seinen Zügen treten festere und klarere Konturen hervor, fleischige Wangen ohne das Rund der Brillengläser, kräftige gelbe Zähne, dichtes, braunes, im Wind einer Berglichtung flatterndes Haar – sekundenschnell fliegen die Jahre zurück. »Sind Sie es, Onkel Jakob?« Er nickt und beginnt unterdrückt zu schluchzen, die Lippen aufeinandergepreßt, als fürchte er, erbrechen zu müssen. »Sie haben die ganze Zeit gewußt, wer ich bin?« Er nickt hastig, hebt den Blick zu ihr auf, nimmt die Brille ab und putzt sie lange, das Taschentuch in der zitternden Hand. »Deine Mutter hat mir geschrieben«, sagt er zögernd, während er die Brille aufsetzt. »Sie wollte, daß ich alles über dich in Erfahrung bringe und ihr mitteile. Ich habe mich auf deine Spur gesetzt. Mir war, als beobachtete ich aus der Ferne meine Tochter, unsere Erika, du erinnerst dich doch, ihr habt so oft miteinander gespielt, sie und du und Gerhard. Mich hat das ganz durcheinandergebracht, etwas ist entzweigegangen. Du bist am Leben, Erika ist tot. Ich bin am Leben, dein Vater ist tot, deine Mutter hat dich verlassen und verraten. Daran mußte ich immer denken, an diese Ungerechtigkeit. Warum habe ich meine Tochter verloren, während andere, die nicht mehr da sind, eine haben? Es war ein törichter Gedanke, und ich habe ihn gleich verdrängt.« Er hält inne, seine Lippen zittern, er senkt wieder den Blick. »Aber mein sündiges Fleisch«, jammert er plötzlich und schlägt sich mit der Faust auf die eingefallene Brust, »hat mir keine Ruhe gelassen.« Er schüttelt den Kopf. »Ich alter Schmutzfink habe angefangen, dich mit begehrlichen Augen zu sehen. Ich wußte, du bist gestrauchelt, du läßt dich mit jedem ein. Aber als ich das erstemal hier war, wollte ich dir ins Gewissen reden, dich von diesem Weg abbringen. Aber dein Duft, dieser Duft nach Jugend hat mich behext, als ich vor dir stand, und als du mich hier im Dunkeln empfangen und umarmt hast, da habe ich zum erstenmal nach vielen Jahren gespürt, daß ich noch ein Mann bin, daß ich noch zu etwas tauge, und ich habe mich versündigt. Verzeih mir.« Er schüttelt den Kopf wie im Zweifel, wieder überkommt ihn das trockene, tränenlose Schluchzen, und er tut Vera fast leid. Sie hebt den Hut vom Boden, sieht, daß er sauber, aber viele Male aufgebügelt ist, mit einer Firmenmarke im Seidenfutter, und gibt ihn ihm. »Gehen Sie, Onkel Jakob.« Er scheint nicht zu hören, aber nach ein paar Sekunden steht er auf, stülpt sich den Hut über, bindet den Schal um. »Ich bringe dir den Brief deiner Mutter«, murmelt er mit abgewandtem Blick. »Sie lebt in Frankfurt, sie bittet dich um Verzeihung, sie möchte dich zu sich nehmen. Ihr geht es gut, sie hat wieder geheiratet und führt ein Gasthaus.« In Vera steigt Verwunderung hoch, kurz wie ein Seufzer, vergeht jedoch ebenso schnell, an ihre Stelle tritt das Bild der eben stattgehabten Vereinigung mit diesem Boten ihrer Mutter, eine Vereinigung, in der sie sogar Befriedigung gefunden hat, und ihr Magen verkrampft sich vor Ekel. »Gehen Sie, auf der Stelle«, verlangt sie und schließt die Tür auf. Sie stößt ihn beinahe damit in den Rücken und die Treppe hinunter, um sich sofort wieder einzuschließen und ihn zu vergessen. Aber sobald er fort ist, läßt die Übelkeit nach. Jetzt sieht sie ihn wieder als Jüngeren, wie auf einem Foto aus vergangener Zeit, und um ihn andere verjüngte Gesichter: das ihres Vaters, ihrer

Mutter, Gerhards, Erikas. Gerhard und Erika hatten wohl bei diesen gemeinsamen Fiakerfahrten in die Umgebung von Novi Sad im Schutz der Senken und Wäldchen an der Uferstraße auf kindliche Art ein wenig getändelt. Vera schmeckt jetzt den Eindrücken von diesen langsamen Fahrten nach: das Rattern der Räder, das Hufgetrappel, der alte Kutscher in dikkem dunklem Mantel und schwarzem Hut hoch auf dem Bock, sein Rücken, der sich hob und senkte, der Geruch nach Pferdeschweiß und -kot in harmonischer Mischung mit dem Duft der Pflanzen und des Windes von der Donau, die man in der Ferne wie ein weißes Band sah. Vera waren diese Ausflüge nicht angenehm gewesen. Sie saß Vater und Mutter gegenüber und spürte wie immer die Spannung zwischen ihnen: eine Distanziertheit, die ihr Lächeln erstarren und ihre Worte versiegen ließ. Sie wartete ungeduldig auf die Rast, um von ihnen wegzulaufen. Die Erwachsenen breiteten Decken aus und setzten sich zum Kartenspiel, während die Kutscher ausspannten und die Pferde an den Waldrand zum Grasen führten, Gerd und Erika verschwanden im Gebüsch, sie selbst entfernte sich, so weit sie durfte, um sich dem Alleinsein mit den Pflanzen hinzugeben. Doch sie konnte sich nicht daran entzücken, sie spürte allzusehr die Nähe der Gruppe, zu der sie gehörte und zu der sie zurückkehren mußte, sie wartete nur wieder, daß die Zeit verging, bis zum Mittagessen, bis zum Vesper, bis zur Heimfahrt. Jakob Bernister war, sie erinnert sich, manchmal allein, manchmal mit seiner Frau zu ihnen ins Haus gekommen, hatte im Arbeitszimmer ernste Gespräche mit ihrem Vater geführt, dessen Darlegungen er mit bedächtigem Nicken quittierte oder sie auch korrigierte, denn er war Firmenmakler, Vertreter großer ausländischer Unternehmen und als solcher über Waren- und Preisbewegungen in aller Welt informiert; und indessen plauderte seine rundliche Frau hingebungsvoll mit Veras Mutter über Handarbeiten und Kochrezepte. Später saßen sie alle im Speisezimmer am weißgedeckten Tisch, tranken Milchkaffee und aßen Napfkuchen, und Vera war auch hier zerstreut und ungeduldig, weil auf ihren Schultern die Verlogenheit dieser Beziehungen unerträglich lastete. Und sie sah sich bestätigt, denn kaum war es zu Spannungen zwischen Deutschland und Jugoslawien gekommen, zogen sich die Bernisters von den Kroners zurück, Erika sah sie noch einmal in weißen Kniestrümpfen und Uniform des BDM, die anderen nie wieder.

Jetzt aber, nachdem sie durch Bernister daran erinnert worden ist, möchte sie auf einmal, daß jene einstige Lebensfülle, wenn auch verkrampft und verlogen, jener Überfluß, jenes Licht der reinen und satten Nachmittage zurückkehrt. An die Mutter denkt sie nicht mehr mit dem Widerstreben, das sie nach dem Bericht der Portiersfrau empfunden hat. Bei ihr könnte sie sich erholen, scheint ihr, diese innere Wirrnis loswerden, der ihre Schmach und Schande geschuldet ist. Sie erinnert sich an den leichten, raschen Gang der Mutter, an die Tatkraft, mit der sie ihr das Essen, die gebügelten Kleider, bei Krankheiten die Arznei gebracht hat. Sie muß zu ihr, die nach ihr sucht und sie aufnehmen will, und auf einmal ist sie erleichtert. An den folgenden Tagen wartet sie auf Bernister, um das mit ihm zu verabreden, sie schreckt bei jedem Geräusch hoch, und wenn sie hinter dem Fenster der Eingangstür einen anderen Schatten erblickt als den des Alten mit dem schiefsitzenden Hut, öffnet sie nicht; einmal, als ihr vierschrötiger einstiger Chef hartnäckig vor dem Eingang stehenbleibt, macht sie nur auf, um ihn unter Beschimpfungen fortzujagen. Bernister indessen läßt sich nicht sehen, sein letzter Abgang ist wohl allzu peinlich gewesen, und er wird kaum wiederkommen. Vera hat nicht die Geduld, abzuwarten, ob ihn das Begehren wieder hertreiben wird, sondern zieht sich an und geht in die Stadt. Sie überlegt, wie sie auf seine Spur kommen kann, betritt mehrere Firmen, fragt Angestellte und Geschäftsführer, erntet von allen verständnislose Blicke, es sind durchweg junge Leute, und Makler – so wird ihr von einem mitgeteilt – gibt es überhaupt nicht mehr. Sie dreht sich verzweifelt im Kreis, hält unentschlossen inne. Im neueröffneten »Volkskaufhaus«, sie versucht es aufs Geratewohl auch hier, sieht sie jenseits der hintereinandergereihten Ladentische eine Art verglaster Pförtnerloge und darin einen fülligen Mann im blauen Kittel und mit angegrautem Haar sitzen. Sie geht hin und klopft bei ihm an. Er hebt das fahle, gedunsene Gesicht von den Papieren auf seinem Schreibtisch, hört ihr aufmerksam zu, sagt, daß er nicht weiß, wo sich Jakob Bernister aufhält, doch der Name geht ihm leicht von den Lippen. Er will Vera schon hinausbegleiten, doch sie rührt sich nicht, steht wie eine Bittstellerin vor seinem Tisch, und er fragt, was sie von dem einstigen Firmenmakler will. Als er hört, daß es um einen Freund ihres Vaters geht, des seligen Robert Kroner, wird er sehr zuvorkommend – er hat Kroner persönlich gekannt und geachtet –, bietet Vera Platz an, greift hastig nach dem Telefon, wählt Nummern, spricht abwechselnd serbisch und ungarisch mit irgendwelchen Leuten und reicht schließlich Vera einen Zettel mit der Adresse. Der Weg dorthin führt durch die Hauptstraße, an der Post vorüber, dann durch die Bahnhofstraße in ein Gäßchen bis zu einem düsteren zweistöckigen Haus mit zugigem Flur. Im ersten Stock findet Vera die Tür mit dem gesuchten Namen, sie läutet, und als geöffnet wird, erblickt sie Bernister in einer abgeschabten Hausjacke. Er zuckt erschrocken zurück und will ihr schon die Tür vor der Nase zuschlagen; Vera jedoch tritt resolut ein und sagt, warum sie gekommen ist. Im Dämmer des Vorzimmers taucht eine kleine grauhaarige Frau auf: die gegenüber früher ziemlich abgemagerte Gattin des Hausherrn. Bernister stellt geistesgegenwärtig Vera vor – »du erinnerst dich doch, die Tochter von Robert und Resi, Erikas Freundin« – und bittet sie ins Zimmer. Hier steht der Schreibtisch aus dem einstigen Maklerbüro, darauf eine hohe Schreibmaschine mit Metalldeckel, außerdem dicht daneben eine breite Couch, Sessel, Schränke. »Mach uns bitte einen Kaffee«, sagt Bernister verlegen zu seiner Frau, und als sie hinausgegangen ist, flüstert er Vera verschwörerisch zu: »Bitte kein Wort darüber, daß ich Sie besucht habe. Auch nicht über den Brief Ihrer Mutter. Sie weiß nichts davon.« Aber er öffnet eine Schublade, entnimmt ihr einen Bleistift und ein ebensolches Zettelchen, wie er sie Vera noch vor kurzem heimlich hinterlassen hat, und notiert aus dem Gedächtnis in Blockbuchstaben: »Theresia Arbeitsam, Frankfurt/Main, Forellenstraße 17.« Er legt den Bleistift zurück. »Lassen Sie den Zettel hier liegen. Wir tun so, als hätten Sie die Adresse selbst herausbekommen.« Und sie unterhalten sich zuerst unter vier Augen, dann in Gegenwart der Frau, die zwei Tassen Kaffee serviert (keine dritte für sich) und an der Tür stehenbleibt, ohne sich am Gespräch zu beteiligen. Der einstige Makler erklärt Vera, daß sie einen Paß beantragen muß, sagt ihr, wo, verspricht ihr, wenn nötig, Hilfe beim Ausfüllen der Formulare und – mit ängstlichem Blick auf seine Frau – Geld, falls Kosten anfallen, die sie nicht begleichen kann. Der Kaffee ist lau, sie trinken ihn schnell, und Vera erhebt sich. Jetzt ist Bernister derjenige, der Vera zum Bleiben auffordert und dabei seine Frau um Unterstützung bittet: sie seien doch alle im Leid verbunden, Vera habe sicher das Schlimmste durchgemacht, ja, jetzt käme alles ans Tageslicht, damals habe keiner etwas geahnt, man habe in Frieden zusammengelebt, sie als Deutsche seien auch durch schwere Prüfungen gegangen und gerade so davongekommen bis auf die arme Erika, die so jung habe sterben müssen. In jeder Familie gebe es Wunden und Opfer, fährt er bekümmert fort, aber da seine Frau kein Wort spricht, sich nur die Augen trocknet, hält er Vera nicht länger auf. Vera geht zur Miliz, kauft Formulare, füllt sie aus und gibt sie, mit den Gebührenmarken versehen, am Schalter ab. Der junge Beamte sagt, sie werde Bescheid bekommen. Wann? Er weiß es nicht. Sie verläßt das Revier, unzufrieden ob dieser vagen Auskunft, sie hat es plötzlich eilig, sie meint, daß sie die langen Monate seit der Rückkehr aus dem Lager mit dem Versuch vergeudet hat, sich einem Leben anzupassen, das ihr von Grund auf fremd ist.

Bald darauf trifft auch ein Brief ihrer Mutter ein, der ihre Ungeduld noch steigert. Merkwürdigerweise ist er nicht deutsch geschrieben, sondern serbisch (Vera denkt lange über diese Tatsache nach und kommt zu dem Schluß, daß sie entweder in der Angst vor möglicher Zensur oder in der Unwissenheit einer Frau begründet ist, die Land mit Sprache gleichsetzt; aber sie wird ihre Mutter niemals danach fragen) und schwer zu lesen wegen der unbeholfenen Handschrift und der schon spürbaren Lücken im Wortschatz. »Meine liebe Vera«, lautet der Brief, »ich habe schon zweimal Herrn Bernister geschrieben, und er hat jetzt mir geschrieben, daß es Dir gutgeht und Du in unserem Haus wohnst. Mir ist schwer ums Herz, weil ich nicht auf Dich gewartet habe, aber das Schicksal hat es anders gewollt. Als sie Euch fortgebracht haben, hatte ich nur noch Hermann, aber er mußte aus Novi Sad weggehen, obwohl er nichts Böses getan hat, er war gut zu allen, welcher Religion sie auch angehört haben, und hat keinem ein Leid zugefügt. Hermann ist jetzt mein Ehemann, 46 Jahre alt, genau wie ich. Wir haben beide viel durchgemacht, wir waren im Lager bei Karlsruhe, jetzt leben wir in Frankfurt am Main und haben ein kleines Restaurant, davon leben wir. Mein Hermann sagt, er möchte, daß Du kommst. Du wirst wie seine leibliche Tochter sein, denn er hat keine Kinder, und mich achtet er, weil wir unser kleines Lokal zusammen aufgebaut haben. Ich erwarte Dich, ich habe auch Herrn Bernister geschrieben, daß er Dir sagt, daß Du kommst und daß ich Dich erwarte. Wenn Du Geld für die Fahrkarte brauchst, ich kann es Dir nicht schicken, denn so haben sie es mir auf der Post gesagt, aber Herr Bernister wird es Dir geben, er hat in Hannover einen Bruder, und wir geben es ihm. Also komm so schnell wie möglich. Es grüßt und küßt Dich Deine Mama Theresia Arbeitsam.«

Vera klemmt den Briefbogen auf der einen Seite der Küchenkredenz zwischen Türrahmen und Glasscheibe und gegenüber den Umschlag mit der bunten

Marke. Jetzt hat sie beide wie Fahnen ständig vor Augen. Manchmal tritt sie näher, blickt die schräge Schrift der Mutter an, liest nur das eine oder andere Wort, denn das übrige kennt sie auswendig, oder streicht mit dem Finger über die Marke, die Johann Wolfgang von Goethe mit breitem Halstuch unter dem greisenhaft schlaffen Doppelkinn darstellt. Sie hat ihr Geheimnis und ihr Ziel. Wenn einer ihrer gelegentlichen Liebhaber kommt und sie sich hier im Dunkel der Küche hingibt, richtet sie den inneren Blick zur Kredenz mit den zwei Fähnchen und fühlt sich nicht als Besiegte, sondern, weil sie ihr Geheimnis und ihre Hoffnung hat, als Siegerin. Sie verachtet alle diese Männer, die sich danach drängen, hitzig und voller Hast ihren Samen, der sie nicht befruchten kann, in ihre Leere zu ergießen, von der sie nichts ahnen, die sie selbst aber spürt. Aber sie lassen ihr Geld da, was jetzt für sie wichtig ist, denn sie muß bis zu der geplanten Reise überleben – damit rechtfertigt sie sich dafür, daß sie keinen abweist. Sie erwartet auch, daß Bernister sich meldet, legt sich anfangs die Worte zurecht, mit denen sie ihn abfertigen will, dann findet sie sich mit dem Gedanken ab, ihn gewähren zu lassen wie zuvor. Doch er kommt nicht mehr. Es kommt auch keine Antwort von der Miliz, und sie stellt unwillkürlich eine Verbindung zwischen diesen beiden enttäuschten Erwartungen her. Ungeduldig geht sie zum Revier, wartet in langer Reihe vor dem Schalter, wo sie ihren Antrag abgegeben hat, fragt und bekommt von einem ganz anderen Beamten die gleiche vage Antwort. Dann sucht sie Bernister auf. Diesmal öffnet ihr die welke Frau des Geschäftsmanns, sie führt Vera schweigend durch die halbdunkle Diele in ein sauberes, aber ungeheiztes Zimmer, bietet ihr Platz an und geht hinaus, um Kaffee zu kochen. Sie selbst trinkt keinen, der Arzt habe es ihr wegen hohen Blutdrucks verboten. Bernister sei nicht in der Stadt, er habe im vergangenen Jahr einen Weinberg in der Fruška gora gekauft, und da er seinen alten Beruf nicht mehr ausübe und zudem zwei Zimmer ihrer Wohnung für einen höheren Offizier beschlagnahmt seien, verbringe er die ganze Woche in dem Winzerhäuschen und komme nur am Wochenende, um zu baden und sich umzuziehen. So bekommt Vera eine indirekte Erklärung für seine regelmäßigen Besuche. Ob Bernister an den letzten Sonntagen zu Hause gewesen sei, fragt sie. Ja, sagt seine Frau, doch er sei nicht in die Stadt gegangen, er sei müde, offenbar altere er jetzt schnell. Das ist mit einer gewissen Spitze oder Absicht gesagt, die Vera nicht enträtseln kann; gleich darauf stellt die Frau ihr Fragen nach ihren Lebensumständen, ob jemand für sie koche, einkaufe, und die Antworten nimmt sie mit einem Nicken, mit verschleiertem, fast tränenfeuchtem Blick auf. Auch Erika, knüpft sie seufzend an, wäre jetzt schon eine selbständige junge Frau, hätte sie überlebt. Sie erzählt, wie sie umgekommen ist: sie war im Sommer 1943 im Zug nach Budapest unterwegs zu ihrem Verlobten, einem deutschen Flieger, als amerikanische Flugzeuge angriffen und eine Bombe den Waggon zerstörte, in dem Erika saß, nur ihre Schuhe hatte man gefunden und sie danach identifiziert. Sie geht hinaus und kommt mit einem Paar fast ungetragener roter Schuhe mit hohen Keilsohlen aus Kork zurück. Vera wägt sie in der Hand, sie sind leicht wie die letzten Vorkriegsschuhe, die ihre Mutter für sie bei dem Schuhmacher in der Nebenstraße bestellt hat. Frau Bernister vermittelt ihr ein Vorgefühl der Traulichkeit und Wärme, das sie bei ihrer Mutter erwartet; zugleich erinnert sie, obwohl alt, Vera an die Gefährtinnen aus dem Freudenhaus, vielleicht weil sie, ungewollt, mit ihr den Mann geteilt hat, vielleicht weil Frau Bernister die Züge eines zum Opfer bestimmten Menschen trägt. Das nächstemal kommt sie an einem Samstag und trifft Bernister vor dem Haus an, wo er, die Ärmel hochgekrempelt, staubig bis zu den Ellenbogen und im ganzen Gesicht, Ordnung in seine Werkzeuge und Chemikalien bringt. Er wischt sich die Hände an einem Lappen ab, erkundigt sich nach Veras Paß und geht nach kurzem Überlegen ins Haus, um auf der Maschine einen Antrag auf beschleunigte Erledigung ihrer Angelegenheit zu schreiben. Vera unterzeichnet und steckt den Antrag ein, um ihn mit der Post abzuschicken. Frau Bernister bringt zwei Tassen mit lauem Kaffee, bleibt an der Tür stehen, beobachtet aufmerksam, was da vor ihren Augen gearbeitet und besprochen wird, und als Vera geht, bringt sie sie selbst zur Tür und fordert sie zum Wiederkommen auf. Vera tut es, an Wochentagen, wenn die Frau allein ist. Es ist angenehm, mit ihr in dem dämmrigen Zimmer zusammenzusitzen, dessen alte bürgerliche Möbel mit abnehmendem Tageslicht denen ihrer Kindheit immer ähnlicher scheinen. Das ist diese Dimension des Bekannten, die ihr fehlt, nicht eben fröhlich, ohne Ansporn und Ausweg, aber beruhigend durch ihre Belanglosigkeit und Leere. Zu Hause fühlt sie sich immer schlechter, angespannt. Die zwei Fähnchen in den Türen der Küchenkredenz, der weiße Brief und der weiße Umschlag, verheißen nichts wie noch vor kurzem, sondern sie drohen. Sie verkünden, sie rufen, daß die Zeit stehenbleibt. Sie drückt Vera jetzt nieder wie ein undurchsichtiges Bahrtuch, wie Schimmel, unter ihr ist alles in Nebel gehüllt, Nebel ist um ihre Wohnung, hinter dem Schalter in der Miliz, wo ihr Antrag liegt, Nebel verbirgt die Menschen, an die sie sich wendet, damit sie sie gehen lassen, Nebel, aus dem keine Antwort kommt. Hin und wieder taucht jemand daraus auf: Micika mit Vorwürfen, weil sie sich nicht meldet und in ihrem Leben keine Ordnung schafft; irgendein Mann mit seiner keuchenden Gier und ein paar Geldscheinen. Vera schreckt vor diesen beiden Arten von Besuch gleichermaßen zurück, sie fürchtet sich vor ihrem Ausgang, denn jeder muß ungünstig sein bis auf den einen, erwarteten. Es kostet sie Mühe, vor Micika Gelassenheit und Gleichmut zu spielen, sie muß sich zur Geduld zwingen, bis das ältliche Mädchen mit seinem Geschwätz und der selbstauferlegten Putzarbeit in den verwahrlosten Räumen, mit dem Tee- und Gebäckzeremoniell fertig ist, und wenn sie geht, atmet Vera auf, als wäre sie einem Anschlag auf ihr Leben entgangen. Auch die Männer ängstigen sie. Sie hat die Wahnvorstellung, daß einer sie im Dunkeln erwürgen oder ihr bei der Umarmung Messerstiche in den Bauch oder die Schamgegend beibringen könnte. Sie wundert sich über sich selbst, wie sie es wagen kann, Männer, die sie kaum kennt und von deren Besuchen außer ihr niemand weiß, in die Wohnung zu lassen, an ihren Körper, damit sie ihn mit ihren harten Händen auf der Suche nach den empfindlichsten, verwundbarsten Stellen betasten. Sie nimmt sich vor, keinem mehr Zutritt zu gewähren, dem nächsten, der mit geheuchelter, berechneter Furchtsamkeit anklopft, die Tür zu weisen, und wenn er nicht gehorcht, ans Fenster zu rennen und Hilfe von der Straße herbeizurufen. Aber wenn jenes Kratzen wie von Katzenkrallen tatsächlich einen Besuch ankündigt, zuckt sie jedesmal zusammen, ihr bricht der Schweiß aus, es drückt ihr die Kehle zu, und unter Mißachtung aller Angst und Vorsicht folgt ihr ans Dienen gewöhnter Körper dem Signal, ihre Hand streckt sich aus, dreht den Schlüssel herum, öffnet die Tür, und sobald sie von der fremden heißen Hand gepackt wird, erschlafft sie, öffnet sich, überläßt sich der Gewalt. Dieser innere Widerstreit geht über ihre Kräfte; wenn er vorüber ist, liegt sie da wie hingemäht. Wieder ballt sich die Angst in ihr, sie zittert vor Schwäche, ein Schrei erstickt ihre Kehle; eines Nachmittags, sie hat sich stundenlang auf der Ottomane gewälzt, ehe sie mit der Ankunft eines Zufallsgastes rechnen muß, springt sie plötzlich auf, für sich selbst überraschend, zieht sich an und läuft zu Frau Bernister. Sie klingelt automatisch, wirft sich der verblüfften Frau vor die Füße und schreit unter Schluchzen, kaum verständlich, ihre Not heraus. Nachdem die Frau sich gefaßt hat, zerrt sie Vera, so auf den Knien, ins Zimmer, setzt sie auf die Couch, streichelt ihr vorsichtig das Haar, murmelt Trostworte, und als hätte das fremde Leid alle Schleusen in ihr gebrochen, beginnt sie selbst zu weinen und sich über ihren Mann zu beklagen, der sich niemals um die Familie gekümmert, sondern nur seinen egoistischen, unmoralischen Gelüsten gelebt habe, auch Erika habe er ins Unglück gestürzt, weil er zuließ, daß sie sich mitten im Krieg an einen Mann band, sie als Mutter sei von Anfang an gegen diesen Leichtsinn gewesen, weil sie ahnte, daß er in diesen gefährlichen Tagen, bei der Trennung durch Tausende Kilometer und Fronten nur Kummer und Elend bringen würde, sie habe verlangt, daß er als Vater ein Machtwort spreche, damit Erika die Verbindung löse, aber vergebens. Auch jetzt weiche er jeder Verantwortung, jeder Entscheidung aus, statt eine Arbeit aufzunehmen wie so viele ehemalige Geschäftsleute, habe er diesen Weinberg gekauft, bloß um nicht hier zu sein, an ihrer Seite in Trauer und Einsamkeit, in der Enge der geteilten Wohnung, er gehe ihr und ihren Vorwürfen aus dem Weg, krieche in der Erde herum wie ein Maulwurf, vielleicht renne er den Flittchen auf dem Land nach oder hole sie aus der Stadt dorthin. »Aber ich werde dir helfen, mein Kind«, erklärt sie zuversichtlich, zieht ein Taschentuch aus der Schürzentasche, trocknet Vera und sich selbst die Tränen und erläutert ihren Plan: Ihr Untermieter, der Offizier, sei ein seriöser Mann, allein auf der Welt, kränklich, bestimmt nicht schlecht und wahrscheinlich einflußreich, sie kenne sich mit diesen Rängen nicht aus, aber sogar die Zeitung bringe ihm ein Soldat ins Haus. Sie habe ihn nie um etwas gebeten, obwohl sie schon drei Jahre in derselben Wohnung lebten, ohne Murren scheuere sie täglich das Bad, das sie gemeinsam benutzten, aus Mitleid und um ihm die Mühe zu sparen, stecke sie hin und wieder auch Wäschestücke von ihm in den Kessel mit den eigenen Sachen, sie werde ihn am Abend, wenn er vom Dienst komme, zum Kaffee einladen, und Vera solle auch kommen und mit ihm über ihre Probleme sprechen. Sie sind sich einig und beide wieder beruhigt, Vera geht, damit nichts den Entschluß ins Wanken bringen kann, der ihr Rettung verheißt. Sie läuft durch die Stadt, raucht in einem Café eine Zigarette nach der anderen, kehrt am Abend zu Frau Bernister zurück. Die öffnet auf ihr Klingeln sofort, gefaßt, umgekleidet, frisiert; den Finger auf die Lippen gelegt bittet sie Vera ins Zimmer, entfernt sich und kommt durch die Badezimmertür wieder, gefolgt von einem hochgewachsenen, knochigen, grauhaarigen Mann in abgetragener Uniform ohne Rangabzeichen, der Vera flüchtig anblickt und ihr seine große, harte Hand reicht. Sie nehmen Platz, Frau Bernister serviert ihnen den sichtlich vorab bereiteten Kaffee und läßt sie allein. Ungefragt erzählt Vera ihre Geschichte: über das Lager, über ihre Mutter und deren Einladung, über ihren Antrag auf einen Paß, auf den sie keinen Bescheid bekommt. Sie redet flüssig, ohne Hemmungen vor ihrem Zuhörer, sein faltiges Gesicht mit den erloschenen Augen wirkt wie die Rinde eines toten Baums, er scheint gar nicht anwesend, obwohl sie, wenn sie eine Pause macht, sein röchelndes Atmen vernimmt. Als sie alles gesagt hat, wartet sie stumm, händeringend auf eine Reaktion. Doch der Mann sieht sie nachdenklich, müde, schweigend an. Darauf schiebt sie in einer plötzlichen Eingebung das Kleid und die Träger von Hemd und Büstenhalter über die linke Schulter hinab, beugt sich vor, damit er die Tätowierung auf ihrer Brust lesen kann. Sie schaut auf, begegnet seinen starren farblosen Augen, verhüllt ihre Brust mit dem Kleid. Der Mann greift wortlos nach der Kaffeetasse, leert sie langsam in kleinen Schlucken. Dann erhebt er sich, richtet sich zu seiner ganzen ungeschlachten Körperhöhe auf, gibt ihr die Hand und verläßt nach einem gemurmelten Gruß und einer Art Entschuldigung für seine Eile den Raum. Sofort erscheint Frau Bernister, die nicht verhehlt, während der ganzen Zeit gelauscht zu haben, und stellt keine Fragen. Sie räumt die Tassen ab, Vera steht auf, kann sich vor Schwäche kaum auf den Beinen halten, sie fühlt sich entleert, ausgeschabt, als habe sie durch ihre ungeschminkten Worte und die Geste der Entblößung ihr ganzes Inneres herausgepreßt und freigelegt. Sie begibt sich nach Hause. Wie ein Pendel bewegen sich ihre Gedanken zwischen Hoffnung und Verzweiflung. Doch am fünften Tag dieses Hin- und Hergerissenseins empfängt sie aus den Händen eines graubemützten Überbringers ein mit Heftklammern verschlossenes Schreiben, öffnet und entfaltet es und liest, daß ihre Reise nach Westdeutschland genehmigt ist. Sie stürzt sich in hektische Vorbereitungen, holt den Paß ab, läßt Fotos machen, füllt die Formulare für das Visum aus und schickt sie über das Reisebüro nach Belgrad. Sie kauft sich Schuhe, ein Kleid, und da es in den Geschäften momentan keine Koffer gibt, leiht sie sich einen von Micika, die, von der Neuigkeit überrumpelt, Vera alle Segenswünsche mitgibt.

An einem regnerischen Spätnachmittag im Oktober steigt sie in den Zug und läßt sich schaukelnd ins nächtliche Dunkel entführen. Sie ist nicht gereist, seit sie im Viehwagen aus dem Lager heimkehrte, jetzt sitzt sie im sauberen Abteil auf weichem Polster, allein, außer ihr passiert die Grenze nur ein gutgekleideter älterer Mann, der hin und wieder zum Rauchen den Gang aufsucht. Die Zöllner salutieren, durch die Fenster dringen mit dem Dampf abgehackte deutsche Kommandos (»Los, los!«, »Halt!«), sie machen sie schaudern vor Angst, doch diejenigen, die sie gerufen haben, wünschen ihr beim Eintritt ins Abteil einen guten Morgen und lächeln bei der Paßkontrolle: Gesetz und Recht sind jetzt auf Veras Seite. Das erscheint ihr wie eine Entschädigung, wie ein durch Leid errungener Sieg, und sie läßt sich einlullen durch das Rattern der Räder, das einem endlosen, mitreißenden Marsch gleicht. Bei Tagesanbruch geht es im Eiltempo durch saftige grüne Gefilde mit verstreuten, schmucken Häuschen, vorüber an Städten mit hohen Giebelhäusern, die sie alptraumhaft an den Transport ins Lager erinnern, zweifelnd liest sie die Namen der Stationen, blickt ihren Mitreisenden ins Gesicht – einer adretten alten Frau, zwei jüngeren Geschäftsleuten mit Aktentaschen –, immer in der unbewußten Erwartung, dahinter auf Bekanntes zu treffen, das sie an jene Uniformen, jene Stahlhelme erinnert. Sie wundert sich über die Ruhe dieser Gesichter, die weder Mißtrauen noch Anklage ausdrücken, zumal sie selbst jetzt nervös auf der Hut ist, sie mag nicht essen, sie hat Angst, die Toilette aufzusuchen, wendet bis Frankfurt keinen Blick von dem verschlossenen Koffer. Beim Aussteigen trifft sie fast sofort auf die Mutter, die mit ihrem gepflegten kupferfarbenen Haar, dem runden, glatten, besorgten Gesicht noch kaum gealtert ist (sie scheint nur einen Kopf kleiner, oder ist Vera gewachsen?). Sie küssen sich weniger innig, als Vera erwartet hat, und die Mutter schiebt sie auf einen Mann mit Entenschnabelnase und kleinen, tiefliegenden Augen zu, nicht wiederzuerkennen als der einstige Feldpolizist, den Vera nur von weitem und mit Abscheu gesehen hat. Jetzt berührt er vorsichtig ihre Hand, murmelt ein rauhes »Hermann« und bückt sich sofort nach dem Koffer. So verlassen sie den Bahnhof: sie beide lose eingehakt und der Mann der Mutter einen Schritt hinter ihnen mit dem Koffer. Vor dem Bahnhof Trümmer, dazwischen riesige, von traktorenähnlichen Maschinen angetriebene Hämmer im aufgewühlten Boden. Am Rand dieser Löcher verlaufen auf improvisierten hölzernen Gleisbetten Schienen, an einer Haltestelle steht eine Menschenmenge, die Straßenbahn kommt, und alle steigen ein. Sie fahren lange durch breite Straßen, vorüber an zerstörten Häusern und leeren Flächen, wo Motoren dröhnen und Arbeiter in blauen Overalls herumwimmeln. Sie steigen an einer Kreuzung aus und biegen in eine lange Straße mit Einfamilienhäusern ein. Sie gehen an kleinen Möbel-, Trikotagen-, Gemüseläden vorbei und machen halt vor einem Restaurant mit einer Bierreklame in gotischer Schrift zu beiden Seiten der Tür. Drinnen sind ein paar Tische, die daran sitzenden Männer heben den Kopf, unterbrechen ihr Gespräch, und die Mutter stellt ihnen Vera vor. Dann macht sie sie mit dem vollbusigen Mädchen bekannt, das hinter der Theke Getränke ausschenkt. Sie steigen die Wendeltreppe aus gelblackiertem Holz hinauf, betreten eine saubere Kammer mit Bett und Schrank. »Das ist dein Zimmer«, sagt Resi Arbeitsam mit zufriedenem Nicken. »Das Bad ist am Ende des Flurs. Du kannst dich waschen und ausschlafen, ich habe unten zu tun.«

So wird es jeden Tag sein. Vera hat ihr Zimmer, fünf mal fünf Schritte, von unten schwappt lautes, biergeschwängertes Geschwätz zu ihr herauf (fremdes, betrunkenes Geschwätz, wie es einst das Fräulein in ihrem ersten Novi Sader Hotelzimmer gehört hat; aber davon weiß Vera nichts). Unten in der Küche hinter dem Schankraum brät ihre Mutter in weißer Schürze die Würstchen, das Mädchen Lisi serviert das Bier in Krügen, Hermann Arbeitsam holt die Fässer mit seinem Dreirad herbei, geht zum Schlachter, zum Markt oder setzt sich zu den Gästen und hört schweigend, beflissen lächelnd ihren Gesprächen zu. Wenn viel Betrieb ist, steigt die Muttr auf die zweite Treppenstufe, ruft gedehnt »Veeraa!«, drückt ihr ein Messer in die Hand, stellt sie vor dem gescheuerten Tisch zum Kohlschneiden und Kartoffelschälen an und schickt sie mit den fertigen Portionen ins Gastzimmer. »Das ist für Johann an der drei, und das für Lenz an der eins«, da die Tische, obwohl nur sechs an der Zahl, numeriert sind. Vera befolgt ihre Anordnungen geflissentlich, aber ungern, denn die Gäste, lauter ältere, für sie uninteressante Leute, fühlen sich im Restaurant Zum gedeckten Tisch wie zu Hause, knüpfen gern Gespräche an, stellen Fragen. Die Mutter hat Vera schon am Tag nach ihrer Ankunft ermahnt: »Kein Wort über Vater und Gerd, das würde keiner verstehen. Für die bist du nur meine Tochter, die bis jetzt keinen Paß für die Ausreise bekommen hat, alles andere geht die nichts an.« In der Tat sind sie alle Flüchtlinge wie auch das Gastwirtspaar: aus dem Banat, aus Slawonien, aus Böhmen, aus dem ungarischen Transdanubien. Ein kleiner blauäugiger Gemüsehändler spricht dauernd serbisch mit Vera, prahlt, daß er in Bosnien bei den Franziskanern zur Schule gegangen ist, und redet sie wiehernd mit »Landsmännin« an, offenbar meint er, sie müsse jedesmal begeistert sein, wenn sie ihn sieht. »Wie ist es Ihnen denn bei den Kommunisten ergangen?« fragt ironisch ein aus Schlesien geflüchteter, großer, aufrechter, früh ergrauter Eisenbahner, dem die rechte Hand fehlt, und alle verstummen, die Bierkrüge erhoben, um ihre Antwort zu hören. »Na so, nicht gut, nicht schlecht«, sagt Vera und registriert schadenfroh die allgemeine Enttäuschung. Am Abend wird sie wegen dieser unbestimmten Antwort, die Hermann wohl unter vier Augen weitererzählt hat, von der Mutter gescholten. »Du begreifst nichts«, keift sie und läuft rot an, was ihr letzthin häufig geschieht. »Das sind verbitterte Menschen, die dort alles verloren haben, Haus und Hof und manche auch ihre Familie, für die ist nur der ein anständiger Mensch, der auf die Kommunisten schimpft, merk dir das!« Diese primitive Ermahnung aus dem Mund einer Schankwirtin erinnert Vera an die Verbote aus der Zeit ihrer frühen Jugend, der Okkupation, alles in ihr sträubt sich gegen diese Forderung nach Selbstüberschätzung, gegen jede Selbstüberschätzung überhaupt; auf einmal fällt ihr der Vater ein, sein immer mißtrauisches, halbbelustigtes Schulterzukken bei jeglicher Äußerung von Unduldsamkeit, vor allem gegenüber Gerd während der letzten Monate seines Aufenthalts zu Hause, und diese Haltung erscheint ihr jetzt, nach all dem Gemetzel, als einzig vernünftig und im Grunde einzig erträglich. Sie stellt mit Entsetzen fest, wie ihre Mutter seit dem Tod des Vaters heruntergekommen ist; ihre Gewöhnlichkeit, die sie als Kind nur geahnt und vermutet hat, zeigt sich jetzt in jeder Bewegung, jedem Wort. Sie sieht, wie grob und hart sie geworden ist, wie nachlässig sie geht, wie sie mit vorgestrecktem Bauch und in die Hüften gestemmten Händen bei den Gästen steht, wie sie auf jeden ihrer schmutzigen Witze den Mund mit den Goldzähnen aufreißt, um zu kichern, als wäre sie ein altkluger Säugling, den man kitzelt. Sie fühlt sich ihr schrecklich entfremdet, zieht sich immer häufiger in ihr Zimmer zurück. Selbst dort entkommt sie dem Wirtshaus und seinen ordinären Geräuschen nicht, die aus der Unterwelt, einer unsichtbaren Hölle zu kommen scheinen. Sie preßt sich das Kissen an die Ohren und hört dennoch, kann sich vorstellen, was unten geschieht: der betrunkene Dialog schwadronierender ehemaliger Polizisten, SS-Männer, Lagerführer, Aufseher.

Sie schleicht hinaus auf die Straße, geht ins Zentrum, betrachtet die Kaufhäuser voller bunter Waren, Restaurants und Cafés, hinter deren Fenstern sich die Kellner rasch und elegant bewegen, sieht, wie die Riesenhämmer Trümmerreste beseitigen und Fundamente für künftige Gebäude in den Boden rammen. Straßenbahnen, LKWs, Busse fahren, alles dröhnt, jeder rennt, arbeitet oder spreizt sich in Wirtshäusern mit so kindisch munteren Namen wie Zum gedeckten Tisch. Auch diese Munterkeit erkennt Vera wieder, es ist dieselbe wie die der verlogenen Bezeichnungen im Lager, seiner Blöcke, Reviere, Freudenhäuser, dieselbe, welche die Beine der marschierenden Wärter hochgerissen und die Wolfshunde angestachelt hat, rebellische Häftlinge zu zerfleischen. Sie hat das Gefühl, daß ganz Deutschland ein einziges riesiges Irrenhaus ist, wo Tausende und aber Tausende bis zum letzten konsequent und einmütig Worte sprechen, Handlungen ausführen, Ideen realisieren, die jenseits jeder Vernunft sind – eine kalte, berechnete Konstruktion des Wahnsinns. Dennoch eine logische, lückenlose Konstruktion wie eine nackte, nutzlose Betonmauer. Es gibt kein Entrinnen vor ihr. Überall ist Leere, durch die Vera irrt ohne Berührung mit irgend etwas, und wenn sie den ganzen Kreis abgeschritten hat, steht sie wieder vor der nackten, kalten, himmelhohen Betonmauer, die nutzlos ist, erfunden, und doch undurchdringlich für ihren inneren Schrei. Sie meint, verrückt werden zu müssen, wenn nicht etwas geschieht, wenn ihr nicht jemand ins Ohr flüstert, daß all das verdreht und widersinnig ist – wie es Gesunden ergeht, wenn sie länger unter Geisteskranken weilen. Mit der verzweifelten Hoffnung, ein Zeichen, einen Riß in dieser Mauer des Irrsinns zu finden, eilt sie nach Hause. Doch sie wird von der nämlichen Mauer empfangen: In dem leeren Wirtshaus, dessen Jalousien das Mädchen Lisi vor dem Weggehen herabgelassen hat, sitzt ihre Mutter mit aufgestützten Ellenbogen, gereizt, müde, neben dem starr lächelnden Hermann Arbeitsam, mit dem zusammen sie ein groteskes Tribunal darstellt, überschüttet sie mit Vorwürfen wegen ihrer verspäteten Heimkehr, richtet verzweifelt den Blick an die Decke: Für wen vergießen sie beide eigentlich ihren Schweiß, wenn Vera derart gleichgültig ist? Das Lokal, fährt sie, schon ruhiger, fort, gehe sehr gut, und sie habe die Absicht, unter demselben, im Stadtviertel renommierten Namen ein weiteres zu eröffnen, klein, intim, mit häuslicher Atmosphäre und einer auf Hausmannskost spezialisierten Speisenauswahl. Sie werde es in den Räumlichkeiten eines Eisenwarengeschäfts einrichten, das wegen der Konkurrenz durch die großen Warenhäuser bald schließen müsse. Der ganze Handel in Deutschland tendiere jetzt zu Supermärkten, die kleinen Läden würden eingehen, das sei das Gesetz der Zeit, ereifert sich Theresia Arbeitsam in fast atemloser Genugtuung, weil auch sie von dem Umschwung profitiert, der das ganze Land verändert mit Ausnahme des Gaststättenwesens, denn während man auf allen anderen Gebieten zum Überdimensionalen, zur Befriedigung von Massenbedürfnissen tendiert, sucht der Kunde hier das Besondere, das behagliche Milieu, wo er sich vom Massenbetrieb erholen kann, wo er sich fühlen kann wie in alten Zeiten. Sie meine – und hier funkeln ihre blauen, durch die Verfettung verkleinerten Augen listig auf –, daß Lisi bei entsprechender Lohnaufbesserung im Stammlokal auch die Küche übernehmen könne, während sie beide, Mutter und Tochter, unter der Voraussetzung, daß Hermann auch sie beliefere, das neue Restaurant, sobald es eingerichtet sei, führen sollten. Sie fragt, was Vera davon halte, faucht aber gleich darauf wütend, sie sehe an der Art, wie ihre Tochter die Nase rümpfe, daß sie mit ihr wohl nicht rechnen könne. Weshalb eigentlich ernähre sie Vera und halte sie aus? Bloß zum eigenen Vergnügen? Schäme sie sich überhaupt nicht? So jung, wie sie sei? Sie selbst habe in diesem Alter ihr Leben als Dienstmädchen gefristet, sich aus der Armut hochgearbeitet, eine Familie gegründet und

Wohlstand erlangt. Der Krieg habe all das zerstört, ihr den einzigen Sohn genommen, ihren Gerd – hier kann sie zwei dicke Tränen nicht zurückhalten, wischt sie aber weg und fährt fort –, der, wäre er am Leben und bei ihr, sich derartiger Sorge würdig erweisen würde. Sie sei unglücklich, ach so unglücklich. Sie legt den Kopf auf die Arme, ihre Schultern zukken, Hermann erhebt sich, schiebt ihr ungeschickt einen Krug Bier hin, richtet sie fast gewaltsam auf und zwingt sie, ein paar Schlucke zu trinken. »Laß gut sein, Mutti, denk an deine Gesundheit«, sagt er, etwas, was man wohl von Vera erwartet hat. Vera indes denkt nicht daran, zu trösten, etwas zu versprechen, sie hat auch den wahren Sinn der Worte ihrer Mutter nicht verstanden, sondern wie verhext ihre Lippen angesehen, die sich öffneten und schlossen, wanden und verkrampften, Jammer und Weinen ausstießen wie eine außer Rand und Band geratene Maschine. Ihr wird angst, sie bekommt keine Luft, ihr Kopf wird blutleer, sie wankt, bricht fast zusammen. Hermann bemerkt es, will ihr beispringen, sie auf dem Stuhl gegenüber ihrer Mutter plazieren, die sie bestürzt anblickt, doch Vera bittet einzig darum, auf ihr Zimmer gehen zu dürfen. Nach diesem Vorfall sprechen Theresia und Hermann in offensichtlichem Einvernehmen nicht mehr mit ihr über eine Beschäftigung. Sie überlassen sie sich selbst, und wenn sie zum Mittagessen herunterkommt, bewegen sich die Gespräche um andere Themen. Resi erkundigt sich vorsichtig bei Vera nach den Preisen zu Hause: was kostet ein Mittagessen, ein Abendbrot, ein Kleid, ein Paar Schuhe, und rechnet die Preise halblaut in Mark um. Sie wundert sich, wie relativ billig dort alles ist, nimmt sich plötzlich Zeit, Veras Sachen genau in Augenschein zu nehmen, befühlt die Stoffe, kratzt an den Schuhsohlen und verlangt von ihrer Tochter die Bestätitung, daß sie das alles in Novi Sad und wirklich zu den angegebenen Preisen gekauft hat. Sie interessiert sich für Veras Wohnungsverhältnisse und nimmt zufrieden zur Kenntnis, daß sie keine Miete zahlt. Ob sie nicht das ganze Gebäude übernehmen beziehungsweise die nicht genutzten Räume verkaufen könne? Vera hebt die Schultern, sie kennt sich darin nicht aus, worauf die Mutter einen hilflosen Blick auf Hermann wirft und Bernister als mögliche Informationsquelle erwähnt. Bernister ist überhaupt ein wichtiger Faktor in ihren Berechnungen, denn Vera könnte finanzielle Unterstützung durch ihn erhalten, die man über seinen Bruder in Hannover ausgleichen würde, beispielsweise fünfhundert Dinar monatlich, was in Mark umgerechnet noch immer weit weniger wäre als die Kosten für ihren hiesigen Aufenthalt. In Deutschland gefalle es ihr doch ohnehin nicht, fragt sie nun schon ohne Vorwurf und unter der Voraussetzung einer Bestätigung. Sie müßten sich nur noch über den Termin von Veras Abreise einigen, am günstigsten wäre Mitte Mai, denn am ersten Juni sei der Termin der Übernahme der neuen Lokalität, und dann würden sie und Hermann zuviel Arbeit haben, um sich auch noch um Vera zu kümmern. Sie wird großzügig, läßt Hermann und Lisi für einen ganzen Vormittag mit dem Lokal allein und geht mit Vera zum Einkaufen. In einem Warenhaus kauft sie ihr einen Mantel, einen Regenschirm, Unterwäsche und im Erdgeschoß kurz vor dem Weggang einen goldenen Ring mit einer kleinen Koralle. Zum Andenken an die Mutter, wie sie erklärt. Sie pakken. Zu dem Koffer, mit dem sie angereist ist, bekommt Vera auch eine weiche Reisetasche aus kariertem Wachstuch, in der sie die neu erworbenen Gegenstände unterbringen. »Paß auf, ich habe dir alles ein bißchen an den Rändern beschmutzt«, erklärt die Mutter, »gib beim Zoll bloß nicht zu, daß irgendwas neu ist, sonst mußt du bezahlen.« Zu dritt, wie sie ein halbes Jahr zuvor hergekommen sind, brechen sie auf, Vera betrachtet aus dem Straßenbahnfenster die hohen Häuser mit den Geschäften im Erdgeschoß und in den Lücken dazwischen die Baustellen. Auf dem Bahnhof verstaut Hermann ihr Gepäck in einem leeren Abteil, dann steigt er aus dem Zug, und sie warten auf das Signal zur Abfahrt. »Triffst du manchmal Freunde von Gerhard?« fragt Resi Arbeitsam plötzlich, sie ist dem Weinen nahe. Vera überlegt, nennt zwei, drei Namen, die ihr einfallen, doch sie können sich nicht länger unterhalten, der Schaffner fordert zum Einsteigen auf, Mutter und Tochter küssen sich, Hermann gibt Vera mit einer hastigen Verbeugung die Hand. Sie steigt in ihren Waggon, tritt ans Fenster und winkt der Mutter und Hermann, die neben dem anfahrenden Zug herlaufen, bis dessen Beschleunigung sie zum Stehenbleiben zwingt und sie Veras Blicken entschwinden.

Endlich allein, läßt sie sich erleichtert auf ihren Platz fallen. Schon hier, im gerade angefahrenen Zug, überkommt sie eine Welle der Entspannung, als habe sie sich nach einem kräftezehrenden Bühnenauftritt – so sieht sie ihren Aufenthalt bei der Mutter – ins Dunkel hinter den Kulissen zurückgezogen. Kompakte Stadtsiedlungen gleiten vorüber, Fabriken, schmucke Gehöfte, alles ist sauber, von pedantischer Ordnung, für ihr Empfinden gesichtslos, als wäre sie nicht mit klopfendem Herzen an alldem schon in umgekehrter Richtung vorbeigefahren. Im Zug ist es langweilig, die wenigen Reisenden reden nicht miteinander, doch diese Langeweile macht Vera nicht nervös, sondern träge. Sie schläft schon bei Tageslicht ein. Geweckt wird sie von einem rotwangigen, geschäftigen und freundlichen Schaffner mit breitem Hinterteil, sie reicht ihm die Fahrkarte, verkriecht sich sogleich wieder hinter dem Vorhang und schläft weiter. Hin und wieder hält der Zug, die Bahnsteige sind fast menschenleer, zumindest scheint es Vera so, gelegentlich schaut ein Reisender ins Abteil und geht weiter auf der Suche nach einem anderen, unbesetzten. Zöllner klopfen an die Tür, kontrollieren den Paß, verständigen sich flüsternd, fragen nach mitgeführten Waren, untersuchen jedoch nichts. Die Nacht ist kalt, Vera muß sich in den neuen Mantel hüllen, es geht vorüber an bewaldeten Bergen, deren Bäume sich im Wind biegen. Der Zug hält lange auf einem Bahnhof mit riesigem, gelbem, grellbeleuchtetem Gebäude, die Eisenbahner rennen fähnchenschwenkend umher, Trillerpfeifen ertönen. Neue Zöllner kommen, österreichische, stillere, geruhsamere, sie grüßen höflich, gehen weg, kehren zurück in Begleitung von jugoslawischen Beamten, lauter hochgewachsenen, hektischen Gebirglern, sie sagen »Genossin« zu ihr und tätscheln ihr fast die Schultern. »Wie war es in Deutschland?« fragt einer mit langen weißen Zähnen und wünscht ihr gute Weiterfahrt, als gratuliere er ihr zur Rückkehr. Ins Abteil drängen Männer und Frauen mit Bündeln und Körben, die umständlich und mit viel Gezänk unter den Bänken und zwischen den Beinen der Sitzenden verstaut werden. Sie holen Brot und Speck, Wasser- und Schnapsflaschen hervor, bieten auch Vera davon an, die ablehnt, obwohl sie Hunger hat, sie essen schmatzend und trinken glucksend, zünden sich Zigaretten an. Ihre Körper riechen nach dem Schweiß der Sättigung. Vera fällt ein, daß sie diesen seit jeher vertrauten Geruch während der ganzen Zeit bei ihrer Mutter nicht verspürt hat. Häufiges Baden, schlußfolgert sie, vor ihren Augen ersteht die Mutter, die sie im Wirtshaus Zum gedeckten Tisch aufgefordert hat, sich nach der Reise zu waschen, und dieses Bild verschmilzt mit der Blockältesten Grete, deren ausgestreckter Arm die gefangenen Frauen in die Duschräume verwiesen hat. Auch dies eine Manie der Tatkräftigen? Die Luft im Abteil verschlechtert sich vom Atem aus den offenen Mündern der nach deftigem Essen, stärkenden Getränken und Gesprächen Eingeschlafenen, es sind lauter knochige, dunkle Gesichter, dunkle große Hände, träge Leiber, vorgestreckte Beine, in halbvollendeter Bewegung erschlafft, in fast mutwillig halbwacher Haltung. Ihre Kleidung ist zerknittert, nicht sehr sauber. Armut. Vera fährt der Armut, der Verkommenheit entgegen. Der Zug gleitet durch ödes Flachland, Hunde bellen, auf den Bahnhöfen erschallen Rufe und Flüche, schnurrbärtige, tau- oder schweißnasse Gesichter drängen sich in der Abteiltür, starren die Schlafenden lange an, obwohl zwischen ihnen sichtlich kein Platz mehr frei ist. In Stara Pazova steigt Vera aus und wartet auf den Anschlußzug, es ist früh am Morgen, das Restaurant verschlossen, vor dem Wartesaal Gerüste und Eimer voller Tünche, nirgends eine Zuflucht. Schemenhafte Figuren bewachen Berge von bindfadenverschnürten Koffern. Sie quetscht sich mit ihnen zusammen in einen alten, wackligen, schmutzigen, nach Urin stinkenden Zug, der schwankend, pustend, unter verzweifeltem Pfeifen und nach häufigen Aufenthalten endlich die Donaubrücke quert. Hier ist ihr Bahnhof, Novi Sad, vertraute, wenn auch unbekannte Gepäckträger, Eisenbahner, gedehnte Sprechweise. Die Straßenbahn bringt sie nach Hause, mit Koffer und Tasche betritt sie die Wohnung, alles ist unaufgeräumt und vernachlässigt wie zuvor, sie öffnet die Fenster zur leeren, ruhigen, kaum erwachten Straße und meint in einen Abgrund aus Finsternis und Schmutz zu blicken.

Hier fristet sie ihr Leben weiter, ohne Sehnsucht nach demjenigen, das sie verlassen hat. Doch kann sie nicht umhin, dasjenige zu beklagen, von dem sie umgeben ist: die stillen Straßen, die trägen Passanten, das Gras, das hoffnungslos zwischen den abgetretenen Steinen des türkischen Pflasters sprießt, die Häuser, die während ihrer Abwesenheit um eine Nuance dunkler geworden, und jene, die von den unbeholfenen Händen alter Frauen neu getüncht worden sind. Sie geht zu den Bernisters, um die erste monatliche Beihilfe in Empfang zu nehmen, es ist ein Werktag mitten in der Woche, der Hausherr ist jedoch anwesend, als habe er auf ihren Besuch gewartet. Er gibt ihr das Geld, seine Frau serviert den Kaffee und bleibt an der Tür stehen, sie erkundigen sich nach Deutschland, nach Frankfurt, nach ihrer Mutter, nach Bernisters Bruder, den sie nur einmal gesehen hat, um ihm ähnliche Fragen nach den Seinen in Novi Sad zu beantworten. Diese Erkundigungen nach den fernen Verwandten, diese neugierigen, einfallsreichen und dennoch hilflosen Vergleiche zwischen hier und dort stimmen sie traurig, denn Worte können den Raum nicht überbrücken. Selbst die Hoffnung dieser Menschen auf ein Wiedersehen, auf eine Besuchsreise bekümmert sie, weil sie selbst dieses Hoffen durchlebt und überwunden hat. Sie geht zu Micika, erblickt an ihrer Tür eine fremde Visitenkarte; als sie klingelt, teilt ihr die jetzige Mieterin, eine ältere Frau, mit, daß Micika vor zwei Monaten gestorben sei. Sie sei pensioniert worden, habe in ein Altenheim in Zagreb umziehen wollen, habe dort alles geregelt, die erste Rate für den Unterhalt eingezahlt, das Zimmer für ihren künftigen Aufenthalt ausgesucht; am letzten Tag habe sie sich von Freunden und Nachbarn verabschiedet, gepackt, überflüssige Sachen verkauft oder verschenkt und sei erst gegen Abend dazu gekommen, zum Friseur zu rennen. Bei der Rückkehr habe niemand sie gesehen, sie habe sich entkleidet und zu Bett gelegt, und am Morgen, als der Kutscher kam, um sie verabredungsgemäß zum Bahnhof zu fahren, hätten die Nachbarn, nachdem sie auf hartnäckiges Klingeln und Klopfen nicht öffnete, die Tür eingeschlagen und Micika im Bett vorgefunden, ordentlich zugedeckt, das frischgewellte graue Haar unter einem Netz, tot. Herzschlag, habe der Arzt festgestellt. Vera geht zum Friedhof, findet den frischen Hügel und an seiner Stirnseite die Holztafel mit Micikas Namen und Lebensdaten, sie schaut sich um, sie hat hier außer Micika niemanden, alle sind spurlos dahingegangen, Vater, Großmutter, Bruder, und das deprimiert sie, obwohl es nicht weniger deprimierend ist, Micikas Grab zu sehen, in dem sie mit ihrem runzligen Gesicht und dem frischfrisierten Haar liegt und allmählich verwest. Um wen soll sie mehr trauern? Sie trauert um jeden, erinnert sich plötzlich der alten Frauen, ihrer Großmutter und deren Gefährtinnen, die, zusammen mit Micika, nur wenige Jahre zuvor ihre Häuser verlassen haben, in einer Kolonne, eskortiert von Soldaten mit aufgepflanztem Bajonett, und die geweint haben bei ihrem letzten Blick auf diese staubige Stadt, die nach ihnen gleichgültig weiterlebte. Sie kehrt um, und während sie sich ihrem Haus nähert, es von der Ecke an der evangelischen Kirche aus erblickt, immer gleich, die Fundamente im Boden versunken, mit Wunden von Regen und Wind in den seit langem unverputzten Mauern und dem geschwärzten Dach, mit den Fenstern der ehemaligen, nun als Büro dienenden Wohnung der Familie, mit dem Geschäft ihres Vaters, das zu einem Lager für Linsen und Bohnen degradiert ist, kommt sie sich vor, als betrete sie noch einen weiteren Friedhof. Sie nähert sich dem Haustor; hier hat sie immer jemanden getroffen, den Vater, den Bruder, das Dienstmädchen; von hier ist die Großmutter in ihrem komischen Aufputz mit schwarzem, spitzenbesetztem Kleid und schwarzem Strohhut zu ihren Besuchen aufgebrochen; hier hat Vera mit Ármányi gestanden, der, den Hut ans Revers seines schönen grauen Sakkos gedrückt, von seiner Sehnsucht nach ihr gesprochen hat. Stimmen und Schatten! Selbst ihm trauert sie jetzt nach, dem Mann, in den sie eine Zeitlang ihre Hoffnung gesetzt hat, wenn sie auch seine egoistischen Absichten durchschaute, sie fragt sich, was aus ihm geworden sein mag, falls er noch lebt und nicht wie Micika irgendwo in Ungarn oder andernorts unter der Erde liegt. Sie trauert allen nach, die jemals mit ihr gesprochen, aus Liebe oder Begierde nach ihr gegriffen haben, sogar den deutschen Soldaten, die, unterwegs zur Front, ihren letzten Lebenswillen auf ihr ausgetobt haben. Nur Schatten, nur Stimmen. Gibt es auf dieser Erde etwas Festes, das unabänderlich steht, an das man denken kann, ohne sogleich zu wissen: auch das ist vorbei? Es gibt nichts derartiges, scheint ihr. Der Raum ist erfüllt von Wünschen, Absichten, die Menschen entsenden ihre Liebes- und Schmerzensschreie in ihn, und all das wird am Ende zu Nebel, zerfetzt wie Lumpen, wie zerrissene Fäden, doch was wird davon bleiben, da sie selbst, die sich dessen erinnert, nur ein Faden, ein Lappen ist, der auch zerreißen wird? Sie fühlt sich genauso nebelhaft wie das Konglomerat fremder Worte und Bewegungen, das sie erfüllt, sie glaubt einfach nicht, daß sie noch existiert und nicht wie diese Stimmen und Bewegungen nur ein Streif der eigenen Gedanken ist. Sie mag das Haus weder betreten noch verlassen. Sie mag nicht essen, nicht trinken, sie braucht keine Gesellschaft. Jemand aus ihrem früheren Leben hat erfahren, daß sie zurückgekehrt ist, und klopft abendelang beharrlich bei ihr an, sie sieht den Schatten hinter der Glasscheibe, es ist nicht der von Bernister, es ist ein junger Schatten mit einer widerspenstigen Locke im zur Seite gekämmten Haar, sie erinnert sich nicht, zu wem er gehört, und will sich nicht erinnern, sie wartet nur, daß er verschwindet. Sie raucht und verhält sich still. Draußen wechseln die Jahreszeiten, die erste, zweite, siebente, elfte. Es ist wieder Herbst, ein früher, warmer, die Erde dampft, die Bäume im Hof biegen sich unter dem staubigen, schweren Laub, Fliegen und Hummeln summen, wenn sie durchs Fenster hereinschwirren und lange nicht mehr hinausfinden. Vera zieht sich an und geht hinaus, um Lebensmittel einzukaufen (sie geht nur abends aus). In den Häusern am Weg sind die kleinen Fenster erleuchtet, die Frauen dahinter machen die Betten zurecht, irgendwo erklingt Musik aus einem Radio, ein Kind schreit »Mamaaa! Mamaaa!«, dehnt die zweite Silbe in verzweifelter Erwartung einer Antwort, die nicht erfolgt, und das wiederholt sich immer leiser und leiser, je weiter sich Vera auf der Straße entfernt. Die Mama liegt vielleicht unter dem Papa oder hängt im Hof die Wäsche auf oder ist von einem nachmittäglichen Besuch noch nicht heimgekehrt, wer weiß, es ist auch gleichgültig, es bleibt dieses Mißverständnis, diese Vergeblichkeit des kindlichen Schreis, der seine Ursachen und Grenzen in einer fernen, unbekannten Not hat. Vera werden die Augen feucht: sie weiß, daß sie niemals die Ursache eines solchen Mißverständnisses sein wird, die Möglichkeit dafür ist in ihr verbrannt, aus ihr herausgerissen worden; aber sie ist nicht nur deshalb traurig, sondern einfach wegen des Mißverständnisses. Sie fühlt, daß sie dieses Bewußtsein der Vergeblichkeit nicht ertragen kann, sie fühlt, daß sie krank ist, krank sind ihre Gedanken, ihre Empfindungen, ein Bazillus hat sich in ihrem Gehirn eingenistet und wühlt, ohne daß sie etwas dagegen tun kann. Wenn er sie ganz zerwühlt hat, wird sie zusammenbrechen oder den Verstand verlieren. Da hört sie ihren Namen, mehrmals, dreht sich um und sieht, daß ein Mann hinter ihr herläuft, nicht sehr hochgewachsen, mit großem Kopf, unter der Lampe blitzen seine Zähne in einer ihr bekannten Weise auf, starke, muskulöse Arme umfangen sie, und ihr ist diese Umarmung von irgendwoher vertraut, sie überläßt sich ihr weich und mit einem Schluchzen der Rührung, und erst als sie sich freimacht und dem Mann aus der Nähe ins Gesicht blickt, erkennt sie Sredoje Lazukić. Sie legt ihren Kopf an seine Schulter und beginnt zu weinen, laut, hemmungslos, befreit.

Zu dem Wiedersehen mit Vera gelangte Sredoje auf einem weiten Umgehungsweg, den er eingeschlagen hatte, weil er sich in seine unselbständige Rolle als Sohn fügte. Dieser Weg begann sechs Tage nach dem Kriegsbeginn mit dem Aufbruch aus Novi Sad, denn Vater Lazukić wollte die heranrückenden deutschen und ungarischen Truppen weder auf der Hausschwelle begrüßen noch ihnen seine Söhne zum Pfand geben. Schon immer lautstark in seinen Ausfällen gegen die Deutschen und das Deutschtum und gegen andere nichtserbische Nationen, welche die seinige zu unterdrücken drohten und dazu imstande waren, hatte Nemanja Lazukić die Annullierung des Paktes mit Deutschland in einer Rede vom Balkon des Rathauses gutgeheißen, gleich nach dem Chef seiner Partei, dem ehemaligen »Sokol«-Vorsitzenden Dr. Marko Stanivuk. Dabei glaubte er nicht, daß wirklich die Opfer gebracht werden mußten, die zu bringen er mit erhobener Faust vor den versammelten Bürgern gelobte, sondern vielmehr, daß dieses Gelöbnis den Feind in Berlin, in Budapest und Sofia verwirren und entmutigen würde, und in dem Sinne beruhigte er auch seine besorgte Frau nach der Heimkehr vom Bankett. Als später dennoch, begleitet vom verspäteten Sirenengeheul, die regelmäßigen Formationen der silbernen deutschen Flugzeuge am Himmel erschienen, war er nur für einen Moment fassungslos, um kurz darauf im stillen trockenen Keller, wohin er sich mit der Familie geflüchtet hatte, mit prophetisch emporgerichtetem Blick zu erklären: »Das kommt sie teuer zu stehen. Ein Land muß man erst erobern, hier aber ist der serbische Soldat auf Wacht.« Nach der Entwarnung ging er in die Stadt und kehrte mit einer Gasmaske und der Nachricht von der Bombardierung Belgrads zurück. »Das ist im Grunde gut, es wird den Haß des Volkes schüren.« Er packte Handtuch und Rasierzeug in eine Tasche, denn er hatte sich zum Dienst im Stab der Zivilverteidigung gemeldet, als Adjutant des Kommandeurs, eines Hauptmanns der Reserve. Dort weilte er Tag und Nacht, meldete sich nur telefonisch, einmal mit der Nachricht, die jugoslawische Armee sei weit nach Bulgarien vorgedrungen. Aber entgegen dieser Behauptung füllten sich die Straßen der Stadt mit Soldaten auf dem Rückzug, die auf den Gehwegen saßen, mit der Bitte um Wasser an die Haustüren hämmerten, und durch ihre in Auflösung begriffenen Reihen bahnte auch er sich schließlich den Weg nach Hause, fast ebenso verkommen und erschöpft wie sie. »Verrat«, sagte er. »Wir müssen fliehen. Natürlich nur vorübergehend, denn am Ende werden wir siegen wie im letzten Krieg.« Er holte die Koffer vom Schrank in der Abstellkammer und beauftragte seine Frau, alles einzupacken, was er und die Söhne für eine längere Zeit der Abwesenheit brauchten. »Du, mein Herz, wirst hierbleiben müssen«, erklärte er, während er ihr die Hand auf die Schulter legte und ihr in die Augen blickte. »Du wirst unser Haus hüten, bis wir zurückkommen, und das wird bald sein.« Auf der Suche nach einem Transportmittel ging er in die Stadt und blieb lange weg, schließlich kam er mit Jovan wieder, dem älteren, breitschultrigen Taxifahrer, der ihn gelegentlich zu Verhandlungen in die umliegenden Städte chauffiert hatte, wies auf die in der Diele stehenden Koffer und begab sich zum Umziehen in sein Zimmer. Die Söhne saßen bereits in dem blauen Auto, und seine Frau trocknete sich die Augen vor der Frontscheibe, als er in sportlicher Kleidung mit Knickerbockern und wollenen Kniestrümpfen erschien, die er bei Ausflügen zu tragen pflegte. »Wir fahren los«, verkündete er, während er seine Frau auf beide Wangen küßte. »Du brauchst keine Angst zu haben, dir als Frau werden sie nichts Böses tun.« Frau Lazukić stammelte: »Aber wohin willst du denn bloß mit meinen Kindern?« Er stieg neben dem Fahrer ein, streckte den Kopf durchs Fenster und verkündete düster: »Vielleicht nach Albanien, vielleicht noch weiter. Bis uns der Sieg zu dir zurückbringt.«

Das Auto fuhr an. Schon bei der ersten Kreuzung mußte es bremsen, weil die aus allen Richtungen eintreffenden Soldaten die Straßen verstopften. Sie bahnten sich mühsam einen Weg durch die ungeordneten Reihen und gelangten im Schrittempo bis zur Donaubrücke. Sie saßen auf ihren weichen, angewärmten Sitzen und sahen durch die Fensterscheiben in staubige Soldatengesichter, die sich im Rhythmus der Schritte auf- und abbewegten. Und ohne es zu wollen, verharrte ihr Blick bei keinem einzigen. »Haltet aus, ihr Helden!« murmelte Nemanja Lazukić, Ermutigungen, die jene nicht hören konnten, doch bald wurde er unruhig, weil es so langsam vorwärtsging, er reckte den Hals und trieb Jovan zur Eile an. Dieser schwieg finster, er bereute schon, den Auftrag übernommen zu haben. Vor der Brücke mußten sie anhalten und sich dann Stück für Stück die schmale Fahrspur erobern. Nach rechts und links erstreckte sich der blaue Fluß, sie sahen sich unwillkürlich nach den letzten Häusern von Novi Sad um, die ruhig und fast erwartungsvoll auf ihren Fundamenten standen. Auf der Landstraße wurden sie vom Verkehr verschluckt. Armeekolonnen, Geschütze auf Lafetten, die von Pferden gezogen wurden, hin und wieder ein LKW, Gulaschkanonen auf hohen Rädern, Wagen voller Munitionskisten stießen zusammen, trennten sich wieder, in ihrer Eile hilflos vor der Enge des Asphaltstreifens, an dessen Rändern, in den Straßengräben schon die Wracks verbeulter, umgekippter Fahrzeuge und Ausrüstungen lagen. So schlichen sie weiter unter den Schreien und Flüchen der Kommandeure, die Mannschaften und Pferdegespanne vergebens antrieben. Der Fahrer Jovan umklammerte das Lenkrad, wechselte die Gänge, Nemanja Lazukić zappelte auf seinem Sitz und gab unbrauchbare Ratschläge, Rastko war in sich gekehrt, während Sredoje all das mit einer Mischung aus Unbehagen, Scham und Neugier betrachtete, als etwas, was ihm nicht willkommen, aber aufregend fremd war. In der Abenddämmerung erreichten sie Indjija, und obwohl der Advokat geschworen hatte, daß die Truppen hier haltmachen würden, weil er aus sicherer Quelle wisse, hier an den Hängen der Fruška gora werde sich die Verteidigung formieren, zog die dichtgedrängte Kolonne nervös weiter. Es war tiefe Nacht, als sie Stara Pazova erreichten. Erschöpft bogen sie in eine Nebenstraße ein und hielten an. Der Advokat stieg allein aus und begab sich zu Fuß auf die Suche nach einem Nachtlager. Er kam unverrichteter Dinge wieder, dennoch entschlossen, nicht weiterzufahren; vorläufig mußten sie sich mit dem Hof einer nahe gelegenen Gastwirtschaft begnügen, die ihnen wenigstens Stärkung durch eine warme Mahlzeit verhieß. Sie nahmen das Gepäck aus dem Auto, erleichterten ihre Blasen, wuschen sich am Brunnen die Hände und aßen bei Petroleumlicht, weil aus irgendeinem Grund der Strom im Ort ausgefallen war, an einem runden Tisch im Gastraum Gulasch und eingelegte Paprikaschoten. Nemanja Lazukić kam mit dem Wirt ins Gespräch, erzählte ihm von den Erlebnissen unterwegs und erörterte mit ihm die Chancen der Verteidigung, und so eröffnete sich die Möglichkeit, in der Nachbarschaft bei einer Slowakin, die hin und wieder für den Wirt arbeitete, ein Nachtlager zu finden. In der totalen, vom unablässigen Lärm der Menschen und Fahrzeuge auf der fernen Landstraße erfüllten Finsternis folgten sie der kaum erkennbaren Silhouette des Wirts durch den Garten, durch die Pforte im Lattenzaun, weckten unsichtbare Hunde, hörten gedämpfte Stimmen, Türenschlagen, um schließlich in ein niedriges, ziemlich großes Zimmer mit Flickenteppichen und zwei riesigen Betten an der Stirnwand eingelassen zu werden. Eine vollbusige Frau mit Kopftuch und weiten Röcken machte umständlich die Lagerstätten zurecht, trug Schicht um Schicht Kissen und Decken ab, gab ihnen eine Kerze und nahm ein Trinkgeld von Nemanja Lazukić entgegen. Sie entkleideten sich hastig, legten sich hin, deckten sich zu und verbrachten stöhnend ob der Enge und der stickigen Luft ihre erste Nacht als Flüchtlinge. Am Morgen nach dem Frühstück, das länger dauerte als beabsichtigt, drohte ihrer Weiterreise das Ende, da der Fahrer Jovan entschlossen war, sofort zurückzukehren. Nemanja Lazukić redete auf ihn ein, erinnerte ihn an viele gemeinsame, reichlich entlohnte Fahrten, konnte jedoch nicht leugnen, das Taxi nur für den einen Tag gemietet zu haben, der ihm ausreichend erschienen war, bis nach Belgrad zu gelangen. Der Wirt, der neugierig dem Streit gelauscht hatte, mischte sich jetzt ein und sagte, daß laut Informationen, die er in der Frühe von Soldaten erhalten habe, Belgrad überhaupt nicht erreichbar sei, weil die Brücken zerstört seien, so daß auch die Kolonnen nach Obrenovac umgeleitet würden. Dieses Wort der höheren Gewalt sorgte vorübergehend für Schweigen, bildete aber dann eine Grundlage für neue Verhandlungen: Lazukić versprach Jovan eine höhere Entlohnung, und dieser fand sich bereit, sie bis zur Fähre über die Save nach Obrenovac zu bringen, aber, wie er sich ausdrückte, keinen Schritt weiter. Sie stiegen ein und fuhren bis zur Landstraße. Die war noch immer von demselben Chaos aus Menschen und Geräten erfüllt, als habe sich während der Nacht und am Morgen nichts weiterbewegt. Sie warteten auf eine Lücke – ein vor einen Wagen gespanntes Pferd war gestürzt – und fädelten sich rasch auf dem Pflaster zwischen Fußgängern und Fahrzeugen ein. Sie kamen indes noch langsamer voran als tags zuvor, denn die allgemeine Gereiztheit bewirkte, daß keiner keinem mehr auswich. Die Gesichter der Soldaten, die sich jetzt den Autofenstern zuwandten, waren nicht mehr gleichgültig oder neugierig, sondern zornig, ihre von der Schlaflosigkeit schmalgewordenen Augen suchten unter den Insassen eine Zielscheibe für ihre Wut, für ihren Haß. Von dieser Feindseligkeit umgeben, fuhren sie fast mit angehaltenem Atem bis zum dämmrigen Spätnachmittag durch langgestreckte Dörfer, um endlich den Hafendamm zu erreichen, wo es wie auf einem Jahrmarkt von ausgespannten, nervösen Pferden, schiefstehenden Wagen und Gruppen von Menschen in Uniform und in Zivil wimmelte. Nachdem Jovan den vereinbarten Lohn kassiert hatte, verabschiedete er sich kurz und barsch, ließ den Motor an, wendete und verschwand im rosigen Staub des Sonnenuntergangs. Die drei Lazukić griffen nach ihren Koffern und kletterten auf den Hafendamm. Sie erblickten ein Wäldchen, das schwarz von menschlichen Gestalten war, und dahinter glänzte breit und dunkel der Wasserspiegel des Flusses. Sie gingen die Böschung hinunter, durch das Wäldchen, stolperten über Baumwurzeln und die Beine der Liegenden, gelangten ans Ufer, reihten sich unter die Wartenden ein. Jenseits des lautlos strömenden Flusses dunkle Vegetation, überwölbt vom Abendrot. Nemanja Lazukić drehte sich um und fragte den nächststehenden Mann nach der Fähre. Dieser hob träge und lustlos die Hand und zeigte auf einen schwärzlichen Fleck, der sich gerade vom Ufer gegenüber löste. Als hätte er damit ein Zeichen gegeben, sprangen die Menschen auf, setzten sich drängend und stoßend in Bewegung.

Die drei Lazukić ließen sich vom Strom der Menge mitreißen, stießen aber schon nach wenigen Schritten auf eine dichte, elastische Mauer aus Leibern. Wie die anderen blickten sie ungeduldig der Fähre entgegen, die langsam, viel zu langsam näher kam und schließlich in fünfzig Schritt Entfernung rechts von ihnen anlegte. Die Menge rückte schimpfend und fluchend weiter und brachte sie dem Ort der Einschiffung zehn Schritt näher. Dann wieder eine undurchdringliche Menschenmauer. Sie stellten müde ihre Koffer ab und setzten sich darauf. Es dauerte sechs Überfahrten von je dreiviertel Stunden, bis sie den Steg erreichten und, von hinten geschubst, über das Brückchen auf den Kahn stolperten. So erleichtert, als wären sie einer Feuersbrunst entkommen, fuhren sie aufs Wasser hinaus und setzten im langen Rhythmus der Ruderschläge auf die serbische Seite über. Hier war das Gedränge ebenso dicht wie jenseits, und Schritt für Schritt, gestoßen, beschimpft, im Dunkeln strauchelnd durchwateten sie einen schlammigen Weg bis zu den ersten Straßen der Stadt. Sie wollten sich ein Nachtlager suchen, aber da das alle wollten, trafen sie vor den wenigen erleuchteten Häusern auf jene, die man bereits abgewiesen hatte. Erst der Eingang zum geräumigen Bahnhofsgebäude öffnete sich ihrem immer mutloseren Trott, und hier sanken sie nebeneinander auf den Steinboden des Wartesaals. Die ganze Nacht von Neuankömmlingen gestört, die sie traten und dichter zur Wand drängten, dämmerten sie dem Anbruch des kalten Aprilmorgens entgegen. Sie hatten Hunger, wollten essen gehen, aber alle Gasthäuser waren von Menschenmassen belagert, die Läden geschlossen. In den Händen einiger Leute entdeckten sie Brot, und da sie der Spur dieser braunen Last unter so vielen Armen folgten, statt auf entgegengesetzte Hinweise zu hören, fanden sie eine Bäckerei, die sich wundersamerweise um den Krieg nicht scherte. Vor der Tür Gedränge und Prügelei. Während Rastko, mit gesenktem Kopf auf dem größten Koffer hockend, das Gepäck bewachte, stürzten sich Nemanja und Sredoje ins Getümmel und erhaschten gerade noch zwei Kilobrote zu einem Spottpreis. Sie verschlangen sie gierig gleich auf der Straße und tranken Wasser aus dem Brunnen auf dem Marktplatz ohne einen einzigen Stand, nahmen ihre Koffer und machten sich auf den Weg aus der Stadt. Sie kamen mit ihrer Last nicht weit, hielten schwitzend bei der ersten Wiese am Straßenrand an, um auszuruhen. Als sie ein wenig verschnauft hatten und sich umschauten, erblickten sie in der Nähe einen Bauernwagen mit eingespannten Pferden, hinter dem ein Feuerchen brannte. Ein schnurrbärtiger Unteroffizier fütterte es mit Papieren, die ihm zwei Soldaten aus einer Kiste zureichten. Mit der Spürnase des Advokaten erkannte Nemanja Lazukić etwas Berufsverwandtes in dieser Szene, er ging hin und knüpfte ein Gespräch an. Der Unteroffizier war Schreiber eines Bataillons, das auf dem Rückzug war, er hatte gerade den Befehl erhalten, vertrauliche Schriftstücke zu vernichten, und verbrannte alles, was ihm unter die Hände kam, bevor man weitermarschieren würde. Nemanja zeigte ihm die Koffer und bat, sie auf den im Wagen freigewordenen Platz stellen zu dürfen, der Unteroffizier hob unsicher die Schultern und stimmte zu. Der Wagen setzte sich in Bewegung und die drei Lazukić hinter ihm, den Blick auf die Koffer gerichtet; so waren sie, ohne es zu merken, den Soldaten gleichgestellt, die noch gestern mißlaunig Jovans Taxi umringt hatten. Auch ihre Aufmerksamkeit galt jetzt nur dem steinernen Band, auf dem sie marschierten, seinen Unebenheiten, dem Staub, den Pferdeäpfeln. Rastko begann zu humpeln, und als sie am Straßenrand haltmachten, um seinen linken Fuß von Schuh und Strumpf zu befreien, sahen sie an der Ferse eine große rote Blase. Der hilflose Vater schalt ihn, bei der Wahl des Schuhwerks nicht aufgepaßt zu haben, erwähnte auch die mangelnde Sorgfalt der Mutter und die allgemeine Unkenntnis der rauhen Gesetze des Krieges, doch deshalb humpelte Rastko nicht weniger, er blieb zurück, und Lazukić senior sah sich gezwungen, wieder mit dem Unteroffizier zu verhandeln. Der sah den jungen Burschen schief an und bedeutete ihm unwillig, auf den Wagen zu klettern. Jetzt hingen Rastkos Beine über den Wagenrand, und sein schmaler bebrillter Kopf blickte schuldbewußt auf die entweichende Straße. In der Luft erscholl Motorenlärm, und während alle den Kopf hoben, um die Geräuschquelle auszumachen, erschienen am wolkenlosen Horizont Flugzeuge wie riesige Vögel, sie warfen ihre Schatten auf die Chaussee und spien unter heftigem Knattern einen dichten Regen von Geschossen aus, die augenblicklich Menschen und Gegenstände durchbohrten. Die Kolonne rannte nach allen Seiten auseinander, die verängstigten Pferde fielen in Trab. Sredoje war über den Straßengraben auf ein Feld gesprungen, er lief, und als das Getöse sich wieder verstärkte, warf er sich bäuchlings auf den warmen, aufgepflügten Boden. Rings um ihn schlugen Geschosse ein, er beobachtete furchtsam ihre Flugbahn, sie schienen auf ihn zuzukommen, sein Herz verkrampfte sich, doch bald ließ der Beschuß nach, und er blieb unversehrt. Er hob den Kopf und sah die Straße fast leer bis zur nächsten Biegung, wo ein vom Geschirr losgerissener Schimmel wiehernd ein bläuliches, aus seinem aufgeschlitzten Bauch quellendes Knäuel hinter sich herschleppte. Eine zweite Flugzeugwelle kam, eine dritte, dann wurde es still. Ohne zu glauben, daß die Gefahr vorüber war, erhoben sich die Menschen von den Feldern, zögernd wie aus dem Schlaf gerissene Tiere. Auch Sredoje stand auf, horchte, und da nichts zu vernehmen war, kehrte er schließlich zur Straße zurück. Er sah seinen Vater mit sorgenvoll gesenktem Blick aus dem Graben auftauchen. »Bist du unversehrt?« fragte Sredoje. »Ich glaube schon«, antwortete der Advokat, »aber ich habe völlig nasse Füße.« Er kletterte auf die Straße, tat ein paar Schritte, wobei jedesmal das Wasser aus seinen Halbschuhen nach beiden Seiten spritzte, schließlich setzte er sich auf einen Kilometerstein. Er löste die Schnürsenkel, streifte Schuhe und Strümpfe ab, bewegte die weißen Zehen. »Wo ist mein Koffer?« Doch die Straße war verlassen, der Wagen mit den Koffern und Rastko längst verschwunden. Lazukić überlegte, dann zog er aus Jacke und Hose zwei weiße Taschentücher, umwickelte damit seine Füße, schüttelte die letzten Wassertropfen aus den Schuhen und schlüpfte hinein. »Wie Fußlappen«, sagte er fast zufrieden und ging los, mit anfangs unsicherem, dann elastischem Schritt, mit nackten Waden und schlappenden weißen Taschentüchern, die am Boden schleiften und bald verschmutzten. »Und jetzt schnell, wir müssen Rastko einholen.«

Sie marschierten auf der Chaussee weiter und sahen erst jetzt, in anderer Haltung und aus anderem Blickwinkel, welche Verwüstung die Maschinengewehre angerichtet hatten. Neben einer Soldatenkiste am Straßenrand lag rücklings, Arme und Beine gespreizt wie im Schlaf, ein Offizier in Uniformmantel und ohne Mütze; der Schimmel, den Sredoje nach dem ersten Fliegerangriff beobachtet hatte, war in einiger Entfernung bereits am Verenden, auf die Seite gewälzt, mit zuckendem Kopf und immer langsamer strampelnden, von den Mäandern der Eingeweide umschlungenen kräftigen Hinterbeinen; ein Wagen mit Gulaschkanone brannte, daneben knieten zwei Soldaten neben ihrem stöhnenden Kameraden. Sie bemerkten, daß auf der ganzen Straße, soweit sie sie überblicken konnten, nur sie beide sich vorwärtsbewegten, und als sie sich umwandten, sahen sie Gruppen von Soldaten und Zivilisten auf die wenigen Bauerngehöfte am Wegesrand zustreben. Sie blieben unschlüssig stehen. Da hörten sie wieder Motorengeräusche und stürzten ohne vorherige Verständigung aufs Feld hinaus. Sie rannten instinktiv auf das nächste Haus zu, doch als sie dicht davor waren, sahen sie Männer und Frauen herauskommen und sich im Garten verstecken. »Hierher!« rief Nemanja Lazukić und wandte sich zur Scheune neben dem Haus, die auf Pfählen stand und einen kniehohen Unterschlupf bot. Dort verkrochen sie sich und blickten mit stockendem Atem zur Straße. Der Lärm kam von ihrem höchsten Punkt, wo sie einem Hügel folgte und ihr weiterer Verlauf nicht zu überschauen war; da ragte etwas Riesiges, Buntes in den Himmel, und als es herabrollte, erkannten sie einen Panzer, der vorn eine rote Fahne mit schwarzem Hakenkreuz trug. Sie starrten auf dieses flatternde, rot-schwarze, seltsamerweise neue und saubere Stück Stoff, und derweil näherte sich der Panzer langsam und ruhig, so daß das Gesicht des Soldaten im Stahlhelm, der bis unter die Achseln ungedeckt im Turm stand, zu erkennen war. Jetzt erschien auf der Hügelspitze ein anderes, kleineres Fahrzeug, ein Motorrad, mit einem ebenfalls behelmten Fahrer und einem Begleiter, der, im Beiwagen zurückgelehnt, den Finger am Abzug des Maschinengewehrs hielt. Der Panzer dröhnte an ihnen vorbei die Straße hinunter, gefolgt von dem knatternden Krad. Sie beobachteten weiter die Hügelspitze, doch dort ereignete sich nichts mehr. »Mein Gott, das sind Deutsche!« kreischte in der Nähe eine Frauenstimme, und eine männliche schien ihr zu antworten: »Mit Jugoslawien ist es aus!« Sie krochen unter der Scheune hervor, richteten sich auf, schüttelten den Staub ab und gingen auf das Bauernhaus zu, vor dem sich diejenigen, die kurz zuvor daraus geflüchtet waren, wieder versammelt hatten. Eine Frau, wahrscheinlich diejenige, die beim Auftauchen von Panzer und Motorrad zuerst geschrien hatte, fiel auf die Bank am Haus und bedeckte das Gesicht mit den Händen, eine Gruppe aus Zivilisten und zwei Soldaten umringte sie und sah sie mit zerstreutem Interesse an. »Wo werden wir das los?« fragte der eine Soldat seinen Kameraden, während er ein Gewehr am Lauf vom Boden hochhob. Der andere Soldat starrte noch die Frau an, wandte sich dann als erster an die Bauern: »Ist das euer Haus, Leute? Können wir hier die Flinten vergraben?« Der erste Soldat zuckte zusammen. »Sei doch still, du Idiot!« sagte er, griff, ohne die Antwort des Bauern abzuwarten, nach dem Gewehr seines Kameraden und trug es zusammen mit dem seinigen eilig hinter das Haus. Er verschwand zwischen den Obstbäumen im Garten, und als er wiederkam, hatte er keine Waffen mehr bei sich. »Abmarsch«, befahl er seinem Kameraden und zupfte ihn am Ärmel, und sie gingen am Garten vorüber auf die fernen Felder zu, eilig, halb gebückt, und verschwanden in der ersten Senke. Lazukić Vater und Sohn beschlossen ebenfalls, aufzubrechen, doch wußten sie nicht, in welche Richtung: unbekannte Wege durch die Felder einzuschlagen, hatte für sie keinen Sinn, auf die Chaussee zurückzukehren, erschien ihnen zu gefährlich. Beide waren hungrig und erschöpft und bemerkten zugleich erstaunt, daß es bereits dämmerte. Sie sahen nach der Uhr, es war fast sechs: dieser ereignisreiche und dabei entsetzlich lange Tag war wie im Flug vergangen. Sie entschieden, ihren Weg nicht in der Nacht fortzusetzen, und kehrten zu dem Haus zurück. Bei der Befragung der Bauern erfuhren sei, daß sie alle selbst Flüchtlinge waren und daß der Hauseigentümer irgendwo hier sein mußte. Sie klopften und trafen einen älteren Bauern mit großer roter Geschwulst im Gesicht beim Feuermachen an. Der Rauch aus dem Herd steigerte ihren Hunger, sie fragten nach etwas Eßbarem. Der Bauer rollte die Augen, als wollte er sich gegen den Rauch schützen, und sagte nach kurzem Schweigen: »Ich habe nur Eier. Aber Achtung, die kosten jetzt zwei Dinar das Stück.« Nachdem Nemanja Lazukić auf diesen verblüffenden Preis eingegangen war, wurde ihnen Platz angeboten und eine wesentlich jüngere Frau, vielleicht eine Tochter oder eine Magd, herbeigerufen, die ihnen wortlos Rührei zubereitete und dazu zwei große Brotscheiben auf dem rohgezimmerten Tisch schnitt. Gleich nach dem Abendessen führte der Bauer sie in eine Kammer hinter dem Haus, in deren Ecke Fässer standen, streute ihnen Stroh hin und warf zwei zerschlissene Decken darüber. Sie baten um Wasser zum Waschen. Nemanja Lazukić hängte seine Strümpfe zum Trocknen ans Fenster, dann legten sie sich aufstöhnend hin und deckten sich zu. Sie kamen sich vor wie die Könige: durch das offene Fenster wehte Kühle, ihre brennenden Füße ruhten aus, von der Landstraße erscholl zwar beängstigendes Rattern von Fahrzeugen, aber hier zwischen den vier Wänden waren sie vorübergehend sicher. »Wo mag bloß Rastko sein?« überlegte Sredoje laut und gähnend, schon im Einschlafen. »Bei den Deutschen, du siehst doch, wie schnell diese Teufel vorankommen. Morgen finden wir ihn«, antwortete der Vater. Tags darauf machte die Kälte sie früh wach, und als sie sich angezogen hatten und aus der Kammer traten, fanden sie die Hausbewohner vor, die bereits auf den Beinen waren. Zum Frühstück bekamen sie wieder Rührei und brachen sofort auf. Die Chaussee war in beiden Richtungen wieder voller Flüchtlinge und Soldaten ohne Waffen und Koppel, die zuhauf am Wegrand lagen. Sie hielten einen Moment inne, um sich zu orientieren. »Wir müssen in derselben Richtung weiter«, erklärte Nemanja Lazukić, »bis wir Rastko finden und herausbekommen, wie es in Belgrad aussieht.« Sie beschrieben Kurven auf ihrem Fußmarsch, denn auf der Chaussee lagen noch eine Menge Dinge, die tags zuvor beim Angriff herabgefallen waren, Kisten, Säcke, Autoteile, hin und wieder auch die Leichen von Soldaten, die man beiseite gezerrt und denen man die Arme über der Brust gekreuzt hatte. An den sich schlängelnden gerippten Spuren sah man, daß auch die Panzer dieses Chaos umfahren hatten. Jetzt waren keine da, sie schienen in unendlicher Kette nur vorübergerollt zu sein, aber fast jeden Moment knatterte ein Motorrad heran, jedes mit Beiwagen und von zwei Deutschen besetzt. Die Deutschen trugen keine Helme mehr, sondern strammsitzende leichte Käppis und überholten die Flüchtlinge und die waffenlosen Soldaten fast blicklos, einem Ziel entgegen, das offenbar für jeden exakt bestimmt war. Die Menschen auf der Straße wichen ihnen ängstlich aus, verstummten und blinzelten sie mißtrauisch an, aber hin und wieder hob sich verschämt eine Hand, um ihnen zum Zeichen der Dankbarkeit und Erleichterung, weil sie niemandem etwas taten, zu winken. Je näher man der Siedlung kam, desto mehr Deutsche gab es, und vor den ersten Häusern von Ub erstreckte sich am Straßenrand eine ganze Kolonne deutscher Lastautos, deren Besatzungen im Gras saßen, in den Himmel blinzelten und Konserven mit Bier frühstückten. Die Vorüberziehenden betrachteten staunend diese entspannten, ihrem Genuß hingegebenen Feinde, als hätten sie jetzt erst eine bisher unvorstellbare Eigenschaft an ihnen entdeckt; Kinder liefen herbei und starrten sie an, den Finger im Mund. Lazukić betrachtete sie ebenfalls und konstatierte: »Die brauchen nicht zu hungern wie unsere Leute.« Sie kamen in die Stadt, wo es von Passanten wimmelte, weil alle sich nach der überstandenen Gefahr und dem Versteckspielen die Beine vertreten und das Neue sehen wollten, das mit den Deutschen eingezogen war. Die Geschäfte waren geöffnet, die erste Gaststätte, auf die sie trafen, gestopft voll. Nemanja Lazukić drängte sich zur Theke durch, wo der Wirt, ein kräftiger Mann in offenem Hemd und mit Augenbrauen, so buschig wie ein Schnurrbart, Schnaps ausschenkte. »Guten Tag, Chef«, rief er, um die lärmenden Gäste zu übertönen. »Ich suche meinen Sohn, er ist Student und muß gestern hier durchgekommen sein.« Der Wirt setzte die Flasche ab. »Und woher seid ihr?« »Aus Novi Sad. Wir sind auf der Flucht und haben unterwegs meinen älteren Sohn verloren.« »Ein Student, sagst du?« »Ja.« »In der Kirche soll ein Student oder ein Schüler oder sowas ähnliches liegen.« »Was heißt denn liegen?« stammelte Nemanja Lazukić und stützte sich auf die Theke, weil ihm schwach wurde. »Na so! Er ist bei einem Luftangriff erschossen worden, und die Soldaten haben ihn reingetragen.«

Lazukić sah ihn verständnislos an und rannte blicklos, völlig aus der Fassung gebracht, hinaus. Sredoje, der im Stimmengewirr die Antworten des Wirts nur halb verstanden hatte, folgte ihm. Aber im Gewühl auf der Straße konnte er ihn nicht einholen. Er stieß wie sein Vater mit Passanten zusammen, verlor ihn aus dem Blick, entdeckte ihn wieder im Gespräch mit jemandem und sah ihn hastig in der Menge untertauchen. Als er den Markt erreichte, wurde er einer großen, frischgeweißten Kirche und seines einsamen Vaters ansichtig, der mit ausgebreiteten Armen in die offene Tür stolperte. Nun schon ohne Eile, Böses ahnend, ging er ihm mit unschlüssigem, schwerem Schritt nach. Im Dunkel der Kirche konnte er nach dem grellen Tageslicht zunächst nichts erkennen. Er ging an einer Reihe brennender Kerzen vorüber bis zur Kanzel, vor der auf einem Gestell eine frischgezimmerte, ungestrichene Kiste stand mit einem spitzen, mageren Gesicht auf dem Kissen. Erst beim Nähertreten erkannte er entsetzt seinen Bruder, der ohne Brille seltsam verjüngt wirkte, und zugleich sah er zu seinen Füßen eine formlose Masse aus Kleidern und Gliedern. Er beugte sich herab und sah, daß es sein Vater war. In dem Moment kamen bereits Menschen herbei, eine Hand benetzte das Gesicht des Vaters mit Wasser aus einem Tongefäß, der Vater schlug die Augen auf, versuchte sich stöhnend zu erheben und sank wieder zurück. Sredoje bückte sich, faßte den Vater unter den Armen, andere halfen ihm, und derweil lief ein dunkelhaariger Geistlicher mit gestutztem Bart herbei und wies ihnen den Weg zur Seitentür. Sie trugen Lazukić an die frische Luft und in die Wohnung des Geistlichen gegenüber dem Kircheneingang, wo jenseits der Tür wie bestellt eine Ottomane bereitstand. Die Frau des Popen eilte herbei, schwarzhaarig, hübsch, mit Flaum auf der Oberlippe, in engem Kleid, das sich um ihren Bauch spannte, sie öffnete geschäftig einen breiten Schrank, der eine ganze Wand des Raums einnahm, holte eine Flasche Schnaps heraus. Mit vereinten Kräften und unter Warnungen vor möglichen Fehlern flößten sie Nemanja Lazukić ein paar Tropfen der Flüssigkeit ein. Er schmatzte und blickte gleich gefaßt um sich. »Ihr könnt gehen, Leute«, sagte der Geistliche ungeduldig, und Sredojes Helfer verließen nacheinander, wenn auch zögernd und mit offensichtlichem Widerwillen die Wohnung. »Sie sind ein Angehöriger?« fragte der Pope mit scharfem Blick auf Sredoje, der sich ihnen nicht angeschlossen hatte. »Ja, der Bruder. Beziehungsweise der jüngere Sohn meines Vaters.« Der Geistliche nickte. »Mein Beileid, ich habe bereits angeordnet, daß der junge Mann heute beerdigt wird.« Er wartete, als sollte eine Antwort erfolgen, und da Sredoje schwieg, verließ er den Raum. Sredoje blieb bei seinem Vater stehen, der stöhnte, in einen Halbschlaf fiel, aus dem er wieder stöhnend aufschreckte. Draußen durchbrach ein Sonnenstrahl die Wolken, das Zimmer erhellte sich, ein gelber Streif fiel auf das Fußende der Ottomane und die schmutzigen Schuhe des Schlafenden. Man hörte rhythmische Schläge, und Sredoje begriff, daß wohl jemand den Sarg zunagelte. Der Tod des Bruders erschütterte ihn durch seine Plötzlichkeit, er erinnerte sich genau aller Einzelheiten, die dazu geführt hatten, beginnend mit der Blase an Rastkos Ferse, wodurch sich der Vater veranlaßt sah, um einen Platz auf dem Wagen zu bitten. Und was, wenn er, Sredoje, eine Blase bekommen hätte und statt Rastko auf den Wagen gestiegen wäre? Es kam ihm unglaublich vor, daß in dem Fall der Wagen mit ihm davongejagt wäre, daß ihn die Schüsse in die Brust getroffen hätten und er jetzt tot im Sarg läge, ohne Blut im Körper, ohne von diesem warmen Tag zu wissen, von dem mürrischen Popen und seiner hübschen, lebhaften Frau; dennoch sah er ein, daß es so nicht nur hätte sein können, sondern daß es so hatte kommen müssen, und diese Gewißheit erfüllte ihn mit dem Schauder des Rätselhaften. Er verlor die Geduld, wollte nicht dastehen, wo sich nichts ereignete, und trat vor die Tür. Hier standen die Menschen, die ihm geholfen hatten, den Vater in die Wohnung des Popen zu tragen, und die offenbar bereits wußten, wer Sredoje war, denn sie verstummten bei seiner Annäherung und starrten ihm ins Gesicht. Er fühlte sich unbehaglich, weil sie von diesem Gesicht etwas anderes ablasen als die Verzweiflung, die sie erwarteten, also ging er in einer Art Selbstverteidigung auf sie zu und fragte das erste, was ihm einfiel: »Wo ist der Pope?« Indes antwortete niemand, sie starrten ihn nur weiter neugierig an. Da tauchte, als hätte er ihn gehört, der Geistliche aus der Kirche auf und rief fast im Befehlston: »Gehen wir!« Er betrat seine Wohnung, und Sredoje folgte ihm langsam. Er traf seinen Vater auf dem Rand der Ottomane sitzend an, den Kopf in die Hände gestützt. Der Pope legte sein Epitrachelion um und trat zu ihnen: »Wie hieß der junge Mann?« Sredoje blickte seinen Vater an und sah, daß ihm das Kinn zitterte. »Rastko Lazukić«, antwortete er an seiner Stelle. »Beruf?« »Student der Rechte.« Darauf hob Nemanja Lazukić sein schlaffes Gesicht. »Mein Sohn! Mein Erstgeborener!« Er begann krampfhaft zu weinen. Sredoje setzte sich mitleidig zu ihm und zog ihn an sich, wobei er spürte, wie klein und weich der Körper des Vaters geworden war. Er schlug ihm vor: »Du bleib hier. Ich gehe allein.« Aber der Vater zuckte zusammen, sprang auf, geriet ein wenig ins Wanken. »Nein, nein, was glaubst du denn. Ich komme mit.« Sie traten Arm in Arm in den Vorhof der Kirche. Hier war der Leichenzug schon formiert: der zugenagelte, mit einem schwarzen Tuch verhüllte Sarg auf einem Karren, dahinter der Geistliche und die schon kleiner gewordene Gruppe von vorhin. Sredoje blickte zum Haus zurück in der Hoffnung, daß die Frau des Popen noch einmal auftauchte, sich vielleicht sogar dem Leichenzug anschloß, aber sie ließ sich nicht sehen. Zwei Männer aus der Gruppe zogen den Karren, und die

Trauergemeinde folgte ihnen in eine schmale, krumme Straße. Sredoje stützte seinen Vater, der sich willig führen ließ, und betrachtete die Häuser, davor Männer und Frauen, ihre auf die Prozession gerichteten Blicke, und spürte auch weiterhin ein durch die Gewöhnung bereits abgemildertes Unbehagen, weil er ob des Verlustes nicht zerknirscht genug war. Langsam, sehr langsam verließen sie die Stadt, erreichten zwischen verfallenen Häusern, vor denen Zigeuner standen, den Friedhof mit seinen Sträuchern und Bäumen, schlängelten sich durch seine Pfade und hielten bei einer frisch ausgehobenen Grabstelle, an deren Stirnseite zwei Männer in zerschlissenen, geflickten Anzügen auf dem weichen Erdreich standen. Der Pope räusperte sich, las das Gebet, in dem Rastkos Name und seine Beschäftigung als Student figurierten, sang mit klarer und schriller Stimme das Lied für die Verblichenen, segnete das Grab und gab den Totengräbern ein Zeichen. Diese machten sich hastig an die Arbeit: sie senkten den Sarg an Stricken in die Grube und schütteten mit Spaten, die hinter dem nächsten Strauch lagen, Erde darüber. Nemanja Lazukić strebte dem Grab zu, Sredoje versuchte ihn aufzuhalten, bis er begriff, daß der Vater eine Handvoll Erde auf den Sarg werfen wollte. Er half ihm dabei, wiederholte das Ritual auch selbst, und als das Grab zugeschüttet und die Erde darüber zum Hügel geformt war, nötigte er ihn, sich loszumachen und umzukehren. Der Pope begleitete sie und fragte: »Wohin wollen Sie nun? Haben Sie ein Nachtlager?« Als er eine verneinende Antwort erhielt, nickte er, als hätte er das erwartet. »Ich gehe mit Ihnen zum Gasthaus und regele das mit dem Wirt.«

Auf denselben Straßen, durch die sie hergekommen waren, kehrten sie eilig in die Stadt zurück. Der Geistliche erkundigte sich vorsichtig nach den Umständen von Rastkos Tod und rümpfte auf die Antwort die Nase, Nemanja Lazukić brachte stammelnd die Sprache auf die Kosten für das Begräbnis, aber der Pope winkte ab und murmelte, das habe Zeit. »Wir müssen einander jetzt viel mehr helfen«, fügte er nach einer Pause mit geheimnisvoll gesenkter Stimme und aufmerksamem Blick auf sie beide hinzu. Es dämmerte, auf den Straßen waren weniger Menschen, und ihre Zusammensetzung hatte sich offenbar geändert, denn sie sahen den Popen und seine Begleiter mit neuer, fragender Wißbegierde an. Das Gasthaus – dasselbe, an dem sie bei der Ankunft in Ub vorbeigekommen waren – war jedoch immer noch voll, und an einem Tisch in der Mitte saßen auch bereits einige deutsche Soldaten vor ihren Gläsern. Der Geistliche winkte den Wirt herbei und verhandelte länger mit ihm, worauf dieser an Nemanja Lazukić herantrat und ihm das einzige Gastzimmer im Obergeschoß anbot. Der Pope verabschiedete sich und ging. »Möchten Sie auch etwas essen?« fragte der Wirt. Nemanja Lazukić schüttelte unwillig den Kopf. »Wo ist das Zimmer, mein Freund?« fragte er. Sredoje aber verspürte bei der Erwähnung von Essen heftigen Hunger wie einen Schlag in den Magen. »Ich würde schon gerne einen Bissen zu mir nehmen«, gestand er. Während der Wirt seinen Vater die Treppe hinaufführte, fand er einen freien Stuhl an einem Tisch in der Ecke neben einem stillen, halb schlafenden Landstreicher. Erst als er sich zurücklehnte, merkte er, wie erschöpft er war, sein ganzer Körper kribbelte. Der Wirt kam wieder herunter, suchte Sredoje mit dem Blick und näherte sich. »Ich habe nur Bohnen, aber sie sind sehr gut.« Sredoje nickte. Das Essen kam, und er machte sich darüber her, beglückt von der Wärme und Würze jedes Bissens, den er zu sich nahm. Als er den Teller leergegessen und Wasser getrunken hatte, ließ er sich schweißgebadet zurücksinken. Der Wirt entzündete hinter dem Tresen eine Petroleumlampe (Strom gab es offenbar nicht), und wie auf ein Signal begannen die Gäste aufzustehen. Auch der Landstreicher an Sredojes Tisch zuckte zusammen, erhob sich und wankte davon. Nur am Mitteltisch blieben ein paar Menschen bei zwei deutschen Soldaten sitzen. Das Wort führte der Soldat, der mit dem Gesicht zu Sredoje saß, blond, nicht mehr jung, das Käppi auf dem Kopf, während der andere, barhäuptig, der Sredoje seinen dunkelhaarigen Nacken und sein fleischiges Halbprofil zuwandte, schwieg oder murmelnd nickte. Der Soldat mit der Mütze zog Briefe, Fotos, Zigaretten, ein Taschenmesser aus der Uniformbluse, zeigte das alles den Einheimischen, wobei er die Namen und Bezeichnungen sehr deutlich artikulierte: meine Frau, mein Sohn, meine Tochter, deutsche Zigaretten, als führte er ihnen Teile von sich selbst vor, um ihnen näherzukommen, für sie begreiflicher zu sein. Die Einheimischen – ein pausbäckiger, dunkelhaariger älterer Mann in schäbigem hellem Anzug, der andere knochig, kurzgeschoren, der dritte mit Hut und hängendem Schnurrbart – betrachteten gehorsam die Gegenstände, nickten mit unterwürfigem Lächeln und erklärten dann einander das Gesehene in serbischen Worten, als wäre es etwas Wertvolles und Bedeutsames. Dann nannten sie, den Daumen auf die Brust gedrückt, ihre Namen und Berufe: der Pausbäckige war Friseur und zog zum Beweis ein Rasiermesser aus der Jackentasche, der Kurzgeschorene war Sattler und der Älteste, der mit dem hängenden Schnurrbart, Schuhmacher, alle von der Hauptstraße, was sie dem Deutschen demonstrierten, indem sie ihn zur Tür baten und ihm von hier aus unter vielen Mißverständnissen ihre Werkstätten zeigten. Als die Gesprächsthemen erschöpft schienen, lockte der Deutsche mit der Mütze sie mit erhobenem Zeigefinger zurück an den Tisch, auch der Wirt kam herbeigewatschelt, dann zog der Deutsche ein Spiel Karten aus der Tasche und begann sie, über seine eigene Geschicklichkeit lachend, mit den Fingern einer Hand zu mischen. Die Karten hüpften, drohten herabzufallen, blieben aber gehorsam in der Hand, der Deutsche entblößte lächelnd seine Metallzähne, die anderen am Tisch lachten ebenfalls, aber Sredoje wurde beim blitzschnellen Spiel mit den bunten Bildern von Müdigkeit überfallen, der Kopf tat ihm weh, er stand auf und ging, geleitet von Gelächter und Bewunderungsrufen, zur Treppe. Oben fand er sofort die angelehnte Tür des Zimmerchens, erkannte seinen Vater im einzigen Bett, zog sich leise aus und legte sich zu ihm. Der Vater jammerte schmatzend: »Mein Rastko! Mein Rastko!«, stieß einen Seufzer aus und begann zu schnarchen. Sredoje wälzte sich im Dunkel hin und her und hörte noch lange, durch den Kopfschmerz am Einschlafen gehindert, das Lachen von unten aus dem Gastraum, das zeitweilig zu einem hemmungslosen Gebrüll anschwoll. Morgens weckte ihn wiederum Lärm von unten. Er schlug die Augen auf und erblickte seinen Vater barfuß am Bettrand sitzend, vor sich hin starrend und den Dreitagebart kratzend. »Wir sind arm dran, mein Junge«, murmelte er und schüttelte den Kopf. Sie standen auf, zogen sich an und gingen hinunter ins Gastzimmer. Sredoje wurde derselben Leute ansichtig, die er am Abend hier zurückgelassen hatte: des Friseurs, des Gastwirts, des Sattlers, nur die Deutschen und der Schuhmacher waren verschwunden. Er sagte zu seinem Vater: »Der Schwarzhaarige ist Friseur. Wir fragen ihn, ob er dich rasieren würde.« Aber der Wirt, der das gehört hatte, mischte sich lauthals ein: »Was heißt hier rasieren! Wißt ihr denn nicht, daß wir alle ausgeraubt sind?« Daraufhin fingen die anderen wie aus einem Mund zu jammern an: Ihre Werkstätten seien aufgebrochen und ausgeplündert worden, alles sei weg, absolut alles, was nicht niet- und nagelfest war. »Sogar die Rasiermesser, die Scheren«, klagte der Friseur, »sogar die Ahlen«, setzte der Sattler darauf, »alle Getränke in Flaschen, das ganze Geld aus der Kasse«, zählte finster der Wirt auf. Und sie wußten bereits, daß *die* den Diebstahl ausgeführt hatten, ohne näher zu erklären, wer; auf die Fragen von Nemanja Lazukić, der am Abend zuvor die Deutschen nicht bemerkt hatte und jetzt um Informationen bat, winkten sie nur ab. Das Gespräch über die verschwundenen Gegenstände brachte ihn darauf, sich nach den Koffern zu erkundigen, die auf demselben Wagen wie Rastko gewesen waren: Hatte sie jemand gesehen, sie oder die Soldaten, die den Toten durch die Stadt transportiert hatten? Aber niemand wußte etwas. »Du brauchst dir keine Hoffnung zu machen«, sagte der Wirt. »Seit heute morgen gehen alle Soldaten in Gefangenschaft, und die, von denen du redest, sind vielleicht auch schon im Lager.« Zum Frühstück bekamen sie nur Limonade und Brot, »etwas anderes habe ich nicht, und wenn ihr mich totschlagt«, rechtfertigte sich der Wirt fast rachsüchtig, »sogar den ganzen Kaffee haben sie mir weggenommen, ich weiß nicht, wie ich meine Familie ernähren soll.« Indessen lud er Nemanja und Sredoje Lazukić nach dem Frühstück in die kalte Küche ein, damit sie sich mit seinem Messer rasieren konnten. Als sie auf die Straße traten, sahen sie Gruppen entwaffneter jugoslawischer Soldaten, die in Zweierreihen von Deutschen irgendwohin abgeführt wurden. Die Einheimischen standen auf den Gehwegen und beobachteten den Vorgang schweigend, finster, ohne die Lebhaftigkeit der Blicke wie noch tags zuvor. Die beiden Lazukić wurden keiner Aufmerksamkeit mehr gewürdigt: sie schienen zum allgemeinen Bild der okkupierten und ausgeplünderten Stadt zu gehören. Sie suchten den Popen auf, trafen ihn vor dem Haus, ohne sein Priestergewand, in Hosen und einer alten Jacke beim Hühnerfüttern; sie erkannten ihn kaum wieder. Ohne den Korb mit dem Mais abzusetzen, ohne sie ins Haus zu bitten, nahm er wortlos das Geld an, das ihm der Advokat in die freie Hand drückte, und verabschiedete sie mit einem Kopfnicken. »Wir wollen noch zum Friedhof«, sagte Lazukić. »Und Sie kümmern sich bitte um das Grab, bis ich zurückkomme und alles in Ordnung bringe.« »Ja, gut«, antwortete der Geistliche und wandte sich den Küken zu, die ungeduldig piepsten. Die beiden Lazukić betraten den Friedhof, auf dem kein Besucher war. Vor dem frischen Grabhügel vergoß Nemanja Lazukić ein paar Tränen, streichelte das Kreuz ohne Inschrift, flüsterte: »Wir kommen, wir kommen bald zu dir«, dann machten sie kehrt und gingen zurück in die Stadt.

Im Gasthaus baten sie den Wirt an einen leeren Tisch, um mit ihm über ihre Weiterreise zu beraten. Als hätte er sie bereits zu Freunden erkoren, erzählte er ihnen halblaut alles, was er wußte: von den verstopften Straßen, den Plünderungen durch die Deutschen, der Gefangennahme entflohener jugoslawischer Soldaten, den Wucherpreisen. »Und was hört man aus Belgrad?« fragte Lazukić. »Belgrad soll dem Erdboden gleichgemacht sein.« Der Advokat rutschte unruhig auf seinem Stuhl hin und her. »Wohin sollen wir denn sonst? In Belgrad habe ich einen guten Freund, der uns sicher aufnehmen wird.« »Warum geht ihr nicht nach Hause?« Der Wirt schielte unter seinen buschigen Augenbrauen hervor. »Auf keinen Fall!« erklärte Lazukić entschieden und fuhr etwas gemäßigter fort: »Zumindest vorläufig, bis wir hören, was dort passiert. Aber kannst du uns nicht einen Wagen nach Belgrad besorgen? Ich bin durch diesen Trauerfall so geschwächt, daß ich es zu Fuß nicht schaffe.« Der Wirt versprach es. Entgegen seiner vorherigen Behauptung, daß er nichts habe, setzte er ihnen auch ein Mittagessen vor: Bohnen, vielleicht von denselben, die Sredoje am Vorabend bekommen hatte. Den Nachmittag verbrachten sie im Schankraum, hörten bis zum Überdruß Gespräche, Streitigkeiten, Geflüster über Plünderungen und über die Kämpfe »unten im Süden«, wo der Hauptteil der Truppe angeblich noch einsatzfähig war. Gegen Abend brachte der Wirt einen wohlgenährten jungen Mann an ihren Tisch; der trank zwei Schnäpse auf Rechnung von Nemanja Lazukić, bevor er zusagte, ihn und Sredoje am nächsten Morgen mit dem Wagen abzuholen. Sie gingen schlafen. Als sie in der Frühe ans Fenster traten, sahen sie feinen Schneeregen auf Dächer und Straßen rieseln. Sie gingen in den Gastraum hinunter, tranken Limonade und warteten. Der Kutscher kam nicht, Nemanja Lazukić wanderte ungeduldig zur Tür und zurück, befragte den Wirt, der ihn beruhigte: er werde schon eintreffen, für den vereinbarten Lohn werde er sein Wort halten. Und tatsächlich stürmte er auf einmal herein, in Gummistiefeln, die Peitsche in der Hand, und rief: »Wo sind denn diese Belgrader? Los, wir müssen uns beeilen!« Nach dem Abschied vom Wirt traten sie auf die Straße ins Schneegeriesel und erblickten einen Bauernwagen, davor ein Pferdchen mit hängendem Kopf und darin zwei ältere Bauern und eine dicke Frau in schwarzem Umhängetuch und mit einem Kind auf dem Schoß. »Es war nicht die Rede davon, daß noch mehr Leute mitfahren«, monierte der Advokat. »Wir haben keine Zeit, guter Mann«, entgegnete der Kutscher, während er die Gurte festzurrte. »Wenn es dir nicht paßt«, fuhr er mit gerissenem Lachen fort, »kannst du ja dableiben.« Sie kletterten in den Wagen und quetschten sich zwischen die anderen Fahrgäste auf das schüttere Stroh. Der Kutscher sprang vor ihnen auf (einen Bock gab es nicht), setzte sich auf den Wagenboden, ließ die Beine in den Gummistiefeln hängen und knallte mit der Peitsche. Das Pferdchen machte einen Satz, verlangsamte sofort und lief in gleichmäßigem Trab weiter. So legten sie unter dem feuchten Himmel und auf nasser Straße neben Soldatenkolonnen, die in die Gefangenschaft marschierten, bis zum Abend mit Mühe und Not den Weg nach Obrenovac zurück. Der Kutscher forderte sie auf dem Marktplatz zum Aussteigen auf und erklärte, er kehre jetzt um. »Aber wir hatten die Fahrt bis Belgrad vereinbart! Darum habe ich dir einen Tausender gegeben«, regte sich Nemanja Lazukić auf. »Was weiß denn ich? Wir haben Krieg!« entgegnete der Kutscher barsch. Sie mußten den Wagen verlassen. Der Kutscher gab dem Pferd die Peitsche, wandte sich dann doch noch um und rief ihnen über die Schulter zu: »Erkundigt euch doch, ob ein Zug fährt.« Das taten sie auch sofort, und sie erfuhren auf dem Bahnhof, daß am Morgen wirklich ein Zug nach Belgrad fuhr. Sie übernachteten wie bei der Ankunft im Wartesaal, und am nächsten Vormittag wurde der Zug bereitgestellt. Ohne Karten, denn die Kasse war geschlossen, stiegen sie in einen Waggon, der von etwa hundert Menschen mit Koffern und Bündeln gestürmt wurde, und schaukelten volle vier Stunden mit vielen Zwischenaufenthalten bis Belgrad. Sie machten sich zu Fuß in die

Stadt auf. Gleich gegenüber dem Bahnhof sahen sie das erste zerstörte Gebäude, um das eine Gruppe Männer unter Aufsicht bewaffneter Deutscher beim Graben war. Ruinen gab es in jeder Straße, hier ein Palais, dort eine Elendshütte. Auf den Fahrbahnen häuften sich Ziegel und Mörtelbrocken, mußten umgangen oder überstiegen werden. Näher zum Zentrum waren die Zerstörungen weniger groß, dafür trafen sie an einer Ecke auf einen Toten: einen Mann mit gespreizten Beinen in flachen Schuhen, Kopf und Rumpf mit Packpapier verdeckt, das jemand mit einem halben Ziegel beschwert hatte, damit es nicht wegflog. Unter dem Leichnam dunkelte eine Pfütze schon geronnenen, gallertartigen Blutes; nahebei stand in einem Haustor ein deutscher Soldat mit Stahlhelm, eine Maschinenpistole vor der Brust, und beobachtete hochmütig die wenigen Passanten. »Die machen Ernst«, flüsterte Nemanja Lazukić seinem Sohn zu, als sie an dem Soldaten vorüber waren, und beschleunigte den Schritt. »Hoffentlich treffen wir meinen Freund zu Hause an, sonst weiß ich nicht, wo wir die Nacht verbringen sollen.« Als sie die Terazije erreicht hatten, betraten sie ein mehrstöckiges Haus, stiegen zur zweiten Etage hinauf, durchquerten eine lange, zum Hof offene Galerie, klopften an die letzte Tür, und Nemanja Lazukić fiel dem stattlichen, schwarzlockigen Mann mit gestutztem Schnurrbärtchen, der ihnen in Hemdsärmeln und mißtrauisch blinzelnd öffnete, um den Hals: »Spaso, Bruderherz, mußten wir uns so wiedersehen!«

Andere Szenen des Aufbruchs von zu Hause. Sepp Lehnart an einem frühen Maimorgen 1941 in zu kurzen blauen Hosen, weißem Hemd und Leinenschuhen, durch deren abgetretene Gummisohlen die Kälte des Bodens dringt, ohne Kopfbedeckung, das Haar frisch geschnitten, mit einem Päckchen Reiseproviant, das ihm die lautlos weinende Mutter zubereitet und in die widerstrebenden Hände gedrückt hat, bevor sie ihn gehen läßt und ihm bis vor die Haustür nachtrottet, um zu winken. Trotz und Scham. Die Schultern recken, damit alle sehen, wie erwachsen und willensstark er ist, das Päckchen an den Schenkel pressen, damit es in seiner Armseligkeit und Unhandlichkeit nicht auffällt. Nur schnell die Straßen durchqueren. Nein, möglichst langsam, sollen ihn doch alle hinter den Gardinen beobachten, die sie vor ihren ängstlich klopfenden Herzen geschlossen halten. Die Mädchen noch schlaftrunken in ihren hohen Betten, in den weißen Leinenhemden, mit dem vom Daunenbett erstickten Duft ihrer Körper, während zwei Meter entfernt ein künftiger Soldat marschiert, hart, gnadenlos, bereit, alle Leiden des Kampfes auf sich zu nehmen. Die degenerierten Abkömmlinge des Deutschtums, seine breitärschigen, verblödeten Nachbarn, die nur Augen für Mamas Paprikasch und neue Motorräder haben. Weil sie reich sind; sie begreifen nicht, daß Reichtum trügerisch ist, wenn keine Macht dahintersteht, zumal hier in der Fremde, von wo man sie am liebsten mit Pfiffen und Steinwürfen verjagen würde. Reichtum der Schwächlinge, verwerflicher Reichtum; nur der Reichtum des ganzen Volkes hat Daseinsberechtigung: als Mittel, die ganze Welt zu erobern und auf ewig zu beherrschen. Er gelangt zu Hajims Haus an der Kreuzung, wo er Fässer gerollt, Maulschellen bezogen hat; heuchlerisch verschlossene Türen, die Hörner der Läden vor dem Dutzend hoher Fenster eingezogen: Wir sind nicht hier, es gibt uns nicht. Dieses Schweigen aufbrechen, dieses Winseln, die verlogene Demut der Blutsauger, Tür und Fenster einschlagen, sie an den abstehenden, fleischigen Ohren herauszerren, den bärtigen Alten, seine triefäugige Frau mit der Halbglatze und den duckmäuserischen Sohn, ihre Gesichter über das staubige Pflaster schleifen, damit sie bereuen, ihre Hand gegen einen Deutschen erhoben zu haben. Seine Muskeln zucken, jetzt winselt er, der Zurückhaltende, niemals Gerächte; nur nicht der Leidenschaft persönlicher Abrechnung verfallen, alle werden mit allen abrechnen, unpersönlich, kalt, auf Befehl, wenn für einen jeden die Zeit gekommen ist. Dort in der Dudarskastraße dröhnt der Motor eines LKW – ist er etwa zu spät dran? Der Schweiß bricht ihm aus, eine Uhr hat er nicht, doch er weiß, daß er sogar reichlich früh losgegangen ist, übrigens kommt ihm gerade ein Kamerad gemächlich entgegen. Der hat wenigstens eine verbeulte, alte, von seinem Vater entliehene Schlossertasche bei sich, kein Päckchen, das nicht einmal auf einen Beruf hinweist. Er könnte ihn bitten, das Päckchen zu seinen Sachen in die Tasche zu stecken, doch damit könnte er wieder auffallen; es ist leichter, nichts zu sagen, und warum soll man eigentlich nicht auf seine Armut stolz sein, auf die bloßen Hände, die in einem Stückchen Papier die ganze Reiseverpflegung halten. Ein Hinweis auf das Provisorische, das eben jetzt überwunden wird. Die Jungen auf dem LKW singen, zwei balgen sich oben bereits – um sich zu erwärmen? Ihm ist nicht mehr kalt, die Füße haben sich beim Marschieren erhitzt, die Bewegung macht warm, der bloße Gedanke ans Fortgehen. Da ist der Fahrer, ein richtiger Soldat in Uniform, er raucht, eine Hand in der Tasche. Wie weit wird man fahren? Man weiß es nicht, das ist ein Kriegsgeheimnis, das ist gut so, mag es doch bis ans Ende der Welt gehen, nur damit er dieses egoistische Dorf, diese Menschen ohne Ehre und Rückgrat nie wiedersieht. Jetzt ist er angekommen, ergreift eine kalte Eisenstange, das Päckchen behindert ihn, er läßt es fallen, das Papier öffnet sich, und zwei Grieben kullern ins niedrige Gras. Wieder ein Schweißausbruch. Hat man es bemerkt? Alle lachen, doch Gott sei Dank nicht über ihn, sondern über einen Kameraden, der beim Aufsteigen ausgeglitten und auf den Boden der Ladefläche geplumpst ist. Er klettert hinauf, von diesem Moment an, falls ihn jemand fragen sollte, ist das Päckchen nicht mehr seins. Der Aufbruch von Resi Kroner im Herbst 1944. Flucht. Das Hin und Her, das sich durch die mit Hermann verbrachten Nächte zieht, oft ohne Umarmung, weil er übermüdet ist, den ganzen Tag mit Schriftstücken umhereilt, es gibt zu wenig Leute, immer mehr haben den Rückzug angetreten. Flüstern. Nachrichten. Schnarchen und Erwachen. Fernes Dröhnen, das sind Kanonen, schließt sie, obwohl sie es zum erstenmal hört, er aber verneint, die Russen kämen nicht, er wisse es genau, man habe es ihnen gesagt, ein Angriff von der Flanke in Ungarn und bei Belgrad werde ihren Vormarsch stoppen. Du bist verrückt, Hermann, sagt sie, du bist verblendet, der letzte treue Hund, siehst du denn nicht, daß alle weggelaufen, dein Hauptmann ist abgereist, und dieser Leutnant wird genauso gehen, nur wir allein werden übrigbleiben, damit sie uns erschießen, aber ich will nicht erschossen werden, ich habe genug durchgemacht, ihr habt meinen Sohn ermordet – bis er sie zum Schweigen bringt: »Du Judenhure!« Darauf Stille, morgens brennen die Augen, sobald er gegangen ist, sinkt sie in tiefen Schlaf und träumt von Wasser. Sie steht auf, geht einkaufen, die Straßen sind in Bewegung, die Soldaten schnüren ihr Bündel, die deutschen Mitbürger spannen die Wagen an, so sind ein halbes Jahr zuvor die Juden davongezogen, auch ihre Vera und Robert. Wenn sie deutsche Bekannte trifft, fragt sie, wohin sie gehen, bekommt aber ausweichende Antworten, für sie ist sie eine Kroner und somit schuld, daß der Krieg mit einer Niederlage enden wird, und wenn sie sich bei den Serben erkundigt, erhält sie ebenfalls keinen aufrichtigen Bescheid, denn die wissen von Hermann und hassen oder fürchten sie seinetwegen. Schließlich kommt er an, schwitzend, die Mütze in den Nacken geschoben, mit glotzenden Augen im grauen Gesicht, mit zuckender langer Nase. »Die Russen stehen vor der Stadt. Wir müssen weg.« »Und der Leutnant?« »Sie sind schon heute morgen abgefahren. Ich bin gerade noch davongekommen, deinetwegen.« Also mit ihm, ins Leben oder in den Tod. Um für den Tod des Sohnes zu büßen. »Wann?« »Sofort. Der Lastwagen steht schon auf der Straße nach Futog.« »Sie holen uns nicht ab?« »Wieso denn? Alle fünfzig?« Sie sieht ihn an, vor ihrem Blick stehen die Dinge, die sie seit Wochen als wichtigste zum Mitnehmen zusammengestellt hat: das Winterkostüm, der Pelz, die Steppdecken, der Perserteppich aus Roberts Zimmer, der Ledersessel, die deutschen Bücher mit den goldgeprägten Titeln, der fast neue Eisschrank. »Bist du verrückt? Wir können doch nicht mit leeren Händen gehen!« »Pack ein, was du tragen kannst!« schnauzt er sie an. »Sonst fährt der Wagen ohne uns.« Wie eine Mondsüchtige gehorcht sie, greift nach ihrer Tasche mit Geld und Schmuck, reißt den Pelz aus dem Schrank, nimmt die Kristallvase vom Tisch, und schon drängt er sie aus der Wohnung. »So, zu Fuß?« Er greift sich an den Kopf, ihre bittende Miene rührt ihn. »Im Flur ist das Fahrrad.« »Gerds Fahrrad?« Sie steigt auf die Stange, Tasche und Pelz und Vase an sich gepreßt, er in halbgeöffneter Uniformjacke auf den Sattel, sie fahren wie junge Liebende auf dem Weg zur Badeanstalt los. Hermann tritt in die Pedale, keuchend, schwitzend, sie auf der harten Stange, durch die Stadt, durch den unsichtbaren Hohn, ohne sich umzublicken, bloß damit keiner herbeiläuft, um sie abzuwerfen, zur Landstraße, zur Landstraße. Gerhards Aufbruch eineinhalb Jahre zuvor. Zwischen zwei Polizisten, in Handschellen, durch die Diele, vorüber am Fahrrad, das hier steht, seit der Kommissar das väterliche Geschäft übernommen hat. Wenn er aufspränge, die Polizisten mit den Füßen nach beiden Seiten wegstieße, durch das offene Tor auf die Straße führe, denn er beherrscht das Rad auch mit gefesselten Händen? Sie würden ihn schon beim ersten noch unsicheren Tritt aufs Pedal erreichen, ihn zu Fall bringen oder auf ihn schießen, was nicht schlimm wäre, wenn sie ihn töteten, doch wenn sie ihn nur verwundeten, wäre sein Widerstand beim

Verhör geschwächt. Nein, er hätte schon bei ihrem Eintritt zur Gegenwehr greifen müssen, zum Küchentisch springen, wenigstens einen mit dem Messer durchbohren, sein Leben aufs Spiel setzen. Das hätte natürlich auch ein Fehler sein können, denn er kennt die Anklage noch nicht, unter hundert Möglichkeiten gibt es immer eine, die nicht stimmt und gegen die man sich verteidigen kann. Sie stoßen ihn durch das Haustor auf die Straße, in ein hohes schwarzes Auto mit offener Tür und einem in seinen Sitz zurückgelehnten Chauffeur. Er sinkt auf die weiche Bank zwischen ihr Keuchen, ihren scharfen, bösartigen Schweiß. Er senkt die Nase in sein offenes Hemd, er stinkt nicht wie sie. Weil er jung ist oder weil er keine Angst hat wie sie. Das sind vielleicht die letzten Augenblicke ohne Angst, denkt er, während er die abendlich stillen Straßen vorbeiziehen sieht. Ein Augenblick kann wie ein ganzes Leben sein, wenn man sich konzentriert, wenn man die vorüberhuschenden Häuser und Passanten betrachtet, wenn man weiß, daß man das getan hat, was man wollte. Was würde ihm, hätte er nicht die Niederlage erlitten, sondern den Sieg errungen, außer dieser Erkenntnis bleiben? Lediglich sinnlose Wiederholung, und was neue Erfahrungen mit neuen Ländern, neuen Menschen, Frauen betrifft, die er begehren könnte, so weiß er, daß sie im Vergleich mit diesem ihn erfüllenden, sicheren Gefühl nichts wert sind. Und um sich in diesem Gefühl zu bestärken, öffnet Gerhard den Mund und stimmt aus voller Kehle das erste Lied an, das ihm einfällt, es ist zufällig das nämliche, das letzte Nacht nach der Umarmung im Keller die an seine Brust geschmiegte Geliebte mit ihrem klaren, metallischen Alt gesungen hat: »Als ich nach Mexiko in See stach« aus dem Film *Juárez*, den er im übrigen als süßliche Apologie des Monarchismus betrachtet. Der Umzug von Slavica, verwitwete Božić, in das Dorf Gajdobra auf Anordnung ihres zweiten Mannes, des invaliden Zugführers Veselin Djurašković, der den Dienst quittiert und dort ein Haus bezogen hat. Die vor seinen scharfen Blicken verheimlichte Mitnahme sämtlicher Milinko gehörender Gegenstände bis zu den letzten Kleinigkeiten, Kämmen, Bleistiften, Federmessern, denn wenn er wiederkommt, muß er alles vorfinden, was er benötigt. Sie ist überzeugt, daß er am Leben ist, zurückkommen wird. Nie hat sie eine Todesnachricht erhalten wie die Eltern anderer Jungen, die zusammen mit ihm in die Armee eingetreten und bei den Kämpfen um Slawonien umgekommen sind. Es steht fest, daß er schon seit drei Jahren vermißt wird, aber zwei seiner Kampfgefährten, Stevo Crnobara, der Schulter an Schulter mit Milinko am Sturm auf Dravograd teilgenommen hat, und sein Kompaniechef Marko Orlović Dečko, bestätigen lediglich, beim Rückzug von der zunächst eroberten und dann verlorenen Stellung am Kanal vor der Stadt gesehen zu haben, daß der vermutlich von einer Mine verwundete Milinko von deutschen Soldaten auf einem LKW abtransportiert worden ist. Wahrscheinlich in der Annahme, daß er zu ihnen gehörte, denn er hatte tags zuvor als Belohnung für seine Disziplin und seinen Kampfgeist anstelle seiner Zivilkleidung die Uniform eines gefallenen deutschen Soldaten erhalten. Daß weder dieser bildhafte Bericht aus den ersten Nachkriegsjahren noch Anfragen beim Roten Kreuz und der Jugoslawischen Militärmission in Berlin auf Milinkos Spur führen, beunruhigt und verbittert Slavica Djurašković, kann aber ihre instinktive Überzeugung nicht ins Wanken bringen. Sie würde anders an ihn denken, anders von ihm träumen, wäre er nicht mehr am Leben. Ohne Wissen ihres neuen Mannes, der sie ständig in bester Laune unter sich haben möchte, macht sie sich Sorgen um Milinko: Hat er zu essen, Kleidung und Schuhe? Wenn es kalt ist, denkt sie ängstlich an seine Empfindlichkeit, doch das sind stets Gedanken an ein lebendes Wesen, sobald ein Zweifel auftaucht: »Vielleicht ist er nicht mehr…«, brechen ihre Überlegungen ab, zitternd und zugleich triumphierend, denn sie fühlt ganz sicher, daß Milinko irgendwo existiert, lebt, als Entgegnung auf ihre Angst strömt durch die sie trennende Distanz eine warme

Welle der Gegenwart heran. Der Fortgang der drei Kroners, ungewöhnlich durch das Zurückbleiben eines Familienmitglieds, das auf Grund seiner Herkunft geschützt ist, zumal der Gatte egoistisch, großzügig auf keinem Glaubenswechsel bestanden hat. Dieses vierte Familienmitglied steht beiseite, packt Proviant und Kleidung zum Wechseln zusammen wie einst als Dienstmädchen, wenn die Herrschaften zu einem Ausflug oder in die Ferien aufbrachen. Das vierte Familienmitglied ist ohnehin von den anderen schon durch eine Mauer getrennt, durch die Liebesbeziehung mit dem Feldpolizisten Hermann Arbeitsam, die es wieder unter die Armen einreiht. Aber die Niederen werden jetzt verschont, während die Höheren immer höher steigen, bis zum Himmel, und diese Erkenntnis verleiht den Vorbereitungen einen Zug der Gereiztheit. Proviantpäckchen, zusammengestellt mit dem Unverstand einer wieder zur Dienstmagd degradierten, niemals Dame gewordenen Polizistengeliebten: Schnitzel, Käse mit viel Brot. »Willst du das Kind damit vergiften, soll es das mit sich herumschleppen?« schilt Robert Kroner mit weitaufgerissenen Augen im dunklen Gesicht, natürlich nicht, um sie für diesen Unverstand zu strafen, sondern wegen ihrer Taubheit gegenüber dem Schicksal, das auch er nur erahnt. Er ahnt, daß er sterben, nie wieder in dieses erstickende, von Lügen belastete, sündige Haus zurückkehren wird, das ihm jetzt trotzdem als letzter Schutz vor dem Absprung, als ein Fels über dem Abgrund erscheint. Morgen muß er auf die Straße, den Rucksack geschultert, mit Mutter und Tochter, muß sich einem irrwitzigen, allen Menschenrechten hohnsprechenden Befehl beugen, statt sich dagegen aufzulehnen wie Gerhard. Gerhard hatte recht! Er stellt es von neuem fest, und in ihm ersteht die Gier des Sohnes nach Überleben, die er einst so hochmütig verurteilt hat. Er lebt nur noch für den Augenblick, solange er noch Herr seiner Entschlüsse ist, und sein Begehren richtet sich nach vielen Jahren zum erstenmal wieder auf diese rothaarige Frau, die er ihres Körpers wegen genommen hat und die sich ihm jetzt entzieht, um einem anderen zu gehören. »Hast du denn keinen Verstand im Kopf?« schilt er sie, schiebt die unförmigen Proviantpäckchen vom Küchentisch auf den Boden, wo sie zerplatzen wie krepierte Kröten, und ersetzt sie durch das, was er selbst ausgewählt hat: Speck, Würfelzucker, Schokolade. »Das pack ein!« Er schubst sie gereizt zum Tisch, betastet verstohlen ihren Arm, ihre Hüfte, ihr Hinterteil, starrt gierig ihren Hals, ihre Waden an. Sie ist noch immer begehrenswert, warm, und am Abend, als sie alle erschöpft schlafen gehen, denkt er, daß er sie in sein Zimmer holen und zum letztenmal wie eine Hure nehmen müßte. Doch er hat nicht den Mut – nicht einmal dazu! –, steht nur da, und der Schweiß der Erniedrigung und Angst läuft ihm übers Gesicht. Vera ist Zeuge dieses unwürdigen Annäherungsversuchs, sie sieht den Tanz des Vaters um den Körper der Mutter, wendet sich angewidert ab. Fliehen! Das ist noch immer ihr einziger Wunsch, aber unerfüllbar, denn sie wird nicht nur dort festgehalten, wohin sie durch ihre Geburt gehört, sondern an einen erdachten Bestimmungsort verbracht. Oder ist es der richtige? Sie ist einer negativen Antwort nicht einmal sicher: vielleicht ist es wirklich das Wahre, vielleicht erwarten sie in einer niederen, halb animalischen Existenz, einem Dahinvegetieren, wie es in den Berichten von den Lagern drohend heißt, Ruhe, eine bisher nicht gekannte Klarheit der Verhältnisse. Ihr Trost ist die Großmutter, nicht der Vater, dessen rachsüchtig hochlodernde Lebensgier sich auf das Essen richtet, das er in seinen mageren Körper stopft und mit der Pedanterie eines Ladengehilfen für den Marsch zusammenpackt, und auf seine Frau, ihre Mutter, die er wie ein ekelhafter Kater umschnurrt. Die Großmutter tut nichts, sie betet zu Gott. Laut, auf den Knien, die Stirn am Boden, spricht sie aus dem Gedächtnis hervorgeholte Worte der an Kehllauten reichen fremden Sprache. Vera bringt ihr das letzte Mittag- und Abendessen in ihren Teil des Hauses hinüber, stopft die Speisen in sie hinein, welche die alte Frau wie ein krankes Tier nur widerwillig und zerstreut zwischen die schadhaften Zähne nimmt, wobei sie ganze Bissen in den Schoß fallen läßt. Hier sieht Vera ein Vorbild, in dieser Ergebenheit und Verlorenheit, und als die Stunde des Aufbruchs kommt, ergreift sie außer dem eigenen auch das Bündel der Großmutter, verabschiedet sich tränenlos von der Mutter, die zappelig im Haustor steht und unpassende Ratschläge erteilt (daß sie ihr schreiben, sich nicht erkälten sollen), und geht abseits vom Vater langsam neben der alten Frau zur Synagoge, von wo sie – wie man sagt – zur Arbeit abkommandiert werden soll, um das Verbrechen ihres Andersseins zu büßen. Dieser Aufbruch wiederum ist von entscheidendem Einfluß auf den Aufbruch von Milinko Božić. Er hat ihn von ferne beobachtet, längst von der Bühne gedrängt und unfähig zu helfen, unbewaffnet im Zusammenstoß der feurigen Drachen, die brüllend ihre Opfer erdrücken. Doch ein halbes Jahr später, als von den Abgeführten nur noch die Erinnerung geblieben ist, reckt ein bisher niedergehaltener Drache plötzlich sein Feuerhaupt und lädt Milinko zum Aufsitzen ein. Es gilt, dem Volksheer beizutreten und die Deutschen zu verjagen: dazu rufen die Plakate im eben befreiten, vom Getöse der Kundgebungen und Bauernwagen erfüllten Novi Sad auf. Diese aufgepeitschten Hoffnungen und Leidenschaften gefallen Milinko nicht, sie erinnern ihn – wie seit jeher jede Maßlosigkeit – an die betrunkenen Auftritte seines Vaters; sein Ideal ist noch immer die stille Besonnenheit, deren reinster Form er bei den Kroners begegnet ist, an jenen gedankenschweren Abenden, die er mit dem Hausherrn bei den Büchern verbracht hat, dabei wissend, spürend, daß in der Nähe Vera war, die er sich durch seine eigene Besonnenheit verdienen wollte. Jetzt empfindet er es als seine Pflicht, für die Beschmutzung und Vernichtung dieser Ideale Rache zu nehmen. Natürlich mit den Mitteln der Gewalt, wie sie auch der Feind anwendet – das bekümmert ihn. Gewalt billigt er nicht, ihm graust davor, fremde Körper, fremde Gedanken, fremden Willen verletzen zu müssen; er hält es für krankhaft. Tief in ihm steckt die Angst vor dem Leiden, es erscheint ihm auch als Abweichung vom Weg der Würde und Vernunft, und wenn er zuweilen an das eigene spätere Alter denkt, stellt er sich vor, daß er seinen erniedrigenden Unpäßlichkeiten selbst ein Ende setzen wird, sobald sie sich einstellen, statt sich ihnen auf Gedeih und Verderb auszuliefern. Nun jedoch muß er sich blindlings abgefeuerten Geschossen entgegenwerfen, sich ins Zentrum von Explosionen stürzen, Kehle und Bauch dem scharfen Schnitt von schrundigem Metall aussetzen. Dieser Prüfung fühlt er sich weder gewachsen noch glaubt er, sie unversehrt bestehen zu können, wie ein Nichtschwimmer, der eines Ertrinkenden wegen ins Wasser springt und in dem Augenblick auf das einzige Floß stößt, das unsichtbar unter der Oberfläche treibt. Schon zu Beginn seiner Besuche in Kroners Haus hat er einen deutschen Roman über den ersten Weltkrieg zum Lesen bekommen, in dem ihn unter all den schrecklichen und eindrucksvollen Szenen die kurze Beschreibung vom Tod einer Nebenfigur am meisten betroffen hat, denn er hat sich in ihr sofort wiedererkannt: es war ein Soldat, der nicht einsah, daß er kämpfen und töten mußte, um nicht selbst getötet zu werden, also ohne jenen Instinkt, den Jäger und Beute gemeinsam haben, der den Zivilisten von gestern zur Bestie macht, die kriecht, sich in den Hinterhalt legt, schießt und in Deckung geht, und so war er auch schon in der ersten Schlacht gefallen, ungeschickt, zerstreut, in dem Wissen, daß er fallen mußte, und nachtwandlerisch in die Unvermeidlichkeit seines Schicksals ergeben. Bei der Lektüre ist Milinko schon damals sicher gewesen, daß er, zum Kämpfen gezwungen, das gleiche erleiden würde, er hat die Szenen mit dieser Figur haut- und körpernah empfunden, und diese Identifizierung hat sich so tief in ihm eingegraben, daß sie ihm jetzt wie eine Voraussage des eigenen Schicksals erscheint. Auch seine Mutter in ihrem Aberglauben, weil sie ihren Mann durch eine Kugel verloren hat, weil ihr nur noch Milinko mit seiner Sanftmut verblieben ist, ahnt Böses und setzt ihre bescheidenen, jedoch festen und übersichtlichen gesellschaftlichen Verbindungen ein, um ihren Sohn vor der unmittelbaren Gefahr zu bewahren. Aber gerade als ihr eine alte Kundin, die ihren Schwager, einen Partisanenkommandeur (Veselin Djurašković, daher die Bekanntschaft), bei sich aufgenommen hat, für Milinko einen Platz im Armeemagazin nahe der Stadt zusagt, hat er sich bereits im Sammellager als Freiwilliger für die Front gemeldet. Als er der Mutter davon berichtet und durch ihr Jammern von der schon versäumten Möglichkeit zur Rettung erfährt, wird ihm der Kopf blutleer, denn er glaubt, daß die Wahl zwischen zwei äußersten Möglichkeiten durch das Schicksal getroffen worden ist. Er wird nichts mitnehmen, keine Wäsche zum Wechseln, kein Buch, denn er ist sicher, daß er entgegen den Grundsätzen, die er achtet, die er aber anders nicht verteidigen kann, auf einen Abgrund von Gemetzel und Blut zusteuert.

Drei Tage, vom 25. bis zum 28. April, hielten sie uns in der Synagoge fest. Im Morgengrauen des vierten Tages weckten sie uns und befahlen, daß wir unsere Sachen packten, aber ohne Lärm, weil die Stadt noch schlief. Wir alle stürzten uns auf die umherliegenden Gepäckstücke, machten sie fertig, und dann betraten wir unter Bewachung die Straße. Hier ließen sie uns in Reihen antreten und führten uns mitten auf der Fahrbahn zum Bahnhof. Es war noch dunkel. Wer weinte, wurde zum Schweigen gebracht; die sich nicht beruhigen konnten, bekamen Schläge mit dem Gewehrkolben. Hinter dem Bahnhof stand der Zug für uns bereit: eine lange Reihe von Güterwaggons mit offenen Türen, ringsum Wächter. Wir mußten einsteigen. Die Waggons füllten sich schnell, aber noch immer wurden Menschen hineingetrieben und von den Soldaten mit den Gewehrkolben zu uns gedrängt. Endlich waren wir alle im Zug, die Türen wurden zugeschoben und verschlossen. Wir standen dicht an dicht im Halbdämmer; es kam zur Panik, zum Geschrei. Die einen jammerten, weil sie verletzt waren, die anderen, weil sie keine Luft bekamen, Kinder weinten, ihre Mütter versuchten sie zu beruhigen. Der Waggon hatte auf jeder Seite ein kleines Fenster mit Gittern aus Stacheldraht, und alle sahen zu, in die Nähe dieser Fenster zu gelangen. Wer nicht mehr stehen konnte, setzte sich auf seine Sachen, aber weil das den Raum für die anderen einengte, kam es zum Gezänk. Auch unsere Großmutter saß auf den Rucksäcken, Vater und ich standen neben ihr. Allmählich wurden die Menschen vor Erschöpfung still, draußen brach der Tag an. Es wurde gerätselt, wann wir abfahren würden und wohin. Wir lauschten auf die Stimmen der Soldaten, und die am Fenster Stehenden berichteten uns alles, was sie sahen. So vergingen einige Stunden. Plötzlich ruckte der Zug an und fuhr los. Da fingen einige wieder zu weinen an: weil wir die Stadt verließen und nicht wußten, mit welchem Ziel. Der Zug fuhr, blieb häufig stehen, die an den Fenstern lasen die Namen der Bahnhöfe, wir bewegten uns nach Norden. Eines Nachmittags ließen wir Subotica hinter uns und hielten auf freier Strecke. Man hörte die Rufe von Soldaten, Getöse, auch die Tür unseres Waggons wurde krachend geöffnet. Raus! Wir nahmen unsere Sachen und beeilten uns beim Aussteigen, glücklich, an die frische Luft zu kommen, und voller Hoffnung, daß wir vielleicht am Ziel unserer Verbannung angelangt waren. Wir mußten in Reihen antreten und wurden von den Soldaten über die Geleise zur Landstraße geführt. Nach ungefähr einer halben Stunde erreichten wir eine verlassene Mühle, wo sie uns einsperrten. In der Mühle waren bereits Tausende von Menschen aus Subotica und der Umgebung. Denen fehlte es schon an Platz, und nun stiegen wir mit unseren Sachen über sie hinweg. Man mußte ein Fleckchen für sich finden. Auf den Betonboden konnte man sich nicht legen oder setzen. Wir hatten zwei Plaids dabei, breiteten eines für die Großmutter aus und deckten sie mit dem anderen zu, Vater und ich hockten uns im Mantel neben sie. Von den Leuten aus Subotica erfuhren wir, daß unsere Hoffnung, wir würden hierbleiben, vergeblich war: es ginge weiter, bis nach Deutschland. Es wurde Nacht. Die Kinder, von denen es in unserem Raum Hunderte gab, weinten abwechselnd, einige Menschen jammerten, einige kletterten über die Leiber der übrigen, weil sie austreten mußten. Es gab nur eine Latrine und zwei Wasserhähne, die man nur nach Bitten an die Wächter und unter ihrer Eskorte aufsuchen konnte; für alles wartete man in der Reihe. Am Morgen bekamen wir Zichorienbrühe, und tagsüber aßen wir, was wir mitgenommen hatten, doch das ging bald zur Neige. In diesem Chaos verbrachten wir zwei Wochen. Eines Morgens mußten wir wieder packen, in Reihen antreten, wir Kräftigeren standen, die Älteren und Schwächeren lagen am Boden, ohne einen Tropfen Wasser, denn niemand wurde mehr weggelassen. Nachmittags brachten sie uns zum Bahnhof. Wieder Gedränge beim Einsteigen, Fahrt ins Ungewisse. Der Zug hielt in Baja, die am Fenster hatten den Namen des Bahnhofs gelesen, an dem wir vorbeigefahren waren, um wie üblich auf freier Strecke stehenzubleiben. Als die Waggontüren geöffnet wurden, empfing uns Dunkelheit, obwohl es noch Tag war. Ein Unwetter zog auf. Staub wirbelte hoch, die Wolken wälzten sich über uns wie riesige Säcke voll Blei. Die Begleiter wurden nervös. Sie sonderten die Alten und die Kinder aus und schrien, sie würden uns mit Autos nachgeschickt. Das Gepäck sollten wir bei ihnen lassen, denn es würde ebenfalls mit Autos transportiert. Man rannte, nahm Abschied, packte um; die Soldaten gerieten in Zorn und schlugen mit den Gewehrkolben um sich. Schließlich ging es weiter. Das Gewitter kam näher, der Himmel nahm eine violette Farbe an, der Wind wurde zum kalten Sturm. Sie jagten uns im Laufschritt über die Landstraße, damit wir möglichst bald ankamen. Als das Lager vor uns auftauchte – ein Stacheldrahtzaun und dahinter zwei große Holzbaracken –, ging der Regenguß nieder. Auf das gereizte Kommando der Soldaten rannten wir ins Lager und in die erstbeste Baracke. Der Lehmboden darin war seit langem nicht befeuchtet, unter unseren Tritten stieg eine dichte Wolke auf und füllte uns Lungen und Mund mit Staub. Wir erstickten fast am Husten, einer rief, das ist eine Gaskammer, und alle glaubten es zuerst. Und dann kamen wieder durchnäßte Menschen, wirbelten neue Staubwolken auf, bis die Baracke voller Menschen war, die sich unter Hustenanfällen krümmten. Es regnete in Strömen. Das alte Dach war bald durchnäßt, und wir verkrochen uns unter unseren Mänteln. Das von der Decke herabströmende Wasser bedeckte den Boden der Baracke und unsere Schuhe bis zu den Knöcheln. Die Nacht verbrachten wir im Schlamm stehend und vom Staub in den Lungen fast erstickt. Wir wußten nicht, was mit den Alten und den Kindern war, Vater und ich machten uns Sorgen um die Großmutter. Am nächsten Morgen wurden wir aus der Baracke gejagt und durften sie bis zum Abend nicht mehr betreten. Wir sahen, daß Kinder und alte Leute aus der anderen Baracke getrieben wurden, daß sie stolperten, wir hörten sie weinen und jammern. Es war verboten, sich ihnen zu nähern. Wir setzten uns auf den Boden und versuchten zu begreifen, was dort geschah. Nach der Kühle des Gewitters wurde es heiß. Nirgends ein Baum oder ein Grashalm, und die Decken, mit denen wir uns hätten schützen können, waren uns beim Verlassen des Zuges abgenommen worden. Wir lasen Reisig auf, steckten es in den Boden, hängten die Mäntel als Zeltplanen darüber. Wir hatten Hunger und Durst. Die Soldaten brachten Kessel mit Suppe, aber wir hatten keine Eßgeschirre, sie waren in den Rucksäkken, die man ebenfalls konfisziert hatte. Die Menschen rannten umher, beriefen sich auf alte Freundschaft, um ein Gefäß geliehen zu bekommen, es ging nicht mehr so streng zu. Gegen Abend konnte ich mich aus unserer Gruppe fortschleichen und zu der vor der anderen Baracke hinüberlaufen. Ich suchte nach der Großmutter, konnte sie aber in der Menge nicht entdecken. Ich kehrte zurück, voller Angst, daß sie mich bestrafen würden, wenn sie bemerkten, daß ich mich entfernt hatte. Am Abend trieben sie uns in die Baracke zurück, in diesen Schlamm, und verfügten, daß jeder einen Schlafplatz von fünfundvierzig Zentimeter Breite für sich abzuteilen habe. Wir fingen an, das mit Füßen und Händen zu bemessen. Doch der Platz reichte nicht. Da stürmten sie wieder herein und befahlen, daß wir uns hinzulegen hätten, egal wie, und wer noch einen Ton von sich gebe oder sich bewege, werde erschossen. Wir verbrachten die Nacht im Hocken. Am Morgen jagten sie uns wieder hinaus. Wir bekamen ein bißchen Wasser zum Waschen. Ich stahl mich wieder zur anderen Baracke, drängte mich durch die Menge und fand die Großmutter halb bewußtlos neben einem Betonpfosten, an dem sie sich festgeklammert hatte und zu Boden gesunken war. Ich bat um Wasser, bekam mit viel Mühe ein paar Tropfen, benetzte der Großmutter die Stirn und brachte sie insgeheim zu unserer Gruppe. Sie hatte nichts, keinem war nach der Ankunft im Lager etwas zurückgegeben worden. Wir mußten die Großmutter verstecken, und so konnte sie die ganzen zehn Tage, die wir in Baja verbrachten, bei uns bleiben. Sie hörte auf uns, erduldete Hunger und Durst in einem fast besinnungslosen Zustand, klagte nicht einmal und betete nur hin und wieder leise zu Gott. Der Vater jedoch litt unter dem Chaos, dem Hunger, besonders unter dem Gedränge abends, wenn in der Baracke Streit ausbrach und die Soldaten uns mit den Gewehrkolben zusammentrieben. Er wurde reizbar, zankte mit den Nachbarn, und danach verbarg er reuevoll das Gesicht in den Händen. Als ich während der letzten Nacht in der Baracke erwachte, hörte ich ihn weinen. Ich sprach ihn nicht an, ich schämte mich, ich meinte, er würde am besten allein mit sich ins reine kommen. Aber am Morgen, als befohlen wurde, das Lager zu verlassen, als wir antraten und gerade den ersten Schritt machten, breitete er seinen Mantel auf dem Boden aus und legte sich hin, die Augen geschlossen. Ich lief entsetzt zu ihm und bat ihn, aufzustehen, aber er flüsterte, ohne die Augen zu öffnen, ich solle ihn in Ruhe lassen, er könne mit uns nicht weitergehen, »ich halte das nicht aus«, sagte er. Da wurden die Soldaten auf uns aufmerksam, sie stießen mich weg, ich mußte mich neben der Großmutter einreihen, der all das entgangen war, die Kolonne setzte sich in Bewegung, ich führte die Großmutter an der Hand, drehte mich um und sah noch, daß einige Soldaten den Vater umringten, ich hörte zwei Schüsse, und schon hatten wir das Lager verlassen, ohne ihn.

Sie trieben uns wieder zum Bahnhof, wo der Zug wartete. Der Tag war heiß, die Waggons glühten vom Stehen in der Sonne. Auch die Fenster hatten keine Gitter mehr, sondern waren mit Brettern vernagelt. Unser Waggon füllte sich, und die Soldaten schoben immer noch mehr Menschen herein, bis wir so gedrängt standen, daß keine Bewegung mehr möglich war. Die Türen wurden geschlossen. Wir glaubten, daß wir alle ersticken müßten, daß dies das Ende war, das uns die Soldaten angedroht und die Schwarzseher unter uns angekündigt hatten. Der Schweiß floß in Strömen, wir bekamen keine Luft. Die Kinder weinten und verlangten nach Wasser. Einige ertasteten am Ende des Waggons Eimer mit lauwarmen Wasser, alles drängte unter verzweifelten Schreien sofort dorthin. Eine Frau schlug vor, den Kindern ein Schlafmittel zu geben, ein paar Mitfahrende hatten so etwas bei sich, jedes Kind bekam eine halbe Tablette, und sie kamen allmählich zur Ruhe. Erst am Abend fuhr der Zug ab. Er war die ganze Nacht und den folgenden Tag unterwegs, ohne daß ein einzigesmal die Tür geöffnet wurde. Die Kinder weinten wieder, die Alten fielen vor Schwäche um und verringerten damit den ohnehin so knapp bemessenen Platz. Der Fahrtwind brachte etwas mehr Luft in den Waggon, aber die Menschen mußten schließlich auch ihre Notdurft verrichten. Dazu diente uns der eine Eimer, dessen Wasser wir ausgetrunken hatten. Der Waggon füllte sich mit Gestank. Jemand deckte seinen Mantel über den Eimer, doch ständig kamen neue Menschen, der Unrat lief über den Eimerrand auf den Boden. Wir hatten kein Wasser mehr. Auch zu essen hatte kaum jemand etwas, ich hatte ein paar Würfel Zucker und ein Stückchen Speck in den Taschen. Das kauten die Großmutter und ich, ohne zu sprechen, auch nicht über den Vater, dessen Abwesenheit sie nicht bemerkt hatte. Am Abend des nächsten Tages blieb der Zug stehen, die Waggontüren wurden geöffnet, aber als wir aussteigen wollten, wurden wir von den Bajonetten und den Drohungen ungarischer Gendarmen empfangen. Niemand durfte hinaus. Ein Offizier kam angerannt und sagte uns, wir hätten die Grenze erreicht und würden nun den Deutschen übergeben. »Bis jetzt habt ihr im Wohlstand gelebt, ihr Stinkjidden, aber damit ist Schluß. Darum hat jeder seine Wertsachen abzugeben, Goldstücke, Ringe, Armbänder, alles, was ihr versteckt habt, denn wenn die Deutschen nur die geringste Kleinigkeit bei einem finden, schlagen sie alle tot, die im Waggon sind.« Er eilte weiter. Es kam zum Tumult, zu Beratungen. Obwohl sie uns in Baja das Gepäck abgenommen hatten, war jeder bemüht gewesen, etwas Wertvolles zu behalten, um möglicherweise etwas dafür kaufen zu können. Die einen hielten es für gefährlich, die Dinge auszuliefern und damit den Betrug einzugestehen, die anderen erblickten Gefahr im Widerstand gegen den Befehl. Schließlich sammelten wir im Hut eines alten Mannes ein paar Goldsachen und lieferten sie den Gendarmen aus. Die teilten sie vor aller Augen unter sich auf und schlossen wortlos die Tür. Nach vielleicht einer Stunde wurde sie wieder geöffnet; jetzt standen deutsche Soldaten mit umgehängten Taschenlampen vor uns. Zwei, drei von uns baten auf deutsch darum, daß wir ein bißchen Wasser bekämen und aussteigen dürften, um unsere Notdurft zu verrichten. »Haltet die Schnauze!« lautete die Antwort, und dann wurde uns mitgeteilt, daß man uns durchsuchen würde und, falls sich bei jemandem ein Wertgegenstand fände, den ganzen Waggon liquidieren würde; es sei die letzte Gelegenheit, Verborgenes abzuliefern. Jemand wagte zu erwidern, daß wir alles kurz zuvor den Ungarn abgegeben hatten, worauf die Deutschen fluchten; trotzdem ließen sie von ihrer Forderung nicht ab. »Sammelt alles, was ihr habt, ihr Banditen, sonst werden wir jeden einzelnen durchsuchen, und dann geht's euch dreckig.« Wieder kam Bewegung auf, ein paar goldene Gegenstände fielen in ein Taschentuch, auch ich gab den Ring her, den ich in den Saum von Großmutters Kleid genäht hatte. Diese Quälerei dauerte bis zum Morgengrauen. Sie machten die Tür zu. Wir waren seelisch am Ende, außerdem wurde die Luft knapp. Der Zug fuhr an, ohne daß wir unsere Notdurft hatten verrichten können. Vor Hunger und Erschöpfung waren wir fast bewußtlos, die Beine knickten uns ein, und wir wären alle umgefallen, hätten uns die stehenden Körper der anderen nicht aufrecht gehalten. Die Alten und Kranken fielen von einer Ohnmacht in die andere, phantasierten, beteten, die Kinder wimmerten leise. Wir wußten nicht, wohin wir fuhren, errieten nur, daß wir Österreich schon hinter uns hatten, es war uns auch gleichgültig, wir wollten nur, daß dieser unerträgliche Zustand durch einen anderen abgelöst würde. Am dritten Tag hielten wir an.

Die Waggontüren wurden geöffnet, man schrie »Los, los!«, draußen war grelles Tageslicht und scharfe frische Luft, wir kletterten aus dem Waggon, trugen und stießen die Schwachen und fielen zu Boden. Um uns bellten Wolfshunde an Ketten, die junge, kräftige, rotwangige deutsche Soldaten hielten, wir aber krochen um ihre Beine und lechzten nach Luft und Erholung. Doch schon wurden wir aufgescheucht, »Los, los!« Die Männer mußten auf die eine Seite, Frauen und Kinder auf die andere. Man verabschiedete sich, weinend, die Großmutter und ich kamen mit den andern Frauen zusammen auf die rechte Seite. Sie trieben uns voran, ich hielt die Großmutter umfaßt, die kaum die Beine bewegen konnte, bis wir einen großen, mageren Offizier erreichten, der mit einem Stab in der Hand die Frauen nach rechts und links verteilte. Er senkte seinen Stab zwischen die Großmutter und mich, sie fiel zur Seite, ich wollte mich nach ihr bücken, aber der Stock des Offiziers drängte mich zur Seite, nach mir kamen andere Frauen, und so verließ ich die Großmutter, ich konnte mich nicht einmal nach ihr umdrehen, ich habe sie nie wiedergesehen.

Andere Soldaten stellten uns bereits in Fünferreihen auf, ich war in einer Reihe mit vier fremden Frauen, Hunde bellten, und dann kam der Befehl zum Abmarsch. Wir gingen die Straße entlang, und um uns rannten die Soldaten mit ihren Hunden. Ein hoher Stacheldrahtzaun tauchte auf und dahinter Hunderte von Gestalten, wie ich sie nie im Leben gesehen hatte, abgemagert, grau, mit riesigen aufgerissenen Augen und haarlosen Köpfen, in den Händen irgendwelche Fetzen, die sie schwenkten. »Wahnsinnige!« flüsterte jemand, und wir glaubten es zuerst, denn etwas anderes konnte man nicht glauben. Die Wärter am Zaun öffneten das Tor, und wir mischten uns unter die Gestalten, die uns jetzt unverständliche Zeichen gaben, indem sie mit dünnen, schmutzigen Fingern auf ihren Kopf wiesen oder auf das, was ihr Mund sein sollte. Wir gingen an diesen gefangenen Frauen vorüber, die den Moment nach dem Waschen nutzten, um das eine oder andere Kleidungsstück, das sie heimlich unter dem Wasserhahn ausgespült hatten, im Wind der eigenen Bewegungen zu trocknen, was am nächsten Tag auch wir tun würden – und gelangten zu einem größeren gemauerten Gebäude. Zwei ordentlich gekleidete Frauen mit deutschen Uniformmützen rannten herbei und befahlen, daß wir uns nackt auszogen, da wir baden sollten. Jede legte ihre Sachen auf ein extra Häufchen, dann warteten wir lange, unbekleidet, die Schuhe in der Hand, und schließlich wurden wir in das Gebäude und unter die Duschen geschickt, aus denen laues Wasser tröpfelte, aber schon drängten uns die beiden Frauen weiter in den nächsten Raum, wo uns Männer in gestreiften Häftlingsanzügen empfingen, uns unter Aufsicht von Soldaten Kopf- und Körperhaare abrasierten, uns eine brennende Flüssigkeit zwischen die Beine spritzten, und wieder wurden wir in einen anderen Raum geschubst, wo wir von einem riesigen Haufen Kleidung bekamen, aber fremde, ohne Wahl und Maß, alles zerrissen und verschlissen, so daß wir bald aussahen wie häßliche Karnevalsfiguren. Wir mußten antreten und wurden in eine Baracke geführt. Betten in drei Reihen übereinander, ohne Decken oder etwas anderes, nur Bretter. Je fünf bekamen zusammen zwei Betten, wir konnten uns kaum rühren. Abends holten sie uns zum Zählappell und schrieben unsere Namen auf, zu essen gab es nichts, wir selbst hatten auch nichts mehr. Als wir über Hunger klagten, antwortete die Stubenälteste, eine junge Slowakin, wir würden auch morgen nichts bekommen, erst übermorgen würden wir auf die Verpflegungsliste gesetzt. Wir legten uns verzweifelt hin, mit Magenschmerzen, phantasierten vor Verlangen nach Nahrung auf unseren engen Pritschen. Am Morgen weckten sie uns um halb drei – das taten sie dann jeden Tag –, wir bekamen dreißig Minuten zum Austreten und Waschen, aber es gab für die zweiunddreißig Baracken nur zwei Latrinen und einen Waschraum, alles rannte und drängte sich, und schon kam der Befehl zum Appell. Wir standen reglos bis zum späten Morgen, als die Lagerälteste, eine Frau in Uniform mit bösem Gesicht, in Begleitung von SS-Männern mit Hunden zur Inspektion erschien. Zuvor waren schon einige schwächere Frauen ohnmächtig geworden, wer versuchte, ihnen zu helfen, wurde von den Stubenältesten geschlagen. Nach dem Appell sanken wir entkräftet zu Boden, die Baracke durften wir nicht betreten, wir lagen den ganzen Tag da und krümmten uns vor Hunger. Abends wieder Appell bis spät in die Nacht. Jetzt lagen schon Dutzende Frauen bewußtlos auf der Erde. Wir bekamen den Befehl, sie auf den Appellplatz zu schleppen und in Reihen zu fünft hinzulegen. Danach schleppten wir sie zurück in die Baracke. Am nächsten Tag wieder Aufstehen im Dunkeln, Wettlauf zu Latrinen und Waschraum und Appell. Dann das erste Frühstück, eine Brühe aus ausgekochten Tannennadeln. Wir hatten keine Löffel, keine Gefäße, wir tranken diese trügerisch süßliche, aber immerhin laue Flüssigkeit reihum aus einem einzigen Kochgeschirr, jede einen Schluck und vom Rest noch einen. Mittags Suppe aus Rüben und ein Stück Brot. Abends ein Klecks Marmelade und ein Stück Schwartenmagen. Sobald wir das Essen verschlungen hatten, quälte uns der geweckte und ungestillte Hunger noch schlimmer. Dann erstarb er in sich selbst. Wie auch wir mit unserem unterbrochenen Schlaf, mit dem halb ohnmächtigen Stehen bei den Appellen. Wir magerten ab, konnten uns kaum noch dahinschleppen. Was uns erwartete, wenn wir völlig entkräftet waren, wußten wir, wir hatten gesehen, was mit den früheren Gefangenen geschehen war. Eines Tages wurden in die Nebenbaracke ein paar hundert Frauen getrieben, die nur noch Haut und Knochen waren und kaum einen Schritt tun konnten. In der Nacht nach dem Appell, wir waren gerade eingeschlafen, wurden wir von Schreien, Gebell, Gebrüll geweckt. Wir schlichen an die Fenster und sahen vor der Nachbarbaracke schwarze Lastautos und deutsche Soldaten, welche die Lagerinsassinnen auf die Ladeflächen trieben. Sie wehrten sich, schrien, sie wollten nicht ins Krematorium, sie seien noch stark genug zur Arbeit, die Angst schien ihnen übernatürliche Kraft zu geben, sie klammerten sich an die Türrahmen, an die Fenster, an jede Ecke, einige kletterten sogar auf das Barakkendach, aber hier entdeckte man sie im Licht der Scheinwerfer von den Wachtürmen, Soldaten und Hunde stürzten herbei, holten alle aus ihren Verstecken und Schlupfwinkeln und trieben sie auf die Lastautos, die ihre Motoren anließen und mit ihnen davonfuhren. Am Morgen war die Nachbarbaracke leer. Am selben Tag fingen sie an, die Schwächsten unter uns auszusondern und ins Gas zu schicken. In die Baracke kamen zwei SS-Männer, eine Ärztin im Kittel und die Stubenälteste, sie legten schmale Bretter auf den Boden, und wir mußten uns nackt ausziehen und über die Bretter laufen. Wer strauchelte, taumelte, mit der Fußsohle den Boden berührte, wurde von der Ärztin mit einer müden Handbewegung zur Seite geschickt, wo die SS-Männer diese Frauen wie Gegenstände packten und, sosehr sie sich auch wehrten, vor die Baracke schleuderten; dort stand schon das schwarze Lastauto fürs Krematorium. Ich stolperte kein einziges Mal, dafür widerfuhr mir etwas anderes.

Der SS-Oberscharführer Handke, vor dem wir uns fürchteten und dem wir aus dem Weg gingen, weil er es genoß, uns beim Appell unter einem beliebigen Vorwand zu prügeln, erschien bei dieser Übung, und als ich über das Brett gelaufen war, winkte er mich mit dem Zeigefinger zu sich heran. Er musterte mich, kniff mir mit zwei Fingern in den Oberarm, wartete, ob sich die Vertiefungen bald glätteten, und das wiederholte er an beiden Brüsten und einem Schenkel. Er sagte, ich solle mich an die Tür stellen. Dasselbe tat er kurz darauf mit Klara, einem Mädchen aus Užhorod. Als die Untersuchung abgeschlossen und das schwarze Lastauto mit den Opfern abgefahren war, notierte die Stubenälteste unsere Nummern, gab uns unsere Sachen, Handke und die beiden SS-Männer führten uns aus der Baracke ab. Sie schickten uns zum Baden und zur Desinfektion, nur uns beide. Dann durchquerten wir das Lager, gelangten zu dem Zaun, der es vom Verwaltungsgebäude trennte, der Soldat am Tor stand stramm, wir gingen weiter, vorbei an der Kommandantur, an den Werkhallen, bis zum Krankenhaus gegenüber. Hier übernahmen uns Häftlinge, die als Krankenpfleger arbeiteten. Wir mußten uns ausziehen und bekamen saubere Nachthemden. Sie brachten uns in eine Baracke mit mehreren Kojen, schickten uns in zwei getrennte und sagten, wir sollten uns hinlegen. In der Koje brannte eine starke Lampe. Zwei Pfleger kamen zu mir, befahlen mir, das Hemd hochzuschieben und die Beine zu spreizen. Sie gaben mir eine sehr schmerzhafte Injektion. Die betäubte mich schnell. Als sie wiederkamen, rissen sie mich hoch und schleppten mich an den Kojen vorbei zum Operationssaal. Auf einem Tisch lag bereits Klara. Sie fesselten mir die Beine mit Metallbügeln, banden Rumpf und Arme fest, dann kam ein Arzt mit Maske vor dem Gesicht und in Gummihandschuhen. Sie beugten sich über mich, ich sah eine lange Nadel mit spiralförmigem Ende wie ein Bohrer, zwischen meinen Beinen brannte es, und trotz der Betäubung fühlte ich solche Schmerzen, als würden mir die Eingeweide herausgerissen. Dann entfernten sie die Nadel und banden mich los. Ich blutete, sie stopften mich mit Watte voll und brachten mich auf einer Trage zur Koje. Ich fragte, was sie mit mir gemacht hätten. Der eine Pfleger zischte durch die Zähne: »Nichts, dumme Gans. Du sollst kein Kind kriegen.« Ich bekam Fieber. Aber am Abend brachten sie mir etwas zu essen, eine Suppe, die viel gehaltvoller und schmackhafter war als alles bisher im Lager. Am nächsten Tag, als sie mich verbanden, zog mir ein Pfleger das Hemd von der Schulter und tätowierte mir über der linken Brust etwas ein. Da fragte ich nicht, was das sei, ich war vom Fieber benommen; später, als es mir besser ging, las ich das Wort. Meine Genesung dauerte etwa eine Woche. Die Blutungen hörten auf, und Handke kam mich holen. Er hatte ein Kleid über dem

Arm, und ich mußte es vor ihm anziehen. Mit einer Handbewegung forderte er mich auf, ihm in ein nahegelegenes Gebäude zu folgen, das sie Freudenhaus nannten. Das war ein langgestreckter Raum mit Kojen, so ähnlich wie die im Krankenhaus, nur daß jede durch einen weißen Vorhang gegen den Gang abgeschirmt war. In jeder Koje stand ein Bett. Klara war noch nicht hier, aber in den anderen Kojen waren Mädchen, zusammen waren wir achtzehn. Wir konnten uns hinsetzen, hinlegen, durften die Kojen jedoch nur dreimal täglich gemeinsam verlassen. Über die Ordnung wachte die Kommandeuse des Freudenhauses, eine wegen Giftmordes an ihrer Schwester verurteilte Deutsche namens Gisela, die in der letzten Koje mit einer Tür anstelle des Vorhangs lag. Sie trug Uniform, Stiefel, am Gelenk der rechten Hand eine Peitsche mit Schlaufe. Wenn Soldaten kamen, sei es aus der Lagerbesatzung oder aus den nahe gelegenen Garnisonen oder aus den Einheiten, die auf dem Weg zur Front hier durchzogen, rief uns Gisela aus den Kojen. Jede trat vor ihren Vorhang, und die Soldaten beäugten uns und wählten aus. Die, für die sich ein Soldat entschieden hatte, ging in die Koje, zog sich aus und gab sich hin. Mich besuchte als erster Handke. Die Kommandeuse erklärte uns, wir müßten zu den Besuchern freundlich sein und ihnen jeden Wunsch erfüllen, ein Mädchen, mit dem ein Soldat nicht zufrieden sei, werde mit dem Tod bestraft. Nacheinander holte sie uns in ihre Koje, zog uns aus, zog sich aus, um uns zu zeigen, was wir alles auf Wunsch der Soldaten zu tun hatten, wie wir uns bei ihnen Liebkind machen sollten, aber zugleich war das für sie eine Art Befriedigung. Zu essen hatten wir mehr als im Lager, fast ausreichend, wir waren sauber gekleidet, duschten jeden Tag, wurden nicht mehr rasiert. Trotzdem quälte uns die Angst vor jedem Besuch, denn wir wußten, daß wir uns gegen keine Beschwerde verteidigen konnten, und wenn sie von der Kommandeuse nur erfunden war. Auch Klara und ich waren nur im Gefolge einer Strafaktion an zwei Mädchen hergekommen, das flüsterte mir meine

Kojennachbarin, eine tschechische Jüdin, zu. Dann wurde ich selbst Zeugin einer Strafaktion. Die Opfer waren zwei Schwestern, Lija und Cini, die man aus einem polnischen Getto hergebracht hatte, vielleicht höchstens fünfzehn und sechzehn Jahre alt, unterentwickelt, immer verängstigt. Möglicherweise hatten sie sich im Bett nicht so verhalten, wie es die Soldaten verlangten, oder die Kommandeuse meinte, sie seien hier fehl am Platz, oder sie gefielen ihr selbst nicht als Gespielinnen. Eines Morgens führten sie uns vor das Verwaltungsgebäude, von der anderen Seite trieben sie Hunderte von Lagerinsassinnen bis zum Zaun, lauter taumelnde Skelette, wie wir es selbst vor unserer Ankunft im Freudenhaus gewesen waren. Aus dem Verwaltungsgebäude, aus den Magazinen, von den Wachtürmen kamen Deutsche ohne Koppel und Waffen, um dem Schauspiel beizuwohnen. Die Strafe vollzog Handke. Häftlinge brachten zwei hölzerne Gestelle, so ähnlich wie die Geräte zum Pferdsprung in den Turnhallen, nur ohne Polsterung. Die Kommandeuse führte die beiden Mädchen hin. Sie hielten sich weinend an den Händen. Handke trat zu ihnen und trennte sie beinahe sanft. Dann riß er ihnen die Kleider vom Leib und fesselte sie an die Gestelle, jeden Arm, jedes Bein für sich. Ein Soldat reichte ihm einen dicken, etwa ein Meter langen Stock. Er trat hinter Lija, holte aus und traf mit aller Wucht ihren Unterschenkel. Sie schrie, und trotzdem hörte man den Knochen splittern. Es folgte das andere Bein. Dann beide Oberschenkel. Lija wimmerte noch immer. Er stellte sich seitlich hin und versetzte ihr einen solchen Schlag ins Kreuz, daß ihr Körper trotz Fesseln hochzuckte. Der folgende Hieb traf die Rückenmitte. Da hing ihr Kopf schon herab, sie war bewußtlos. Aber Handke schlug weiter, immer weiter nach oben, bis er ihr am Ende den Kopf zertrümmerte. Er hielt inne, klemmte sich den Stock unter den Arm, öffnete seine Uniformjacke und zündete sich eine Zigarette an. Wir mußten dastehen und sehen, wie er rauchte und umherspazierte und grinsend unsere Reihen musterte. Auch Cini sah ihn an, folgte mit weitaufgerissenen, glasigen Augen seinen Bewegungen. Er trat zu ihr. Machte dasselbe mit ihr. Dann begab er sich stockschwenkend und gemächlichen Schritts zum Verwaltungsgebäude. Unterwegs klopften ihm die Deutschen auf die Schulter. Wir durften ins Haus zurück, Lija und Cini wurden von Häftlingen abgeholt und ins Krematorium geschafft. Handke brachte am Ende auch die übrigen Mädchen um, bis auf mich und Regina, ein Mädchen aus Košice. Er hatte uns das schon vorher für den Fall angedroht, daß Deutschland den Krieg verlöre, wir sollten uns keine Hoffnungen machen, das zu erleben. Trotzdem hofften wir, auch wenn wir uns im Gespräch an Handkes Worte erinnerten. Es gab oft Alarm, weil die Bomber der Alliierten über uns wegflogen. Wir durften das Haus nicht verlassen, die Kommandeuse schloß von außen ab und ging in den Luftschutzraum der Kommandantur. Das waren Stunden, in denen wir miteinander reden konnten. Aber wir waren vorsichtig, denn die Kommandeuse hatte die Gewohnheit, uns einzeln über die Meinungen und Äußerungen der anderen auszuhorchen. Ich hatte nur Vertrauen zu meiner Nachbarin, der tschechischen Jüdin Helena; wenn Alarm war, hockten wir zusammen und schmiedeten Pläne, wie wir überleben sollten, falls die Russen oder die Amerikaner kämen. Wir schwätzten so allerlei: daß wir die Kommandeuse überfallen und fesseln und als Geisel nehmen, uns der Waffen aus dem nächsten Wachturm bemächtigen wollten, aber im Augenblick der Befreiung ließ sich nichts davon ausführen. Die Deutschen räumten das Lager in Etappen: die verbliebenen Häftlinge wurden aufs freie Feld gejagt, dort mit Maschinengewehren erschossen und verbrannt, weil das Krematorium die vielen Leichen nicht bewältigen konnte, gleichzeitig traten sie selbst den Rückzug an, zuerst die Magazine, dann das Krankenhauspersonal, dann die Verwaltung. Schließlich stellten wir fest, daß nur noch die Wachen da waren. Es kam kein Besucher mehr zu uns, zu essen gab es kaum. Die Kommandeuse steckte sich eine Pistole ins

Koppel. Eines Morgens, als sie uns zur Toilette geschickt hatten, hörte man hastige Befehle, ein Wächter rannte herbei und schrie der Kommandeuse zu, sie solle uns sofort ins Haus zurückholen. Instinktiv gehorchte ich nicht. Ich hörte die Mädchen aus den Toiletten rennen, ahnte aber, daß man mich vermissen und nach mir suchen würde, also schlich ich als letzte hinaus und legte mich hinter dem Toilettentrakt dicht an der Holzwand auf die Erde. Im Lager erschollen nervöse Kommandos, trampelnde Schritte, es wurde geschossen. Ich drückte den Kopf an den Boden und wartete, fest entschlossen, mich nicht zu rühren, sondern, wenn es schon sein mußte, hier den Tod zu empfangen. Die Schüsse häuften sich, man hörte ganze Garben, dann wieder Getrampel und vereinzelte Detonationen, als verfolgte man jemanden und zielte aus verschiedenen Richtungen auf ihn. Dann Stille. Wieder Getrampel, Waffenklirren, Schüsse. Auf einmal von fern ein vielstimmiges Geschrei, in dem ich dennoch etwas Triumphierendes zu erkennen glaubte. Ich wagte mich nicht auf mein Gehör zu verlassen, blieb liegen. Der Chor näherte sich, entfernte sich. Ich hörte etwas zerbrechen, das konnten nur Türen oder Fenster des Verwaltungsgebäudes sein. Erneut Stille. Ich hielt es nicht mehr aus, stand auf und kroch aus meinem Versteck. Niemand war zu sehen. Ich ging zurück in die Toilette. Dann dachte ich, ein übriggebliebener Deutscher könnte mich hier finden, und ich kam heraus. Wohin sollte ich? In das Verwaltungsgebäude oder in ein Magazin traute ich mich nicht. Ich ging zu unserem Haus. Die Tür stand weit offen, drinnen war ein Chaos, die Vorhänge zerrissen und blutbefleckt, in den Kojen lagen die toten Mädchen in Blutlachen. Ich vernahm ein Stöhnen, das war Regina, das Mädchen aus Košice. Sie kroch hinter ihrem Bett hervor und brach vor meinen Füßen zusammen. Ich drehte sie um, sie hatte eine Wunde am Hals, ich riß ein Stück vom Vorhang ab und verband sie notdürftig. Sie kam zu sich und sagte: »Das war Handke.« Sie zeigte wimmernd auf ihre Beine, die voller Wunden waren. Ich versuchte, sie an den Armen aus dem Haus zu zerren, sie stöhnte, ich ließ sie los und rannte hinaus. Dort traf ich auf zwei Häftlinge, die mit blutverschmierten Spaten vorbeigingen; ich rief sie an, und sie halfen mir, das Mädchen in das geräumte Gebäude der Kommandantur zu tragen. Dort blieb auch ich und pflegte Regina, bis die sowjetische Armee eintraf, uns zu essen gab und uns mit dem Nötigsten für den Transport ausrüstete.

Sredoje Lazukić betrachtete die Okkupation mit boshafter Genugtuung, so wie ein Nachfolger den Leichnam seines überheblichen Vorgängers betrachtet. Nun zerfiel, was ihn bis gestern beengt hatte, ohne daß er sich dessen recht bewußt war. Es gab keine Ordnung mehr, die Fremden mit den Maschinenpistolen vor der Brust und den gerunzelten, farblosen Brauen unter dem Helmrand hielten sie gewaltsam aufrecht. Es gab keinen Anstand mehr, Hunger und Angst verdrängten ihn. Es gab keine Vaterlandsliebe mehr, die Scham sprach ihrer Hohn. Belgrad, die unbekannte Großstadt, aus den Schulbüchern vertraut als Metropole und Residenz des Königs, auf den in den Kirchen allsonntäglich Gottes Segen herabgefleht wurde, erstreckte sich wie ein riesiger Kehrichthaufen. In den noch rauchenden Trümmern stöberten Bewohner, die überlebt hatten, bargen hier ein unbeschädigtes Bild, dort einen intakten Stuhl, da ein wundersamerweise heilgebliebenes Glas Marmelade. Über die Märkte, die von den Bauern wohlweislich gemieden wurden, irrten geduckte, sorgenvolle Hausfrauen auf der verzweifelten Suche nach Lebensmitteln, die in Haustoren und dunklen Ecken zum dreifachen Preis verkauft wurden. Die Wirtshäuser waren leer, ebenso die Kinos und die Wartesäle auf dem Bahnhof, denn man hörte, daß die Deutschen an Orten größerer Menschenansammlungen Geiseln und Arbeitskräfte für die Räumung der zugeschütteten Straßen einfingen. Man saß in den Wohnungen, schwieg und seufzte, gähnte und schlief schlecht, sah aus den Fenstern, aß Maisbrot, nippte ein wenig Schnaps aus den schmalen Vorräten, spielte zerstreut Karten, fluchte, knirschte mit den Zähnen. Der Stolz verlangte, ein so trauriges und widersinniges Leben nicht hinzunehmen, aber die Eingeweide forderten, den Stolz zu ignorieren, und sie trugen den Sieg davon. Die Menschen verließen ihre Häuser. Sie setzten sich Razzien und Verfolgungen aus, beachteten die Polizeistunde, gewöhnten sich an den Anblick der Erhängten auf den Terazije und atmeten, wenn sie zurückkamen, dankbar und befriedigt auf. Sie machten die Büros der Besatzer ausfindig und beantragten Ausweise und Lebensmittelkarten. Sie bettelten darum, auf ihren alten Posten wiedereingesetzt oder mit neuen betraut zu werden. Sie krochen und liebedienerten vor denjenigen, die als erste Verbindung mit den Deutschen aufgenommen und ihr Vertrauen gewonnen hatten. Sie begannen deutsch zu lernen. Nemanja Lazukić verbrachte mit Sredoje bei seinem Jugendfreund, dem Steuerinspektor Spasoje Gigić, ein paar Tage, an denen er den Mund fast nur zum Seufzen auftat, dann machte er sich auf, zog durch Belgrad und suchte Bekannte auf, die Angehörige in Novi Sad hatten, um seiner Frau durch sie eine Nachricht zukommen zu lassen und sich nach den dortigen Verhältnissen zu erkundigen. Er kehrte erschüttert, aber auch etwas lebhafter zurück: schon beim Einmarsch hatte die ungarische Armee etwa hundert exponierte Serben erschossen und damit seine Befürchtungen bestätigt, nun glaubte er, sie überlistet zu haben. Wenn er in die fremden Häuser ging und Neuigkeiten einholte, machte er die Bekanntschaft von Flüchtlingen, die wie er vor der Notwendigkeit eines Neuanfangs standen und denen er als Advokat mit Rat und Hilfe beistehen konnte. Er besorgte ein paar Beglaubigungen, übergab bei Gericht zwei oder drei Übersetzungen und kam mit kleineren Wertgegenständen heim, die man ihm anstelle eines Honorars geschenkt hatte. Abends debattierte er mit Spaso und dessen dicker, von Schmerzen in den Beinen geplagter Frau Živana über Möglichkeiten, die Gegenstände zu Geld zu machen, denn er wollte ihnen die Kosten für seinen und Sredojes Unterhalt nicht länger aufbürden. Sie protestierten zwar ordnungshalber, stellten aber ein paar Geschäftsverbindungen für ihn her, und von da an bestand ein fast regelmäßiges Band zwischen juristischen Dienstleistungen und Geld. Dann verkürzte es sich allmählich, denn Gegenstände von Wert wie Uhren, Schmuck, Fotoapparate wurden ihm direkt zum Weiterverkauf angeboten, ohne vorherige Mühe und Lauferei durch die Amtsstuben der

Gemeinden und Gerichte: aus dem Advokaten wurde ein Händler. Er stand jetzt später auf und weilte fast den ganzen Tag in der Wohnung, denn die Leute brachten ihm ins Haus, was sie aus Not verkaufen mußten, und die möglichen Interessenten bestellte er persönlich her. Aber diese geheimen Besuche begannen die kränkliche Frau Gigić zu ängstigen, und unter dem Druck ihrer Einwände kam es zwischen den beiden Freunden zu Spannungen. Lazukić ging auf Wohnungssuche, und da er derzeit, im September 1941, schon gute Beziehungen zu der neuen Unterwelt der Besatzung hatte, konnte er in die Garçonniere eines verhafteten Miteigentümers der Kommerzbank in der Dobrnjacstraße einziehen, wobei er auch die vorhandene Einrichtung fast umsonst bekam. Es waren lauter dunkle, schwere, mit Schnitzereien versehene Möbel, die das einzige, ziemlich große Zimmer mit Schatten erfüllten; entsprechend seiner neuen Beschäftigung, in die er sich jäh und leidenschaftlich verliebt hatte, hielt Nemanja Lazukić zudem die Jalousien stets halb geschlossen, wodurch es um ihn noch finsterer wurde. Da saß er nun im hohen Sessel am Schreibtisch, zog unter mißtrauischem Blinzeln nach rechts und links die tiefen Schubladen heraus und wühlte in den zum Weiterverkauf erworbenen Dingen: Kettchen, Ringe, Uhren, Manschettenknöpfe, Broschen aus Gold oder Silber, mit Edel- oder Halbedelsteinen, ohne Ordnung durcheinandergeworfen, was ihm den Vorwand lieferte – denn natürlich hatte er jeden Gegenstand im Kopf –, sie durch die Finger gleiten zu lassen. Wenn es klingelte, legte er alles rasch und lautlos zurück, verschloß die Schubladen, steckte das Schlüsselbund in die Hosentasche, ging dann in die Diele und bat nach einem Blick durch den Spion die Kundschaft herein. Mit einem Räuspern gab er dabei Sredoje das Zeichen, zu verschwinden, denn er wollte weder seine Geschäftsgeheimnisse mit ihm teilen noch ihn durch sein illegales Tun in Gefahr bringen.

Anfangs fügte sich Sredoje ungern diesem Befehl, der ihn auch bei Unwetter aus der behaglichen Wohnung trieb, so daß sich Nemanja Lazukić gezwungen sah, ihn mit einem Taschengeld zu besänftigen, das jedesmal höher wurde; dank dieser Großzügigkeit spazierte Sredoje mittlerweise mit Taschen voller Geld durch Belgrad, was ihn wiederum ermunterte, jenen Vergnügungen nachzugehen, an die er sich in Novi Sad gewöhnt hatte. Allerdings kannte er die Belgrader Quellen dieser Vergnügungen nicht, er hatte hier keine gleichaltrigen Freunde, die er hätte befragen können, und so sah er sich bei seinen Spaziergängen aufmerksam um und ließ sich von seinem Instinkt leiten. Manchmal bestimmte die einsame Gestalt eines wie er ziellos schlendernden Mannes mit Tasche unter dem Arm die Richtung seiner Suche, manchmal eine Frau in kurzem Rock, die unter vorsichtigen Blicken in ein Haustor huschte, manchmal eine größere Gruppe Männer, die vor einer Gastwirtschaft herumstanden. Da pflegte er dann einzutreten. Meist gelangte er in ein kleines, dämmriges Lokal mit ein paar nackten Tischen und einem Tresen, hinter dem der unrasierte Wirt oder seine schlampige, mürrische Frau Gläser spülten und Getränke ausschenkten. Er setzte sich und wartete geduldig, irgendwann öffnete sich die Tür im Hintergrund, es erschien ein Mädchen oder eine Frau mit grellgeschminkten Lippen und Wangen, die sich das Haar ordnete und die Männer mit dem Sredoje schon vertrauten flüchtigen und zugleich prüfenden Blick musterte. Er bestellte noch einen Schnaps, zündete sich eine Zigarette an (zu der Zeit hatte er zu rauchen begonnen) und studierte die Eingetretene gründlich: Beine, Brüste, Hals, Schoß und anhand von Mimik und Gestik auch ihre Wesensart. Ihm wurde heiß, weil er sich nicht entschließen konnte. Er hatte Angst, daß sie grob sein, ihn, falls er sie ansprach, auslachen und abweisen könnte, denn insgesamt wirkte Belgrad nach dem kleinen und zahmen Novi Sad beleidigend direkt. Dann hörte das Mädchen auf, die Schlingen ihrer Blicke auszuwerfen, zog sich zurück oder setzte sich bei der ersten unauffälligen Einladung an einen Tisch zu anderen Gästen, sofort bereit, zu trinken, zu lachen und Berührungen zu dulden und damit Sredojes Ängste zu entkräften, wenn es ihm nichts mehr nützte. Er beobachtete, was mit dem Mädchen am benachbarten oder etwas entfernten Tisch geschah, notierte sorgsam jede Bewegung, jedes Blinzeln, lauschte mit selbstquälerischer Bewunderung für das Geschick dieser Männer, die er beneidete und haßte, auf jedes Wort. Unter den Gästen tauchten nun schon häufiger feldgraue Uniformen auf, und Sredoje betrachtete ihre Träger besonders neugierig, denn sie unterschieden sich wie auch er von den anderen, und er hoffte insgeheim auf ihr Vorbild bei der Überwindung der eigenen Unbeholfenheit. Die deutschen Soldaten betraten das Restaurant gewöhnlich zu zweit und ziemlich steif, als wäre es für sie kein Ort des Vergnügens, sondern der Pflichterfüllung, sie salutierten von der Schwelle aus vage in den Raum, nahmen die Mützen ab, hängten sie ordentlich an die Garderobe, setzten sich an einen freien Tisch in der Ecke, bestellten Bier und tranken langsam, ins Gespräch vertieft, ehe sie ein Mädchen an den Tisch einluden und sich mit ihr einigten, mehr durch Gesten als in Worten, die sie in der Regel nicht verstand. Einer ging dann mit ihr hinaus, der andere bewachte den Tisch, worauf sie die Rollen tauschten. Bei dieser Verausgabung ihrer physischen Kräfte gingen sie auffällig schnell und offenbar sehr überlegt vor, sie behielten kühlen Kopf, betranken sich nicht, und nachdem beide ihre Befriedigung gefunden hatten, leerten sie in aller Ruhe ihre Gläser und tauschten mit vielsagenden Blicken ihre Erfahrungen aus. Sredoje war fast behext von ihnen. Er bewunderte sie, weil sie so sicher waren, so nüchtern, weil sie so selbstbewußt und dabei ohne Anmaßung diese Früchte der Lust am Weg ihres martialischen Berufs pflückten, und einen besonderen, schaurigen Reiz gab seiner Einschätzung das Wissen, daß sie hier und heute, in diesem Restaurant, nur auf der Durchreise waren, daß sie schon morgen in einer ganz anderen Stadt oder irgendwo bei Kampfhandlungen sein und vielleicht fallen würden. Ja, sie würden alle fallen, ahnte Sredoje, denn im militärischen Konflikt mit der mächtigen Sowjetunion würde Deutschland, daran bestand kein Zweifel, irgendwann ausbluten. Aber das vertiefte nur seinen mit Angst gemischten Respekt vor diesen bereits zum Tod verurteilten Soldaten. Er spürte oft das Bedürfnis, mit ihnen ein Gespräch anzuknüpfen, dachte daran, ihnen seine Hilfe bei den Verhandlungen in der fremden Sprache anzubieten, um ihnen dadurch näherzukommen, ihren festen Charakter im einzelnen zu erforschen, aus ihrem Mund zu erfahren, wo sie herkamen, was sie erlebt hatten. Dennoch trat er nie an einen heran, weil er wußte, daß er damit die feindselige Aufmerksamkeit seiner Landsleute erregt hätte, die diese uniformierten Eindringlinge mit gekünstelter Treuherzigkeit anstarrten; daß sich dahinter derselbe Neid und Haß verbarg, den sie selbst bei Sredoje erzeugten, war leicht zu erraten.

Bald übrigens wurde sein heimlicher Wunsch erfüllt, ohne daß er sich bemühen mußte, denn die deutschen Soldaten und vor allem Offiziere, bei denen sich herumgesprochen hatte, daß sein Vater unterderhand Wertsachen verkaufte, kamen selbst in die Dobrnjacstraße. Der Advokat ließ sie anfangs zögernd, dann aber, als er einige vorteilhafte Geschäfte mit ihnen gemacht hatte, bereitwillig in die Wohnung, und da er nicht deutsch sprach, verzichtete er bei solchen Anlässen auf sein Räuspersignal. Sredoje dolmetschte. Es waren einfache, leicht in die andere Sprache übertragbare Sätze – »Was kostet das«, »Geht es nicht billiger«, »Sagen Sie mir, was Sie bieten« –, aber selbst diese bescheidenen Beweise für das Wissen seines Sohnes genoß der Advokat als Früchte der eigenen Weitsicht. Auch nach ein paar Monaten, als er soviel gelernt hatte, daß er sich ohne Dolmetscher mit den Deutschen verständigen konnte, durfte Sredoje in der Wohnung bleiben; er selbst saß bei den Gesprächen etwas abseits, möglichst im Schatten, und sah und hörte von hier aus mit zufriedenem Nicken, wie sich seine Vorschläge und Antworten in fremde Vokabeln verwandelten und alles mit einer Einigung endete. Im Gefolge der ertragreichen Verkäufe änderte sich auch seine allgemeine Auffassung von den Deutschen; er stellte, wenn der eine oder andere mit einem teuer bezahlten Gegenstand gegangen war, Sredoje gegenüber Vergleiche zwischen ihrem herrschaftlichen Auftreten und der Erbärmlichkeit der Serben an, ja er bereute bereits seine früheren Vorurteile, an denen, so behauptete er, die einheimischen Deutschen schuld hatten, die in ihrem Stumpfsinn, ihrer Kleinlichkeit, ihrer offensichtlichen Degeneration gänzlich anders waren als die richtigen Deutschen. Seine besonderen Sympathien gewann Hauptmann Dieter Waldenheim, der im folgenden Jahr 1942 gerade zu der Zeit auf den Plan trat, als der Advokat die Nachricht erhalten hatte, daß seine Frau, Sredojes Mutter, während einer Razzia in Novi Sad umgekommen war. Der ferne Tod dieser sanften Frau, die nichts anderes gekannt hatte als Dienst an der Familie, bedrückte sie tagelang wie eine schwarze Wolke; sie wußten, daß sie ihr gegenüber undankbar gewesen und, indem sie sie allein ließen, zu Mitschuldigen an ihrem Untergang geworden waren. Waldenheim spürte die düstere Stimmung, sobald er die Garçonniere betrat, wo er kein ganz neuer Gast mehr war, und fragte gleich offen nach der Ursache. Nemanja winkte seufzend ab, Sredoje, da es nichts zu dolmetschen gab, schwieg, aber Waldenheim wiederholte vorsichtig seine Frage, während er die ihm von Nemanja vorgelegten Dinge betrachtete, bis Sredoje ohne väterliche Anweisung erzählte, was geschehen war. Nemanja Lazukić, der seine Worte genau verstand, brach in Tränen aus. Dr. Waldenheim – auch er war Doktor der Rechte – tat nicht das Übliche, sprang weder vom Stuhl auf, noch sprach er sein Beileid aus oder versuchte sie zu trösten, sondern fragte nur, ob die Nachricht wirklich stimme, und erbot sich, über seine dienstlichen Kontakte in Ungarn den Fall zu überprüfen. Der verwirrte Lazukić bedankte sich wärmstens, und nach Waldenheims Weggang erwachte in ihm sogar die leise Hoffnung, der Deutsche werde ihm die Botschaft bringen, daß seine Frau wie durch ein Wunder am Leben geblieben war. Das geschah nicht, im Gegenteil: zwei Tage später klingelte ein Soldat an der Wohnungstür, salutierte straff und übergab einen gefalteten Zettel, auf dem mit winziger Schrift in deutscher Sprache notiert war: »Die Nachricht ist überprüft und leider wahr. Waldenheim«, aber als der Hauptmann das nächstemal selbst kam und seine Botschaft und den ganzen Vorfall mit keinem Wort erwähnte, wurde er wie ein Freund des Hauses empfangen. Er fühlte es mit sicherem Instinkt und besuchte die beiden Lazukić von nun an öfter, nicht nur um die Wertgegenstände anzusehen und den einen oder anderen ohne Feilschen zu erwerben, sondern einfach zum Plaudern. Gespräche genoß er sichtlich, er bereitete sich auch darauf vor, brachte eine Flasche hausgebrannten Sliwowitz vom Dorf oder eine Stange ausländischer Zigaretten mit; er ließ sich bequem in einen Sessel fallen, kreuzte die Beine, zündete sich eine Zigarette an, nippte vom Schnaps, den ihm Lazukić eingeschenkt hatte, und überschüttete seine Gastgeber mit Fragen: Wie es ihnen gehe, was es Neues in der Nachbarschaft gebe und in der Geschäftswelt, womit sich Sredoje beschäftige, bis er langsam auch in ihre Vergangenheit vordrang, zu den Tagen in Novi Sad, zur einstigen Karriere des Advokaten, von dessen politischer Partei er seit kurzem wußte. Über sich hingegen sprach er kaum, und wenn ihm Lazukić deshalb Vorhaltungen machte, lachte er. »Es wird Ihnen nichts nützen, etwas über mich zu erfahren, denn ich bin kein typischer Deutscher. Ich trinke kein Bier, ich trage kein Foto von Frau und Kindern mit mir herum, ich habe gar keine Familie«, und er fuhr mit Erörterungen über die Natur seiner Landsleute fort, über ihre Gewohnheiten, sogar über ihre negativen Eigenschaften, unter denen er vor allem ihre Kälte und Überheblichkeit verurteilte. »Wir sind noch immer Provinzler«, konnte er wegwerfend sagen, »wir sind nicht fähig, Macht auszuüben. Statt von Hochachtung umgeben zu sein, fordern wir durch Unbesonnenheiten häufig den Haß der Menschen heraus.« Er meinte, die Deutschen sollten sich mehr um die führenden Schichten der Völker bemühen, die sie seit kurzem beherrschten, sich auch den lokalen Gebräuchen anpassen – »wie die Briten«, fügte er hinzu –, wenn aber die Rede auf Geiselerschießungen und brutale Beschlagnahmen kam, seufzte er mit hilflos gen Himmel gerichtetem Blick. Er verhehlte nicht, daß er Offizier der Aufklärung war und als solcher an Vergeltungsaktionen gegen die in Serbien erstarkenden Widerstandskräfte teilnehmen mußte, und mit fast demütigem Ausdruck bat er seine neuen Freunde, besonders Sredoje, den seine Jugend leicht auf Abwege führen konnte, die Reihen der Unruhestifter zu meiden. Lazukić senior war von dieser Sorge des Fremden gerührt, Sredoje lachte insgeheim darüber, denn bei seinen Streifzügen unter dem Trieb der Fleischeslust fiel es ihm überhaupt nicht ein, auf Deutsche zu schießen. Er fragte sich oft, ob nicht gerade Waldenheim derjenige war, dem er seine geheimen Wünsche anvertrauen konnte, er hatte indes keine Gelegenheit, allein mit ihm zu sprechen, und außerdem traute er ihm nicht ganz. Waldenheim war tatsächlich anders als die Durchschnittsdeutschen, denen Sredoje auf der Straße oder in den abgelegenen Wirtshäusern begegnete, schon äußerlich: blond, aber füllig und nicht übertrieben korrekt gekleidet, mit Ascheresten an den Taschen der zerknitterten Uniformjacke, mit sanftem, leicht spöttischem Lächeln um die vollen Lippen und die länglichen blauen Augen. Anders als beim Zusammentreffen mit anderen deutschen Soldaten und Offizieren, die den Eindruck machten, als sähen sie die Zivilbevölkerung nicht, an der sie vorübergingen und um die sie mit kaum verhohlenem Ekel einen Bogen machten, spürte er, wie der stets leicht verschleierte stahlblaue Blick des Hauptmanns mit Wärme und Aufmerksamkeit auf ihm ruhte, und statt daß dies sein Vertrauen weckte, veranlaßte es ihn, er wußte selbst nicht warum, vor Waldenheim auf der Hut zu sein.

Als aber etwas später, zu Beginn des Sommers, sein Jahrgang an die Reihe kam, der serbischen Staatsgendarmerie beizutreten, wozu er nicht die geringste Lust hatte, mußte er sich auf Geheiß des Vaters um Hilfe an Waldenheim wenden. Dieser zeigte wiederum volles Verständnis und ging mit diskretem Schweigen über die Motive des jungen Mannes, das Gesetz zu umgehen, hinweg, er bat um Bedenkzeit. Das nächstemal kam er mit einer fertigen Lösung zu den beiden Lazukić: da Sredoje des Deutschen mächtig sei, könne er ihn als Dolmetscher bei der Polizei unterbringen, was ihn wegen der Wichtigkeit der Institution vom anstrengenden und vielleicht auch gefährlichen Dienst in der Staatsgendarmerie befreien würde. Vater und Sohn sahen sich an, wechselten ein paar Worte des Zweifels, denn die Polizei hatte unter der Okkupation abstoßende, ja perfide Züge angenommen, aber schließlich überwog der offensichtliche direkte Vorteil, und sie nahmen den Vorschlag dankend an. Waldenheim zog aus der Tasche eine Visitenkarte, auf der lediglich sein Name mit dem Doktortitel stand, kritzelte in seiner schon bekannten winzigen Schrift Sredojes Namen auf die Rückseite, und dieser überreichte die lakonische Empfehlung am nächsten Tag im Sekretariat der Polizei in einem alten, geschwärzten dreistöckigen Gebäude. Er mußte mehrere Vordrucke ausfüllen, Paßfotos machen lassen und zweimal nach Wertmarken für die Verwaltungsgebühr laufen, aber offensichtlich war alles vorab entschieden, denn zehn Tage später bekam er mit der Post den Arbeitsvertrag als Hilfsschreiber bei der städtischen Polizei. Er trat seinen Posten im obersten Stockwerk des Gebäudes an, wo er sein Gesuch abgegeben hatte. Es war ein langgestreckter, heller Raum, wo sich noch Platz für den Schreibtisch des Neulings fand, denn bisher saßen nur zwei Männer darin: Rudi Streuber, ein Deutscher aus dem Banat, als Chef und der russische Emigrant Pjotr Kilipenko als Beamter. Sie beide – der junge und gewandte, aber faule Streuber kommandierte, der fleißige, alte, gebückte Kilipenko wühlte in Akten und zerfledderten Wörterbüchern – übersetzten hier zu Dienstzwecken alle Befehle der Oberkommandos für den Südosten und die der deutschen Feldpolizei aus dem Deutschen, während sie die Anordnungen der städtischen Polizei ins Deutsche übersetzten und all das in je drei Exemplaren dem Sekretariat ablieferten, welches dann für die Weiterleitung an seine Kontaktstellen sorgte. Die Arbeit war nicht sehr umfangreich – vier bis fünf Rundschreiben und Bekanntmachungen zu je ein paar Seiten pro Tag – und auch nicht schwierig, denn in den Schriftstücken erschienen immer die gleichen Ausdrücke; außerdem gab der eifersüchtige Kilipenko keinen Text aus der Hand, den er nicht wenigstens roh mit seiner leserlichen spitzen Handschrift übersetzt hatte, so daß Sredoje meist nur die sprachliche Korrektur und das Abtippen auf der Maschine übernehmen mußte. Ein gut Teil der achtstündigen Arbeitszeit verbrachte er untätig, rauchte, las die Zeitungen, die kostenlos in der Abteilung eintrafen, und als er bemerkte, daß der selbst nicht sehr arbeitswütige Streuber keine Einwände erhob, wenn der neue, von höherem Ort empfohlene Beamte in Stunden des Leerlaufs seinen Arbeitsplatz verließ, brach er auch aus dem Büro, nicht nur von zu Hause, zu Spaziergängen auf. Seine Ungeduld war jetzt anders, selbstbewußter. Anstelle des unregelmäßig fließenden Taschengelds hatte er nun sein eigenes, nicht gerade kleines Gehalt bei sich, war geschützt durch seinen Dienstausweis mit Foto und Rangbezeichnung, und aus einer Art Prahlsucht trug er seit seinem Eintritt in die Polizei einen kleinen Trommelrevolver bei sich, den ein Lehrer bei seinem Vater verpfändet hatte. Erst jetzt erkannte er, wieviel Unsicherheit, Unruhe, Risiko und uneingestandene Bereitschaft, Unannehmlichkeiten hinzunehmen, bei seinen früheren Streifzügen mit im Spiel gewesen war. Aber das war Vergangenheit, er wußte, daß ihn für den Fall jedes Streits, jeder Provokation, Razzia oder Durchsuchung jetzt der Dienstausweis schützte, der wie ein Harnisch auf seiner Brust ruhte. Er betrat die Wirtshäuser nicht mehr ängstlich und mit dem Gefühl, etwas Verbotenes zu tun, sondern mit der Selbstsicherheit des Privilegierten, fast wie seine Vorbilder, die deutschen Soldaten; er ahmte sie tatsächlich nach und lächelte deshalb über sich selbst. Wie sie kam auch er jetzt leicht ins Gespräch mit den Wirtshausmädchen und hatte mit einigen sogar Liebeskontakte. Aber die Enge des Etablissements und das banale Ritual des Verhaltens dort, das sich, sosehr er es zu vermeiden suchte, in die Stübchen übertrug, wohin ihn die Mädchen zu einer hastigen Umarmung mitnahmen, befriedigten ihn nicht, und er drang, wieder von seinem Instinkt getrieben, immer weiter und kühner in die Stadt vor. Seine Augen suchten unermüdlich nach Zeichen der Ausschweifung, sie übten sich, wurden unter dem Zwang seines Begehrens hellsichtig; ihn zogen nicht mehr nur die Orte an, wo er sich entspannen und Befriedigung finden konnte, sondern er wählte die Formen und Umstände dieser Befriedigung aus. Wieder folgte er jeder einsamen und unschlüssig erscheinenden Frau, ließ erst von ihr ab, wenn sie auf ein hingeworfenes Wort schroff den Rücken wandte oder in einem Haustor verschwand, wohin er ihr nicht nachzugehen wagte, und dabei drang er immer weiter in unbekannte Straßen vor, gewann an Erfahrung, prägte sich Gesichter ein, bemerkte Einzelheiten, die ihm bisher entgangen waren. Und wie ein Taucher, der zahllose Male den Meeresgrund durchwühlt hat und endlich einen eisernen Stumpf ertastet, der ihm die Lage des gesuchten versunkenen Schiffes verrät, so begriff er an einem Spätnachmittag nach der Arbeit, als er zum wer weiß wievielten Mal die Straße am Bahnhof aufsuchte, daß sich die Frauen, die scheinbar zufällig dastanden oder an den Mauern entlanggingen, genauso verhielten, wie es ihm sein Spürsinn eines Fährtensuchers eingab. Er sah eine an: sie erwiderte auffällig seinen Blick. Atemlos ging er weiter zur nächsten und sah, daß sie ihn bemerkte und ihm das mit einer Schulterbewegung zu erkennen gab. Auf der Straße trieben sich auch Männer mit hochgeschlagenem Mantelkragen und in die Stirn gezogenem Hut umher; er sah, daß einer ein paar Worte mit einer Frau wechselte, die er als erster ins Visier genommen hatte, daß er von ihr abließ und in einiger Entfernung von ihr stehenblieb. Sredoje trat wie magnetisiert an seine Stelle, murmelte »Guten Abend«, und die Frau wandte sich um und erwiderte mit gespielter Überraschung seinen Gruß. Er fragte sie, wohin sie wolle, sie sagte, nirgendshin; er schlug einen gemeinsamen Spaziergang vor, und sie ging nach vorsichtigen Blicken in die Runde darauf ein. Sie unterhielten sich, die Frau sagte, sie habe Durst, und sie betraten die nächste Kneipe und tranken am Tresen einen Birnenschnaps; im Schein der Lampe sah Sredoje, daß ihr Mantelkragen bis zum Futter durchgewetzt und ihr braunes Haar fettig war, aber seine Aufmerksamkeit wurde mehr durch einen Ausschnitt weißer Haut über ihren schwellenden, vom Mantel eingezwängten Brüsten angezogen. Er fragte dreist, ob sie Geld brauche, sie wurden handelseinig und verließen die Kneipe. Lange ging sie schweigend einen Schritt vor ihm her, dann klopfte sie in Hafennähe an die Tür eines ebenerdigen Hauses, wo ihnen eine gebückte Greisin im Kopftuch für das Geld, das sie von Sredoje forderte, ihre ungelüftete Stube überließ. Der Reiz des Neuen an dieser Begegnung war so stark, daß Sredoje nicht einmal unmittelbar danach versäumte, in die Straße am Bahnhof zurückzukehren.

Von nun an ging er Tag für Tag dorthin. Er erkundete das Terrain nach allen Seiten, um festzustellen, wie weit sich der Jagdgrund der Frauen erstreckte. Denn dies waren Jagdgründe im Unterschied zu den Schlingen in den Wirtshäusern, wo er sich ebenso eingezwängt gefühlt hatte wie die Mädchen, denen er dort begegnet war. Hier waren die Frauen nicht in Fallen gefangen, sondern kamen freiwillig, wie vom Dickicht angelockte wilde Tiere, immer wieder neue, die einen aus Not, andere aus Gewohnheit oder Laune. Sie hatten ihren Willen: noch beugten sie nicht den Kopf vor Armut oder Gier, noch setzten sie der unerlaubten eigenen und fremden Neigung Widerstand entgegen, durch die Freiheit und Unregelmäßigkeit ihrer Fehltritte. Im Gegensatz zu den Wirtshausmädchen wurden sie von niemandem gegängelt, von keinem Dienstherrn oder Zuhälter, aber sie wurden auch nicht beschützt. Deshalb zeigten sie, ebenso wie Wildtiere vor dem Gewehr im Hinterhalt, jene Mischung aus Stolz und Angst, die den Jäger mit Wonne erfüllt: sie ließen sich im Angesicht ihrer Gegner und Teilnehmer am selben Spiel brechen und funkelten im unwiederholbaren Reiz der Hingabe. Sredoje, der in der Innentasche des Mantels immerhin eine geheime Waffe trug, genoß dieses Zerbrechen als sein Verursacher doppelt. Jetzt entdeckte er nicht nur Körper, die vor ihm alle Hüllen fallenließen, sondern auch Persönlichkeiten, die sich gleichermaßen entblößten. Voller Leidenschaft befragte er diese Frauen, die sich dem Risiko der verrufenen Straße aussetzten, woher sie kämen und weshalb; er sah, daß sie vor Strafe und Schande gleichermaßen heftige Angst empfanden; er registrierte wie ein Seismograph den Augenblick, da sie nach dem Betreten des gemieteten Zimmers oder der eigenen Wohnung zusammen mit Mantel und Tuch die Maske der Selbstsicherheit ablegten, jeden Widerstand aufgaben wie in der innigsten Liebe, aber ohne die Last der Verantwortung, die Liebe mit sich bringt und verlangt. Aber sie forderten durch ihre Demut auch heraus, beleuchteten flimmernd die Grenzen der Liebe; Sredoje fragte sich, während er eine nach der anderen nahm, wie weit er mit seiner Dreistigkeit, mit seinen Forderungen als Liebhaber gehen konnte, ohne daß sie ihm Widerstand leisteten. Der Dienstausweis in der Tasche brannte ihn jetzt; er überlegte, wie er durch ihn eine Frau noch tiefer erniedrigen, völlig brechen und unterwerfen könnte. Er zögerte lange, ob er ihn wirklich benutzen sollte, weil er wußte, daß er kein Recht dazu hatte, daß er in die Gesetzlosigkeit stolperte, die ihn mit diesen Frauen auf die gleiche Stufe der Angst stellen würde. Aber er gierte sogar nach dieser Angst, seiner eigenen, um die der Frauen besser nachfühlen zu können. Als er an einem schneeregnerischen Abend mit einem brünetten, dicklippigen Mädchen in dünnem dunklem Mäntelchen unter einer Laterne stehenblieb, zog er, kaum daß sie ihm die Summe genannt hatte, für die sie mit ihm ins Bett gehen würde, den Ausweis hervor, schlug ihn auf und hielt ihn ihr vor die entsetzten Augen. »Polizei! Ich verhafte dich, weil das, was du tust, verboten ist.« Er erwartete ihre Gegenwehr, er war auch darauf gefaßt, daß sie das Dokument aufmerksam lesen und einwenden würde, es berechtige ihn nicht zu einer Festnahme, worauf er lachend versuchen wollte, ihr klarzumachen, daß alles nur ein Scherz gewesen sei. Statt dessen sah er, daß dem Mädchen die dicken Lippen zu zittern begannen wie im Fieber, daß Tränenbäche aus ihren Augen hervorbrachen und breite, glänzende Spuren hinterließen. »Bitte tun Sie mir nichts! Zu Hause würden sie mich umbringen!« Und sie griff mit ihren tränennassen Patschhändchen nach seiner Hand. Er riß sie weg. »Dir nichts tun, was? Und was machst du, wenn ich dir nichts tue, sag es.« »Ich mache alles, alles«, antwortete sie, griff wieder nach seiner Hand, als wollte sie sie küssen, und richtete den furchtsamen Blick ihrer feuchten Augen auf ihn. »Na gut«, sagte er und spürte, daß seine Kehle vor Erregung wie zugeschnürt war, »gehen wir dahin, wohin du mit mir wolltest, und dann werde ich entscheiden.« Sie erstarrte, als glaubte sie nicht, daß ihr Fehltritt so schnell verziehen sei, dann aber rannte sie ins Dunkel, vor Angst, er könnte anderen Sinnes werden. Er folgte ihr über das holprige Pflaster, seine Beine zitterten vor Aufregung, als wären sie von den Knien abwärts zerschmettert. Sie führte ihn in ein großes altes Haus und über drohend knarrende Treppen ins oberste Stockwerk zu einer Tür mit einem großen Vorhängeschloß; sie konnte es kaum öffnen, so sehr bebten ihre Hände, und drinnen fiel sie schluchzend vor Sredoje auf die Knie, und er zerrte sie zu dem im spärlichen Licht der Straßenlampe weißschimmernden Bett wie ein lebloses Opfer, mit dem er alles anstellen konnte, was seine Phantasie verlangte.

Von da an überlistete er auf die gleiche Weise jede Frau, die ihm in den Straßen um den Bahnhof auffiel. Er bekam Übung, vervollkommnete die Einzelheiten. Er versuchte schon zu Beginn des Gesprächs herauszubekommen, wie selbständig und scharfsinnig die Betreffende war, wie tief ins Metier verstrickt und in die Selbstzerstörung, die dazu gehörte, und seinen Angriff, den er bis zum Augenblick des Alleinseins verschob, unternahm er geradeso grob oder rücksichtsvoll wie nötig, mit genau der Gewalt und Dreistigkeit, welche die Sicherheit der Frau zerstörte, ihr aber Hoffnung genug ließ, ihn anzuflehen und ihm zu gehorchen. Dabei hatte er ebensoviel Angst wie die Frauen. Er zitterte vor Angst auf der Schwelle der Verwirklichung und vor Angst, daß eine den Betrüger in ihm erkennen würde. Er fühlte, daß er in dieser neuen Gewohnheit versank wie im Wahnsinn, daß sie ihn zerfraß und für jede andere Annäherung an eine Frau unfähig machte. Nach all diesen Verlockungen nahm er sich vor, keiner mehr nachzugeben, weil sie zu gefährlich waren; er hämmerte sich ein, er habe für das ganze Leben davon genug; es sei Zeit, den Rücken zu wenden, ihnen zu entfliehen und sie nur als unglaubliche Erinnerung zu bewahren. Aber die Möglichkeit war verführerisch. Wenn er im Büro saß oder zu Hause faulenzte, konnte er sich plötzlich an eine jener Bewegungen oder Stellungen bittender Hingabe erinnern oder, häufiger noch, an eine versäumte Einzelheit bei der Ausübung von Gewalt, die sich beim nächstenmal nachholen ließ, und schon stand er auf, um mit beschleunigtem Puls und unsicheren Beinen in die Gegend zu stürmen, wo sich die Frauen versammelten. Manchmal genügte es ihm, das Jagdrevier zu sehen; dann lief er lange durch die Straßen, die tagsüber von geschäftigem Verkehr erfüllt waren, und freute sich, weil er nirgends ein Opfer fand und damit Gefahren und innerer Anspannung entging. Aber wenige Stunden später oder tags darauf, sobald sich eine Gelegenheit ergab, rannte er wieder hin. Schon argwöhnte er, daß er zu oft im Umkreis des Bahnhofs gesehen worden war, daß man ihn vielleicht entdeckt hatte, daß die Frauen einander den Gewalttäter mit dem Dienstausweis beschrieben oder ihn bereits angezeigt hatten: er ahnte, daß sich eine Schlinge um ihn legte und sich zusammenzog. Dennoch konnte er nicht aufhören; er begriff entsetzt, daß er dazu durch Schmach und Niederlage gezwungen werden mußte.

So geschah es auch, und zwar, wie es bei Wiederholungstaten üblich ist, in dem Augenblick, als der Stachel der Empfindsamkeit dazukam. Eines Abends begegnete er einem jungen Mädchen, fest wie Bronze; nachdem er sie mit dem Dienstausweis getäuscht und in einer strohgedeckten Hütte beim Hafen ausgezogen hatte, entdeckte er ihren Körper von dunkel rosiger Farbe, der, obwohl er sein Gelüst an ihm gestillt hatte, nicht aufhörte, ihn durch seine Geschmeidigkeit und Kraft zu locken; er bedauerte, daß er das Mädchen durch seine Gewalttätigkeit für immer von sich abgestoßen hatte, sie nie wieder besitzen würde. Während sie sich anzogen, überlegte er fieberhaft und verlangte dann ihren Ausweis. Sie zog ihn erstaunt hervor und reichte ihn ihm mit besorgtem Blick. »Ich behalte ihn ein«, sagte er. »Und wenn du ihn wiederhaben willst, dann komm morgen um dieselbe Zeit an die Stelle, wo wir uns heute getroffen haben.« Zu Hause studierte er den Ausweis und das Foto darin, und obwohl es nichts von der Frische des Mädchens herbeizauberte, war es ihm angenehm, mit der Vorstellung von der morgigen Wiederbegegnung an sie zu denken. Zugleich fühlte er, daß er falsch handelte, daß er die Grenze des Risikos überschritt, die ihn bisher davor bewahrt hatte, zur Verantwortung gezogen zu werden. Ich muß den Ausweis wegwerfen, schloß er, und darf nicht zu der Verabredung gehen. Dennoch ging er hin. Das Mädchen war am vereinbarten Ort – vor der Auslage einer Konditorei –, aber als Sredoje näher kam, tauchte plötzlich ein kleiner Mann in schäbigem Anzug und speckigem Hütchen auf – ihr älterer Bruder? ein Onkel? denn ihr Vater war es sicher nicht – und fragte mit sorgenvoll gereckter

Stupsnase und dünnem Stimmchen: »Warum haben Sie dem Mädchen den Ausweis abgenommen, mein Herr?« Sredoje, sogleich eiskalt, griff in die Tasche nach dem erwähnten Gegenstand und beabsichtigte sich mit schweigender Verachtung zu entfernen, als ein kräftiger junger Gendarm aus dem nächsten Haustor trat und sich mit dem Blick des Eingeweihten näherte. »Was geht hier vor?« Der kleine Mann antwortete ohne Verlegenheit, wodurch er Sredojes Argwohn bekräftigte, daß sie unter einer Decke steckten: »Dieser Herr hat dem Mädchen den Ausweis abgenommen.« Und er hob das Büchlein, das er bereits in der Hand hielt. »So?« meinte der Gendarm spöttisch, zu Sredoje gewandt. »Und wer sind Sie, mein Herr, daß Sie es wagen können, den Leuten ihre Ausweise abzunehmen? Kann ich Ihre Papiere sehen?« Sredoje überlegte kurz, ob er seinen Personalausweis zeigen sollte, der ihn weiterer Befragung ausgesetzt hätte, und entschloß sich für den Dienstausweis. Der Gendarm öffnete ihn langsam, studierte ihn, und an seinen gehobenen Brauen war zu erkennen, daß er überrascht war. Unschlüssig verglich er Sredoje und das Foto im Ausweis, besah sich diesen noch einmal, klappte ihn zu und gab ihn salutierend zurück. Sredoje drehte sich um und ging. Aber er ahnte, daß man ihn zur Verantwortung ziehen würde. Er suchte die Gegend nicht mehr auf, wo ihm das Malheur passiert war, doch das half nichts mehr. Einige Tage nach dem Vorfall trat Streuber an seinen Schreibtisch und sagte mit nervös gerecktem Hals: »Ich habe den Auftrag, Ihnen mitzuteilen, daß Sie das Büro während der Arbeitszeit ohne meine ausdrückliche Genehmigung nicht mehr verlassen dürfen.« Zwei Tage später, kaum freundlicher: »Sie sollen sich bei Hauptmann Waldenheim melden. Und zwar sofort, wenn ich bitten darf.« Sredoje ging hin. Im Gebäude der deutschen Militärpolizei, das ihm vom Hörensagen bekannt war und dessen finstere, behelmte Wachposten er mehrmals von weitem mit neugierigem Schauder betrachtet hatte, wußte man bereits von seiner Ankunft, und der diensthabende

Offizier brachte ihn in den ersten Stock. Waldenheim war allein in einem großen Büro mit vielen Papieren und Büchern auf dem Schreibtisch und mehreren Flaschen und Gläsern auf einem runden, niedrigen Tisch, um den eingesessene und aschebestreute Lederfauteuils standen. »Nehmen Sie Platz«, sagte er und ließ sich selbst nieder. Sie schenkten sich Schnaps ein, zündeten Zigaretten an. »Ich habe die Aufgabe, Sie auszuschelten«, sagte Waldenheim schnalzend, während er das Glas absetzte. »Natürlich fällt mir nicht im Traum ein, das wirklich zu tun. Bloß wenn jemand Sie fragt, worüber wir gesprochen haben, dann sagen Sie, daß Sie gerade noch mit heiler Haut davongekommen sind. Und jetzt lassen Sie uns über vernünftigere Dinge reden.« Er fragte Sredoje, wie es ihm gehe, was sein Vater mache, ob er interessante neue Angebote habe, hörte sich aufmerksam die Antworten an und versprach, bald vorbeizukommen. »Ich glaube, Sie waren so lange bei mir, wie es für eine ordentliche Abreibung reicht. Ich würde mich gerne länger mit Ihnen unterhalten, aber ich habe einen Haufen Arbeit.« Er reichte ihm die Hand und hielt Sredojes ein paar Sekunden fest. »Trotzdem, lassen Sie sich nicht mehr bei solchen kleinen Lausbübereien erwischen. Wenn Sie sich langweilen, werde ich mich bemühen, für Abhilfe zu sorgen, sobald das Wetter besser wird.«

Tatsächlich lud er ihn bald darauf über Streuber als unmittelbaren Vorgesetzten und unter dem Vorwand, einen Dolmetscher zu brauchen, auf seine Dienstreisen ein. Sie besuchten kleinere Orte in der serbischen Provinz wie Topola, Smederevo, Milanovac, Niš, wo Waldenheim in den Nebenstellen der Militärpolizei zu tun hatte. Sie fuhren gewöhnlich am Vormittag los – denn Waldenheim schlief gern lange. Der kleine graue Opel holte als ersten Sredoje in der Dobrnjacstraße ab, und sie kehrten je nach Entfernung und je nach dem Umfang von Waldenheims Verpflichtungen früher oder später am Abend desselben Tages zurück. Am Lenkrad saß immer derselbe Fahrer, Hans, ein junger blonder Soldat mit schmalem Gesicht und feinen geschwungenen Brauen, schweigsam und dem Hauptmann tief ergeben. Waldenheim überließ Sredoje den Platz neben Hans – damit er mehr sah –, er selbst legte die Uniformjacke ab, was er auch seinem Gast und dem Fahrer empfahl, und machte es sich in Hemdsärmeln, die Beine gekreuzt, auf dem Rücksitz wie auf einem Diwan bequem, wo er rauchte, schwätzte und döste. Diese Ausflüge, die sich im Frühjahr und Sommer 1943 regelmäßig wiederholten, waren Sredoje außerordentlich angenehm. Sie befreiten ihn von der Schwüle in Belgrad, von dem staubigen Büro, wo er sich seit dem Ausgangsverbot schuldig und bestraft fühlte. Die Hände von Hans manövrierten geschickt, und schon fand sich Sredoje auf der Landstraße, wo ihn neue Bilder überfluteten: Pflanzen, Siedlungen, Menschen. Der Fahrtwind wehte Kühle durch das geöffnete Fenster, Hans betätigte schweigend und präzise Lenkung und Gaspedal, hinten schwätzte Waldenheim, neckte Hans wegen seiner schnellen Fahrweise und seiner Wortkargheit, wobei er ihn zuweilen auch am entblößten, sonnengebräunten Nacken kitzelte oder schalkhaft am Ohr zog, und wenn sie ihr Ziel erreichten, war die Zeit wie im Flug vergangen. Das Auto hielt jeweils im Zentrum der Ortschaft, Waldenheim zog seine Uniformjacke an, stieg aus und teilte mit, wann er abgeholt werden wollte. Sredoje und Hans hatten zwei, drei oder vier Stunden frei. Sie saßen vor kleinen Gasthäusern im Schatten der Lauben, tranken Bier, Hans mit gerunzelten Brauen und schweigend wie gewöhnlich, während Sredoje die Bauern, Bäuerinnen, Kinder betrachtete, die auf dem Weg vom Einkaufen hier vorüberkamen und sie beide mißtrauisch und neugierig musterten. Blieb ihnen mehr Zeit, fuhren sie, sobald sie Waldenheim abgesetzt hatten, zum nächsten Fluß, zogen sich aus, badeten und sonnten sich stundenlang auf dem Ufersand. Erfrischt und des Schweigens müde kehrten sie pünktlich zur Dienststelle zurück und warteten auf Waldenheim, der sich oft verspätete. Auf der eiligen Heimfahrt nach Belgrad erkundigte sich Waldenheim angelegentlich, wie sie ihre Freizeit verbracht hatten, lachte über Sredojes Schilderungen von Begebenheiten mit den Bauern in den Wirtshäusern, verabschiedete am Abend seinen Gast vor dem Haustor in der Dobrnjacstraße, rief ihm »Gute Nacht! Und grüßen Sie Ihren Vater!« zu und ließ sich weiterchauffieren. Sredoje legte sich mit einem zufriedenen, fast träumerischen Aufseufzen ins Bett und bedauerte es kaum noch, daß er nicht mehr in die Bahnhofsgegend zu den leichten Mädchen ging. Dennoch konnte er seiner Leidenschaft nicht ganz entsagen, er bezwang sie nur in Erwartung eines günstigeren Augenblicks, und ebenso blieb er weiter auf der Hut vor Waldenheim. Seine lockere Art, seine Wärme im Umgang paßten nicht zu der Vorstellung, die Sredoje von einem deutschen Offizier hatte; er glaubte unablässig, vor bestürzenden Enthüllungen über Waldenheims Persönlichkeit zu stehen; dann wieder vermochte eine witzige Bemerkung des Hauptmanns dieses Gefühl augenblicklich zu zerstreuen.

Ende August fuhren sie nach Požega. Es war an einem der vielen heißen Tage dieses Spätsommers, in der trockenen, stehenden Luft war der Geruch des Staubes, der über den Straßenbäumen schwebte und ihre vom verschwenderischen Reichtum des Laubs ermüdeten Kronen grau färbte. Sie konnten sich kaum einen Weg in die Stadt bahnen, in der es von Menschen, Wagen, deutschen Soldaten mit aufgepflanztem Bajonett wimmelte. Nachdem sie Waldenheim vor der Dienststelle der Militärpolizei in einer Gasse gegenüber dem Hauptplatz abgesetzt und die Stunde der Rückkehr vereinbart hatten, wendete Hans, überholte geschickt die Passanten, die in ihrer Hektik auf der Fahrbahn entlangliefen, als befänden sie sich auf dem Gehweg, machte einen Bogen um das Zentrum und kam am Ufer des Flüßchens Skrapež heraus. Sie fuhren im Schrittempo weiter, fanden eine einsame Stelle, parkten das Auto im Schatten des Ufergebüschs, zogen sich aus, ließen ihre Sachen auf den Sitzen und sprangen ins Wasser. Es war reißend und flach; sie plätscherten lange darin, kühlten sich ab, dann legten sie sich am kiesgesäumten Ufer in die Sonne. Sie schwiegen wie gewöhnlich, stöhnten nur hin und wieder selig in der Wärme nach der eisigen Umarmung des Wassers. Als sie trocken waren und die Glut der Sonne spürten, stützte sich Sredoje auf die Ellenbogen und sah Hans an, unschlüssig, ob er ihm vorschlagen sollte, noch einmal in den Fluß zu springen. Er bemerkte, daß der Soldat an dem goldenen Kettchen, das er immer um den langen, muskulösen Hals trug, jetzt auch einen herzförmigen goldenen Anhänger mit grünem Stein hatte. Diesen selben Anhänger, so erinnerte er sich, hatte sein Vater kürzlich in Erwartung von Waldenheims Besuch auf dem Tisch bereitgelegt. »Hans«, sagte er und beugte sich über den Anhänger, um sich zu vergewissern, »woher hast du denn das grüne Herz an der Kette?« Ohne sich zu rühren, öffnete Hans nur eins seiner staubgrauen Augen und schielte an sich hinab, als wisse er nicht, wovon Sredoje redete. »Von einem Mädchen«, sagte er dann kurz angebunden. Etwas später badeten sie noch einmal, und als sie ans Ufer kamen, ging Hans zum Auto, nahm seine Armbanduhr aus der Hemdtasche und erklärte, sie müßten aufbrechen. Sie legten sich nicht mehr in die Sonne, sondern schüttelten sich und streiften mit den Händen die Wassertropfen ab, zogen sich halb naß an und stiegen ein. Hans raste in die Stadt zurück. Die Straßen waren jetzt seltsamerweise leer, aber als sie den Marktplatz erreichten, versperrte ihnen eine dichtgedrängte Menge von Menschen mit Wagen und Pferden den Weg; sie standen reglos und blickten alle in dieselbe Richtung. Hans hupte, aber niemand reagierte. Ein deutscher Soldat, der mit aufgepflanztem Bajonett Posten stand, winkte ihm energisch, weiterzufahren. Hans wendete, sie umfuhren durch Seitengassen in weitem Bogen den Marktplatz und gelangten in die Gasse, wo sich die Dienststelle befand. Auch hier blockierte eine Menschenmauer den Zugang zum Marktplatz. Sredoje blieb ein paar

Minuten in dem aufgeheizten Auto sitzen, dann stieg er aus und näherte sich der Menge, um sich zu informieren. Er hob sich auf die Zehenspitzen, sah fast nichts, drängte sich zwischen zwei Bauern durch, die mit gereckten Hälsen geradeaus blickten. Sredoje sah nur die Menschenmenge und in der Mitte eine freie quadratische Fläche, die von deutschen Soldaten und der Staatsgendarmerie gesichert wurde. Es herrschte eine ungewöhnliche Stille, niemand schien zu atmen, nur Schweißgeruch verbreitete sich von Mensch zu Mensch und machte die ohnehin schwere, staubgeschwängerte Luft noch dumpfer. »Was ist denn hier los? Warum stehen die alle herum?« fragte Sredoje die beiden Bauern, zwischen die er sich gedrängt hatte. Sie zuckten unter seiner Frage zusammen, warfen ihm wütende Blicke zu, als habe er sie beim Zuschauen gestört. Der eine, links stehende, der seinen Blick schon wieder zur Mitte des Platzes richtete, antwortete leise, mit gepreßter Stimme: »Wirst du gleich sehen. Wenn du Serbe bist.« Während Sredoje über den Sinn dieser Antwort nachdachte, erscholl von ferne ein Ruf wie ein Befehl, und zugleich kam es auf der dem Rathaus zugewandten Seite des Marktes zu einer Bewegung. Hier gab es eine breitere Gasse zwischen den Menschen, die jetzt von einer Gruppe Soldaten der Staatsgendarmerie mit geschultertem Gewehr durchquert wurde. Wieder ertönte ein Befehl, und die Gruppe blieb ruckartig stehen. Jetzt sah man, wer das Kommando hatte: ein junger breitschultriger Offizier mit leicht gekrümmten kurzen Beinen, der, den Säbel gezückt, vor die Gruppe trat. Die Gruppe zerstreute sich nach rückwärts, bildete eine Kette vor den versammelten Menschen, nur drei blieben zurück: zwei Soldaten und zwischen ihnen ein kleiner, dicklicher Zivilist ohne Kopfbedeckung, in grauen schlottrigen Hosen und einem etwas dunkleren, für ihn zu weiten Sakko. Der Offizier sagte etwas und schwenkte den Säbel, der in der Sonne aufglänzte, die Soldaten bückten sich, etwas klirrte, Sredoje lugte nach links und rechts und sah, daß beide an dicken Ketten zogen und daß der

Zivilist nach beiden Seiten gerissen wurde, als tanzte er mit kleinen Schritten. Das dauerte lange, der Offizier trieb mit der Faust, in der er den Säbel hielt, die Soldaten an, versuchte ihnen mehrmals sogar zu helfen; seine Ungeduld übertrug sich auch auf die Menge, in der ratloses Murren aufkam. Schließlich standen die beiden Soldaten stramm, hielten je ein Ende der Kette, als wären jetzt sie damit gefesselt. Der Zivilist spreizte ein wenig die Beine, streckte die Hände vor und rieb sich langsam das eine und dann das andere Gelenk. Eine unsichere Stille trat ein. Der Offizier blickte sich um, als suchte er jemanden, winkte mit dem Säbel, dann mit der freien Hand, doch dieser Jemand zeigte sich nicht, statt dessen begann eine Stimme monoton zu sprechen. Trotz der Stille verstand man kaum, was die Stimme sagte, denn es war nicht auszumachen, woher sie kam, aus der Menge ertönten Pfiffe und hin und wieder der Ruf: »Lauter!« Aber der Redestrom floß gleichmäßig weiter, schien einmal aus dieser, dann wieder aus jener Richtung zu kommen, und erst als er sich daran gewöhnt hatte, verstand Sredoje einzelne Wortgruppen, die er fast auswendig hätte hersagen können: »Söldner des Kommunismus«, »Verbrechen am serbischen Volk«, bis ihn plötzlich der Satz erschütterte »zum Tod durch den Strang verurteilt«, dem noch einige weitere folgten, die er aber nicht mehr beachtete.

Der Schweiß brach ihm aus, obwohl er etwas Ähnliches eigentlich erwartet hatte. Er wollte sich zurückziehen, aber das Entsetzen und zugleich eine kalte Neugier fesselten ihn an seinen Platz. Er drehte sich nach links und rechts zu den beiden Bauern um, zwischen die er sich gedrängt hatte: beide blickten starr geradeaus, und der linke, der, mit dem Sredoje gesprochen hatte, ließ seinen langen, unrasierten Unterkiefer hängen, so daß im geöffneten Mund die spitzen Zähne zu sehen waren. Er wandte beklommen den Blick nach vorn. Dort rückte die Gruppe nach rechts, und Sredoje bemerkte erst jetzt, daß vor der Fassade des Rathauses eine Art

Fußballtor errichtet war, etwas niedriger als üblich, von dessen Querbalken, durch zwei Ringe gezogen, ein nicht sehr dicker Strick mit großer Schlinge hing. Unter der Schlinge hielt die Gruppe an, der Offizier schwenkte den Säbel, die beiden Soldaten packten den Zivilisten und hoben ihn hoch, er stand plötzlich über ihnen auf einem Bänkchen, das Sredoje ebenfalls entgangen war. Jetzt sah er in der Höhe, isoliert, das Gesicht des Zivilisten. Es war pausbäckig, mit starken Backenknochen, vollen Lippen und großen, runden, dunklen Augen, die sich unter den gewölbten schwarzen Brauen unruhig bewegten. Diese Augen drückten Angst und Verzweiflung aus, vor allem aber, so schien es Sredoje, eine stumme, gespannte Lebensgier, wie man sie in den Augen hungriger Tiere sehen konnte. Da erschien hinter dem Gesicht des Zivilisten ein anderes Gesicht, bemützt, mit feinen, entspannten Zügen, eine knochige lange Hand griff nach der Schlinge, legte sie dem Zivilisten um den Hals und verschwand zusammen mit dem Gesicht unter der Mütze. Der Zivilist zuckte zusammen, als brennte ihn die Schlinge, seine Hände mit den kurzen Fingern hoben sich zum Hals, als wollten sie den Strick abstreifen, aber gleich darauf breitete er hilflos die Arme, er sank herab, die Schlinge zog sich zu, er schaukelte, und das Bänkchen unter ihm war umgestürzt. Der Mann strampelte mit den Beinen, als wollte er gegen einen unsichtbaren Fußball treten, breitete die Arme aus, hob sie, ließ sie wieder sinken, sein Gesicht nahm einen Ausdruck von kindlichem Trotz an und wurde plötzlich dunkel, während die Augen größer wurden, hervortraten, als würden sie aus den Höhlen gedrückt. Dann, nach einem Zucken, wie einem Kälteschauer, war alles vorbei. Arme und Beine sanken herab, sie folgten in ihrem Pendeln wie der kurze Körper, an dem sie hingen, nur der Schwerkraft, die sie noch nicht in die richtige Lage versetzt hatte; der Kopf fiel nach vorn, das schon dunkelviolette Gesicht wurde lang; der Mund erschlaffte und ließ die blaue Zunge hervortreten; die noch immer glotzenden Augen waren bar jeden Ausdrucks, wie unnötig angenähte Knöpfe. Sredoje starrte noch in diese stumpfen Augen, als sich eine Hand auf seinen Arm legte, er fuhr erschrocken zusammen, weil er glaubte, er selbst sollte zum Galgen geführt werden. Aber er sah vor sich das Gesicht von Hauptmann Waldenheim, dessen verschleierte Augen ihn mit sanfter Erregung anschauten. »Diesen Anblick hätten Sie sich ersparen sollen«, sagte der Hauptmann leise und rüttelte Sredoje, als wollte er ihn wekken. »Kommen Sie schnell. Wir fahren mit meinen Kameraden zum Abendessen. Es wird Ihnen gefallen.« Er drückte seinen Arm zum Zeichen der Ermutigung, und Sredoje folgte ihm. Er begriff nicht recht, was man von ihm wollte, denn vor seinem Bewußtsein stand noch immer die eben erlebte Szene: wie ein lebender Körper, der die Beine bewegte, sich die Handgelenke rieb, Blicke aussandte, durch Strangulierung zu einem krummen, schlaffen Stück Fleisch geworden war.

Er ließ sich von Waldenheim zum Opel führen, nahm nur flüchtig einige fremde deutsche Offiziere hinter dem Auto wahr, wo jetzt noch ein langer blauer Wagen stand, den er vorher nie gesehen hatte. Er setzte sich automatisch auf seinen üblichen Platz neben Hans. Waldenheim stieg hinten mit einem hochgewachsenen, hakennasigen jungen Offizier ein. »Machen Sie sich bekannt«, sagte er, zu Sredoje vorgebeugt, und dieser wandte sich um und reichte dem Offizier die Hand, der ihn starr, ein wenig schielend ansah. Das Auto fuhr an, und Sredoje hörte jenseits der Motorgeräusche, daß Waldenheim ihn dem Offizier als »einen jungen Freund, der für uns arbeitet«, vorstellte. Sie fuhren durch die Straßen der Stadt, die jetzt wieder voller heimwärts eilender Menschen waren, und gelangten auf die staubige und verlassene Chaussee. Der schielende Offizier übernahm die Führung und erklärte Hans, wohin er einzubiegen hatte, meist auf Feldwege. Sie fuhren zwischen Hügeln bergan, die Sonne dahinter verschwand für lange Zeit, und als sie wieder auftauchte, saß sie breitzerflossen und müde mitten auf dem Kamm eines geraden, niedrigen Bergrückens. Sie hielten vor einem Gebäude aus Stein und Holz, das einem Forsthaus ähnelte. Davor stand ein bewaffneter Posten, und einige unbewaffnete und barhäuptige Soldaten liefen im Hintergrund mit Kisten und leichten Gartenmöbeln umher. Waldenheim und der hochgewachsene Offizier stiegen aus und forderten Sredoje auf, ihnen zu folgen. Er war unsicher auf den Beinen nach der eben durchlebten Aufregung. Vor dem Haus spannte sich ein brusthoher Stacheldrahtzaun, und dahinter erstreckte sich bis zu einem Ziehbrunnen eine Grasfläche mit alten Bäumen, wo die Soldaten Tische und Stühle aufstellten und etwas abseits ein großes Feuer schürten. Ein Motor brummte auf, an der Wegbiegung erschien das blaue Auto und hielt hinter dem Opel. Einige deutsche Offiziere stiegen aus und drängten laut lachend die Gruppe der vor ihnen Eingetroffenen durch die Pforte, wo der Posten strammstand und salutierte. Die Tische wurden aneinandergereiht und weiß gedeckt, ein im Gras hockender Soldat füllte mehrere Petroleumlampen. Die Angekommenen nahmen an den Tischen Platz, Soldaten öffneten Bierflaschen, vom Ende des Gartens drang der Duft gebratenen Fleisches herüber. Die Petroleumlampen wurden angezündet, und ein Soldat hängte sie an Nägel in den Stämmen der hohen Bäume, welche die Tafel überwölbten. Es wurde dunkel. Die Offiziere schenkten ein, stießen an und tranken. Sredoje saß am Ende der Tafel neben Hans, sie leerten schweigend, einmütig zwei Flaschen Bier. Die übrige Gesellschaft war sehr laut, man feierte den Geburtstag des hakennasigen Offiziers, der neben Waldenheim saß, aber man nutzte offensichtlich die Gelegenheit, den älteren, höheren Offizieren aus Belgrad Fröhlichkeit vorzuspielen. Sie lobten das Bier, den Platz unter den Bäumen, und als das gegrillte Fleisch aufgetragen wurde, lobten sie den Koch, der auf einstimmiges, lautstarkes Verlangen aller in seiner langen, weißen, fett- und blutbefleckten Schürze erschien. Literflaschen mit Rotwein und saubere hohe Gläser wurden auf die

Tische gestellt. Ein rundlicher junger Unterleutnant erhob sich und gratulierte seinem Kameraden zum sechsundzwanzigsten Geburtstag, und alle mußten ihre Gläser leeren. Der hochgewachsene Leutnant entgegnete, es sei ihm eine Ehre, seinen Geburtstag in Anwesenheit des verehrten Hauptmanns Dr. Waldenheim zu feiern, worauf wieder alle ihre Gläser leerten. Waldenheim stand seinerseits auf und brachte leise und gemächlich einen Toast aus, erwähnte ihrer aller delikate Lage in einem fremden Land, wo es an Verständnis für die deutschen Ziele, für die Durchsetzung deutscher zivilisierter Lebensart fehle. Alle applaudierten und leerten ihre Gläser. Sredoje wollte sich diesmal zurückhalten, er tauchte nur die Lippen in den Wein, doch der pausbäckige Unterleutnant bemerkte das und rief Waldenheim mit hochrotem Kopf zu, daß sein Dolmetscher sich drücke, worauf Sredoje mit gequältem Lächeln das Glas hob und es zusammen mit den anderen austrank. Jetzt wollten alle reden und trinken, sie stießen miteinander an, und der pausbäckige Unterleutnant nötigte Sredoje ständig, sein Glas bis auf den Grund zu leeren. Auf einmal fühlte er, wie ihm der Wein in der Kehle brannte. Der Schweiß brach ihm aus, sein Magen drehte sich um. Er stand auf und rannte zu dem Brunnen; dahinter hielt er sich an einem Holzpfosten des Drahtzauns fest und spie in einem dicken Strahl den Wein aus. Jetzt war er entleert und nüchtern, aber durch die inneren Krämpfe auch erschöpft. Lange rang er nach Luft, versuchte zu sich zu kommen, wischte sich den Schweiß ab, während ihn die um den Bratspieß und den Rost versammelten Soldaten kauend beobachteten und ihm das ausgelassene Lachen der Offiziere in den Ohren klang. Er mußte zurückkehren, wollte er nicht in den Ruf beschämender Schwäche geraten. Im Schutz des Halbdunkels vor dem fast erloschenen Feuer ging er schwankend zurück und trat erst kurz vor seinem Platz wieder ins Licht. Das Glas erwartete ihn gefüllt, und kaum hatte sich Sredoje gesetzt, stieß der Unterleutnant zwinkernd das seine dagegen. Sredoje schüttelte den Kopf, es war ihm unmöglich, auch nur noch einen Tropfen Wein zu sich zu nehmen. Der Unterleutnant rief Waldenheim etwas zu, der zu dem hakennasigen Offizier geneigt dasaß; er hob zerstreut den Blick zu Sredoje und wurde sofort ernst. Als er die Hand hob, verharrten alle in erwartungsvollem Schweigen. »Sie sind sehr blaß. Ist Ihnen nicht gut?« fragte er halblaut. Sredoje nickte. Worauf sich Waldenheim in der von niemandem unterbrochenen Stille zurücklehnte, den nächsten der bei Tisch servierenden Soldaten mit einem Fingerschnippen herbeirief und ihm etwas ins Ohr flüsterte. Dann sah er wieder Sredoje voller verständnisvoller Freundlichkeit an. »Ich habe befohlen, daß man Sie ins Bett bringt. Sind Sie einverstanden?« Auf Sredojes dankbare Zustimmung hin wandte er sich den anderen zu: »Unser junger Freund ist an derartige Anstrengungen nicht gewöhnt«, dann stieß er mit seinen Tischnachbarn an. Alle lärmten, tranken, niemand achtete mehr auf Sredoje, der aufstand und dem Soldaten folgte. Er dachte, sie würden ins Haus gehen, aber der Soldat führte ihn zum Tor, an dem Posten vorbei und dann am Zaun entlang, der parallel zur gedeckten Tafel verlief. Sredoje ging neben dem Soldaten her und bemühte sich, im Schatten der hohen Bäume nicht zu stolpern. Die Gesellschaft neben ihm und dann hinter ihm lachte, vielleicht auf seine Kosten. Endlich verließen der Soldat und er den Lichtkreis und wurden von der Dunkelheit verschluckt. Die Luft wurde frischer, bewegter. Sredoje atmete leichter. Bloß sah er fast nichts, bis der Soldat eine Taschenlampe anknipste, deren schwankender Lichtkegel hier und da die Unebenheiten des Weges beleuchtete. Die Stimmen wurden leiser und verstummten ganz, nachdem sie um einen kleinen Hügel gebogen waren. Nur ihrer beider Schritte und Atemzüge waren zu hören. Der Soldat blieb stehen, beschrieb einen Kreis mit der Lampe, und ihr Lichtstrahl verhielt auf einem niedrigen, einzeln stehenden Haus ohne Einzäunung. Sie gingen näher, der Soldat zielte mit der Lampe auf die Tür, steckte einen schon bereitgehaltenen Schlüssel ins

Schloß. Die Tür gab schwerfällig, knarrend nach. Als sie die Schwelle überschritten, wäre Sredoje von der stickigen, heißen Luft, die ihm entgegenschlug, fast ohnmächtig geworden. Der Soldat schien das nicht zu bemerken. Anstelle einer Erklärung leuchtete er mit der Lampe ein Zimmer ab, in dem nur zwei aneinandergerückte Betten und zwei weiße Stühle wie die im Forsthaus standen. Er wandte sich um und warf Sredoje über die Schulter zu: »Wenn Sie noch mal raus müssen, dann gleich, solange ich hier bin.« Sredoje wunderte sich. »Nein. Aber warum?« »Weil ich den Befehl habe, die Tür abzuschließen.« Wie eine Art Entschuldigung fügte er leiser hinzu: »Dieses Haus ist nicht bewacht.« Er wartete, ob Sredoje es sich anders überlegte, dann ging er mit einem gemurmelten »Gute Nacht«, nahm auch das Licht mit hinaus und schlug die Tür zu. Sredoje hörte die quietschende Umdrehung des Schlüssels im Schloß und dann die sich entfernenden unregelmäßigen Schritte des Soldaten. In der Stille und Einsamkeit lastete die Luft des Zimmers wie eine klebrige Decke auf ihm. Er bedauerte, daß er den Soldaten nicht gebeten hatte, ein wenig an der offenen Tür zu warten, bis der Raum durchlüftet war, aber da half nun nichts, er mußte eine andere Öffnung finden. Ein Fenster vor allem, das er beim kurzen Kreisen des Lichtkegels nicht gesehen hatte. Er tastete sich an den Wänden entlang bis zu einem Holzladen, fand sogar eine Klinke, aber obwohl sie sich drehte, ließ sich der Laden nicht öffnen. Er riß und rüttelte, nichts bewegte sich. Er tastete mit den Fingern die Ränder des Ladens ab und stellte fest, daß Nägel mit großen groben Köpfen hineingeschlagen waren. Er ließ stöhnend ab. Vor Erschöpfung zitterten ihm die Beine, ihm war schwindlig. Er ging auf die Mitte des Raumes zu, ertastete ein Bett und setzte sich. Als er die Jacke auszog und über die Stuhllehne warf, fiel die Pistole in der Innentasche krachend auf die Sitzfläche wie auf eine Trommel. Er schlüpfte aus Schuhen und Hose und ließ sich aufs Kissen sinken, wo er sofort einschlief.

Er erwachte von dem seltsamen Bewußtsein, daß etwas seinen Schlaf schon seit längerem störte. Sein Kopf tat weh, sein Körper war in Schweiß gebadet, er hatte den einzigen Wunsch, wieder einzuschlafen, aber jenes Etwas ließ ihn nicht in Ruhe, es krabbelte zwischen seinen Beinen. Er tastete träge danach und ergriff jemandes Hand. Nachdem er sie weggeschoben hatte, sank er erleichtert wieder in Schlaf. Kurz darauf erwachte er erneut: die fremde Hand war auf ihm. Er packte sie im Dunkeln und stieß sie mit aller Kraft beiseite. Dabei war er nicht wach genug, um zu begreifen, wessen Hand das war und warum sie ihn betastete, er wußte nur, daß ihn diese Hand am Schlafen hinderte, aber er konnte nicht anders als schlafen, weil ihn der Schlaf wie ein riesiges Tier unaufhaltsam in seinen heißen Rachen zog. Diese dürftige Erkenntnis dauerte nur einen Moment, dann war er entschlummert. Gleich darauf fuhr er wütend hoch: die Hand war wieder da, unerbittlich, sie zerrte ihn aus dem Schutz der Ruhe, in den er sich gerade erschöpft begeben hatte. Er konnte jetzt die eigene Hand kaum bewegen, so sehr sehnte er sich nach Stille und Frieden, aber er mußte es tun, um zur Ruhe zu kommen: er ergriff die fremde Hand und stieß sie, nachdem er sich vom Rücken auf die Seite gedreht hatte, weit von sich ins Nachbarbett. Wahrscheinlich hatte sie ihn danach etwas länger in Ruhe gelassen: er kam aus tiefem, schwerem Schlaf zu sich, als sie ihn wieder belästigte. Er fühlte, daß er nicht mehr die Kraft hatte, mit ihr zu kämpfen, daß er ihr auch nicht nachgeben konnte, denn was sie tat, war, wenn auch nicht endgültig klar, etwas Unvorstellbares, wogegen er sich im Schlaf ebenso wehrte wie beim Erwachen; er drehte sich wieder auf den Rücken und streckte, ohne die Lider von den schläfrigen Augen zu heben, nach dem Gedächtnis die Hand aus. Er ertastete die Jacke, zog die Pistole aus der Tasche und ließ sie, erleichtert, einen Ausweg gefunden zu haben, auf die andere Seite seines Körpers gleiten. Er betätigte den Abzug. Die Detonation war ohrenbetäubend, der blendende Feuerschein drang sogar unter seine Lider, die er vor Angst zudrückte, jene Hand zuckte von ihm zurück, ein gellender Schrei ertönte, und als er dann die Augen öffnete, herrschte völlige Dunkelheit und Stille, in der er nur das eigene erregte Atmen hörte. Er sprang hoch, hellwach. Ihm war klar, daß er jemanden, wahrscheinlich Waldenheim, verwundet, wenn nicht sogar getötet hatte. Er wollte Licht machen, erinnerte sich aber (er sah den Soldaten mit der Taschenlampe vor sich), daß das in dem Raum nicht möglich war. Zugleich meldete sich in ihm die Angst vor dem Sehen: vor der Wunde, die er einem Körper zugefügt hatte, vor der Gewißheit. Nur fort, fort, dachte er in panischer Furcht. Schon war er in Hosenbeine und Schuhe geschlüpft, griff nach der Jacke. Er flog zur Tür, verfehlte die Richtung, prallte gegen die Wand, mußte suchen, bis er auf Holz traf. Er fand das Schloß, der riesige Schlüssel steckte darin – das war die erste Erleichterung in diesem Alptraum. Er drehte ihn um, hörte das bekannte Quietschen, stieß die Tür auf, rannte in die kalte Nachtluft. Vor ihm stand ruhig und tief der runde weiße Mond und beleuchtete jedes Grashälmchen wie eine Lampe; als Sredoje lauschte, vernahm er nur das einstimmige, hemmungslose Zirpen der Grillen.

Er rannte los, sprang über den Weg und begann einen steilen Hügel zu erklimmen. Den ganzen Rest der Nacht verbrachte er so auf blinder Flucht. Als sich der erste Dämmerschein des Tages zeigte, kroch er ins Gebüsch am Rand einer Wiese und schlief bald ein. Die Sonne und der Durst machten ihn wach. Er wußte nicht, wo er sich befand, horchte, vernahm keine verdächtigen Geräusche. In der Ferne sah er einen Schnitter und überlegte, ob er nicht zu ihm gehen und um Wasser bitten sollte, ja vielleicht war es sogar möglich, sich bei ihm zu verstecken und durch ihn dem Vater eine Nachricht nach Belgrad zu schicken. Aber Sredoje verwarf das alles aus Angst, daß der Fremde, anstatt ihm zu helfen, ihn verraten könnte. Er kroch vorsichtig aus dem Gebüsch und lief geduckt weiter, immer in der Hoffnung, auf eine Quelle oder einen Bach zu treffen; er zuckte bei jedem Rascheln, bei jedem fernen Hundegebell zusammen, lauerte, ob Verfolger hinter ihm her waren. Am Abend näherte er sich einem einsamen Haus mit Brunnen in einer Senke inmitten von Wiesen. Er wagte nicht hinzugehen, obwohl sein Mund trocken war vor Durst und sein Magen vor Hunger brannte. Er schlief und wachte, lauschte, lief erschrocken ein Stück weg, kam wieder vorsichtig näher. Sein Versteck war eine kleine Anhöhe mit Sträuchern und wildwachsenden Bäumen, von dort aus konnte er das Haus mit dem Brunnen und seine ganze Umgebung überblicken. Am Morgen sah er einen alten Mann mit bloßen Füßen aus dem Haus treten, der, nachdem er seine Blase entleert hatte, wieder hineinging. Kurz darauf erschien eine junge, stattliche Frau, schöpfte Wasser aus dem Brunnen, goß etwas in eine Kanne ab und ließ den Eimer, Sredoje erschien er halb voll, auf dem Brunnenrand stehen. Er starrte unverwandt, durstig auf diesen Eimer, beschloß, ohne Rücksicht auf Gefahr hinzugehen und sich satt zu trinken. Schon hatte er sein Versteck fast verlassen, da kroch er erschrocken wieder zurück. Der Alte kam währenddessen mehrmals heraus und ging wieder hinein, setzte sich zweimal zum Essen auf das Bänkchen vor dem Haus, die Frau verschwand irgendwohin, blieb lange weg, kehrte zurück. Sredoje glaubte, der Alte habe ihn gesehen, war sich aber dessen nicht sicher. Als es wieder dämmerte, zogen sich der Alte und die Frau ins Haus zurück. Er beschloß, um jeden Preis zum Brunnen hinunterzugehen, und berechnete, wie lange es dauern konnte, bis sie eingeschlafen waren. Beim Warten entschlummerte er selbst. Das Knacken von Reisig weckte ihn, und ehe er auf die Füße springen konnte, drückten ihn Hände zu Boden. »Pst«, flüsterte es mit feuchtem Atem, der seine Wange berührte. »Wer bist du?« Sredoje brachte keinen Ton heraus. »Bist du das, der den Deutschen in der Försterei erschossen hat?« Sredoje nickte, ohne zu überlegen. »Hast du eine Waffe?« »Nein«, gelang es ihm endlich zu sagen. Der Druck der Hände ließ nach, sie glitten rasch über seine Brust und seine Hüften. »Los, komm weg hier, aber heb nicht den Kopf!« Er gehorchte und folgte einer Gestalt, die sich dunkel zwischen der dürftigen Vegetation abzeichnete. Auf einmal teilte sie sich, die eine Hälfte ging weiter voran, die andere neben Sredoje. Er musterte sie verstohlen: der Mann vorn war ziemlich groß, schlank, in einem langen, ausgebeulten Pullover, ohne Kopfbedeckung, der andere kaum etwas kleiner, breitschultrig, die Mütze bis zu den Ohren gezogen. Beide bewegten sich rasch und leicht, er aber stolperte vor Durst und Erschöpfung auf den holprigen Pfaden. Sie gingen bergab, bergauf, bergab, bergauf, sinnlos lange, wie ihm schien. Er dachte unablässig daran, sie um eine Pause und um Wasser zu bitten, doch er war noch immer nicht sicher, wer sie waren, obwohl ihre Vorsicht ihm sagte, daß sie nicht auf der Seite der Deutschen standen. Als er schon glaubte, nicht mehr weiterzukönnen, machten seine Begleiter unter dem Gipfel eines Hügels halt, der steil wie eine Brustwehr aufragte. Sie sprachen leise mit jemandem, den er nicht sah. Sie reichten ihm die Hand und zogen ihn den jenseitigen Hang des Hügels hinunter auf ein Plateau unter hohe Bäume. Ringsum lagen Männer schlafend oder wachend unter ihren Mänteln. Er und seine Begleiter gingen zwischen ihnen hindurch und in eine Senke hinab, wo der Wald lichter war, und blieben hier vor einem Haus stehen. Unter dem Vordach erschien ein Posten. Die Begleiter flüsterten mit ihm, und er betrat das Haus. Nach kurzem Warten erschien ein Lichtschimmer in einem Riß des Fensterladens. Der Posten kam zurück, die Begleiter führten Sredoje ins Haus. Sie traten ins Dunkel, in die Ausdünstungen aneinandergedrängter Körper, man hörte Schnarchtöne. Aber auch hier leuchtete eine helle Ritze, eine wacklige Tür öffnete sich, und Sredoje erblickte eine brennende Kerze und dahinter ein ovales Gesicht mit vom Schlaf geschwollenen Lidern und zerzaustem, filzigem dunklem Haar. Er trat ein, machte vor dem Tisch halt, auf dem neben der Kerze ein Tonkrug stand. Er bat um Wasser, der zerzauste Mann wies wortlos auf den Krug, Sredoje hob ihn mit beiden Händen und trank sich satt. Danach war ihm alles gleichgültig, er fühlte sich leicht, gerettet. Der zerzauste Mann – der Kommandeur einer Partisanenabteilung, die sich gerade, vor den Deutschen verborgen, sammelte – fragte ihn, wer er sei, wie und warum er den deutschen Hauptmann getötet habe, und Sredoje sagte alles. Dann führten ihn die Begleiter hinaus und sperrten ihn im Schuppen hinter dem Haus ein, indem sie einen Felsbrocken vor die Tür wälzten. Die Nacht verbrachte er am Boden liegend. Am Morgen wurde er hinausgelassen, um seine Notdurft zu verrichten, und bekam ein Stück Brot, eine Zwiebel und wieder Wasser. Später wurde er ins Haus geführt, wo neben dem Kommandeur ein fülliger Mann mit rundem Kopf und bläulichen Lippen saß, der Kundschafter der Abteilung. Jetzt befragten ihn beide zur selben Angelegenheit wie in der Nacht der Kommandeur. Der Kundschafter war mißtrauischer als der Kommandeur, oder er stellte sich so: er versuchte Sredoje das Geständnis zu entlocken, er sei absichtlich von den Deutschen bei den Partisanen eingeschleust worden, aber Waldenheims tatsächlicher Tod hinderte ihn wohl daran, seine Beweiskette zu schließen, also befahl er Sredoje mürrisch, auf einem Bogen Kanzleipapier, den er einer auf dem Tisch liegenden kleinen flachen Tasche mit Riemen entnahm, alles über sich und den Vorfall schriftlich niederzulegen, aber diesmal ehrlich, wie er mit einem stechenden Blick hinzufügte. Sredoje kehrte in sein Gewahrsam zurück. Er machte sich keine Sorgen, denn er wußte, daß die ungeheuerliche Anklage zusammenbrechen würde. Vielmehr störten ihn der feuchte Erdboden, auf dem er sitzen und liegen mußte, der Schmutz, der sich unterwegs auf ihm angesammelt hatte und Juckreiz verursachte, und der Hunger. Aber das waren schon Probleme, die ihn nicht in weitere Ungewißheit stürzten, sondern ihn im Gegenteil, wie er fühlte, den Menschen nahebrachten, unter die er geraten war. Er staunte, daß ihm dies widerfahren war, aber wenn er zurückblickte – und in diesen Tagen tat er nichts anderes, es war ihm befohlen –, sah er ein, daß es das Natürlichste war, was ihm hatte zustoßen können, ja sogar müssen. Sein früheres, sein Belgrader Leben hatte nicht so weitergehen können, dieses nachtwandlerische Schweben zwischen der Wirklichkeit des Krieges mit ihren vielen Fallen und den eigenen Gelüsten, zusammen mit dem ebenfalls unhaltbaren, von geheimen Lastern angefressenen Hauptmann Waldenheim – einer von ihnen mußte fallen. Darin, daß Waldenheim gefallen war, erblickte er den Beweis der eigenen größeren Kraft, des eigenen gesünderen Instinkts und zugleich den Beweis der Überlegenheit dieser rebellierenden Menschen, unter die ihn der Todesschuß geführt hatte. Als hätte dieser Schuß einen bösen Traum unterbrochen, kehrte die durch die Erfahrung der Okkupation genährte Erkenntnis in sein Bewußtsein zurück – er hatte sie einst vor Augen gehabt und dann aus Schwäche beiseite geschoben –: daß die Deutschen, die er mit einer von Angst untermischten Bewunderung angesehen hatte, ihre eiskalt geplante Herrschaft nicht verwirklichen konnten, solange die Menschen, denen sie sie aufdrängen wollten, so waren, wie sie waren: eigensinnig, unabhängig, stark, zäh. Auch er war so – das bewies der Schuß –, also gehörte er zu ihnen. Er wünschte sich, ihnen näherzukommen. Aber noch stand zwischen ihnen und ihm der Verdacht des Kundschafters. Sobald er blinzelnd aus dem Dunkel des Schuppens trat und sie auf der Erde liegend und essend oder in Reih und Glied vor einem Abmarsch antraf, blickten sie ihn neugierig, aber mißtrauisch an. Er wurde erst drei Wochen später von dem Verdacht reingewaschen, als aus Belgrad gemeldet wurde, daß der Advokat Lazukić als Geisel genommen und erschossen worden war, was wiederum niemand Sredoje mitteilte; er erfuhr es viel später, als er heimlich seine eigene Beurteilung las. Sie ließen ihn frei und gaben ihn einer Gruppe als unbewaffneten Begleiter bei; von da an schlief er mit den anderen unter den Bäumen oder, wenn er

Glück hatte, im Vorraum des Holzhauses; er teilte mit ihnen auch die kärgliche, durchweg kalte Verpflegung. Aber wegen seiner langen Novizenschaft galt er bereits als Ausnahme, und dazu verurteilte ihn – obwohl die schwerste Beschuldigung entfallen war – auch seine ungewöhnliche Vergangenheit: der Mord an dem deutschen Hauptmann, über dessen Motive weiterhin mit Unkenntnis oder mit gedämpftem Lachen gesprochen wurde, sein Dienst bei der Polizei, seine Bildung. Die Abteilung, die schon den zweiten Monat in den Wäldern um Zlatibor lag, bestand aus Bauern der Umgebung, die aus Angst vor Vergeltungsaktionen gegen den bewaffneten Widerstand zu ihr gestoßen waren; der einzige Student – den sie so auch nannten – und vermutlich auch der Kommissar, ein zu der Zeit abwesender ehemaliger Lehrerseminarist, hatten sich mit ihrer geringen, auf die nahe gelegene Kleinstadt beschränkten Erfahrung dem einfachen Verlangen nach Rache angeschlossen. Wenn sie mit einem Stückchen Brot und Käse in der Tasche von Hügel zu Hügel zogen, litten sie, weil sie nicht zu Hause bei ihren Mädchen oder gerade erst zur Liebe erweckten Frauen waren, weil der Zwang, sich zu verstecken, sie immer weiter in unbekannte Regionen entführte und weil sie nicht wußten, ob sie je zurückkehren würden. Sredoje hingegen betrachtete diese Schwierigkeiten als natürlich, denn für ihn gab es keine Rückkehr in die Vergangenheit; er machte sich nicht die Mühe, in Problemen zu wühlen, sondern sah zu, wie er das eine oder andere leichter erträglich machte, und so war er, obwohl ein Neuling, ein besserer und fähigerer Soldat als viele andere. Er bewies seine Tüchtigkeit schon beim ersten Gefecht, zu dem es zufällig kam, als sich eine deutsche Einheit durch die Aussicht auf leichten Sieg ins Gebirge hatte locken lassen: in der allgemeinen Verwirrung befahl man ihm, einem MG-Schützen die Munition zuzureichen, und als diesem ein Geschoß die Hand durchschlug, fuhr Sredoje nach kurzem Zögern fort, den Abzug zu betätigen, wie es der MG-Schütze bis eben getan hatte. Er entschloß sich dazu, als er zwischen den Bäumen Männer in feldgrauen Uniformen hervorstürmen sah, die ihn, wären sie seiner habhaft geworden, gefoltert und getötet hätten, aber zu seiner Entscheidung trug auch die Magie des Tötens bei, die er für einen Augenblick in dem Häuschen bei der Försterei erfahren hatte. Und eigentlich schon auf dem Markt in Požega am selben Tag. Er hatte wie damals das Gefühl der äußersten Eindrücklichkeit jeder Bewegung und jedes Geräuschs, vermischt mit dem Schauder, weil die Grenze zwischen Tod und Leben so schmal war und so einfach überschritten werden konnte. Jetzt schoß man auf ihn, und er schoß: die Kugel konnte als ersten ihn treffen, und seine Kugel konnte jenen treffen, der beinahe schon abgefeuert hatte, der bereits auf ihn zielte, der Sredoje als Ziel und Opfer im Blick hatte, und dieser andere, so drohend lebendig, so erfüllt von ihm, Sredoje, also zur Hälfte er, würde zusammenbrechen, würde aufhören zu existieren, als Kraft, als Bewußtsein, als Sammlung von Bildern, die er in sich trug (darunter auch Sredojes Bild), er würde fallen und zum Nichts werden wie ein Span, den ein Geschoß auf seiner tödlichen Bahn nebenher aus einem Baum fetzte. Er war begierig, diesen Zustand des Übergangs, dieses Risiko immer wieder auszukosten, und dieser Drang, verbunden mit dem neuen Gefühl der Zugehörigkeit, führte ihn unversehrt durch alle Mühen und Schmerzen des Partisanendaseins, um ihn – er war zu einem Funkerlehrgang entsandt und von da in eine vojvodinische Einheit abkommandiert worden – am 27. Oktober 1944 als Befreier nach Novi Sad zurückzubringen, wo er sich davon überzeugen sollte, daß keine Spur seiner einstigen dortigen Existenz mehr vorhanden war, mit Ausnahme des Tagebuchs von Anna Drentvenšek.

4. Mai 1935
Mit Gott.

6. Mai 1935
Es ist heute ein Feiertag der H Pravoslaven. Hatte im ganzen 4 Stunden, also mehr Zeit zum Ausruhen und Nachdenken. Fühle mich gerade nicht glänzend, Hitze wie gewöhnlich. Die Nacht schlecht geschlafen, mißgelaunt aufgestanden. Trotzdem entschloß ich mich heute anzufangen, obwohl es nicht zum erstenmal ist. Vielleicht werden mir diese Worte einst Trost bringen, wenn alles vorüber ist, wenn die Jugend dahin sein wird – manchmal fühle ich sie noch in allen Fasern, aber manchmal deucht es mir als würde der Lebensfaden schwach sein. Soll er brechen, so wird niemand um mich eine Träne weinen. Ich fühle im Grunde meines Herzens eine Kälte, eine eisige Kälte, es ist so dunkel um mich. Vater im Himmel, schicke mir Sonnenschein in mein müdes Herz. Ich sehe, daß das Leben bis hier eine Irrfahrt war. Wie gerne möchte ich mein müdes gequältes Herz zur Ruhe bringen. Aber wo? Bei Kleinchen? Ja, liebes süßes Kleinchen, ich habe Dich wieder gefunden, um zu wissen, nie das gewünschte zu erreichen. Ich denke Tag für Tag an Dich, sehne den Tag Deiner Ankunft herbei – bald – bald – heute ist der 6. Dann einige Stunden Glükkes wie letzt, Wonne, – ein Augenblick in dem alles hell um mich ist – Vielleicht – aber nur bis zur Grenze! Ich will ehrlich bleiben, für Dich und mich! Du, du ruft es in mir! Noch eine kurze Zeitspanne und ich werde Dich sehen, – um dann zu leiden. Du, Du!

16. Mai 1935
Wieder eine Enttäuschung. Kleinchen war nicht gekommen, obwohl ich so fest daran glaubte. Welch ein Weh! Das war eine traurige Nacht. Ein unsagbares Weh schnürt mir das Herz zu. Wie eine Leere, wie eine Öde dieses Leben! Wie schrecklich war das Erwachen nachts! Es ist mir, als hätte ich etwas Kost-

bares verloren, obwohl ich es nie besaß. Du, Du! Wenn ich nur das leicht überwinden könnte.

Ich habe ja meine Arbeit, die wird mir über alles hinweghelfen. Mein Herz weint, warum nur kann ich nirgends das finden, was meine müde Seele schon jahrelang sucht. Ich will weiter gut bleiben, gute Gedanken aussenden an alle! Besonders an ihn! Er konnte doch nicht anders handeln, ich blickte als er letzt hier war in sein tapferes Herz. Wie er küßte, wie er liebte – ohne das was jeder Mann sucht! Ich liebe ihn weiter, vielleicht werden wir uns wieder sehen! Ich will ihn ja nur sehen, seine lieben beseelten Augen! Ach wie schwere Tage des Kampfes stehen mir bevor! Doch Gott ist bei mir.

18. V. 35
Wie dunkel ist es um mich. Ich wartete gestern, heute, ich hoffte noch immer – auf irgend ein Wort – und nichts! Jetzt habe ich alle Hoffnung aufgegeben, es blieb ein bitteres Weh im Herzen. Wenn er nur eine Silbe geschrieben hätte. Kleinchen, ich zürne Dir nicht – denn ich liebe Dich! Du, du! Ich möchte Dich so gerne sehen! Aber nein! Nur nicht verzagen. Ich wußte ja, daß es so kommen wird! Stark sein! das ist alles! Ach, aber ich bin hier kraftlos!

Meine Arbeit geht dem Ende zu. Bald werde ich frei sein. Ich will mich dann erholen – wenn es geht. Reisen, reisen und vergessen: Wohin: das weiß ich nicht! Ich will Zerstreuung suchen – und vergessen. Victor Hugo sagte: La pauvreté fait un trou dans le cœur et y met la haine. Nein, nein, hassen werde ich Dich nicht, nein, soll Gott mir helfen zu vergessen – ach mais c'est difficile. Je l'aime, je l'aime. Mon cœur est plein de douleur! Louis!

19. V. 1935
Fühle mich heute etwas unwohl, habe vorgestern viel gearbeitet, aber der größte Schmerz hat sich gelegt. Kleinchen war da, Kleinchen suchte mich. Leider, ich war abwesend. Aber das

tut nichts, ich weiß, daß er mich nicht verachtet. Ob er wohl noch kommen wird! Ich möchte ihn sehen! Oder ist es Lüge? Nein, nein, eine Pflanze, die tief Wurzeln schlug! Du, Du!

22. V.
Heute sollte Kleinchen kommen, er hatte es versprochen. – Es ist acht Uhr abends – die Glocken läuten –, ach und wieder nicht. Wie ich leide! Kleinchen, warum hast du versprochen und nicht gehalten?

Wenn Gott mich nur härter machen würde, warum bin ich so empfindlich? Himmel, wie weh tut das! Warum muß ich so viel leiden? Vater im Himmel, gib mir Kraft, das zu vergessen. Kleinchen, mein Herz weint.

Sonntag, 2. Juni 1935
Seit der Enttäuschung nicht mehr geschrieben. Fühle mich elend, seelisch und körperlich. Werde die nächste Woche einen Arzt konsultieren. Ich sehe, es muß sein! Was wird aus mir werden, das weiß Gott. Ich bete zu Gott, daß mir nichts Böses widerfahre, damit ich meinen Plan ausführen kann. Ich will ja nur Gutes tun. Habe jetzt weniger Stunden, bin aber trotzdem müde, ach so müde. Ich fürchte mich vor dem Tag der naht, der 13. – – – Warum wählte ich gerade diesen Tag? Ich sagte: 13 sei eine Unglückszahl, aber ich will es ja nicht glauben. Ich bin wohl etwas ruhiger geworden, aber der 13. wird die alte Wunde wieder aufreißen. Ach Gott, ich will ja nichts, nur eines – hören, wie er über mich denkt. Vater, Allmächtiger, verlaß mich nicht.

Die großen Ferien nahen. Wie werde ich sie wohl zubringen. Vater, Allmächtiger, erfülle meine Wünsche. Ich möchte die Heimat sehen, möchte mein müdes Haupt an einen Grabhügel pressen, ich möchte mich vor der lieben Madonna in die Knie werfen und beten, ach beten, ohne Ende. Ich möchte das Meer sehen, ich möchte reisen, um zu vergessen. Ich weiß, es wird zum letztenmal sein, denn mir stehen große Kämpfe bevor. Ein Kampf ums Brot. Ein Kampf mit dem heißen Herzen, ein Kampf mit dem Tod. Ach wenn ich nur einmal laut weinen könnte. Eine Last liegt mir in der Brust, und ich weiß nicht genau was es ist. Doch doch, der Verlust, die Sorge, alles alles will mich erdrücken. Vater, Vater im Himmel, gib meiner müden Seele Ruhe! Vater im Himmel, laß mich nicht krank werden. Du einziger Vater, erhöre meine Bitte.

11. Juni 1935
Die Pfingstfeiertage sind vorüber, ach so sang- und klanglos. Ich hoffte von Kleinchen ein Lebenszeichen, einen Gruß wie zu Ostern zu erhalten, jedoch nicht. Es tut weh, das Herz ist leer. Wie oft füllen sich meine Augen mit Tränen, um so mehr da ich meinen Schwur halten muß. Ich habe für meine Gesundheit geschworen, daß ich ihn nicht rufen werde – ich brachte ein Opfer – aber es muß sein. Der 13. naht, noch ein schwerer Tag und dann, wenn Gott will, so will ich reisen. Ich muß reisen, um meine Gedanken abzulenken und auszuruhen.

Ich werde lernen, alle geliebten Stätten besuchen, das letztemal in der Jugend. Denn der Herbst naht. Der Herbst – aber nicht im Herzen. Das ist das bitterste. Es sehnt, es leidet, es ist leer, dieses elende Herz. Ich möchte eine Heimat. Jemand, der mich versteht.

Lieber Vater im Himmel, verlasse mich nicht, steh mir zur Seite. Ich will gut und brav sein, und Gott wird mich nicht verlassen.

Jetzt habe ich noch 10 Tage zu arbeiten, ich werde viel arbeiten.

Liebes gutes Kleinchen, gebe Dir Gott Glück und Segen. Ich wünsche Dir das von ganzem Herzen.

13. Juni 1935
Liebes Kleinchen, ich träumte heute Nacht von Dir, Du warst bei mir, Du bist gekommen, ich war in Deinen Armen und

fragte mich im Traume ob es wahr sei, daß Du bei mir bist. Als ich erwachte, waren meine Arme leer. Liebling, wirst Du heute kommen, heute ist der 13te.

Ach nein, ich fühle, daß er nicht kommen wird. Er kann nicht, so gerne er möchte. Aber heute am Morgen im Traume war er da – er, den ich liebe! Du, Du!

Es stehen mir heute bittere Stunden bevor, ich weiß es!

13. Juni abends 9 h
Es ist nun neun Uhr, die Glocke läutet, aber auch für meinen Traum – es ist mir als hätte man meinen heißen Wunsch zu Grabe getragen. Kleinchen, einziges, lebe wohl. Lebe wohl für immer, und Gott segne Dich und alle, die Dir gehören. Ich darf und kann dir nicht zürnen, denn Du bist ja schuldlos. Alles regelt und lenkt die Natur, die wunderbare unsichtbare Kraft! Gott, o Gott, verlasse mich nicht! Schicke mir Trost, habe Erbarmen mit mir! Erfülle meine Wünsche und gebe meiner Seele Ruhe. Kleinchen, ich schreibe dies mit meinem Herzblut, Kleinchen, Liebling, lebe wohl, Du mein!

26. Juni
Volle 13 Tage nichts geschrieben. Was sollte ich auch schreiben. Mein Herz ist wund. Ich habe es wohl überwunden, aber vergessen – nie! Ich bereite mich zur Reise vor, Gott Allmächtiger, stehe mir zur Seite. Ich will die Grabstätte meines Vaters besuchen, ich will aber auch etwas tun, was zu meiner Gesundheit beitragen soll. Ach Vater im Himmel, immer wenn ich dieses Buch ergreife, füllen sich meine Augen mit Tränen. Ich habe meinen Schwur gehalten, ach Gott, doch wie öde ist es in mir.

5. Juli 1935
Bin heute schon den fünften Tag von zu Hause fort. Bin hier in Kustošija bei Klári. Sie sind beide gute Leute, nur ich fürchte ihnen zur Last zu fallen. Fühle mich noch immer

elend, ach so elend. Alles um mich ist öde, ach so furchtbar öde. Ich finde nirgends Ruhe, ich möchte rastlos weiter wandern. Vater im Himmel, verlaß mich nicht, steh mir zur Seite. Es ist irgendeine Bitterkeit in mir, ich könnte fast alle Menschen hassen. Ich weiß auch weshalb. Seit dem Tage, daß ich Kleinchen verlor, ist alles gebrochen in mir. Vater im Himmel, erhöre meinen Wunsch, du weißt, was mir Ruhe bringen könnte.

14. Juli
Bei meiner Abfahrt dachte ich, daß ich täglich in dieses Büchlein zeichnen werde, es kam jedoch anders. Ich bin müde, ach so müde, aber gottlob, ich schlafe viel, sehr viel, und das ist das beste! Schlafen und nichts fühlen. Ich wage fast nicht einen Arzt zu konsultieren, um die eventuelle Wahrheit zu erfahren. Diese Woche sollte ich nach dort reisen, es wird mir schwer, unsagbar schwer fallen, aber ich muß doch gehen. Das letztemal mit dem Auge alles umfassen, alle liebe Stätten, wo ich einst so glücklich und auch todunglücklich war. Vater, allmächtiger im Himmel stehe mir bei.

11. August, auf der Wiese
Also fast einen ganzen Monat nichts geschrieben, und doch so viel erlebt. Das erste was ich zu sagen hätte wäre, daß ich einen Arzt konsultierte und gottlob erfreuliche Auskunft erhielt. Er sagte unter Anderem: Ich wünsche, daß alle meine Patientinnen so gesund wären wie Sie und ich gebe Ihnen mein Ehrenwort, daß nichts gefährliches ist. Mit dieser Krankheit können Sie 100 Jahre leben. Und dann: Mut, Mut, und wenn Sie Schmerzen fühlen, an Kárpáti denken. Und gehen, viel gehen und Bewegung machen und was die Hauptsache ist: Lieben. So sprach der liebe kleine Arzt. Gerne denke ich an ihn, an seine weichen, wundervollen Augen. Wie gerne hatte ich den Augenblick, wenn er langsam durch den Türspalt guckte und, als ich ihn anblickte, rasch die Tür schloß. Er sagte: Die

Frauen werden von den Männern nicht verstanden, daraus entsteht Nervosität, und diese Nervosität verursacht dann verschiedene Krankheiten. Er hatte recht. Ich werde seinem Rate folgen, aber gewiß ist das schwer. Lieber kleiner Doktor, ich bin ihm ja so dankbar und – – – gerne ruhten seine Augen auf mir.

Und jetzt Egon:

Egon, kleiner Egon, du bist nicht hübsch – aber etwas ist an dir, das ein wenig reizt: Deine Leidenschaft. Ehrlich und aufrichtig bist du nicht, aber das tut nichts. Du kannst süß küssen, leidenschaftlich – so liebe ich das, und du wolltest den Becher bis auf den Grund leeren, das gelang dir nicht, bis – – Sei mein guter Kamerad, das will ich und nicht mehr. Alles andere muß schweigen, denn ich habe einen tiefen Einblick in dein Inneres getan – aber malgré tout, etwas Gutes und Herzliches besitzt du doch – Du kleines Dummerchen. Es war doch hübsch mit dir, es gab einige schöne Stunden mit Dir, ich werde Dich nicht so leicht vergessen. Versprochen und geschworen hast Du viel – aber das alles ist ja nur ein Wahn gewesen. Dummer kleiner Egon.

Ich denke, daß ich alles überwunden habe, gestern litt ich, heute sang ich, aber innerlich, das weiß Gott. Ich will verbergen und festhalten, was ich heute morgen dachte. Schauspiel. Ich reise.

Heute 13. Aug.
Bin fröhlich aufgewacht, war gestern mit Egon, er war so lieb und süß, aber jetzt reisen!

Es war schön – aber zu kurz.

Egon – Dein Handkuß brennt – Du, Du!

Du verdienst nicht, daß ich Dich liebe.

16. August
Wieder daheim! Aber wie traurig, wie furchtbar ist dieses Hiersein allein! Fort – alles fort. – Unsagbar ist mein Schmerz,

daß alles so enden mußte. Wie furchtbar die Abfahrt von Zagreb, wie traurig meine Zukunft. Vater, Allmächtiger, verlasse mich nicht, gib mir Kraft alles zu vergessen.

Jetzt stehen mir die schwersten Studen bevor. Ob wohl Egon antworten wird? Ich glaube kaum, denn ich habe ihm wehe getan – aber auch er war etwas schuld daran. Ich habe wohl schöne Stunden mit ihm zugebracht – doch das Weib will mehr, aber das war wieder mein Fehler, denn er war aufrichtig zu mir, in einer Weise. Aber wenn ich an seinen Schwur denke, so tut es weh. Nein, ich muß vergessen.

25. August
Also schon 10 Tage daheim. Mein Zimmer wird isoliert, bin jetzt fast ohne Wohnung, was mich unsagbar nervös macht. Aber das wäre nicht das schlimmste. Andere Kämpfe und Sorgen plagen mich. Der Kampf um die Existenz und die Seelenpein. Himmel, wie schwer und öde sind diese Tage. Vater im Himmel, hilf mir, gib mir Kraft! Hoffentlich wird die nächste Woche eine kleine Erleichterung bringen. Habe Mittwoch (21.) von Egon die letzte Karte erhalten, ich habe sie nicht beantwortet, da ich noch auf meinen Brief keine Antwort erhielt. Er scheint auch schon müde zu sein, da er sein Ziel nicht erreichte. Aber das alles macht nichts. Mein Gewissen sagt mir: Er ist nicht der richtige Mann für dich. Zu flatterhaft, ich liebe zwar fröhliche Naturen, aber er ist nicht fein genug, um meine empfindliche Seele zu verstehen. Da würde es Mißverständnisse geben. Nur Vernunft. Nun wie Gott will. Ich muß tapfer sein – ach wie schwer geht das bei mir – aber es muß gehen. Wo mag Kleinchen stecken? Dieses Jahr brachte mir, was ich wünschte, aber doch keine Befriedigung.

War jetzt schon 3× beim Vortrag. Professor K. hat herrlich gesprochen. Von der Poesie, von Leonardo da Vinci dem Unermüdlichen und gestern vom Christen- und Judentum. Er sagte unter anderem: Die Juden seien die größten (15 Mill.) Materialisten, das sei wahr, aber ohne sie könnten die anderen kaum bestehen. Sie seien der Mörtel unter den Ziegeln, der sein muß. Doch gäbe es keine Juden, so könnten wir nicht logisch denken, sie sind Schöpfer der Wissenschaft, und er sagte, daß die größten Antisemiten selbst die größten Juden seien. Er sprach von Marx, Freud, Adler, Einstein, wundervoll. Und dann über Menschenurteil. Er meinte nur: verurteilen nur dann, bis man das Herz kennt. Sich jedem mit einer heiligen Ehrfurcht nähern, denn in jedem Wesen leben auch edle Gefühle, die man suchen muß.

1. October 1935
Liebes kleines Büchlein, wie lange lagst du unberührt. Ich hatte Arbeit, viel Arbeit und ich war auch krank. Eine kleine Blasenentzündung. Aber gottlob wieder etwas besser. Behüte mich, Vater, Allmächtiger, vor Krankheiten.

Die Arbeit hilft mir über alles hinweg. Ich habe vergessen – nicht nur verschmerzt. Nur wenn ich Egons Brief lese, dann fühle ich einen leisen Schmerz und kann nicht begreifen, daß ein Mensch so unvollkommen sein kann. Hier muß eine Moralpredigt Ruhe schaffen. Alles ist gut, ich will nicht zürnen, vielleicht werde ich ihn sehen, wenn ich nach Zagreb komme. Aber er ist mir gleichgültig geworden.

Und Kleinchen, wo ist er? Ich will ihn nicht rufen, obwohl ich ihn gerne sehen sehen würde. Auch das wird kommen.

Ich habe gottlob viel Schüler, das ist gut, vielleicht werde ich doch zu Weihnachten reisen können. Das wäre fein. Ich muß öfters reisen, sonst werde ich förmlich menschenscheu. Nun, wir werden ja sehen. Das wäre ein wahres Vergnügen.

21. October
Montag, 1 h im Garten, herrliches Herbstwetter, große Hitze wie im August. Bin müde, ach so müde, lese aber Briefe, die mich zerstreuen. Egon schreibt wieder, der Ton ist seit meinem letzten Schreiben etwas kühl, dummer kleiner Egon. Er schreibt, er ist alt, aber sein Herz ist jung. Ich mußte herzlich

lachen. Klári schreibt fleißig und freut sich auf ein Wiedersehen. Ich auch.

28. X. 35
Liebes kleines Büchlein, du mein Trost und mein Leid! Wenn ich dich öffne, so füllen sich meine Augen mit Tränen, aber auch manchmal ein bißchen Freude. Das Leben ist ja so sang- und klanglos. Ohne alles! Gestern mit 2 Damen bei Dornstädter gewesen, ach ein leeres Stroh! Kein Mensch, der mich verstehen würde. Vater im Himmel, hilf mir, segne meine Arbeit und erfülle meinen Wunsch.

1. Nov. Abends 7 h 1/2 –
Allerheiligen! Traurig tönen die Glocken, ach wie furchtbar traurig. Ich komme vom Friedhof, habe Kleinch. gesehen und gesprochen. Himmel, wie wund ist es in mir! O Du, jetzt sehe ich, was er mir war. Seine Augen suchten die meinigen, ach – Kleinchen, ich möchte Dir nur einmal klagen! Und dann heute die Kündigung. Gott wie schwer war das! Wie wird es mir ergehen? Lieber Vater im Himmel, verlasse mich nicht!

20. November
Bin jetzt in der neuen Wohnung, und wieder unzufrieden. Gott, Allmächtiger, verlasse mich nicht.

Was tun? Sorge ums Brot.

Weiß nicht, was mit Schülern ist. Schon zwei verloren. Und nun soll ich zurück, es wird das beste sein. Muß die Sprache lernen. Noch Kampf. Gestern hat Egon geschrieben. Werde kaum zu Weihnachten reisen. Ich möchte gerne.

Egon hofft, aber umsonst.

25. Nov. 1935
Also wieder daheim!

Ich nenne das daheim, dieses kleine Zimmerchen. Und

doch ist es so! Wie froh bin ich, daß ich wieder da bin! Wie fremd war alles dort.

Egon hat sein Bild geschickt, hat mich gefreut, daß er an mich denkt. Nun ja, er hofft! Vielleicht wenn Gott will zu Weihnachten zu Klári. Heute von Kleinchen geträumt.

13. XII. 1935

Immer will ich schreiben und erzählen, aber es geht nicht. Gottlob Arbeit über Arbeit! Heute kann ich wieder weiter schreiben. Bin fröhlich erwacht, und als ich den grauen Himmel sah, da überfiel mich eine richtige Weihnachsstimmung. Es jubelte in mir: Weihnachten, Weihnachten. Oft bin ich wahrhaft wie ein Kind, obwohl doch das schon längst gewesen ist. Befasse mich wieder mit Reisegedanken, ich möchte so gerne reisen, wenn nur möglich, so fahre ich. Egon hat geschrieben, aber ich weiß, daß er nicht aufrichtig ist, aber ich werde trachten, darüber wenig nachzudenken. Mit Madam kam es zum Bruch, sie ist nicht gut zu mir. Aber Gott ist bei mir, wenn mich auch die Menschen hassen. Ach, Sonnenschein!

25. XII. 35

Weihnachten, Weihnachten! Wie ein Schrei klingt dieses friedenbringende Wort. – Ich möchte aufschreien wie ein wundes Tier. Also so sang- und klanglos, und ich freute mich wie ein Kind darauf, lange lange. Und zu nichts geworden. Also keine einzige Freude. Warum, warum nur bin ich so schwach, daß ich mir selbst keine Freude schaffen kann. Selbst schuld an allem. Aber eines muß ich sagen, daß Egon auch schuld daran ist, sein letzter Brief, darin hieß es nur: Tue wie Du willst und nichts mehr. Wenn ich den schönen blauen Himmel ansehe, weint mein Herz.

Wie schön wäre es dort. Wir würden zusammen gehen und scherzen, wie Kinder, ach, Büchlein, Du mein Trost, mein treuer Freund – nur Du weißt mein Leid. Ich schämte mich zu sagen, daß ich ein Feigling bin, so benutzte ich eine Notlüge.

Heute werde ich auch Klári schreiben, wenn nur schon Weihnachten vorüber wäre.

War heute bei Trauung von Böske. Die Braut war sehr hübsch, diese Trauungszeremonie der Juden ist auch hübsch, ach und doch alles nichts? Was sind alle Schwüre, alles Versprechen, wenn man sich doch erst später kennenlernt. Es war mir doch etwas öde und traurig ums Herz, besonders als der Bräutigam mich so mitleidsvoll fragte: Warum Sind Sie da so ganz allein. Ja, er hat recht, allein, ach wie allein. – Niemand – Weihnachten – auf dem Tische rote – blutrote Nelken. Blumen, ach Blumen, meine Lieblinge –

Vater im Himmel, verlasse mich nicht.

26. XII.
Zweiter Weihnachtstag – nachmittags ein gutes Schläfchen gemacht. War gestern Abend im Kino. Gustav Fröhlich hat gut gespielt.

Es gab auch einen Krach gestern. Hiršl hat Egons Karte bekommen, hat getobt wie ein wilder Tiger. Mit Drohungen – ha jetzt sehe ich, daß er ein großer Schuft ist. Hole ihn der Kukkuck. Grob und gemein war er wie ein Stallknecht. Aber das macht mir keine Sorgen. Er soll seine Wege gehen –

Ich werde arbeiten, und Gott ist bei mir – Ich wünsche einen Partner, einen Freund, der gut ist und mich versteht.

30. XII. 35
Weihnachten vorüber – gottlob. Hatte keine Freude – aber selbst schuld. Es hätte anders sein können. Nun ja, wo war ich denn hier – im Kino, und Frohsinn – ha Frohsinn, zum Davonlaufen, ich lief auch davon. Kl. nicht gesehen, war auch eine miserable Stimmung dort. Also Weihnachten ganz sang- und klanglos – macht nichts. War gestern mit Frl. Sch. im Café, eine fade heiratslustige Gretl. Hol sie der Kuckuck als Bräutigam.

Sollte heute arbeiten, aber meine Schüler scheinen auch noch längere Ferien zu wünschen.

Nun morgen – mehr! Bin heute etwas müde, träge oder wie ich sagen soll – Leer – alles öde.

4. I. 36
Herrliche Tage, wie im Frühling. Heute am Morgen sah ich einen prächtigen Regenbogen, was soll das nur werden? Hoffentlich zu Ostern schönes Wetter, daß ich reisen kann.

12. I.
Das prächtige Wetter hält an.

19. I.
Prächtige Tage – wie im Frühling. Die grünen Blättchen zeigen sich schon. Ach wenn es nur so bliebe. Bei mir nichts neues, nur leider schwache Gesundheit. Glaube wieder Blasenentzündung, werde Arzt konsultieren müssen! Vater im Himmel, stehe mir bei!

28. I. 36
Die Tage noch freundlich. Habe Dr. Kerner konsultiert, hat manches wie Kárpáti gesagt. Er behandelt mich, hoffentlich werde ich jetzt eine Zeitlang Ruhe haben; gebe Gott.

Der arme kleine Kárpáti! Er tut mir sehr leid, ach Gott, wie so manches könnte vermieden werden, wenn die Menschen nicht so habgierig sein würden. – Ja, der Dämon, das Geld! Ich könnte weinen, wenn ich an alles dies denke – Himmel, ich bin allein, niemand versteht mich. Ich werde auch allein bleiben. Ach wie öde ist es in meinem Inneren.

7. IV. 36
Wie lange sah ich Dich nicht, liebes kleines Büchlein! Weshalb? Ich weiß es selbst nicht. Man soll eigentlich nur dann schreiben, wenn es uns dazu treibt. Was soll ich sagen? Gesundheit gottlob halbwegs. Die Ostern vor der Tür. Kalt und unfreundlich. Hatte riesig viele Auslagen, keine Ersparnisse.

E. schreibt selten, ich auch! Ja ja, alles hat seinen Anfang und Ende! Sonst alles beim Alten!

26. IV. 36
Sonntag, hier im Hause, vollkommene Ruhe, freue mich, endlich ein wenig allein zu sein. Doch so ernst, fast traurig bin ich. Ostern sang- und klanglos vorbei, Witterung ungünstig. Nun wieder geht die Arbeit zu Ende. Und die großen Ferien, wie werde ich sie wohl verbringen? In Zagreb, wenn Gott will! Egon hat schon seit Ostern nicht geschrieben, seidem ich geschrieben habe, daß ich ans Heiraten nicht mehr denke, ist er kühl geworden. Obwohl er selbst darüber auch geschrieben hat, so hoffte er doch auf ein Vergnügen. Aber er hat sich getäuscht! Nur zu dem soll ich ihm gut sein? Nein, das will ich nicht. Er mag sich das bei anderen suchen, die nur das suchen. Ich suche Freundschaft, tiefe, innige. Nun, Gott ist bei mir.

4. Mai 1936
Nichts neues! E. schweigt! Ist mir recht. Je n'aime pas les personnes comme lui!* Surtout les Juifs. Hier, j'étais au cinéma – Die lustige Witwe! Excellent! Je me suis bien amusée. Oui, oui, j'ai vu une femme honnête. Elle a joué très bien. L'amour l'a vaincue. Je voudrais être amoureuse – un peu – mais tout est passé. L'automne est ici, devant la porte. Mai je ne veux pas le voir. Ah, que je suis malheureuse.

30. V. 36
Demain, c'est la Pentecôte! Rien de nouveau! Claire a écrit, elle m'a fait mal de ses mots. La nuit passée j'ai rêvé de L., les nuits sont fatigantes, je voudrais aimer! Je me prépare pour un voyage – le mois prochain. Que Dieu me garde.

* Die Übersetzung der französischen Passagen findet sich im Anhang.

30. juin
Je suis depuis le 26 ici à Zagreb. Mais bon Dieu, que mon cœur est malade. A cause de E. Ainsi je vois qu'il est un grand menteur. Bon Dieu, aide moi! Tu seul vois que je suis malheureuse. Pourquoi, pourquoi? On ne peut pas croire personne! Laissons! Cela ne vaut pas la peine de penser à cet homme. Je ne veux pas penser! Je veux oublier – ah – j'oublierai tout ce que j'ai entendu.

13. juillet 1936
Me voici, mais comment? Malade, baissée ma volonté. Qu'ai je fait hier. Le med – Gr. – j'ai perdu chez lui. Il m'a vaincue, cela ne fait rien. J'ai fait la connaissance, j'ai appris une bonne leçon pour moi. Je ne le déteste pas. C'est sa nature. Plus, il est intéressant. Et mon E., où est-il? J'ai brisé. C'est mieux – je resterais seule. Gr. m'a dit la vérité, mais pas tout.

J'ai passé des belles heures avec lui, très belles, mais alors? Oh bon Dieu, je ne crois rien plus. Je pleurerais si je pouvais, si j'étais seule. Mais je ne suis pas seule. Seul mon cœur est seul. Dieu ne m'oublie pas!

30. Aug. 1936
Nun seit 3 Wochen daheim! Morgen beginnt die Arbeit mit Gottes Hilfe. Gottlob! Die Ferien sang- und klanglos... Aber gottlob, man vergißt alles! Und ich habe euch vergessen! Nun freue ich mich auf die Arbeit, darin liegt die Zufriedenheit. Gott, steh mir bei.

3. XII. 36
Büchlein, mein intimes, wie lange habe ich Dich nicht gesehen. Und wie bittere Stunden. Sorge ums Brot. Was soll ich sagen: Klagen! Nein – viel liegt seit damals hinter mir, Weihnachten vor der Tür – wieder – ach sang-, klanglos.

15. I. 1937
Wieder ein Jahr vorüber.
Feiertage vorüber, sang- und klanglos. Schöne Geschenke erhalten, jedoch bin ich so freudlos.

Gott weiß, alles ist still in mir, nur sehr, sehr nervös. Fühle mich nicht recht wohl. Müde, ach so müde. Ich will nichts hören von der Vergangenheit. Gebe Gott, daß meine Schüler gute Zensuren bekommen. Klári schreibt auch selten – ich auch. Nun ja, die Ferien nahen. Heute starke Kälte. Sonst nichts neues! Gott sei bei mir.

26. I. 37
Ein Sturm, Schneegestöber, furchtbar, unmöglich, das Zimmer zu verlassen. Die Elemente toben wie wir. Gott, wie dunkel ist das Leben. Kein einziger Sonnenstrahl. Fühle mich heute nicht glänzend. Ach Vater im Himmel, verlaß mich nicht! Gib mir Kraft, dies alles zu ertragen. So freudlos verfließen die Tage, die Schüler oft unerträglich. Still und traurig – nichts! Vater, verlaß mich nicht.

12. II.
Ganz freundliche Tage. Nur ich bin müde, ach so müde. Milla war Sonntag hier! Das heißt eine Schwester haben und keine! Ich weiß, daß ich allein bin, allein bleiben werde. – Nur Interesse. Ach Gott, hilf mir.

28. III. 37
Ostern! Kaltes, häßliches Wetter, ach, das paßt gerade zu meiner Stimmung! Oder nein, Sonnenschein würde mir Freude bringen. Wie oft schon wollte ich schreiben und Dir klagen, Du liebes Büchlein. Und wieviel hätte ich zu sagen. Arbeit bis hier gottlob genügend, nur der Erfolg etwas schwach teilweise. Bin überlastet, folglich wenig Energie. Ja ja, wieder geht das Schuljahr zur Neige, ein ödes düsteres Jahr. Gott

gebe, daß es nächstes Jahr besser wird. Werde müssen neue Einteilung machen.

Klári ladet mich ein, nach Rohitsch zu kommen; werde gehen. Muß neues Heim gründen. Freude, Sonnenschein, Glück, wo seid ihr? Kommt nur noch einmal!

22. IV. 37

Seit 4 Wochen Regenwetter. Furchtbar. Das stimmt traurig. Bin auch schon übermüdet, die Arbeit geht nicht weiter. War auch dieses Jahr überlastet, darf dies nicht mehr tun. Resultat längst nicht so gut wie früher. Das beste wäre, etwas weniger arbeiten. Falls im Herbst weniger Schüler kommen, so nicht vergessen, wie sehr ich gewünscht habe, etwas weniger zu arbeiten. Es war aber auch über die Grenzen. Ich fühle es. Bis 1500 ist für mich genug. Lieber weniger, aber précis. Lieber guter Vater, hilf mir, daß alles gut endet. Ach Sonnenschein, wo bist du?

15. VIII. 37

C'est l'avant-dernier jour que je suis ici. Grâce à Dieu je n'étais pas malade, j'ai appris quelque chose, j'ai vu les personnes que j'ai voulu voir, une satisfaction.

Mais plaisir – aucun.

Cette dame n'est pas mon amie, mais mon ennemie. Je ne la comprends pas. Mais disons grâce à Dieu. Le dernier dimanche – ne l'oublie pas. Ne pas pleurer – si tu pleure, tu es sotte. N'oublie pas!

30. Oct. 1937

Was sagen? Immer dasselbe. Gesundheit gottlob ziemlich gut. Arbeit noch genug. Freude keine. Schwierigkeiten bei der Arbeit. Aber Gott ist bei mir. Kláris Freundschaft etwas abgekühlt, macht nichts. Alles fort. Herrliche Tage wie im Sommer.

13. Nov. 1937
Seit 3 Tagen entsetzlicher Sturmwind, dieser plötzliche Umschwung ist unangenehm. Bin schon seit dem 1. ziemlich erkältet, hüte auch das Zimmer. Kampf allerseits. Gebe Gott nur Gesundheit! Habe dieses Jahr schön zugenommen, 4 kg und mehr, habe auch prächtig ausgesehen. Oft muß ich lachen, wenn Herrenaugen an mir hängen – und bin doch schon im Herbst. Das tut nichts, wenn nur noch einmal Sonnenschein käme. In der Nacht vom 1. Nov. träumte ich vom Vater. Er spielte Klavier, hob mich empor und sagte: Mein armes unglückliches Kind. Ach Vater!

10. Jänner 1938
Weihnachten, Festtage vorüber, wieder sang-, klanglos. Silvester bei F. Taith, aber sonst gearbeitet. Gestern im Theater, vorgestern im Kino: Der Pfarrer von Kirchfeld. Wie dies in mir nachklingt, Heimatswehen. Ach das Volk, die Landschaft, die seltenen Augen. Ich weiß jetzt, was mir fehlt. Sorgen, große Sorgen um die Schüler – ach Gott Vater, mächtiger, hilf mir. Seit 21. Dez. bis heute große Kälte.

27. I. 38
La fête du Saint Sava. Cette année fête nationale. Je travaille.

Dimanche j'ai fait une petite connaissance – Albin – les yeux noirs. Nous nous connaissons depuis longtemps. Comme il baisait mes mains. Mais ce que j'ai écrit était le mieux. Il m'est resté un bon souvenir. Assez agréable j'ai passé quelques beaux jours en pensant à lui. Voilà un petit plaisir. Les paroles: je voudrais voir encore une fois vos beaux yeux retentissant dans mon cœur.

11. sept. 1938
Depuis longtemps je ne t'ai vu mon chèr petit camarade. Je ne savais pas quoi d'écrire. Les jours passent sans quelque chose de nouveau. L'été j'ai passé à Zagreb – aucun plaisir, au con-

traire. Depuis le premier août j'y suis, je travaille aussi déjà. Beaucoup à travailler. Alb. je vois rarement, mais la veille de 6. sept. j'ai vu celui avec qui j'ai passé les plus beaux jours de ma vie. Kl. Il était si beau, ses yeux me cherchaient, les miens étaient plongés dans les siens – longtemps. Le moment quand jouait l'hymne national je me retournais, nos yeux se rencontrèrent pour longtemps. Un instant inexprimable beau. Je sens que je l'aime, qu'il m'aime encore. Je voudrais lui parler, je l'appellerai peut-être. Seulement le voir. Cette nuit je l'ai vu en rêve, nous nous baissions, il me conduisait. Mon cher, mon secret – je t'aime.

Mais il faut penser à l'avenir. J'ai passé 41 ans et je m'étonne si je regarde mon image. Aujourd'hui il fait beau, si beau, et si je m'approche du miroir, je ne peux croire que c'est une femme en automne. Mes yeux brillent, les joues sont fraîches. Ah bonheur, viens seulement une fois – oh Dieu mon père, gardez moi!

23. oct. 1938
Depuis quelques jours dans le nouveau logement – c'étaient des jours tristes – mais j'espère que je me calmerai bientôt.

Dieu mon père, gardez moi.

9. janvier 1939
Voilà le Noël passé, Nouvelle année passée sans rien. Je les ai passés à la maison. Plaisir aucun. Quelquefois au cinéma, de beaux films amusants.

Outre, rien. Le temps est beau, beaucoup de neige pour notre Noël et pour Noël pravoslave aussi.

Maintenant il faut commencer à travailler.

Ah, que dire? Mécontante, l'ouvrage va.

27. janvier
Saint Sava 1939.

Voilà, mon cher camarade, j'y suis! Mais que dire.

Milla a été chez moi, peut-être j'achèterai cette maison. L'ouvrage va comme disait le messager du Barberin mais j'ai pris froid, mal à la tête. Plaisir aucun. Le temps s'écoule vite, mes élèves sont paresseux, aujourd'hui je n'avais que 4 leçons.

La solitude me tourmente. J'essayerai, j'ai un plan. Dieu, gardez moi!

12. VI. 39
Malade dequis le mois de février – très malade. J'ai souffert beaucoup. Mon Dieu, mon Dieu, n' m'oubliez pas.

2. VIII. 39
Encore malade. Les vacances presque passées. Je ne sais où commencer. Dimanche, j'ai été à Vinkovci, la maison n'est pas à vendre, argent perdu – j'ai fait une connaissance – Rakić – mais ça je n'oublierai pas, quel gamin, en voulant me marier pour arriver au but.

Bon Dieu, je suis hors de moi. Dieu, mon pére!

20. oct. 39
Il y a des jours où je me porte mieux, j'ai reçu 3 1/2 kg grâce à Dieu. Mais je suis encore malade, très malade. Que dire? L'ouvrage va, bien que je travaille moins. Que Dieu me garde!

1. November 1940
Traurig tönen die Glocken. Allerheiligen. Was soll ich sagen? Neue Krankheit. Lieber Vater im Himmel, verlaß mich nicht – hilf mir! Hilf, Vater, befreie mich von Krankheiten!

Wie der Beginn des Krieges kündigte sich auch sein lange erwartetes und dennoch überraschendes Ende durch Schüsse an: die Läufe zum Himmel gerichtet, feuerten die Soldaten vor Freude ihre Gewehre und Maschinenpistolen ab. Sredoje erlebte das Feuerwerk in Koprivnica. Als er auf die Straße lief, die roten Spuren der Leuchtgeschosse am Maihimmel sah und ihre Bedeutung begriff, machte er sich in höchster Erregung klar, daß es eine Zukunft für ihn gab. Er lud das Funkgerät auf einen requirierten Bauernwagen, kletterte mit seinen drei Helfern in das Gefährt, gab den Pferden die Peitsche und legte in ständigem Trab, singend, binnen einer Nacht und eines Tages den Weg bis Celje, seinem neuen Bestimmungsort, zurück. Hier schlossen sie sich dem Strom der Soldaten und Gefangenen an, der die von der milchigen Sonne erweichten und von Triumphgeschrei erfüllten Straßen zu sprengen drohte. Die Stadt war sein. Er brachte das Funkgerät in die Kaserne und machte sich auf die Suche nach einem Nachtlager. Er fand es im ersten Haus, an dessen Tür er klopfte: in einer notgedrungen an deutsche Requisitionen gewöhnten Stadt hätte es niemand abgelehnt, einen Partisanen und Befreier aufzunehmen. Und bald war er sogar ein Partisan mit silbernen Litzen: die Herabsetzung der Anforderungen in der rasch anwachsenden Armee brachte ihm den Rang eines Zugführers und die Mitgliedschaft im Bund der kommunistischen Jugend ein. Für ihn Vorteile und Belastungen zugleich. Die Anerkennung erfüllte ihn mit Stolz, aber nur den anderen gegenüber, als Beweis, daß er hinter ihnen nicht zurückstand; sie war kein Lohn für seine Denkungsart, sondern forderte ihm eine solche Denkungsart jetzt erst ab. Er mußte eine Ergebenheit mimen, die er nicht empfand, er mußte sie sogar anderen aufnötigen, was er ohne Wutanfälle nicht vermochte. Deshalb verkrampfte sich sein Magen, wenn er zur Ausbildung oder zu Versammlungen in die Kaserne ging, und er kehrte von dort zurück wie aus einem tiefen Wasser, in dem man ihn bis an die Grenze des Erträglichen untergetaucht festgehalten hatte. Er lechzte nach Entspannung. Die fand er dort, wo er seiner Lust freien Lauf lassen konnte und wo danach Bedarf bestand: beim Paaren. Für einen Soldaten war ganz Celje ein einziger großer Paarungsort, denn der Instinkt der Arterhaltung trachtete nach Ersatz für die Kriegsverluste, und wem sollte er zugute kommen wenn nicht einem, der wie durch ein Wunder überlebt hatte? Frauen und Mädchen liefen in diesen Tagen durch die Straßen wie Hündinnen, die Brunstgeruch verbreiten, man brauchte sie nur aufzuhalten und mitzunehmen. Beamtinnen auf dem Heimweg von der Arbeit, Bäuerinnen auf der Durchreise, Frauen, die immer noch auf die Rückkehr ihrer Ehemänner von der Front warteten, Unverheiratete und Geschiedene, die aus Angst um ihren Ruf und ihre Ruhe lange auf Liebe verzichtet hatten, betraten jetzt ohne Zögern Sredojes Zimmer in der Wohnung eines jungen Mechanikers mit vier Kindern und gaben sich hin, keuchend und voller Hoffnung, den Mann für das nun beginnende neue Leben gefunden zu haben. Natürlich enttäuschte er ihre Hoffnungen, er wechselte erbarmungslos die Partnerinnen. Er brachte es fertig, um drei Uhr nach dem Mittagessen in der Kantine eine Passantin, die ihm gefiel, zu sich einzuladen und, nachdem er sich mit ihr befriedigt und sie weggeschickt hatte, wieder in die vorabendliche Stadt zu gehen, sich umzuschauen und zu suchen, bis er eine andere fand, die sein halb erschöpftes Begehren neu entfachen konnte. Ermüdet nach einem solchen Tag, den er stöhnend und schwitzend im Bett verbracht hatte, schlich er am Ende in den kleinen Park vor dem Bahnhof und setzte sich auf eine Bank: hier kamen immer Menschen vorüber, auch Frauen; die eine oder andere ließ sich mit ihrem Bündel auf einer Nachbarbank nieder, und auch hier noch stöberte und schnüffelte er, schloß Bekanntschaften, berief sich auf seine Leiden und Verwundungen, um die letzten Samentropfen hinter einem Gebüsch zu ergießen, weil er es nicht über sich brachte, sie heimzutragen in sein ödes, ganz von Spermageruch durchtränktes Zimmer. Schließlich erkor er diesen nur hundert mal hundert Schritt großen Park gänzlich als persönliches, kleines, aber sicheres Jagdrevier. Er magerte ab, doch sein Trieb war unersättlich. Schon teilte er die Frauen, die hier vorübergingen oder haltmachten, in Kategorien ein, er sah fast mit Sicherheit voraus, wie jede einzelne auf seinen Überfall reagieren, wie lange sie widerstehen würde, als handelte es sich um eine längst einstudierte Szene. Das brachte ihn auch in Rage. Er begriff, daß er an etwas teilnahm, was in den Drüsen dieser Frauen längst vorgesehen war, daß er ebenso ihr Werkzeug war wie sie das seinige. Er nahm sie mit Wut und Verachtung, tat ihnen weh, demütigte sie, und dennoch erhoben sie sich aus seinem Bett mit einem Lächeln des Verständnisses für die erlittene Kränkung, in der sie vielleicht sogar einen besonderen Reiz empfanden, um wahrscheinlich alsbald, vom *eigenen* Trieb geleitet, mit dem nächsten loszuziehen. Er war es leid, sie zu beschwatzen, und vor allem, wenn sie sich bereitwillig zeigten, in ihrer Begleitung den Weg nach Hause zurückzulegen, ungeduldig und schweigend, weil es zum eigenen Vorteil nichts mehr zu tun oder zu sagen gab. Er sah sich also nach einer neuen Bleibe in unmittelbarer Nähe des Parks um und fand sie wiederum ohne Schwierigkeiten bei einem pensionierten Buchhalter in der Straße, die vor dem Bahnhof mündete. Hier blieb er fünf Wochen. Dann trieb ihn die Übersättigung, erneut etwas anderes zu suchen, eine besondere Gelegenheit, die den immer gleichen Begegnungen ein eigenes Gepräge geben konnte – der Wechsel von Zimmern, Wohnungen, Vermietern wurde ihm zum Bedürfnis. Seine Aufmerksamkeit fiel auf eine Sackgasse, die seine Straße querte, und dort auf ein zweistöckiges kleines Haus hinter einem gepflegten Vorgarten.

Hier, in unmittelbarer Nähe des Bahnhofs mit seinem Getöse, herrschte dumpfe Stille. Die Stille einer Falle, so kam es ihm vor. Er griff nach der Klinke der Gartenpforte, sie gab geräuschlos nach. Die Haustür jedoch war verschlossen, er klingelte. Eine junge brünette Frau öffnete ihm, er erklärte, daß er ein Zimmer suche, und fragte, ob etwas frei sei. Die Frau ließ ihn ein, er betrat einen kühlen Flur mit einer Treppe. »Wer wohnt hier?« fragte er, während er sich umschaute. »Unten nur ich«, sagte die Frau. »Und oben eine alte Dame.« Sredoje ging wortlos an ihr vorüber und machte sich an die Besichtigung. Links neben der Treppe befand sich ein kleines Zimmer mit geschlossener Fensterjalousie, so daß die niedrige Liege, der Schrank, das Tischchen mit den Stühlen kaum zu erkennen waren; gegenüber, auf der rechten Seite, war ein etwas größeres Schlafzimmer und dahinter eine sehr saubere, helle Küche und das Bad. Er marschierte ein paar Augenblicke unschlüssig durch den Flur, dessen Fliesen leise widerhallten, dann zeigte er auf das Zimmer, das er als erstes angesehen hatte. »Dies möchte ich mieten. In Ordnung?« Und als die Frau ernsthaft genickt hatte, wandte er sich zum Ausgang. »Ich hole nur meine Sachen.« Er salutierte und ging, ungeduldig, den Umzug hinter sich zu bringen; außer der höhlenhaften Stille des Zimmers in dieser von Blumen erfüllten Sackgasse reizte ihn bereits auch die Gestalt der jungen Frau, die sich seinem Ansinnen so ohne Fragen, fast zerstreut gebeugt hatte. Er eilte zu seinem bisherigen Quartier, stopfte seine paar persönlichen Gegenstände in den Rucksack, klopfte bei den Wirtsleuten in der Küche an – hier saßen sie immer, um die Zimmer zu schonen –, kündigte ihnen kurz und rannte auf die Straße. Kaum drei, vier Minuten später erreichte er das Häuschen mit dem Vorgarten. Er durchquerte leise die Pforte, die Haustür und traf in dem Zimmer, das er sich ausgewählt hatte, vor dem geöffneten Schrank die junge Frau an, die sich eben mit einem Stapel gebügelter weißer Wäsche aufrichtete. Durch seine rasche Rückkehr sichtlich überrascht, verharrte sie in der Bewegung und sah ihn aus weitoffenen, starren Augen an. Er setzte den Rucksack auf den Tisch ab, nahm seine Sachen heraus und trat an den Schrank, um sie in die Fächer zu räumen. Aber die Starre der Frau und ihr Blick, den er fast körperlich von sich zum Inneren des Schrankes gleiten fühlte, veranlaßten ihn, näher hinzusehen. Hinter den weißen Stapeln glitzerte etwas Silbernes, und als er sich bückte, erkannte er trotz Dämmerlicht eine deutsche Offiziersmütze mit Litze und Kautschukschild, die auf einer sorgfältig zusammengelegten feldgrauen Uniform ruhte. Er richtete sich auf und sah die Frau an, die seinen Blick mit bittenden Augen erwiderte. Wortlos packte er seine Sachen in ein freies Fach, drehte sich um und ging. Er war jedoch zu unruhig, um seinen Park aufzusuchen und auf eine Frau zu warten, mit der er den Reiz des neuen Domizils ausprobieren konnte – allzusehr beschäftigte ihn die Szene von eben, der Blick der Frau, der ihm viel mehr verhieß als eine durch Überredung erlangte Hingabe. Er spazierte ins Stadtzentrum und irrte in Erwartung des Abends durch die Straßen. Dann kehrte er in der Kantine ein und kiebitzte nach dem Essen und dem Abräumen der Tische bei einigen Schachpartien zwischen zwei Unteroffizieren – er schob die Heimkehr auf, wie ein Feinschmecker den Zeitpunkt des Gelages bis zur Grenze des Hungergefühls aufschiebt. Als die Wanduhr neun zeigte, stand er auf und entfernte sich. Die Gasse lag im spärlichen Licht der Laternen, das Haus hinter dem Vorgarten war still und unbeleuchtet. Er drückte auf die Klinke der Pforte, sie gab nach, als er die Pforte schloß, berührte seine Fingerkuppe den im Schloß steckenden Schlüssel. Er drehte ihn um. Ebenso verfuhr er mit der Haustür. Er betrat sein Zimmer und stellte fest, daß die Liege mit frischbezogenem Bettzeug versehen war. Die Uniform und die Mütze waren aus dem Schrank verschwunden. Er entkleidete sich hastig, ging ins Bad, um sich zu waschen, aber auf dem Rückweg suchte er nicht sein Zimmer auf, sondern das gegenüberliegende. Die Tür war unverschlossen; in dem Bett am Fenster, das in dem durch die geschlossenen Jalousien einsickernden Lichtschein kaum zu erkennen war, lag die Frau mit offenen Augen. Sredoje legte sich wortlos zu ihr und verbrachte die Nacht mit ihr. Das tat er von nun an allabendlich auf dieselbe schweigende Manier. Erst allmählich und fast nebenbei brachte er Einzelheiten über sie in Erfahrung: daß sie Dominika hieß, aus einem nahe gelegenen Dorf stammte, einundzwanzig Jahre alt war (wie er), daß sie im städtischen Katasteramt arbeitete, wo sie auch schon vor der Befreiung beschäftigt gewesen war. Nach dem Besitzer der deutschen Offiziersuniform fragte er sie nicht, aus Angst, das Geheimnis zu lüften, das sie an ihn band, und auch sie schwieg über diesen Mann (einen Liebhaber? einen Verwandten?), weil das Geheimnis sie in seine Fesseln geschlagen hatte, die sie nicht mehr sprengen wollte oder konnte. Sie lebten einfach nebeneinander her mit diesem Geheimnis zwischen sich. Er verließ morgens das Haus (wie sie), aß in der Kantine, ließ seine Kleidung in der Kaserne waschen und kam nur nachts wie ein Fremder in Dominikas Zimmer, aber wie ein wissender Fremder, um den Liebesakt zu vollziehen. Er hörte sogar auf, andere Bekanntschaften zu suchen. Der Winter kam mit Sturm und Schneegestöber, die Straßen verödeten, und Sredoje verbrachte seine freie Zeit lieber in der Kantine, wo er Zeitungen las und beim Schach zusah, und als es mit dem nahenden Frühling wärmer wurde, kehrte mit den Passanten und Müßiggängern die Sucht nach Paarung nicht auf die Straßen zurück: die Triebe waren gestillt, die jungen Männer und Frauen hatten Partner für eine dauerhaftere Bindung gefunden oder sich in die frühere mißtrauische Einsamkeit zurückgezogen. Auch Sredoje verspürte nicht mehr den Hunger auf Erneuerung in der Liebe; selbst wenn er eine hastige Bekanntschaft schloß und sie in seinem Zimmer zum Ziel führte, fühlte er sich nach der ersehnten sinnlichen Befriedigung nicht herausgefordert, sich wie früher etwas Neuem zuzuwenden. Dort gegenüber im Schlafzimmer befand sich die schweigsame, in sich gekehrte Dominika, er fühlte es, während er eine andere umarmte: dieses Wissen hinderte ihn nicht in seinen Paarungsübungen, aber es beraubte den Raum, in den er sich mit der jeweils Auserwählten zurückzog, jener Abgeschiedenheit, jener Ausschließlichkeit beim Verschlingen der Beute, die ihn bislang behext hatte. Er dachte daran, auszuziehen, aber sobald seine Absicht ihrer Verwirklichung näherkam, begriff er, daß er genau das aufgeben wollte, wonach er auf der Suche war: die Höhle mit der gesicherten Beute in Gestalt von Dominika, und er verzichtete.

Befriedigt war er indes nicht, die Monotonie fraß an ihm. Er hatte das Gefühl, sein Leben sei am Ende und ihm bleibe nichts übrig, als sich zu wiederholen. Die Kaserne, die er täglich aufsuchen mußte, befand sich außerhalb der Stadt an der Chaussee; sie war weitläufig, kalt, mit verstreuten grauen Gebäuden und vielen öden gepflasterten Innenhöfen. Seine Aufgabe war, in den Unterrichtsräumen und nach Abschluß der Grundausbildung auf den umliegenden Hügeln bei Wind und Wetter die erste Generation der Nachkriegsrekruten in der Handhabung der Funkgeräte zu unterweisen, und diese Arbeit fiel ihm einigermaßen leicht. Dazu jedoch kamen politische Vorträge, Versammlungen der Parteimitglieder und besonders der Nichtparteimitglieder, an denen er sämtlich teilnehmen mußte und die dem niedrigen Niveau der aus den Dörfern stammenden Mehrheit angepaßt waren. Es lag übrigens nicht weit unter den spärlichen, platten, in Kursen gesammelten Kenntnissen der dozierenden, im Krieg hochgekommenen Kommissare und Sekretäre. Bei diesen endlosen Vorträgen und Versammlungen, wo falsch artikulierte Fachausdrücke mit unbewiesenen, auf naivem Glauben gegründeten Behauptungen wechselten, kämpfte Sredoje teils gegen den Schlaf an, teils war er versucht, laut zu protestieren und zu widersprechen. Aber er konnte nur schweigen und zuhören. Dabei war ihm klar, daß auch diese Heuchelei sich nicht auszahlte, denn auf eine solide Beförderung konnte er wegen seiner belasteten Vergangenheit nicht hoffen, und so trug er sich mit dem Gedanken, aus der Armee auszuscheiden und selbst um den Preis von Entbehrungen ein neues Leben anzufangen, möglicherweise als Student, obwohl er geistiger Arbeit mittlerweile entwöhnt war.

Im Frühjahr 1947 beantragte er seine Entlassung, doch sie wurde nach viermonatiger Verzögerung mit dem Argument abgelehnt, daß er unentbehrlich sei. Rachsüchtig beschloß er, dies nicht mehr zu sein, er zog sich in sich selbst zurück, wurde vom Mitkämpfer zum Söldner. Die Ausbildung erledigte er oberflächlich und mit unverhohlenem Mißmut, den er auch auf seine Schüler übertrug, die politischen Versammlungen boykottierte er fast offen, verließ sie sofort nach der Anwesenheitskontrolle unter dem Vorwand, einen Schaden beheben zu müssen, oder auch ganz ohne Vorwand, fast unbemerkt. Bald fand sich, angezogen von diesem lausbübischen Mut, eine Gruppe gleichgesinnter Rebellen um ihn ein: der montenegrinische Zugführer Vukajlović, der seit drei Jahren an einer unheilbaren Beinverwundung litt und trotzdem keinen Abschied aus der Armee bekam; Saboš, ein Unteroffizier aus Srem, dem der rechte Daumen fehlte, der viele Male verwundet und mit Orden ausgezeichnet war und wegen seiner spitzen Zunge und seiner aufbrausenden Art dennoch nicht befördert wurde; der Unterzugführer Perišić, ein schöner, kräftiger Gebirgler, der sich nach dem Meer sehnte; der Fähnrich Simović, dessen älteren Bruder die Partisanen als Tschetnik erschossen hatten. Ihr Treffpunkt war die Kantine der Offiziere und Unteroffiziere in einen ehemaligen Café im Zentrum von Celje. Beim Wein, den sie aus der benachbarten Kneipe holten (denn Alkohol wurde in der Kantine nicht ausgeschenkt), beim Rauchen und Zeitunglesen kommentierten sie hier die Geschehnisse in der Brigade und kritisierten eifrig und höhnisch gleichrangige oder höhere Offiziere, die primitiv und unwissend waren oder vor ihren Chefs krochen. Es brauchte nur einer von ihnen zu erzählen, was ihm tagsüber an Unangenehmem widerfahren war, und schon winkten sie angewidert ab, hoben indigniert die Brauen; aus diesen Geschichten und aus der alkoholisierten Stimmung ergaben sich auch allgemeine Urteile über die Zustände in der Armee und im ganzen Land, wo nicht mehr Mut und Fähigkeit geschätzt wurden, sondern Unterwürfigkeit und Gebrauch der Ellenbogen. Sredoje beteiligte sich an diesen allgemeineren Erörterungen, wenn auch nur mit Bonmots und maßlosen Übertreibungen, denn in Wirklichkeit berührten ihn die Mißstände, soweit sie ihn nicht selbst betrafen, kaum. Dennoch fiel der Akzent immer häufiger und heftiger auf die allgemeine Lage nicht nur in ihrer kleinen, sondern in der gesamten jugoslawischen Gemeinschaft. Wie eine Antwort darauf betonten die Leitartikel der Zeitungen und die Reden auf den Tribünen der Städte mit drohender Schärfe die Berechtigung jedes veröffentlichten Beschlusses und Standpunkts, also auch der allgemeinen Lage, und die Welle der Beweisführungen übertrug sich auf unsichtbaren Wegen der Beeinflussung auch auf die Versammlungen in der Kaserne. Diese häuften sich, viele Mitglieder des Jugendverbandes wurden ohne die übliche Prozedur in die Partei aufgenommen, darunter auch Sredoje, obwohl er sich offen sträubte. Am Ende wurden die Gründe für diese Hektik und Eile offenbar: auf einer Parteiversammlung verlas nach kurzem Gruß an die Neuaufgenommenen der tuberkulöse Major Vukoje schwitzend und heiser die Resolution des Informbüros mit den Unterschriften Stalins und Molotows und forderte die Anwesenden auf, zu den Anschuldigungen gegen die jugoslawische Partei, von denen sie wimmelte, Stellung zu nehmen. Sogleich meldeten sich einige Redner zu Wort, offenbar vorab instruierte alte Genossen, um Punkt für Punkt des langen und für die meisten verwirrenden Schreibens zu widerlegen, und die Versammlung endete spätnachts mit einstimmiger Ablehnung. Unter der Oberfläche jedoch hatte die Resolution zerstörerische Wirkung: sie warf Fragen auf und gab damit allen, die das bisher stammelnd und voller Gewissensbisse getan hatten, ein Zeichen, daß man Fragen stellen konnte und vielleicht sogar mußte. Anstelle früherer scherzhafter Anspielungen und Tratschereien wiederholten Vukajlović und Simović bei den Begegnungen in der Kantine die Worte der Resolution, während Perišić sie anfocht, und

Saboš, der seit kurzem ständig betrunken war, stumpfsinnig auf das Staatswappen an der Stirnwand über der Uhr starrte und murmelte, das bisherige Heiligtum müsse vielleicht schon morgen in den Dreck getreten werden. Sredoje amüsierte sich anfangs über diese Streitigkeiten, stachelte sie sogar an, aber die Unfähigkeit der anderen, flexibel zu denken wie er, ihr Verharren auf der Stufe von Treue und Glauben erfüllten ihn mit Langeweile und Widerwillen. An den Tisch der Unzufriedenen setzte er sich jetzt nur noch aus Freundespflicht, und sobald der Disput aufflammte, nahm er sein Glas und gesellte sich zu den Schachspielern.

Eines Abends erschienen weder Vukajlović noch Simović noch Saboš in der Kantine, und nachdem er sich bei Perišić nach ihnen erkundigt hatte, der ebenfalls nichts wußte und nur mürrisch sein Glas leerte, begab er sich gleich zu den Schachspielern. Am nächsten Morgen teilte ihm der Diensthabende bereits an der Pforte den Befehl des Bataillonskommandeurs mit, er habe den Unterricht auch in Vukajlovićs Zug zu übernehmen, eine Erklärung dafür lehnte er mit unerwarteter Schärfe ab; am Abend bei der Heimkehr aus der Kantine, wo er auch Perišić nicht mehr angetroffen hatte, als er zu Hause in der Diele Licht machte, stürmten aus seinem und Dominikas Zimmer je zwei Männer und legten ihm Handschellen an. Sie brachten ihn im Auto zum Gefängnis und sperrten ihn in eine Einzelzelle. Am Morgen wurde er dem Ermittlungsrichter vorgeführt, einem jungen rotwangigen slowenischen Zivilisten, der ihn zunächst über seine Vergangenheit mit Betonung auf dem Dienst in der Belgrader Polizei während des Krieges und dann über seine Teilnahme an der, wie er sagte, Verschwörung mit den Gleichgesinnten aus der Kantine befragte. Sredoje verneinte das letztere und unterschrieb das Protokoll. Aber schon am Nachmittag wurde er erneut verhört, diesmal von einem montenegrinischen Hauptmann, der Auskunft über Flugblätter verlangte, die Sredoje von Simović erhalten und verbreitet habe. Sredoje bestritt dies wiederum, worauf ihm der Hauptmann, offenbar in der Absicht, ihn zu entwaffnen, einige unangenehme Einzelheiten über die abendlichen Zusammenkünfte in der Kantine vorhielt, die ihm bis ins kleinste bekannt waren, die er aber falsch interpretierte: Sredojes Einwände und Urteile und besonders seine passive Hinnahme von Saboš' Meinung, das Staatswappen müsse heruntergerissen und in den Dreck getreten werden. Sredoje mußte Zugeständnisse machen, Schritt um Schritt zurückweichen. Als der Hauptmann merkte, daß er weich wurde, lud er ihn mehrmals täglich vor, hielt ihm einerseits die Geständnisse der anderen unter die Nase, die er ihm aber nicht zu lesen gab, drohte andererseits mit der Erweiterung der Ermittlungen auf Sredojes landesverräterische Tätigkeit während der Okkupation. Zermürbt und aus Angst vor Schlimmerem gab Sredoje drei Wochen später auf und legte ein umfassendes Geständnis über seine Wühltätigkeit im Verein mit Gleichgesinnten gegen Volk und Staat ab, nur daß er die Flugblätter verteilt habe, von denen er tatsächlich nichts gewußt hatte, stritt er ab. (Später kam er in eine Zelle mit Perišić, der ihm eröffnete, er habe ihn aus Unwissenheit als Mitvertreiber der Flugblätter angegeben.) Die Untersuchung beschränkte sich nun auf Präzisierung und Ergänzung der Aussagen, er bekam eine Atempause. An einem Dezembermorgen rasierten sie ihn, gaben ihm ein sauberes Hemd und eine Uniformjacke ohne Rangabzeichen und überstellten ihn ans Militärgericht, wo er nach Perišić auch Vukajlović, Simović und Saboš wiederbegegnete, bleichgesichtig und mit zerquälten Zügen, wie er selbst aussah, ohne es zu wissen. Man führte sie in einen Saal, an dessen Eingang der Hauptmann stand. Hinter dem Richtertisch saßen zwei Majore und ein Oberstleutnant. Der eine Major verlas die Anklageschrift: Sredoje war am meisten durch seine frechen Reden in der Kantine diskriminiert, während der Vertrieb der Flugblätter nur Simović und Vukajlović angelastet wurde. Diese beiden wurden zu je fünf Jahren Haft verurteilt, Sredoje zu einem, Saboš zu acht Monaten und Perišić zu lediglich drei, was mit der Untersuchungshaft abgegolten war. Sie wurden zusammen ins Gefängnis zurückgebracht. Dort trennte man sie, und Sredoje sah keinen wieder. Zehn Tage später wurde er mit weiteren fünfzehn Gefangenen auf einem LKW nach Lepoglava transportiert. Hier verbrachte er frierend und schlecht verpflegt in einer Zelle mit sechzehn Mann den Winter. Anfang April 1949 wurde er im Zug zusammen mit einem Mithäftling, einem Goldschmuggler, nach Sremska Mitrovica verfrachtet. Hier gab es genügend zu essen und Arbeit auf dem Feld, so daß er sich schnell erholte. Am 12. Oktober schließlich erhielt er seinen Entlassungsschein und eine Fahrkarte nach Celje, wo er um neun Uhr abends bei dem Haus hinter dem Vorgarten eintraf.

Dominika war nicht da, die Wohnungsbehörde hatte sie wenige Tage nach Sredojes Festnahme auf die Straße gesetzt; aber die neuen Mieter, eine vielköpfige Familie, kannten ihre jetzige Adresse und teilten sie voll neugierigem Eifer mit. Er fand sie am Stadtrand im kleinen Einfamilienhaus eines pensionierten Lehrerehepaars, wo ihr anstelle der früheren Wohnung ein Hinterzimmer zugeteilt worden war. Sie war schon zu Bett gegangen und kam ihm spärlich bekleidet und schlaftrunken entgegen, zögerte aber keinen Augenblick, ihn bei sich aufzunehmen. Er mietete sich wieder bei ihr ein. Morgens ging sie zur Arbeit, er blieb noch lange liegen, bevor er aufstand, aß, was für ihn vorbereitet war, las die Zeitung, rauchte, hörte Musik aus dem kleinen alten Radio. Wenn Dominika nach Hause kam, aßen sie gemeinsam zu Mittag, danach machte sie sich an ihre Hausfrauenpflichten. Da gefiel es ihm nicht mehr in ihrem Zimmerchen. Dominika wusch, kämmte, schminkte sich, hielt in ihren Sachen auf peinliche Sauberkeit, ihn aber kränkte es, dieser Beschäftigung mit ihrem Körper zuzusehen, den er nachts in seiner reinen Nacktheit zu nehmen pflegte. Es störte ihn, daß ihre Persönlichkeit über diesen vertrauten Körper hinausging, er wurde unduldsam gegenüber den Eigenschaften, die er erst jetzt an ihr entdeckte, ihrer Ordnungsliebe, ihrer Sparsamkeit, der Art, wie sie – mißtrauisch, prüfend gleich einer Kurzsichtigen – jeden Gegenstand, ja sogar jeden Bissen ansah, bevor sie damit tat, was sie beabsichtigt hatte. Er mußte an sich halten, um sie nicht anzuschreien, und er hielt an sich, weil er glaubte, nicht ihre Nähe fräße an ihm, sondern die Bedrängnis der Haft, von der er noch nicht genesen war. Da erschien eine Bedrohung von außen: das Lehrerpaar, kaum daß es sich von Sredojes überraschender Ankunft erholt hatte, zeigte sich unfreundlich, und eines Tages trat der alte Mann Dominika bei der Heimkehr von der Arbeit in den Weg und drohte ihr mit einem Prozeß, falls ihr illegal einwohnender Liebhaber nicht ausziehe. Sie überlegten, und Dominika war schon fast bereit, auf den Rechtsstreit einzugehen, Sredoje aber schreckte vor einer möglichen öffentlichen Darlegung der Umstände, unter denen er zu ihr gelangt war, zurück. Er beschloß, ein möbliertes Zimmer in der Nähe zu mieten, von wo aus er Dominika besuchen konnte. Sie stimmte zu, es stellte sich jedoch bald heraus, daß sie nicht zwei Wohnungen zu finanzieren vermochte, worauf er versprach, sich um Arbeit zu bemühen. Und dabei blieb es, denn Sredoje hatte nicht die Kraft, sich irgendwo zu bewerben. Wie vor dem Gericht schreckte ihn auch hier die Scham zurück, sich vor Fremden zu seiner Vergangenheit, zu seinen Leiden bekennen zu müssen. Die Zeit verstrich, der Termin, den ihnen der pensionierte Lehrer gesetzt hatte, rückte näher; da kam zwischen ihnen als vorübergehende Rettung und Möglichkeit des Aufschubs ein Gedanke auf, den jeder für sich schon insgeheim erwogen hatte: die Ehe einzugehen. Sie atmeten auf, trugen die Dokumente zusammen, Dominika erwirkte beim Standesamt eine sofortige Registrierung, um den Lehrer mit der Heiratsurkunde zum Schweigen zu bringen. Aber diese legale Verbindung, die keine wirkliche Entscheidung, sondern eine Ausflucht darstellte, hinterließ bei beiden einen bitteren Bodensatz. Sredoje fühlte sich durch eine momentane Schwierigkeit in die Falle gelockt, und Dominika war enttäuscht, weil er, von der unmittelbaren Sorge befreit, nicht mehr daran dachte, eine Arbeit aufzunehmen. Anfangs auf Umwegen und dann immer offener gab sie ihm zu verstehen, daß sie ihn nicht ein Leben lang auszuhalten gedenke, und als er dieser Vorhaltungen satt war, brachte er sie zum Schweigen, indem er den deutschen Offizier erwähnte, den sie offensichtlich nicht abgewiesen hatte.

Die Magie des gemeinsamen Geheimnisses war zerstört, sie legte ihnen keine Zügel mehr an, sie stritten bereits mit haßverzerrten Gesichtern, wußten nicht mehr, wie sie an ein dauerhaftes Zusammenleben hatten denken können. Sie gingen sich aus dem Weg. Sobald Dominika von der Arbeit kam, verließ Sredoje das Haus, um erst abends zurückzukehren, wenn ihnen nicht mehr viel Zeit zum Streiten blieb. Aber es war Winter, Geld hatte er nicht, und die Straßen von Celje, durch die er in Halbschuhen und in dem nebst Anzug von Dominika geschenkten Mantel strich, erschienen ihm alles andere als gastlich. Er kehrte in kleineren Wirtshäusern ein, und wenn er ein paar von Dominika in Augenblicken der Milde erbettelte Dinar besaß, bestellte er ein Glas Wein und verbrachte Stunden davor, um nur nicht nach Hause gehen zu müssen; wenn aber seine Taschen leer waren, verkroch er sich in eine Ecke, möglichst an einen bereits besetzten Tisch, wo ihn die Kellner längere Zeit nicht bemerkten und in Ruhe ließen. Er spürte, wie er von Tag zu Tag verkam, wie seine immer gleiche Kleidung verschliß, wie sein Gesicht und seine Hände bei der Gewöhnung ans Versteckspiel krumm und häßlich wurden. Dennoch war der Gedanke, eine Arbeit zu suchen, den Kaderleitern zu erklären, warum er im Gefängnis gesessen hatte, so unerträglich, daß er ihn von sich schob. Statt dessen kehrte er zu den einstigen Träumen vom Studium zurück, das ihm nach längerer Bemühung Diplom und Rang, sozusagen ein neues, von der Vergangenheit nicht belastetes Leben versprach; er las in den Zeitungen die entsprechenden Annoncen und fragte sich, welche Fakultät er wählen sollte. Weiter kam er nicht, denn er begriff, daß er zunächst Geld brauchte, um wenigstens nach Ljubljana oder Zagreb zu fahren und ein Zimmer zu mieten. Schließlich versetzte er seine im Dunst des Tabakrauchs und der alkoholischen Ausdünstungen entstandenen Träume in rein finanzielle Gefilde, stellte sich einen gut organisierten Raub vor, einen Lottogewinn, ein Darlehen von gutmütigen Menschen, die er mit einer rührseligen Geschichte erweichen konnte, eine unerwartete Erbschaft – und hier kam er ins Stocken. Das Elternhaus in Novi Sad gehörte laut Gesetz vermutlich ihm; es lohnte hinzufahren, das Recht am Eigentum zu erkämpfen, es zu veräußern und mit dem Erlös ein Studium zu beginnen. Dieser Entschluß rüttelte ihn auf, er fühlte sich wieder jung und gleichberechtigt. Er weihte Dominika in seinen Plan ein, aber sie stimmte nur dem Teil zu, der das Haus betraf; vom Studium wollte sie nichts hören, denn sie habe, so sagte sie, einen erwachsenen Mann geheiratet, außerdem – hier verzog sie boshaft den Mund – erwarte sie ein Kind und brauche einen Partner, der verdiene, keinen Studenten. Diese Neuigkeit warf Sredoje um, er fühlte, wie sich der Reifen des Zögerns um ihn verengte. Er versprach Dominika, sofort nach der Regelung seiner Erbschaft auf Arbeitssuche zu gehen, aber beim Packen verstaute er wohlweislich alle persönlichen Gegenstände im Rucksack und brach im April 1950 nach Novi Sad auf.

Und hier blieb er. Die Stadt lag staubgrau vor ihm, zahm mit den alten, von Feuchtigkeit gestreiften Häusern, die um den Bahnhof verstreut waren wie eine Handvoll Steine. Die Straßenbahn brachte ihn ächzend und quietschend ins Zentrum; er betrat gegenüber der Haltestelle das Hotel Königin Marija, das jetzt Vojvodina hieß, und nahm ein Zimmer. Der Mann an der Rezeption, der die Worte dehnte, wie es Sredoje schon lange nicht mehr gewohnt war, fragte, wie lange er bleibe, und erklärte auf Sredojes unbestimmte Antwort, fünf Tage seien das Maximum, so lauteten die Vorschriften. Was er einst als lebendigen und dann im Sturm der Befreiung als niedergewalzten Ort erlebt hatte, erschien ihm jetzt provinziell und schläfrig. Er suchte sein Vaterhaus auf: hier waren wieder neue Mieter, verachtungsvoll gleichgültig für seine Ankündigung, daß er um sein Recht als Eigentümer zu kämpfen gedenke. Er begab sich zur Gemeinde: der zuständige Referent war nicht anwesend. Das wiederholte sich mehrmals mit dem gleichen Mißerfolg; nachdem er in einem Wutanfall laut geworden war, erklärte ihm ein alter Beamter mit Blick über die Brillengläser hinweg rachsüchtig genau, was für einen Antrag er stellen müsse. Er tat es, aber niemand konnte ihm sagen, wann er sich den Bescheid abholen sollte. Sein Aufenthalt im Hotel lief bereits ab, seine Barschaft schmolz zusammen, er mußte eine Bleibe suchen. Unwillkürlich lenkte er seine Schritte in die Gegend, wo er einst am häufigsten geweilt hatte, und gelangte zum Haus von Milinko Božić. Dort mußte er jedoch erfahren, daß sein Freund nicht aus dem Krieg zurückgekehrt war und daß Frau Božić wieder geheiratet hatte und kürzlich weggezogen war. Beim unschlüssigen Schlendern durch die Straßen gelangte er auch zum Haus des Fräuleins, ging daran vorüber und entdeckte unweit davon in einem schmutzigen Fenster einen Zettel mit der Aufschrift »Suche Untermieter«. Er trat ein, und da weniger verlangt wurde, als drei Übernachtungen im Hotel ausmachten, mietete er das möblierte Zimmer. Sein Wirt war ein schnurrbärtiger, beleibter Bauer aus der Umgebung, der das Haus vom Erlös für sein Land gekauft hatte, um die Steuer zu hinterziehen und seinen beiden Söhnen eine Ausbildung in der Stadt zu ermöglichen; er arbeitete als Nachtwächter in einer Fabrik. Sredoje verbrachte fast den ganzen Tag im Hof vor seinem feuchten Kämmerchen; um zu sparen, lebte er nur von kalter Verpflegung, die er im nächsten Laden kaufte. In seiner Muße beobachtete er wider Willen das Leben der kleinen Gemeinschaft, in die er geraten war: die zierliche, flinke, vorzeitig gealterte Hausfrau, die hinter geschlossener Küchentür kochte und Brotteig knetete, ihre mageren Söhne, der eine zehn, der andere zwölf Jahre alt, die in der Laube widerstrebend ihre Lektionen paukten, die zwei Untermieter und den Wirt, die nach Feierabend zu verschiedenen Zeiten heimkamen, sich ausschliefen und – sie morgens, er abends – wieder weggingen. Weil er sich langweilte und seinem im Gedächtnis aufbewahrten Wissen nicht widerstehen konnte, half er bisweilen den Kindern, die mit Büchern und Begriffen nicht zurechtkamen, beim Buchstabieren und Deklamieren, erklärte ihnen dies und jenes, fragte sie ab. Der Wirt, der das von seiner Frau erfahren hatte, machte ihm eines Nachmittags den Vorschlag, die Jungen bis zum Ende des Schuljahres regelmäßig zu unterweisen, und bot als Gegenleistung freies Logis an, worauf Sredoje sofort einging. Aber er hatte kein Geld mehr, um sich etwas zu essen zu kaufen, also nahm er eine Anleihe beim Wirt auf und schrieb Dominika. Sie schickte ihm Geld und separat einen Brief, in dem sie ihn aufforderte, unverzüglich heimzukehren und eine Arbeit aufzunehmen, denn auf ihre Hilfe könne er nicht mehr zählen: sie werde bald niederkommen. Er antwortete ihr nicht, sondern begab sich wieder zum Rathaus. Diesmal traf er den zuständigen Referenten an – einen jungen, dicklichen, zum Bürokraten gewordenen Handwerker –, der nach geduldiger Suche in Schreibtisch und Aktenschrank den Vorgang ausfindig machte, ihn durchlas, wobei er die Stirn in seine beiden fleischigen Hände stützte, und am Ende erklärte, Sredoje müsse seinen Anspruch auf das Erbe durch Zeugenaussagen erhärten. Sredoje machte sich auf die Suche nach Bekannten seiner Eltern, an die er sich erinnerte. Die meisten waren aus der Stadt fortgezogen oder nicht mehr am Leben, und die einzigen, die er antraf – ein seit langem pensionierter Banschaftsbeamter und die Witwe eines Vorkriegsoffiziers –, verweigerten die Zeugenaussage aus Angst, das könne ihnen als Angriff auf das nunmehr staatliche Eigentum ausgelegt werden. Im Zwiespalt zwischen den Forderungen der Behörde und diesen Hindernissen beschloß Sredoje, die Hilfe eines Anwalts in Anspruch zu nehmen; er erinnerte sich an einen gewissen Dr. Janko Karakašević, stellte anhand des Telefonbuchs fest, daß er nach wie vor praktizierte, und suchte ihn auf. Der kleine, glatzköpfige Greis, den er jetzt zum erstenmal sah, empfing ihn freundlicher als alle anderen, schüttelte aber nach dem Gespräch den Kopf: »Nein, junger Mann, für eine verlorene Sache tauche ich nicht einmal den Federhalter ein. Dieser Staat gibt nichts heraus.« Sredoje verabschiedete sich bedrückt und gab auf. Aber nach Celje kehrte er nicht zurück. Er arbeitete weiter mit seinen beiden Schülern und wartete, behext von seiner Unschlüssigkeit und dem Ansturm des heißen, stickigen Flachlandsommers, der irgendeine überraschende Lösung zu verheißen schien. Inzwischen schaffte der jüngere Sohn des Vermieters, zum Teil durch Sredojes Hilfe, den Klassenabschluß, und der ältere verbesserte bei der Wiederholungsprüfung einige Zensuren und fiel lediglich in Geschichte durch. Sredoje unterwies ihn weiter, und die im Wettstreit mit dem alten Bürgertum unterlegenen, ungebildeten, mit Büchern nicht vertrauten Nachbarn, bei denen er sich einen Ruf erworben hatte, brachten ihm ihre schüchternen Söhne und Töchter zum Nachhilfeunterricht. Er nahm sie an, um von etwas leben zu können. Im August, kurz vor den Wiederholungsprüfungen, traf ein Telegramm ein: Dominika hatte ein Mädchen geboren und forderte ihn zur Rückkehr auf. Er verschob die Entscheidung bis zu den Prüfungen, aber da er bis dahin geschwiegen hatte, brachte er es nicht mehr fertig, abzureisen oder zu schreiben. (Ein paar Jahre später sollte er noch einen Brief von Dominika bekommen und darin das Foto eines runden Kinderköpfchens mit der Unterschrift »Für Papa zu meinem vierten Geburtstag – Vali«. In Stunden der Trunkenheit sollte er es oft in Händen halten.) Vom Herbst an unterwies er die Schüler weiter, die er durch die Wiederholungsprüfungen gebracht hatte, und es kamen neue, so daß er täglich bis zu sieben oder acht Stunden über ihren unordentlichen Heften verbrachte. In der freien Zeit ruhte er in seinem Zimmer aus oder ging, seltener, spazieren. Bei einem solchen zufälligen Spaziergang fiel ihm die Gestalt einer Frau auf, die sich auf eine irgendwie bekannte Weise im Gehen wiegte, und als er die roten Wellen ihres Haars sah, begriff er, daß er Vera Kroner vor sich hatte, eilte voller Erregung auf sie zu und nahm sie in die Arme.

Als er Vera zum erstenmal besucht, bringt Sredoje das Tagebuch des Fräuleins als Geschenk mit, und von da an liegt das kleine rote Büchlein manchmal im Regal, manchmal auf dem Tisch, beiden stets vor Augen. Anfangs ist Vera entzückt: sie drückt es an die Brust, schlägt es auf, nimmt es wieder in die Arme, aber Sredoje entreißt es ihr, um ihr die Stelle zu zeigen, weshalb er es an sich genommen und behalten hat: Veras eigenhändige Eintragung über das Datum und die Umstände vom Tod des Fräuleins. Vera sieht sich die Stelle an und findet die Schrift ungewöhnlich – sie leugnet nicht, daß es ihre ist, sie erinnert sich sogar genau, die Eintragung gemacht zu haben –, ihrer jetzigen Handschrift unähnlich, sie will es gleich beweisen, sucht nach einem Stück Papier, bittet Sredoje um einen Bleistift und setzt sich hin, um ein paar Worte zu schreiben. Er, über sie gebeugt, meint, daß sie nicht recht hat, daß die Handschriften identisch sind, sie beginnen zu streiten, er will den Zettel an sich nehmen, sie gibt ihn nicht her, fast zerreißen sie ihn, und darüber beginnen sie zu lachen und können sich lange nicht beruhigen. Überhaupt benehmen sie sich kindisch, als wäre die Zeit ihrer Gemeinsamkeit im Einstigen stehengeblieben: sie kichern, necken sich, jagen sich um den Tisch, wenn einer dem anderen etwas nicht überlassen will, und wenn sie einander in die Arme geraten, verlieren sie die Kraft, das zu tun, worum sie gewetteifert haben, sie fallen mit verschränkten Händen auf die Ottomane oder auf den Boden und küssen sich. Sie küssen sich lange, über Stunden. Sredoje reiht Tausende von sanften, kaum spürbaren Küssen auf Veras Haar, ihre Schulter, ihren Arm und mit größter Zärtlichkeit auf jene unauslöschliche Tätowierung über ihrer Brust, »Feldhure«, die Vera vor ihm entblößt. Dann erstarrt sie, erschlafft, senkt die rötlichen Wimpern und nimmt mit blassem Gesicht und verlorenem Ausdruck diese unablässigen, immer gleichen und dennoch immer anderen Küsse entgegen. Sie erregen sie ebensowenig wie ihn: beide haben das Gefühl, von einer unversiegbaren frischen Flüssigkeit zu trinken, deren Zustrom auch gleich stockt und dem Durst nach neuen Tropfen Raum gibt. Diese unbeabsichtigte beiderseitige Keuschheit bringt sie wieder zum Lachen: sie kommen sich wirklich wie die Kinder vor, während sie so stundenlang beieinander liegen und sich küssen und den Wunsch nach Vollendung dieser Umarmung, wie sie sie beide längst kennen, nicht oder nur flüchtig empfinden. Sredoje behauptet, das komme von der Kraft ihrer Liebe, die, so habe er irgendwo gelesen, das Begehren einschläfern oder ganz abtöten könne. Vera gefällt diese Erklärung nicht, nicht weil sie an ihr zweifelte, sondern weil von Liebe, gar von Begehren darin die Rede ist. Als wäre sie wirklich um ein Jahrzehnt und mehr zurückversetzt, möchte sie nur spielen, ohne nachzudenken, ohne zu urteilen, ohne Rechenschaft über das abzulegen, was sie tut. Sie mag es nicht einmal, wenn Sredoje träumerisch von früher spricht, als es sie schon zueinander gezogen hat, sie will, daß diese Liebe keine Vergangenheit hat, sondern nur Gegenwart ist. Und als Sredoje ihr dennoch die Erinnerung an die Szene der Schneeballschlacht aufdrängt, da er sie vor den Angreifern geschützt und danach geküßt hat, verneint sie: sie weiß nicht mehr, daß die Jungen sie jemals mit ihren Schneebällen attackiert haben und daß er sie geküßt hat, und bei den Tanzstunden ist sie fast ausschließlich mit ihrem Freund Milinko und sonst mit keinem zusammengewesen. Hier kommt es zum ersten Mißverständnis zwischen ihnen. Das zweite ergibt sich aus dem Tagebuch, das sie, nachdem sie es abwechselnd an sich gedrückt haben wie einen teuren gemeinsamen Gegenstand, nachdem sie es aufs Geratewohl geöffnet haben, um einander die vertrauten Schriftzüge und Worte zu zeigen, eines Nachmittags gemeinsam von Anfang bis Ende durchlesen. Nun, da sie es zu zweit vernehmen, scheint es eine andere Lektüre zu sein. Sie wundern sich über seine Kürze (eine knappe Stunde langsamen Lesens), über die Verdichtung ganzer Jahre in einem einzigen Schrei. Als sie es so Wort für Wort laut lesen, entdecken sie unklare oder strittige Stellen, die ihrer stummen, einsamen Aufmerksamkeit bisher entgangen sind. Sie fragen sich, wer dieser Kleinchen ist, der Geliebte des Fräuleins, der so oft erwähnt wird. Ist es der Mann, den Sredoje einmal bei ihr angetroffen hat, als er zum Unterricht kam, der abseits vom Tisch, den Hut in der Hand, dagesessen hat, es kommt ihm fast unmöglich vor, so unbeholfen und ziemlich alt, unrasiert ist er ihm damals erschienen, so daß er das Gefühl gehabt hat, auf etwas Geheimes, Unerlaubtes zu treffen; ist es jemand aus der Umgebung des Fräuleins, den sie nie beachtet, aber sicher gesehen haben, spätestens beim Begräbnis? Was bedeutet überhaupt das Wort Kleinchen – ein Diminutiv des Namens Klein, wie Vera behauptet, oder ist es ein Kosename? Klein ist bei den Juden ein häufiger Nachname, bemerkt Sredoje, sei Vera aber aufgefallen, daß das Tagebuch durchweg antisemitische Züge habe? Vera streitet es ab, worauf Sredoje das Heft ergreift und ihr die Eintragung vom 4. Mai 1936 vorliest: »Menschen wie ihn mag ich nicht. Besonders Juden.« Vera entgegnet, er habe das nicht verstanden: Das Fräulein liebe verlogene Menschen nicht, zumal wenn sie anderer Herkunft seien, nicht aber, weil sie anderer Herkunft seien; außerdem sei Klári, offenbar die Tochter ihres Vermieters (Vera erinnert sich an den Namen), die sie häufig besucht hatte, ebenso Jüdin gewesen sei wie jene Böske, bei deren Hochzeit sie zu Gast gewesen war. Und dann die Vorträge, die sie besucht hat, vermutlich in einem damaligen Novi Sader Kulturklub – sie müssen unter jüdischem Patronat gestanden haben, da dies so auffällig betont wird. Sredoje räumt das ein, aber als snobistischen Seitensprung des Fräuleins, dem die Begeisterung für die *Lustige Witwe* und den Film *Der Pfarrer von Kirchfeld* entgegensteht, einen nach seiner Erinnerung ausgesprochen nationalistischen Film, dem das Fräulein die fast kämpferischen Worte »Das Volk. Die Landschaft. Die seltenen Augen« gewidmet hat. Vera meint, daß das eine das andere nicht ausschließe; außerdem hätten die Juden auch wirklich abstoßende Eigenschaften, sie als Jüdin wisse das am besten, und sie zu benennen oder zu kritisieren, sei noch kein Antisemitismus.

Damit zieht der Schatten des vergangenen Krieges in ihre Gespräche ein, und es läßt sich nicht vermeiden, daß sie einander in Einzelheiten berichten, wie sie ihn durchlebt haben. Sredoje erzählt von den Peripetien seines Soldatendaseins, von den Umständen, unter denen seine Eltern gestorben sind, und Vera von Gerhards Tod im Gefängnis und ihrem, der Großmutter und des Vaters Abtransport ins Lager. Danach entfalten sie aus gegenseitigem Mitleid große Sorge füreinander: Vera geht Sredoje durch drei Straßen entgegen, wenn es Zeit wird, daß er sie besucht, und er bringt ihr regelmäßiger als bisher kleine Geschenke mit, Süßigkeiten, schöne Knöpfe, die er selbst in den Geschäften aussucht (denn er hat bemerkt, daß sie die an ihren Kleidern gerne wechselt), oder wenigstens eine Schachtel Zigaretten. Der Winter kommt mit seinen Problemen: jeder versucht, sie dem anderen erträglich zu machen. Da Sredojes Zimmer kalt ist (er hat das selbst verraten, sie hat ihn niemals dort besucht, da er sie nicht eingeladen hat), verabreden sie, daß er seine freie Zeit nach dem Unterricht mit den Schülern bei ihr verbringt. Vera sieht zu, daß der Ofen beizeiten geheizt ist, und sie kramt einen karierten Wollschal hervor, der noch aus den Lagerbeständen stammt und den sie wäscht und bügelt und Sredoje schenkt. Sredoje trinkt weniger und beschafft ihr durch den Vater eines Schülers Kohle. Sie gewöhnen sich an, wenn der Abend sinkt, kein Licht zu machen, sondern umarmt die Dunkelheit abzuwarten und einander im Widerschein der Kohlenglut aus dem Ofen anzusehen. Sie sprechen auch weniger miteinander. All ihr Bemühen ist darauf gerichtet, diesen Winter zu überstehen, der ihnen wie ein irres, zügelloses Gespenst vorkommt, zum erstenmal im Leben, denn andere Gefahren drohen ihnen nicht, sie haben jemanden, um den sie bangen. Sie decken einander zu, schläfern einander mit Küssen und warmen Händen ein, fragen ständig »Ist dir kalt? Hast du es bequem? Brauchst du etwas?«, und wenn sie sich verabschieden, raten sie einander, wie man Erkältungen vorbeugt. Der Frühling kommt plötzlich mit blendender Sonne, die nicht kräftig genug ist, das Heizen zu ersetzen, aber den geschlossenen Raum stickig macht. Sie öffnen das Fenster, der Rauch des Ofens und der Zigaretten brennt ihnen plötzlich in der Kehle. Sie gehen durchs Zimmer, bleiben umarmt am Fenster stehen und betrachten die Passanten. Wie auf stillschweigende Verabredung gehen sie nicht gemeinsam aus, als hätten sie Angst, sich in der Stadt zu zeigen, wo sie so viele Demütigungen erlitten haben. Die Straßen, die sie um einer Besorgung willen einzeln betreten, sind in diesem Frühjahr belebt: Menschen flanieren, legen Wert auf Kleidung, tragen flatternde bunte Stoffe, sitzen auf Motorrädern, die sie irgendwoher erhalten oder repariert haben, lassen sich von diesem oder jenem glänzenden neuen Auto überholen. Dieser Aufschwung des Individualismus, des wenn auch bescheidenen Wohlstands verdirbt ihnen die Laune, sie fühlen, daß sie davon ausgeschlossen sind. Manchmal kommt ihnen in Gedanken oder im kargen Gespräch die Versuchung, mit der Umgebung Schritt zu halten: Sredoje erwähnt seinen aufgegebenen Studienwunsch, der Gedanke an eine neuerliche Beschäftigung Veras taucht auf. Aber die Angst verbietet ihnen, weiter zu gehen als ihre Ideen, die Angst, sie könnten verlieren, was sie unerwartet erlangt haben, diese Übereinstimmung in der spöttischen Gedankenlosigkeit, diese von außen unbeeinträchtigte Ruhe, und sie schweigen. Sie schweigen mit dem Stachel der Enttäuschung. Sie sehen einander verstohlen an, prüfen den Gegenstand ihrer Zufriedenheit, der sie von allem schönen Schein abschirmt. Was sie finden, ist ein nahes Gesicht, nicht sein Wert, den ahnen sie nur. Sie stellen sich auf die Zehen, nehmen die Dinge um sich in Augenschein. Wieder blättern sie im Tagebuch des Fräuleins, lesen einige Stellen und debattieren lange darüber. Da gibt es einen völlig unverständlichen Satz über einen »Botschafter Barbarins«, sie wissen nicht, worauf er sich bezieht. Sredoje verspricht, in einem Lexikon der öffentlichen Bibliothek nach dem erwähnten

Namen zu suchen, vielleicht verbirgt sich eine Berühmtheit dahinter, aber er tut es doch nicht. Und wer ist Milla? Offenbar die Schwester des Fräuleins, mit der sie nicht so ganz zufrieden ist? Und wer ist dieser Albin, der vorübergehend an Kleinchens Stelle tritt? Und Hirschl, der nach dem Empfang von Egons Karte »getobt hat wie ein wilder Tiger«? Überhaupt, bemerkt Sredoje, ist das Fräulein, wenn man das Tagebuch aufmerksam liest, von Verehrern umlagert gewesen, teils platonischen wie jenem Albin, teils aggressiven wie jenem Dr. Gr., der sie offenbar während einer Untersuchung beschlafen hatte, also von sowohl ehrlichen als auch betrügerischen, so daß sie wählen konnte. Indes hat sie keinen erwählt, sie hat die »Grenze« nicht überschreiten wollen, die sie an einer Stelle erwähnt. Und dabei hat sie gejammert, weil sie allein war, weil niemand eine Träne um sie vergießen würde. Scheine es Vera nicht, daß dieses von Anfang bis Ende tragisch klingende Tagebuch zugleich auch eine Farce sei, wenn man es vor dem Hintergrund der grausamen Tatsachen lese, von denen das Fräulein verschont geblieben sei? Denn sie hat wählen können, was vielen, Millionen, verwehrt gewesen ist. Vera hebt darauf die Schultern und murmelt, Glück oder Unglück seien nicht an Tatsachen, sondern am Gefühl zu messen, was Sredoje nicht akzeptieren kann, denn wenn man so weit gehe, gebe es weder Recht noch Unrecht, weder Gewalt noch Gnade. Was hätte das Fräulein im Tagebuch oder auf einem anderen Weg der Selbstdarstellung gesagt, wenn sie anstelle der selbstauferlegten Entbehrungen von anderen, von einer Macht, von der Gesellschaft gehindert worden wäre, die Liebe zu erleben, oder wenn man sie zu nicht gewollter Liebe gezwungen hätte, so wie Vera gezwungen worden war? Vera schweigt. Bedeutet das, fährt Sredoje fort, mehr um seine Macht über Vera als sie selbst zu prüfen, bedeutet das, daß sie sich weniger unglücklich fühlt als das Fräulein? Das sind zwei verschiedene Arten Unglück, entgegnet Vera ohne Zögern, das läßt sich nicht vergleichen. Trotzdem, beharrt Sredoje, wirkt denn neben aufgezwungener Liebe eine selbstbeschlossene Enthaltsamkeit nicht lächerlich naiv, so wie sich vom gewaltsamen Tod das sanfte und idyllische Sterben an einer Krankheit unterscheidet, die in uns angelegt ist und unsere Kräfte langsam aufzehrt? Das ist fast das gleiche, wenn sich der Mensch nicht abgefunden hat, behauptet Vera, jetzt schon wieder unschlüssig. Abgefunden, fragt Sredoje überrascht und nachdenklich zugleich, wiederholt das Wort, als koste er es mit Zunge und Gaumen nach; abgefunden, fragt er, habe sich denn beispielsweise sie, Vera, mit den Liebesbeziehungen abgefunden, die man ihr aufgezwungen hat? Vera hebt wieder die Schultern. Möglicherweise habe sie sich abgefunden, um zu überleben. (»Vielleicht habe ich mich abgefunden, ich bin ja am Leben« – so wörtlich.)

Und plötzlich bricht sie in Tränen aus. Sie weint herzzerreißend, schluchzt mit verzogenen Lippen, zittert am ganzen Körper zwischen Lehne und Kissen der Ottomane, wo sie bei diesem Gespräch sitzt, so daß die Federn quietschen und die Holzleisten knarren. Mitten im Weinen, das nicht aufhört, nicht nachläßt, stammelt sie: »Das ist ein Irrenhaus, Sredoje, begreif doch, daß das ein Irrenhaus ist, wo die Wächter vielleicht noch verrückter sind als die, die sie bewachen. Diese Schreie, dieses Gebrüll, diese Schläge, dieses Gedränge und Geschwätz, diese nicht enden wollenden Zählappelle machen, daß du dich abfindest. Du findest dich ab, du wirst gehorsam, du lächelst, wenn die Soldaten ins Haus einfallen wie die Wölfe, und wenn dich einer auswählt, gehst du mit ihm ins Bett und zitterst dankbar und umarmst ihn und küßt ihn und wackelst idiotisch mit den Hüften, nur damit er zufrieden ist und sich nicht beklagt, damit du von Handke nicht totgeschlagen wirst.« Da setzt sich Sredoje reuig zu ihr, ergreift ihre Hände, um sie zu beruhigen, sie entzieht sie ihm, sieht ihn mit nassen Augen an und schüttelt den Kopf. »Ich war wirklich so, Sredoje, gehorsam und fröhlich, denn ich hatte mich abgefunden. Ja, ich hatte mich abgefunden!« Er umarmt sie, küßt ihr nasses Gesicht, küßt ihre Hände, Arme, die eintätowierten Buchstaben über ihrer Brust, dann beide Brüste und wandelt allmählich gegen ihren Widerstand, im Kampf gegen ihre Tränen die Umarmung des Tröstens in eine Umarmung der Liebe um. Einer wollüstigen, fleischlichen Liebe, denn nun, da sich ihr Gesicht demaskiert hat, ersteht in seiner Vorstellung ein anderes Gesicht von ihr und dahinter ein anderer Körper von ihr, mißtrauisch angespannt, entrückt, jener Körper, von dem er geträumt hat, als er sie kindlich begehrte, und der ihm nun, während er ihn an sich preßt, entgegenkommt, nackt und unschuldig, sklavisch, über einen weiten leeren Raum auf einer Planke, die schmal ist wie die Grenze zwischen Tod und Leben. Er nimmt diesen Körper, knetet ihn, meißelt ihn zur gewünschten Form, und der Körper öffnet sich, schmiegt sich an, fügt sich seinem Bedürfnis. Sie stehen keuchend auf, sehen einander nicht in die Augen. Dann legen sie sich wieder hin und vereinigen sich jetzt schon bewußt, langsamer, stacheln einander durch erprobte Bewegungen auf, steigern sich, bis ihr Flüstern und Stammeln in Schreien der Lust mündet. Als sie sich gesättigt haben, ruhen sie stumm aus, rauchen. Sie sind nackt, im Zimmer ist es warm, während der ganzen Begegnung sind sie nackt. Die Tage sind jetzt lang, bis zum halben Abend dringt Licht durchs Fenster, sie sehen am Körper des anderen jede Einzelheit. Es sind nicht mehr Körper in der ersten Jugend: Sredoje ist dick geworden, Vera hat blaue Adern unter der weißen Haut, ihre Hüften zittern bei heftigeren Bewegungen wie Gallert. Dennoch gibt es in der Zukunft ihrer Beziehungen nichts als diese Körper: jetzt, da sie einander das höchste Maß an Lust gegeben haben, werden sie sich dessen bewußt. Ein paar Tage treffen sie sich nicht, dann verabreden sie Termine auf die Stunde genau, rechtfertigen die Länge des Wartens mit der Jahreszeit, dem Abschied des unerbittlichen Winters. Wenn Sredoje zu Vera kommt, trifft er sie manchmal mißlaunig, widerspenstig, eines Tages halb betrunken an. Er macht ihr deshalb Vorwürfe, obwohl er selbst trinkt. Am Ende entgegnet sie, sie wisse einen Ort, wo sie trinken könne, soviel sie wolle, und als er begriffsstutzig die Brauen hebt, erinnert sie ihn unter selbstironischem Lachen daran, daß ihre Mutter in Deutschland ein Wirtshaus betreibt. Sredoje, der eine schlimmere, schamlosere Antwort erwartet hat, senkt die Brauen und fragt, ob sie zu ihrer Mutter wolle. »Warum denn nicht«, entgegnet Vera trotzig. Er überlegt, ob er es ihr ausreden soll, sieht aber ein, daß er nicht das Recht dazu hat, daß es keine Zukunft gibt, in der er sie von etwas abbringen kann, und als sie bemerkt, daß Sredoje unsicher ist, befaßt sie sich ernsthaft mit der Möglichkeit, die sie selbst angedeutet hat. Sie kommt zu dem Schluß, daß sie außer den Paarungen mit Sredoje in Novi Sad, wo sie gemeinsam mit ihm untergehen wird, nichts zu erwarten hat. Sie sagt es Sredoje, und er schweigt dazu.

Darauf unternimmt Vera einen ersten, unverbindlichen Schritt, den sie auch wieder rückgängig machen kann: in einem Augenblick weinseliger Entschlossenheit schreibt sie ihrer Mutter, und als die ermutigende Antwort kommt, wenn auch unter vorsichtiger Wiederholung des ihr abwegig erscheinenden Vorschlags, ins Geschäft einzusteigen, trifft sie die Entscheidung. Sie läßt ihren Paß verlängern, bekommt auf Grund der nachfolgenden, eingeschriebenen, in Frankfurt amtlich beglaubigten Einladung der Mutter ein Visum; über das Reisebüro trifft eine Fahrkarte mit Gültigkeit von zwei Monaten ein. Für die Vorbereitungen legt sie einen Monat fest, so daß ihre Abreise auf den 14. September fällt. Das ist jetzt der Tag, den sie beide erwarten. Sie erwarten ihn mit dem unausgesprochenen Wunsch, daß er nie kommen möge, denn obwohl sich jeder von ihnen klar ist, wie unvollkommen der andere und er selbst neben ihm sei, lieben und begehren sie sich noch immer. Aber da beide nicht die Kraft haben, die Verantwortung für eine Änderung oder Aufhebung des Beschlusses zu übernehmen, schaukelt die Zeit sie unwiderruflich ihrer letzten Begegnung am Nachmittag vor Veras Abreise entgegen. Sredoje hat die Nachhilfestunden für zwei Schüler auf den nächsten Tag verschoben und trifft pünktlich ein, Vera ist reisefertig angezogen, am Boden stehen Micikas einstiger Koffer (den sie niemals zurückgegeben hat) und die karierte Reisetasche aus Deutschland. Sie schaut sich um, ob sie nichts vergessen hat, stopft in die noch offene Tasche ein paar Sachen, die sie in der Verwirrung verlegt hat, ein Kaffeetöpfchen, ein kleines Handtuch, besinnt sich eines anderen und packt die Dinge als unnötig und allzu wertlos wieder aus, legt sie auf dem nächsten Stuhl oder dem Tisch ab. Das Tagebuch des Fräuleins hat noch keinen Platz im Gepäck gefunden, es liegt an seinem Ort. »Was machst du damit?« fragt Sredoje, der immer wieder hinschauen muß. »Nichts«, entgegnet Vera, obwohl sie bis zu diesem Augenblick bezüglich des Tagebuchs unschlüssig gewesen ist. »Ich lasse es dir«, entscheidet sie. »Mir? Aber es gehört doch dir.« »Nein. Du hast es gefunden.« »Aber ich habe es in deinem Haus gefunden, in deinem Schrank. Mit deiner Eintragung. Es gehört dir.« Vera zuckt die Schultern, sie möchte sagen, daß das nicht mehr ihr Haus war, fühlt aber, daß dieses Gespräch jetzt zu weit führen würde, und bemerkt vage: »Wozu soll ich es mitnehmen? Das hat keinen Sinn.« Sredoje überlegt, dann schlägt er vor: »Als Erinnerung?« Vera verzieht mißtrauisch den Mund: »Erinnerung an wen?« Sie sehen sich gespannt, ungläubig an, denn sie haben bei dem Gedanken an das Tagebuch eigentlich erwartet, sie würden um den Besitz daran streiten, nicht um den Verzicht, und der Streit würde vielleicht eifersüchtigen Neid in ihnen wecken und sie im letzten Augenblick wieder zueinanderführen. Doch angesichts der gepackten Koffer begreifen sie, daß sie ohne einander das Tagebuch nicht brauchen, daß es überflüssig ist. »Sollen wir es vernichten?« schlägt Sredoje aufs Geratewohl vor. Vera überlegt eine Sekunde, nickt langsam. »Das hat sie sowieso gewollt. Daß es verbrannt wird.« Sredoje zögert noch immer, schließlich steht er auf, nimmt das

Büchlein vom Tisch und sieht sich nach einer Möglichkeit um, den Beschluß auszuführen. Er tut es langsam, wartet, ob Vera oder ein äußerer Umstand verhindert, daß dieser letzte Gegenstand, der sie aneinanderkettet, beseitigt wird. Auch Vera wartet auf so etwas, doch kein Hindernis, kein Mißverständnis taucht auf. Beiden preßt sich die Kehle zusammen, sie möchten einander zurufen, keine Dummheit zu begehen, aber sie bringen keinen Ton über die Lippen. Nachdem er sich lange umgeschaut hat, erblickt Sredoje auf dem Fensterbrett ein kleines, verrostetes und längst nicht mehr benutztes Blechtablett. »Geht das?« fragt er mit forschendem Blick auf Vera. »Ja«, antwortet sie und läßt den Gegenstand nicht mehr aus den Augen. Er setzt das Tablett auf den Tisch und legt das Tagebuch darauf, greift nach den Streichhölzern. Er zündet eins an, hebt nach einem letzten fragenden Blick auf Vera, die weiterhin das Tablett anstarrt, den vorderen Einbanddeckel mit der goldgeprägten Aufschrift »Poesie« und hält das brennende Hölzchen an das erste Blatt, das sich zusammen mit dem Deckel aufgerichtet hat. Die Flamme erfaßt eine Ecke, kriecht zur Mitte und erlischt. Da stellt er, bereits ganz der Sache hingegeben, das Buch mit gespreiztem Einband auf, entzündet ein neues Streichholz und hält es an die aufgefächerten Blätter. Ein Dutzend Flämmchen flackern auf, laufen die Blätter entlang, doch ihre Nähe verhindert, daß auch nur eines von ihnen verbrennt. Sredoje muß die Blätter voneinander trennen, um das Buch zu vernichten; er greift mit den Fingern ins Feuer, gibt sich trotzig dem Vernichtungswerk hin, als triebe ihn ein Bedürfnis, eine Überzeugung, und auch Vera beobachtet jetzt ungeduldig und mit gerunzelten Brauen das Feuer auf dem Tablett. Endlich erfassen die Flämmchen alle Blätter, lecken über den Einband, der sich biegt und dunkel wird, sie verschmelzen zu einer einzigen rotgelben Flamme, die zuckend aufschießt und dann langsam in sich zusammensinkt und flackernd erlischt. Übrig bleiben Glut und Asche.

Anhang

Übersetzung der französischen Stellen aus dem Tagebuch von Anna Drentvenšek:

4. Mai 1936: Ich liebe Menschen wie ihn nicht. Vor allem nicht die Juden. Gestern war ich im Kino – Die lustige Witwe! Ausgezeichnet! Ich habe mich gut unterhalten. Ja, ja, ich habe eine anständige Frau gesehen. Sie hat sehr gut gespielt. Die Liebe hat sie besiegt. Ich möchte verliebt sein – ein wenig –, aber alles ist vorbei. Der Herbst ist da, vor der Tür. Aber ich will ihn nicht sehen. Ach, wie unglücklich ich bin.

30. V. 36: Morgen ist Pfingsten! Nichts Neues! Klári hat geschrieben, sie hat mir mit ihren Worten weh getan. Vergangene Nacht habe ich von L. geträumt, die Nächte sind beschwerlich, ich möchte lieben! Ich bereite mich auf eine Reise vor – nächsten Monat. Gott schütze mich.

30. Juni: Ich bin seit dem 26. hier in Zagreb. Aber lieber Gott, mein Herz ist so krank. Wegen E. Ich sehe, daß er ein großer Lügner ist. Lieber Gott, hilf mir. Du allein siehst, daß ich unglücklich bin. Lassen wir's! Es lohnt nicht, an diesen Mann zu denken. Ich will nicht denken! Ich will vergessen – ach – ich werde alles vergessen, was ich gehört habe.

13. Juli 1936: Hier bin ich wieder, aber wie? Krank, mit gebrochenem Willen. Was habe ich gestern gemacht? Der Dr. – Gr. – ich habe bei ihm verloren. Er hat mich überwältigt, das macht nichts. Ich habe die Erfahrung gemacht, ich habe eine gute Lektion gelernt. Ich verabscheue ihn nicht. Das ist seine Natur. Außerdem ist er interessant. Und mein E., wo ist er? Ich habe mit ihm gebrochen – ich werde allein bleiben, Gr. hat mir die Wahrheit gesagt, aber nicht die ganze.

Ich habe schöne Stunden mit ihm verbracht, sehr schöne, aber was nun? O lieber Gott, ich glaube nichts mehr. Ich würde weinen, wenn ich könnte, wenn ich allein wäre. Aber ich bin nicht allein. Nur mein Herz ist allein. Gott, vergiß mich nicht!

15. VIII. 1937: Heute bin ich den vorletzten Tag hier. Gott sei Dank war ich nicht krank, ich habe etwas gelernt, ich habe die Menschen gesehen, die ich sehen wollte, ich bin zufrieden.

Aber Vergnügen – keines.

Diese Dame ist nicht meine Freundin, sondern meine Feindin. Ich verstehe sie nicht. Aber danken wir Gott. Der letzte Sonntag – vergiß nicht. Nicht weinen – wenn Du weinst, bist Du dumm. Vergiß nicht!

27. I. 1938: Das Fest des heiligen Sava. Dieses Jahr Nationalfest. Ich arbeite.

Am Sonntag habe ich eine kleine Bekanntschaft gemacht – Albin – mit schwarzen Augen. Wir kennen uns schon seit langem. Wie er meine Hände küßte. Aber was ich geschrieben habe, war das beste. Es ist mir eine gute Erinnerung zurückgeblieben, ziemlich angenehm, ich habe ein paar schöne Tage in Gedanken an ihn verbracht. Immerhin ein kleines Vergnügen. Die Worte: Ich möchte noch einmal Ihre schönen Augen sehen, die in meinem Herzen widerklingen.

11. Sept. 1938: Schon lange habe ich Dich nicht mehr gesehen, mein lieber kleiner Kamerad. Ich wußte nicht, was ich schreiben sollte. Die Tage vergehen, ohne daß es etwas Neues gibt. Den Sommer habe ich in Zagreb verbracht – kein Vergnügen, im Gegenteil. Seit dem 1. August bin ich wieder da, ich arbeite auch schon wieder. Viel Arbeit. Alb. sehe ich selten, aber am Abend des 6. Sept. habe ich den gesehen, mit dem ich die schönsten Tage meines Lebens verbrachte. Kl. Es war so schön, seine Augen suchten mich, die meinen waren in den seinen versunken – lange Zeit. In dem Augenblick, als die Nationalhymne gespielt wurde, drehte ich mich um, unsere Augen begegneten sich lange Zeit. Ein unaussprechlich schöner Augenblick. Ich fühle, daß ich ihn liebe, daß er mich immer noch liebt. Ich möchte mit ihm sprechen, vielleicht werde ich ihn rufen. Nur ihn sehen. Diese Nacht habe ich von ihm geträumt, wir küßten uns, er führte mich. Mein Lieber, mein Geheimnis – ich liebe Dich.

Aber man muß an die Zukunft denken. Ich bin über 41 Jahre alt, und ich staune, wenn ich mein Bild betrachte. Heute ist es schön, so schön, und wenn ich mich dem Spiegel nähere, kann ich nicht glauben, daß das eine Frau in ihrem Herbst ist. Aber meine Augen strahlen, die Wangen sind frisch. Ach Glück, komm nur ein einziges Mal. O Gott, mein Vater, beschütze mich!

23. Okt. 1938: Seit ein paar Tagen in der neuen Wohnung – das waren traurige Tage – aber ich hoffe, daß ich mich bald beruhigen werde.

Gott, mein Vater, beschütze mich.

9. Januar 1939: Nun ist Weihnachten vorüber, das neue Jahr vorbei, ohne daß sich etwas ereignet hätte. Ich habe die Feiertage zu Hause verbracht. Kein Vergnügen. Manchmal im Kino, schöne, unterhaltsame Filme.

Sonst nichts. Das Wetter ist schön, viel Schnee zu unserem Weihnachten und auch zum pravoslawischen Weihnachten.

Jetzt muß ich anfangen zu arbeiten.

Ach, was soll ich sagen? Unzufrieden, die Arbeit geht voran.

27. Januar: Heiliger Sava 1939.

Hier bin ich wieder, mein lieber Kamerad! Aber was soll ich sagen? Milla ist bei mir gewesen, vielleicht werde ich dieses Haus kaufen. Die Arbeit geht so, wie es der Botschafter Barberins sagte, aber ich habe mich erkältet, Kopfweh. Kein Vergnügen. Die Zeit verstreicht rasch, meine Schüler sind faul, heute hatte ich nur vier Stunden.

Die Einsamkeit quält mich. Ich werde versuchen, ich habe einen Plan. Gott, beschütze mich.

12. VI. 39: Krank seit dem Februar – sehr krank. Ich habe viel gelitten. Mein Gott, mein Gott, vergiß mich nicht.

2. VIII. 39: Immer noch krank. Die Ferien sind beinahe vorbei. Ich weiß nicht, wo anfangen. Am Sonntag war ich in Vinkovci, das Haus steht nicht zum Verkauf, verlorenes Geld – ich habe eine Bekanntschaft gemacht – Rakić – aber das werde ich ihm nicht vergessen, diesem Halunken, daß er mich heiraten wollte, um zum Ziel zu gelangen.

Lieber Gott, ich bin außer mir. Gott, mein Vater!

20. Okt. 39: Es gibt Tage, an denen es mir besser geht. Ich habe Gott sei Dank 3 1/2 kg zugenommen. Aber ich bin immer noch krank, sehr krank: Was soll ich sagen? Die Arbeit geht gut, obwohl ich weniger arbeite. Gott möge mich beschützen.

Aleksandar Tišma, 1924 im ehemaligen Jugoslawien geboren, wuchs in Novi Sad auf. Nach dem Krieg arbeitete er zunächst als Journalist und Verlagslektor, dann als freier Schriftsteller. Er wurde unter anderem mit dem Leipziger Buchpreis zur Europäischen Verständigung ausgezeichnet. Er starb 2003 in Novi Sad. Im Hanser Verlag erschienen u. a. *Buch Blam* (1995) und *Treue und Verrat* (1999).